언약신학으로 본
구약의
하나님 나라

성경 본문으로 읽는 언약 이해
언약신학으로 본 구약의 하나님 나라

2022년 10월 25일 1쇄 발행
2023년 6월 20일 3쇄 발행

지은이 | 김희석
펴낸이 | 박영호
교정·교열 | 주종화
펴낸곳 | 도서출판 솔로몬

주소 | 서울시 동작구 사당로 143
전화 | 599-1482
팩스 | 592-2104
직영서점 | 596-5225

등록일 | 1990년 7월 31일
등록번호 | 제 16-24호

ISBN 978-89-8255-613-5 03230

2022 © 김희석
Korean Copyright © 2022
by Solomon Publishing Co., Seoul, Korea

저작권법에 의하여 한국 내에서 보호를 받는 저작물이므로
무단전재와 복제를 금합니다.

언약신학으로 본 구약의 하나님 나라

성경 본문으로 읽는 언약 이해

The

Kingdom of God

in the

Old Testament :

from the perspective of

Covenant Theology

김희석 지음

솔로몬

| 차 례 |

머리말 7

제1장 구약신학이란 무엇인가 … 9
제2장 구약신학의 방법론 … 17
제3장 구원계시의 점진적 발전 … 33
제4장 창조사건 … 59
제5장 원복음 … 79
제6장 노아 언약 … 101
제7장 아브라함 언약 … 117
제8장 모세 언약 (1): 출애굽기에 나타난 모세 언약 … 147
제9장 모세 언약 (2): 신명기에 나타난 모세 언약 … 179
  특별연구 신명기 28:1-14에 나타난 복에 대한 연구 … 205
제10장 다윗 언약: 사무엘서 맥락으로 이해한 다윗 언약 … 213
제11장 새 언약: 예레미야서 … 273

부 록 부록1 … 297
      부록2 … 317

머리말

　이 책은 필자가 총신대학교 신학대학원에서 가르치면서 구약 언약신학에 대해 연구한 내용을 통합한 결과물이다. 구약 계시들을 가장 잘 종합해 낼 수 있는 '하나님 나라'의 주제를 '언약'이라는 관점으로 정리하였다. 이와 관련하여 이 책은 네 가지 특징을 지니고 있다.

　첫째, 구원계시의 발전이라는 언약신학적 관점에서 구약의 언약들을 살펴보았다. 세대주의적인 성경 이해, 이단적 성경 이해 등이 유튜브 강의나 인터넷 등을 통하여 널리 퍼져 있기에 건강한 구약신학에 대한 해설이 어느 때보다도 절실한 시대에, 구원계시의 점진적 발전이라는 시각에서 연구한 결과물을 소개하게 되어 감사하고 기쁘다.

　둘째, 세부적인 몇몇 본문에 집중하기보다는 구약 성경 전체의 언약 본문들을 서로 연결시켜서 거시적인 이해를 도모하고자 했다. 언약신학을 이해할 수 있는 '큰 집' 곧 '큰 그림'을 독자들에게 제공하고자 한 것이다. 창조명령, 원복음, 아브라함 언약, 모세 언약, 다윗 언약, 새 언약 등 구약의 주요 언약들이 서로 어떻게 연결되어 구약 언약신학의 큰 그림을 그려내고 있는지 거시적인 흐름을 조망하는데 목적을 두었다. 독자들은 이 책을 읽으면서 한 신학자가 자신의 관점으로 구약의 흐름을 일관성 있게 설명해 내는 장면을 계속 목격하게 될 것이다. 필자의 견해가 유일한 정답이라 생각하지는 않는다. 독자들은 필자가 제공하는 거시적 흐름을 이해한 후에, 성경 및 언약들의 각론으로 들어가 세부적인 연구를 통하여 더 풍성한 구약 성경 계시의 유익을 누릴 수 있을 것으로 기대한다.

셋째, 이 책은 구약의 언약들을 신학적인 서술로 설명하지 않았고, 오히려 성경 본문 읽기를 통하여 언약의 내용을 구성했다. 연역적 접근이 아닌 귀납적 접근을 시도한 것이다. 이러한 본문읽기 중심적 시도는 구약 성경 전체의 맥을 잡는데 매우 중요하다. 왜냐하면 후대 성경기자들은 이전 성경기자들이 사용한 본문의 표현을 그대로 가져와 사용하기에, 언약의 내용을 현대 신학자들의 표현 어법으로 이해해서는 성경 본문 자체를 이해하기가 매우 어려워지기 때문이다. 성경을 이해하려면 성경의 표현에 익숙해야 한다. 아브라함 언약, 시내산 언약, 다윗 언약 등을 각 언약의 핵심 본문의 어휘와 표현으로 익혀야, 이후의 언약과 계시들을 분명하게 파악할 수 있게 되는 것이다.

넷째, 이 책을 앞의 세 가지 목적을 염두에 두고 저술하였기에, 학계의 세부적인 이슈들에 대하여 자세하게 논증하지는 않았다. 매우 중요한 신학적 근거가 필요하거나 혹은 독자들에게 기본적인 독서가 필요하다고 여겨질 경우에 각주에 참고자료를 소개하였다. 이 책은 성경 언약들에 대하여 필자가 히브리어 원문을 근거로 언약들의 본문을 연구한 내용들을 큰 그림으로 구성해 내면서 동시에 필자의 언어로 표현해 낸 결과물이다. 아무쪼록 독자들이 이 책을 통해 하나님께서 우리에게 허락하신 구약의 구원계시를 풍성히 이해할 수 있게 되기를 바란다. 구약의 계시를 깊이 이해할수록 그 구약의 계시를 성취하는 신약의 계시를 더 깊이 이해할 수 있게 될 것이다.

필자는 최근 대한예수교장로회 합동총회 교육개발원에서 출간하는 〈하나바이블〉의 구약 교과과정을 집필하였다. 창세기부터 말라기까지의 주요 내용을 '하나님 나라'라는 관점에서 다음 세대에게 가르치는 소중한 교재이기에, 필자가 알고 있는 가장 중요한 성경해석들을 모두 하나바이블 교육과정에 쏟아넣은 바 있다. 이 책은 필자가 생각하는 하나님 나라와 언약의 가장 중요한 내용들을 자세히 해설하고 있기에, 하나바이블을 가르치는 교역자 및 교사들이 구약교육과정을 이해하는데 큰 도움이 될 것이라 여겨진다.

책의 부록으로 필자가 총신대학교 학술지인 신학지남에 출간했던 구약 언약신학 관련 소논문 2개를 실었다. 구원계시의 점진적 발전을 설명하는 예가 될 것이다. 이 책을 다 읽은 후 소논문들을 읽으면 쉽게 이해되리라 생각된다.

이 책을 출간해주신 솔로몬의 박영호 대표님과 편집팀에 감사하며, 원고 작업에 도움을 준 손정은 전도사님에게 고마운 마음을 전한다. 필자의 삶의 여정에 주님께서 주신 귀한 동반자인 아내 박성희에게 이 책을 헌정하며, 사랑하는 율, 유빈 및 부모님과 출간의 기쁨을 나누고자 한다. 모든 영광을 언약에 신실하신 분 곧 인자하신 우리 하나님 여호와께 돌린다.

2022년 10월
총신대학교 신학대학원 연구실에서

제1장
구약신학이란 무엇인가

'구약신학이란 무엇인가?'라는 질문에 대답하기 위해서는 구약신학이라는 분과가 처음에 어떻게 시작되었는지를 살펴보아야 한다. 애초에 신학이라는 학문 분야에서 성경신학이라는 분과가 따로 존재하지는 않았다. 모더니즘이 등장하기 이전에는 신학(Theology)이라는 분과만이 존재했으며, 지금과 같이 신학 분야에 하위분과들이 존재하지 않았다. 현재 신학분야는 구약신학, 신약신학, 조직신학, 역사신학(교회사), 실천신학, 선교신학이라는 6개 분과로 나뉘어 이해되고 있다. 구약신학과 신약신학을 합친 것이 성경신학이다. 조직신학과 역사신학은 서로 다르지만, 사실상 이 두 분과는 상호 간에 긴밀한 관계를 맺고 있다. 역사신학이 조직신학의 역사를 다루는 측면도 분명히 존재하기 때문이다. 실천신학과 선교신학은 함께 어우러져서 넓은 의미의 실천신학을 형성한다고 볼 수도 있다. 그렇지만, 이전에는 신학은 곧 조직신학으로 이해되었고, 현재의 구약, 신약, 실천 등의 분야는 독립된 분과로 존재하지 않았다. 그렇다면 성경신학이라는 분야는 언제부터 독립된 하나의 분과로 존재하게 된 것일까?

성경신학이 조직신학으로부터 분리되어 나온 첫 번째 기점은 언제일까? 성경신학이 하나의 분리된 신학의 분과가 된 것을 이야기할 때 언급되는 가블러(J.P. Gabler)라는 인물이 있다. 그는 아트도르프 대학의 총장으로 1787년 취임할 때의 연설에서, 성경신학과 조직신학을 분리시켜 성경신학을 하나의 독립된 분과로 인정해주자고 말했다.[1] 그래서 가블러는 흔히 '성경신학의 아버지'라고 불린다. 그러나 그가 항상 긍정적인 평가를 받는 것은 아니다. 성경신학을 분리함으로써 결국 자유주의 성경신학이 등장하게 되는 단초를 제공했다고 비판을 받기 때문이다.

그러나 실제로 가블러가 진보 비평신학을 위해서 성경신학을 분리해주자고 한 것은 아니다. 사실 그의 연설문의 앞뒤 맥락과 그가 살았던 시대의 역사적 흐름을 살펴보면, 가블러가 이런 제안을 하게 된 이유를 알 수 있다. 가블러 역시 자신이 살았던 시대에 속하는 사람이었기에, 당시 이미 존재하고 있었던 역사적 맥락 속에서 이런 발언을 하게 된 것이 분명하다. 이 역사적인 배경은 바로 모더니즘(Modernism), 즉 근대주의의 대두이다. 모더니즘의 시대는 합리성 내지는 이성이 모든 판단의 근거로 제시되기 시작한 때였다. 모더니즘 이전 시대에는 이성을 기준으로 판단하지 않았기에 성경에 기록된 모든 내용들을 기술된 그대로 받아들였다. 그러나 이성을 판단의 기준으로 사용하게 되면서 인간 스스로 성경 본문의 진실성에 대하여 평가를 내리기 시작하게 되었다. 성경에 기록된 사건이나 내용들이 실제로 가능한 일인지, 또한 그 사건과 내용을 이성적 판단이라는 관점에서 수용할 수 있

---

[1] J. P. Gabler, "Oratorio de iusto discrimine theologicae biblicae et dogmaticae regundisque recte utriusque finibus" ("About the Correct Distinction of Biblical and Dogmatic Theology and the Right Definition of their Goals"), in *Kleine Theologische Schriften*, ed. T. A. Gabler and J. G. Gabler (Ulm, 1831), II, 179-198. 독일어 번역본은 다음을 보라: Otto Merk, *Biblische Theologie des neuen Testaments in ihrer Anfangszeit* (Marburg: Elwert, 1972), 273-284. 부분적인 번역은 다음 자료에서도 제시되어 있다: Werner G. Kümmel, *The New Testament: The History of the Investigation of Its Problems*, trans. S. McLean Gilmour and H. C. Kee (Nashville: Abingdon, 1972), 98-100. 성경신학에 대한 관심이 드러난 부분이 제외되어 있는 직역 번역본으로는 다음을 보라: John Sandyd-Wunsch and Laurence Eldredge, "J. P. Gabler and the Distinction between Biblical and Dogmatic Theology: Translation, Commentary, and Discussion of His Originality," *Scottish Journal of Theology* 33 (1980): 134-144.

는 일인지를 평가하여 성경의 진실성에 대한 여부를 가려 내겠다고 생각하게 된 것이다. 이에 따라, 성경에 나타나는 역사적 기록들, 예를 들면 예수님의 부활사건, 승천 사건, 홍해가 갈라진 사건, 죽은 사람이 살아난 사건 등에 대해서 이전과는 다른 식의 평가를 내리는 현상들이 발생하게 되었다. 이런 상황 가운데서 가블러가 성경에 대한 연구를 신학 분야로부터 독립시키자고 발언한 데는 의도가 있었다. 바로 교회의 신앙을 보호하자는 것이었다. 합리성을 가지고 성경 본문을 재단하면서 성경의 사건들의 역사성을 부인하게 되는 일들이 벌어질 것을 바라보면서, 가블러는 이런 경향으로부터 교회의 신앙을 지켜내기 위해서 신학분야에서 성경본문연구를 분리시키자는 제안을 한 것이었다. 이성과 합리성을 근거로 성경본문을 평가하고 재단하는 일을 막을 수는 없을 것이므로, 이런 연구들이 교회라는 영역 밖에서 학문이라는 별도의 영역으로 다루어져야 한다고 요청한 셈이다.

이러한 역사적 사실에 근거하여 생각해볼 때, 성경신학라는 분야는 사실상 종교사(history of religion) 연구를 위해 발생한 분과라고 할 수 있다. 가블러의 의도는 나름대로 좋은 측면을 가지고 있었다고 해야 할 것이다. 그는 기독교의 경전인 성경을 인간 이성의 잣대로 판단하는 '학문적인 연구'로서의 성경신학을 독립시키고자 했다. 그러나 그러한 노력이 결과적으로 교회와 (조직)신학을 보호하지는 못했다. 성경신학과 조직신학이 양단으로 분리해서 나눌 수 있는 별도의 구별된 학문체계는 아니기 때문이다. 성경신학이 그 자체로서의 '학문의 길'로 가도록 허용한 것 자체가 결국 조직신학의 내용까지도 비평적인 사고방식의 길로 걸어가도록 허용하는 결과를 낳은 것이라고 할 수 있다. 결과적으로 성경신학의 분리는 모더니즘에 입각하여 성경을 연구한 학자들의 신학 전체가 진보적 자유주의 신학의 관점을 취하게 되는 결과를 낳게 되었다.

구약신학의 출발이 이러한 종교사의 흐름 가운데 형성된 것은 이후 역사에도 동일한 흐름으로 이어졌다. 구약신학 분야 내에서 볼 때, 보수주의 구약신학의 역사는 자유주의 신학과의 논쟁사 가운데 형성되었다. 구약신학의 역사란 보수주의 구약신학의 관점에서 볼 때 진보신학과의 논쟁의 역사이다. 이는 조직신학에서 기독론이나 삼위일체론이 일련의 논쟁과정을 거쳐 정립된 것과 마찬가지이다. 어떤 의견이 나오면 그것이 왜 옳은지 또는 왜 옳지 않은지를 논쟁하는 과정에서 교리가 형성되었던 것처럼, 구약신학이라는 분야도 보수적인 신학의 입장과 진보적인 신학의 입장이 논쟁하는 과정을 통해 형성되었다고 말할 수 있다. 이러한 비평신학과의 논쟁사는 다음 장에서 좀 더 다루기로 한다.

이제 이 지점에서 구약신학 자체의 성격에 대해서 더 살펴보는 것이 필요하다. 신학(Theology)이라는 전체의 그림 속에서 성경신학이 가지고 있는 의미를 먼저 살펴보도록 하겠다. (단, 여기서는 실천신학과 선교신학은 제외하고 이론신학만 다루도록 한다.) 신학이라는 분과의 하위 분야에는 성경신학(Biblical Theology) 그리고 조직신학(Systematic Theology)/역사신학(Historical Theology)이 있다. 이 성경신학과 조직신학/역사신학의 상호관계는 어떠한가? 이것은 곧 '성경신학이라는 분야가 신학 전체에서 가지는 의미가 무엇인가, 신학에서 차지하는 위치가 어떠한가?'라는 질문이라고 할 수 있다. 이 질문에 대해, 조직신학/역사신학이 성경신학보다 우위에 있다고 생각하는 의견이 있을 수 있다. 기독교 전통 안에서 우리가 전달받은 교리체계가 존재하고 있기 때문에 이미 모든 진리는 밝혀져 있고, 그렇기에 성경 본문을 보면서 새로운 것을 찾아내려는 시도를 할 필요도 없고 또 해서도 안 된다는 견해, 모든 성경본문을 조직신학적인 틀을 가지고 해석해야 한다고 생각하는 견해가 있을 수 있는 것이다. 또 이와는 반대로, 성경신학이 조직신학보다 우위에 있다고 여기는 의견이 있을 수 있다. 우리 개혁신학의 가장 중요한 원칙 중 하나가 오직 성경(sola scriptura)이므로 정리된 신학의 전통이 중요한 것이 아니라 계시된 말씀인 성경본문 특히 원어 본문이 중요하다고 생각하는 경우가 있을 수 있는 것이다.

그러나 어느 한쪽의 우위를 주장하는 위의 두 의견은 모두 옳지 않다. 성경신학과 조직/역사신학이라는 두 분야의 관계는 상호보완적인 관계이기 때문이다. 사실 성경신학과 조직신학은 통일성(unity)이 있으므로 합하여 유기적인 하나로 이해되어야 한다. 필자는 성경신학 전공자이므로 성경신학 입장에서 먼저 이야기해보도록 하겠다. 성경신학을 할 때 즉 본문을 연구할 때는 우리가 가지고 있는 조직신학의 체계를 경계로 하여 그 안에서 연구를 해야 한다. 조직신학은 성경신학 전체를 체계화·보편화시켜 놓은 것이기 때문이다. 성경에 나타난 사건들, 예를 들어 아브라함 이야기나 바울의 이야기는 모두 특정 시간과 특정 공간에서 발생한 것들이다(in time, in space). 그런데 이러한 개별적인 사건들을 정리하여 보편화시킨 것, 즉 어떤 공간, 어떤 시간에서도 유효한 메시지가 되도록(any time, any space) 조직화시킨 것이 바로 조직신학이다. 따라서 우리가 받은 개혁주의 조직신학의 큰 틀 안에서만 자유롭게 성경 본문을 연구해야 하는 것이다. 필자의 경험을 돌아보면, 성경신학의 연구의 결과물들은 개혁주의 조직신학의 내용을 더욱 풍성하게 이해할 수 있도록 작용해왔다. 삼위일체 하나님이 어떤 분이신지, 믿음으로 구원을 얻는다는 것이 무엇인지 등에 대해 보다 깊은 이해와 통찰을 가져다주었다.

그렇다면 이러한 성경신학과 조직신학의 상호보완성을 바탕으로 생각할 때, 조직신학 연구자들은 어떠한 마음으로 연구하는 것이 좋을까? 성경신학을 통해서 새롭게 연구되고 발견된 많은 통찰들을 받아들여 활용하는 것이 바람직한 조직신학의 방법일 것이다. 그래서 우리가 받은 훌륭한 전통들의 큰 체계나 핵심적 내용은 바뀌지 않도록 경계선을 잘 지키면서, 성경신학의 연구물들을 바탕으로 교리의 내용에 대한 설명을 더욱 깊이있게 조망하고 풍성하게 발전시켜 나가는 일들을 조직신학 연구자들이 감당해 주면 좋을 것이다. 첨언하면, 신학생들이나 목회자들 중에서도 성경신학과 조직신학 중 하나만 좋아하고 공부하는 경우를 보게 되는데, 이는 바람직하지 않다는 권면을 하고 싶다. 성경 본문만 보고 조직신학으로 정리한 교리적인 체계를 생각하지 않는 경우가 있는데, 이는 바람직하지 않다. 설교의 성경 본문이 전체 조직신학의 틀 속에서 어떤 지점에 해당되는 것인지, 예를 들어 기독론인지, 교회론인지, 인간론인지, 종말론인지를 파악함으로써 우리의 설교가 성도들에게 조직신학적으로도 건강한 가르침이 되도록 노력해야 한다. 교리 설교나 교리에 대한 교육도 견실하게 이루어져야 한다. 반면 조직신학만을 공부하고 성경 본문을 보지 않는 경우도 있는데, 역시 바람직하지 않다. 조직신학의 체계는 그 자체에서 나오는 것이 아니라 성경 본문에서 나오는 것이다. 따라서 구약과 신약 본문을 철저하게 연구하고 그 본문으로부터 나오는 설교, 본문의 내용을 살림으로써 조직신학을 드러내는 설교를 할 수 있도록 노력해야 한다는 것이다.

이제 한 걸음 앞으로 전진하여, 성경신학 내부의 구조를 생각해보자. 성경신학 안에서도 두 가지로 하위 분류가 이루어진다. 성경신학에는 구약신학(Old Testament Theology)과 신약신학(New Testament Theology)이 있다. 이 구약신학과 신약신학의 관계 역시 성경신학과 조직/역사신학과의 관계와 마찬가지로 상호보완적이어야 한다.

간혹 신약이 구약보다 우월하다고 주장하는 사람들이 있다. 신약 성경에는 성육신하신 예수님이 등장하셔서 계시가 완성된 형태로 나오는 반면 구약은 예수님이 오시기 전이기 때문이라는 이유에서이다. 그러나 이런 견해는 근거가 매우 부족하다. 구약시대에 성자 예수님께서 존재하지 않으셨다고 주장할 수 없기 때문이다. 구약시대에 예수님이 성육신하셔서 이 땅의 역사적인 시공간 안에 태어나신 사건이 없었을 뿐, 삼위일체의 한 위격을 지니신 예수 그리스도께서는 영원부터 영원까지 계신다. 또한 시공간 안에서 표현한다 하더라도, 신약 성경이 오신 예수 그리스도에 대한 말씀이라면, 구약성경은 오실 예수 그리스도에 대한 예언이다. 그렇기에, 구약신학과 신약신학 역시 상호보완적 관계에 있으며, 연속선상에서 계시가 발전하여 구약이 신약에서 완성되고 성취되는 통일성(unity)이 있다. 구약신학은 오실 예수님, 신약신학은 오신 예수님에 대한 것이다. 약속은 구약과 신약으로 두 개이나(two testaments), 신구약은 하나의 성경이다(one Bible). 두 가지 성경이 아니라는 것을 분명히 기억해야 한다. 구약과 신약은 두 개의 경전이 아니라 하나의 경전으로서 예수 그리스도라는 하나의 사건을 보여주는 내용이다. 이것이 우리 개신교의 고백이며 개혁신학이 주장하는 바 언약신학의 관점이다. 따라서 신약 본문만 설교하는 것이 아니라 구약 본문도 설교할 수 있어야 한다. 계시의 점진적 발전이 무엇인지를 알고, 이를 바탕으로 성경 본문을 살펴서, 구약성경을 통해서도 예수 그리스도에 대한 이야기를 해줄 수 있어야 한다.

지금까지의 논의를 정리하면, 우리는 신학 공부 및 설교에 있어서 신학의 전체적인 구조 아래 각 분과 간의 균형잡힌 통일성을 지향해야 한다. 구약과 신약은 통일성을 가지므로 하나이며, 구약과 신약이 합쳐져서 이루어진 성경신학과 성경 전체의 내용을 조직적으로 체계화한 조직신학 역시 상호보완적 관계라는 의미에서 하나이다. 그러므로 우리의 설교에는 구약신학, 신약신학, 조직신학, 역사신학, 이 모든 것들이 건강하게 공존해야 한다. 이로써 성도들이 건강하게 가르침을 받고 양육될 수 있다.

제2장

구약신학의 방법론

이제 구약신학 분과의 역사가 어떻게 흘러왔는지를 다루고자 한다.[2] 학문적인 측면에서 볼 때 구약신학의 역사는 사실 진보(비평)신학이 이슈를 제기하고 보수신학이 이에 대하여 응답하는 형식으로 흘러왔다. 한국에서는 보수적인 시각을 가진 교회나 신학교가 큰 세력을 형성하고 있고, 진보적, 역사비평적 시각을 받아들인 교단이라 하더라도 신학교에서나 그러한 내용들을 가르칠 뿐 실제 목회현장에 가보면 교회들이나 목회자들은 대부분 보수적인 모습을 가지고 있다. 대부분의 교회들이 성경이 하나님의 말씀이고 예수님만이 구원의 길이라는 것에 동의한다. 그러나 외국의 상황은 전혀 다르다. 보수적인 교단들, 더욱이 보수적인 신학교들은 사실상 소수이며, 주류는 비평적 시각을 받아들인 진보교단, 진보적 학교들이다. 이러한 현실은 그동안의 역사를 그대로 반영하고 있다. 앞서 살펴본 바와 같이, 종교 역사의 흐름 가운데 가블러 이후 구약신학이라는 분과가 생겨났고, 보수적 구약

---

[2] 구약신학이 흘러온 역사적인 진행과정 및 논점들을 이해하기 위해서는 다음을 보라. Gerhard Hasel, *Old Testament Theology: Basic Issues in the Current Debate*, fourth ed. (Grand Rapids: Eerdmans, 1991); Leo G. Perdue, *The Collapse of History: Reconstructing Old Testament Theology* (Minneapolis: Fortress, 1994); Leo G. Perdue, *Reconstructing Old Testament Theology: After the Collapse of History* (Minneapolis: Fortress, 2005).

학은 이런 흐름들에 대해 비판하고 논쟁하면서 그 정체성을 형성시켜 왔다. 이렇듯 구약학계가 논쟁을 통하여 형성되어 왔기 때문에, 보수신학의 입장에 서 있는 우리 자신이 누구인지를 이해하기 위해서는 비평학의 역사가 어떤 식으로 흘러왔는지 정리하는 것이 필요하다. 여기서 핵심은 비평학에 대해 반응해 온 우리의 정체성을 이해하는 것이다. 또한 동시에, 이러한 진보 비평적인 입장에 대해 우리가 어떻게 반응해야 할 것인가 역시 살펴야 한다.

사실, 진보적, 비평적인 관점들이 한국에도 계속해서 점점 더 많이 소개되고 있으며, 심지어 복음주의 경계선 안에서 소개되고 있는 경우도 발견된다. 이런 상황에서 필자는 우리가 하나님의 말씀을 있는 그대로 믿는 보수적인 신학을 견지해야 한다고 생각한다. 따라서 이제 살펴볼 구약신학의 논쟁사의 주요 쟁점들을 알고 있다면, 한국 교회에 다양한 방식으로 소개되고 있으나 우리가 매우 조심하여 주의깊게 다루거나 혹은 받아들여서는 안 되는 종류의 논의들을 분별하고 이에 대해 비판적으로 대응할 수 있을 것이다. 물론 개혁주의 입장에서 수용할 수 있는 성찰들이 있으면 받아들일 수도 있겠지만, 개혁주의 조직신학의 경계 내에서 우리가 받아들일 수 없는 것들에 대해서는 우리의 입장을 분명하게 세워야 한다고 본다. 그런 의미에서 구약신학의 역사를 살펴보고, 우리가 어떻게 반응해왔는지를 고찰하는 것은 매우 중요한 일이라 할 수 있다.

먼저 구약신학의 역사를 전체적으로 살펴보면, 가블러 이후로 나타난 약 300년간의 구약신학의 역사는 크게 세 종류의 시대로 나누어볼 수 있다. 이 세 시대에는 각각 서로 다른 세 개의 중심축이 있었다. 즉, 그동안 구약신학을 연구하는 의미를 어디에 두었는지에 따라 구약신학의 논의가 세 가지 축을 중심으로 전환되어 왔다는 것이다.

구약신학의 역사		
역사 (History)	본문 (Text)	독자 (Reader)
(1) 자료비평 (2) 양식비평 (3) 편집비평	(1) 문학비평 　- 수사 비평 　- 구조주의 비평 (2) 정경적 접근 　- 정경비평 　- 정경적 접근	(1) 독자반응비평 (2) 포스트 콜로니얼리즘

1. 구약신학의 역사 – 첫 번째 논의의 축: 역사

그 첫 번째 축은 역사(history)이다. 여기서 나오게 된 것이 소위 역사비평(historical criticism)이다. 이때 역사비평에서 말하는 '역사'의 개념을 정확히 파악해야 한다. 비평학적 관점을 가진 이들이 이야기하는 '역사'는 보수적인 입장에 서 있는 이들이 말하는 '역사'와 그 개념이 완전히 다르기 때문이다. 우리는 성경에 기록된 것이 실제 역사라고 믿는다. 이스라엘 백성이 홍해를 건넜다고 되어 있으면 홍해를 건넌 것이고, 예수님이 동정녀에게서 탄생하셨다고 기록되어 있으면 그것이 실로 역사적 사실(historical fact)이라고 받아들인다. 그러나 비평학자들은 그렇게 생각하지 않는다. 그들은 성경에 나오는 기록들은 역사적인 기록이 아니라고 생각한다. 그들은 '모세라는 인물은 없었다', '가나안 정복전쟁 같은 것은 없었다'고 주장한다. 그들은 이스라엘 민족이 가나안 땅에서 살고 있었던 자들로 여기면서 자신들의 역사를 만들어내기 위해 고대 역사를 성경본문으로 꾸며냈다고 생각한다. 그들은 다윗이라는 인물도 존재한 적이 없고, 이스라엘 왕국이 중앙집권식 왕국으로 실제로 존재한 것은 요시야 왕 때부터라고 보기도 한다. 즉 성경에 기록된 역사가 진정한 역사가 아니기에, 실제로 존재한 역사가 무엇인지를 파악해야 한다는 것이다. 비평학자들이 말하는 '역사'는 성경 본문과는 독립된 역사, 소위 그들이 말하는 '진짜 역사'를 의미한다. 이것이 비평학의 대전제이다. 그렇기에 역사비평의 핵심목표는 '역사의 재구성'이며, 이때의 '역사' 역시 성경에 기록된 것이 아닌 소위 그들이 말하는 '실제 역사'이다. 성경 본문을 믿지는 않으면서 연구의 대상으로 삼는 이들은, 성경을 통해 성경에 기록된 것과 다른 '실제로 일어난 역사'가 무엇인지를 재구성하는 데에 성경 연구의 의미가 있다고 본다.

이것은 보수적인 신학관점에서는 받아들일 수 없는 주장이다. 논의의 출발 자체가 너무 다르다고 말할 수밖에 없다. 우리는 성경 본문에 기록된 것은 실제 역사라고 믿는다. 태초에 하나님이 천지를 창조하셨다고 기록되어 있으면 그것이 사실이라고 생각한다. 노아 홍수가 있었고, 하나님이 홍해를 가르셨고, 요단강이 갈라졌고, 예수님은 실제로 죽으셨고, 실제로 부활하셨고, 실제로 승천하셨다. 과학의 설명으로 이해되기 어려운 기적은 존재한다. 이것이 우리의 출발의 전제인데, 비평학자들은 출발의 전제 자체가 다르다. 비평학을 수용하는 분들이 우리를 향해서 '신앙의 전제를 가지고 학문을 하면 안 된다'고 비판하는 경우들이 있는데, 필자는 되묻고 싶다. 그렇다면 그들은 전제가 없는가? 비평학에도 전제가 있다. 이성과 합리성이 그들의 전제인 것이다. 자신의 논리로 판단해보았을 때 논리의 범주에 들지 못하면 진리일 수 없는 것으로 선을 긋는다면, 그것 역시 출발의 전제일 수 밖에 없다. 전제가 없는 해석은 없다.

이러한 역사비평은 발전순서상 세 종류로 나타났다.

① 첫 번째는 자료비평(source criticism)으로, 역사비평의 초기 단계에 해당한다. 자료비평은 소위 문서설(documentary hypothesis)이라는 가설에서 출발했다. 문서설의 가장 기본적인 내용으로는, 오경이 모세가 쓴 것이 아니라 J, E, D, P라는 네 개의 문서로 얼기설기 엮어져 있다는 J-E-D-P 가설을 들 수 있다. 이것이 문서설의 가장 초창기 형태의 설명이다. 이 설명에 따르면, J 문서는 여호와 문서, 즉 하나님을 여호와라고 칭하는 문서이고, E 문서는 엘로힘 문서, 즉 하나님을 엘로힘(하나님)으로 부르는 문서로서, 가장 이른 시

대의 문서이다. 그러므로 J 문서와 E 문서가 다르다는 것이 이들의 주장이다. D 문서는 신명기 문서, 즉 율법을 중요하게 생각하고, 아무리 연대를 이르게 잡아도 요시야 이후에 나타난 문서이고, P 문서는 제사장 문서, 즉 제사법을 중요하게 생각하는 가장 후대의 문서라는 것이 초기 문서설의 내용이다.

문서설의 대표적인 예를 하나 들어보겠다. 창세기 1장, 2장에 창조 기사가 두 번 기록되어 있다. 이에 대해 문서설은 1장과 2장의 창조 설명이 서로 앞뒤가 안 맞는다고 주장한다. 예를 들어 창세기 1장에서는 하나님께서 남자와 여자를 창조하셨다고 되어 있는데, 2장에서는 남자를 먼저 창조하시고 여자는 나중에 창조하셨다고 되어 있다는 것이다. 1장과 2장에 사용된 원어도 다르고, 창조한 순서도 다르게 기록되어 있다는 것이다. 이에 대한 자세한 반박과 설명은 뒤에 나올 창세기 본문에서 다루도록 하겠다. 이들은 결국, 창세기 1장과 2장은 서로 다른 문서에 속해있다는 주장을 펼치고 싶은 것이다. 보다 궁극적으로는, 성경이 앞뒤가 안 맞기에, 하나님의 계시가 아니라 인간의 기록일 뿐이라는 의견인 것이다.

이 자료비평은 결국 어떻게 되었을까? 자료비평은 어떠한 합일점(consensus)에 도달하지 못했다. 우리 개혁주의 신학 측에서는 조직신학과 성경신학이 하나라고 보고 통일성 있게 아우르는 작업들이 이루어졌지만, 비평학은 학문적 특성을 극대화하려는 학문 자체의 특성을 그대로 따라갔기에, 학설의 발전을 목적으로 그 다음 의견이 나오고, 또 그 다음 의견이 나오는 과정이 계속적으로 이어졌다. 따라서 자료비평의 논의들이 어떤 합일점에 도달하여 하나의 틀로 정리되는 것은 사실상 어려웠다. 그래서 이것을 극복하고자 역사비평의 두 번째 흐름이 등장하게 되었다.

② 자료비평 다음으로 나오게 된 역사비평은 양식비평(form criticism)이다. 여기서 '양식'(form)이란 현재 성경신학에서 '장르'라고 일컬어지는 것을 의미한다. 즉, 동일한 내용이나 특성을 가진 본문들을 묶어서 그것을 하나의 장르(양식)로 이해한 것이다. 자료비평에 비해서 본문의 통일성을 훨씬 강조

하고 있음을 볼 수 있다. 공통점을 가지고 있는 것들을 묶어서 바라보기 시작했기 때문이다. 오경의 율법 장르, 시편의 탄식시 장르 같은 것들을 예로 들 수 있다.

곧 논의하게 될 역사비평의 세 번째 흐름인 편집비평까지 다루면 더욱 확실히 보이겠지만, 역사비평의 흐름은 점점 더 본문의 통일성을 중시하는 방향으로 흘러갔다. 처음에는 본문의 통일성에 전혀 관심을 갖지 않고 성경을 파편화시켰으나, 후대로 갈수록 본문의 통일성을 중시하는 방향으로 흘러가는 아이러니한 현상이 나타났다. 하지만 이런 변화 속에서도 비평학자들이 자신들의 전제, 즉 성경의 역사는 실제 역사가 아니라는 합리성의 전제는 버리지 않았다는 사실을 간과하면 안 된다. 본문의 통일성을 보다 중시하게 되었다고 해서, 이들이 본문을 신뢰한 것은 아니었다. 그들은 본문에 역사성이 없다는 자신들의 대전제를 버리지 않았다. 그런데 왜 양식비평학자들이 본문의 통일성을 중시하게 된 것일까? 이들은 장르(양식)를 역사의 재구성을 위한 도구로서 여긴 것이다. '삶의 자리(sitz im leben)'라는 유명한 독일어 표현이 있다. 양식비평학자들은 '삶의 자리'를 발견할 수 있는 하나의 도구로서 '장르'를 사용하고자 했다. 그들의 의도는 비슷한 종류의 장르들을 모아놓고 이를 통해 비슷한 종류의 상황을 도출하고자 하는데 있었고, 본문 뒤에 숨어 있는 삶의 자리를 발견해 나가는 도구로서 본문의 장르를 사용하고자 했다. 결국 본문 자체가 아니라 역사의 재구성에 관심이 있었던 것이며, 이런 점에서 양식비평은 자료비평의 전제를 버리지 않고 그대로 갖고 있었다고 해야 적절하다.

현재 보수적인 신학교들에서도 장르라는 개념을 활용하는 경우가 있다. 필자도 주해를 할 때 장르를 고려하는 것이 좋다고 이야기한다. 그러나 우리가 장르를 이야기하는 것은 결코 역사비평학자들과 같이 역사의 재구성이라는 의도를 따라 접근하는 것이 아니다. 우리는 본문을 잘 연구하려는 해석학적 관심에서 본문의 장르에 관심을 가진다. 본문이 가지고 있는 전형적인 문예적인 특성을 파악함으로써, 본문이 그러한 장르의 문예적 특성을 어떤 방식으로 활용하는지를 주목하여, 본문의 중점적인 메시지를 찾아내려고 노력하는 것이다. 이러므로, 보수적인 학자들의 장르 연구법은 양식비평적 접근과 분명하게 구별되어야 한다. 우리가 장르를 하나의 연구대상으로 삼을지라도, 우리의 출발의 전제는 역사비평의 전제와는 완전히 다르다. 본문에 역사성이 있다는 것이 우리의 출발의 전제이기 때문이다.

결국 이 양식비평도 합의점에 도달하지 못했다. 이렇듯 또 한계에 도달한 양식비평을 넘어서기 위해 세 번째 역사비평의 흐름이 등장한다.

③ 양식비평을 넘어서기 위해 등장한 세 번째 역사비평은, 편집비평(redaction criticism)이다. 이 편집비평은 양식비평보다도 더욱 본문의 통일성을 중시하는 형태를 띠게 된다. 그러나 잊지 말아야 할 점이 있으니, 이들 역시 비평학의 대전제를 버리지 않았으며 자신들의 전제에 부합하는 논의를 펼치기 위해 본문의 통일성을 사용하는 방식을 취했다는 것이다. 이들이 중요하다고 이야기한 것은 '최종 형태의 본문'(final form of the text)이다. 최종 형태의 본문이란 구약의 경우 우리가 지금 보고 있는 창세기부터 말라기까지의 성경 본문을 의미한다.

최종 형태의 본문이라는 표현은 무엇을 의미하는가? 본문이 기록된 가장 첫 번째 형태 즉 1차 본문이 있었고, 그 1차 본문이 계속하여 2차, 3차 편집자들의 편집을 거치면서 지금의 본문 형태를 가지게 되었다는 것이다. 초기의 저자가 있었으나 후대의 편집자들이 자신의 관점이나 당시 시대의 필요 등에 따라서 본문을 생략, 추가하는 등 편집했다는 것이다. 이런 편집 과정 끝에 마침내 최종 편집자(final editor)의 편집 작업을 거쳐 우리에게 전달된 것이 최종 형태의 본문이라는 것이다. 이 때 편집비평학자들의 '최종 형태의 본문을 중시해야 한다'라는 주장은 사실상 '본문 편집의 역사를 재구성함으로써 실제 역사를 재구성하겠다'는 의미이다. 이들은 최종 형태의 본문이 형성된 과정을 추적하여, 편집의 역사를 추적하고, 중간 편집자들이 본문을 편집한 이유를 찾아내고, 그렇게 함으로써 본문에 나타난 역사가 아닌 실제로 발생한 역사를 재구성할 수 있다고 본다. 따라서 이들이 최종 형태의 본문이 중요하다고 이야기하더라도, 실상은 본문 자체가 아니라 역사의 재구성에 궁극적 관심이 있었던 것이라고 보아야 한다.

이렇듯 역사비평은 자료비평, 양식비평, 편집비평을 거쳐오면서 본문을 중요시하는 방향으로 논의가 발전되어 왔다. 하지만 전제는 전혀 바뀌지 않았다. 본문에 기록된 것은 실제 역사가 아니라는 전제, 그러므로 본문 연구를 통해서 '실제 역사를 재구성'해야 한다는 역사비평의 대전제는 흔들림 없이 유지되어 온 것이다. 구약신학의 역사에서 첫 번째 논의의 중심축이 '역사의 재구성'이었다면, 두 번째 논의의 중심축은 무엇이었을까?

2. 구약신학의 역사 – 두 번째 논의의 축: 본문(text)

'역사'에서 전환된 두 번째 논의의 축은 '본문'이었다. 본문을 중시하는 방향으로 축이 넘어가게 된다. 그렇지만 여기서도 이들이 역사비평의 전제는 버리지 않는다는 사실을 기억해야 한다. 성경의 역사는 믿을 수 없다는 역사비평의 전제는 여전히 그대로 유지된다. 이후 살펴보게 될 세 번째 축으로 넘어가도 비평학의 전제가 변하지 않는 것은 마찬가지이다.

① 본문을 중시하기 위해서 등장한 것이 새 비평이라고도 불리는 문학비평(literary criticism)이다. 대개의 경우, 문학이론을 성경 해석에 적용한 형태들이었다.

문학비평의 예로 수사 비평(rhetorical criticism)을 들 수 있다. 이것은 수사학적 관점을 가지고 본문을 살펴보는 것이다. 이들은 본문의 의미는 독자를 설득하는 과정에 있다고 판단하고, 본문에 어떤 수사적 기교들이 사용되는지를 세심하게 관찰한다. 물론 우리 보수주의 신학 측에서도 수사적 기교에 대한 관심이 있고, 문예 분석도 적극적으로 수행한다. 그러나 지금까지 반복해서 말해왔듯이, 본문이 하나님의 말씀이자 실제 역사라고 생각하는 우리는 비평학자들과는 그 전제가 다르다. 우리는 본문을 잘 연구하기 위한 일종의 도구로서 본문에 나타난 문예적인 장치들을 살펴보는 데 반해, 역사비평의 흐름을 이어받아 수사학을 한 사람들은 본문이 역사적인 사실이 아니라는 시각을 바탕으로 수사학 연구를 수행한다.

문학비평의 또 다른 예로 구조주의 비평(structuralism)이 있다. 이것은 언어학적 방법론을 성경해석에 접목한 것으로, 본문의 표층구조와 심층구조가 서로 다르다고 이야기하면서 언어적 차원에서의 해석을 시도한다. 이 외에도 다양한 문학비평들이 나타났고, 이후에 그 유명한 정경적 접근이 등장한다.

② 정경적 접근(canonical approach)은 '본문'이라는 두 번째 축과 관련되어 가장 중요하게 생각되는 방법론이다.

정경적 접근에 대하여 크게 두 가지 연구방법이 제시되었다. 그 첫 번째가 정경비평(canonical criticism)이다. 정경비평을 취한 대표적인 학자는 제임스 샌더스(James A. Sanders)이다. 이 정경비평이라는 것은 정경 형성의 역사적인 부분에 관심을 가지고 있다는 점에서 사실상 앞에서 언급한 편집비평과 유사하다.

두 번째, 우리가 보다 더 중요하게 보아야 할 방법론은 정경적 접근(canonical approach)이다. 이 방법론을 주창한 차일즈(B. S. Childs)는 구약신학의 역사에 큰 족적을 남긴 인물이다. 지금까지 우리가 살펴본 비평학적 연구들은 모두 성경을 하나님의 말씀으로 받아들이지 않는 전형적인 비평학의 시각을 취했는데 반해, 차일즈는 이러한 비평학의 근본을 한 번 흔들어 놓았다. 비유를 들어 비평적인 신학이 스펙트럼의 왼쪽 끝에 있는 것이고 보수 신학이 오른쪽 끝에 있는 것이라고 한다면, 비평적 신학 쪽에 가 있었던 전체 구약학계의 중심 추를 그 중간 정도 지점에 옮겨놓은 사람이 차일즈라고 할 수 있다. 차일즈가 주장한 정경적 접근의 핵심은 '최종 본문(final form of the text)을 중시해야 한다'는 점에 있다. 이것은 편집비평에서도 등장했던 표현이기는 하나, 차일즈는 편집비평과는 다른 의미에서 최종 본문을 이야기했다. 기독교 역사 속에서 성경은 일반적인 하나의 책이 아니라 경전(Scripture)으로 받아들여져 왔는데, 차일즈는 당대까지 논의된 문서설이나 역사비평의 전제를 가진 비평학적 방식으로만 연구를 하다보니 신앙생활에 도움이 되지 않는다고 생각했다. 그러므로 역사비평적 전제를 가진 비평학의 방식을 궁극적인 연구방침으로 삼지 말고, 경전으로서의 최종 본문을 우리의 연구 대상으로 삼아야 한다고 주장한 것이다. 이러한 방향에서 연구활동을 펼친 그는 구약학계의 중심 추를 기존의 비평학계와 보수주의 신학계의 가운데까지 이동시켜 놓았다. 그래서 차일즈는 비평학자들이 보기에는 신앙으로 학문을 한 사람으로 보인다. 그러나 보수적인 우리들의 입장에서 보면 차일즈는 여전히 비평학적인 입장을 상당히 가지고 있는 인물이다. 그가 최종 본문을 중요하게 생각하기는 했지만 역사비평의 전제들을 유지하고 있기 때문이다. 예를 들어 차일즈의 가장 유명한 주석 중 하나인 이사야 주석을 보면, 그가 최종 본문을 문예적으로 판단하고 분석하는 면에 있어서는 매우 탁월한 아이디어들을 많이 쏟아내고 있으나, 그에게 성경 본문의 역사성에 대한 완전한 신뢰는 결여되어 있음을 볼 수 있다. 차일즈는 이사야 1-66장 전체가 주전 8세기에 이사야 선지자에 의해 쓰였다고 생각하지 않는다. 40장 이후부터는 이사야가 아니라 후대의 누군가가 기록했을 것이라는 제2이사야, 제3이사야 같은 개념을 받아들이고 있다. 이로부터 경전으로서 최종 본문을 중시한 차일즈 역시 역사비평의 전제를 유지하고 있음을 알 수 있다. 학문적으로는 합리성과 이성을 기준으로 한 출발의 전제를 가지고 있는데, 교회를 위해서 최종 본문을 중시하자는 입장이었던 것이다. 그래서 그의 주석 가운데에는 역사비평의 전제를 활용한 논의들도 포함되어 있다. 그러니까 이 차일즈라는 인물은 비평학계에서 보면 신앙적인 학문을 한 사람으로서 구약학계의 추를 가운데에 가져다 놓은 사람이고, 우리가 보수신학 측에서 보면 비평학적 입장에서 보수적인 입장으로 오다가 중간 정도에 멈춘 것으로 보이게 된다. 어찌 되었든 차일즈의 정경적 접근은 비평학자들 중에서는 매우 보수적인 방향에서 성경을 연구하는 방법론이었다. 우리는 차일즈의 출발의 전제를 받아들이기는 어렵다. 하지만 본문을 분석하는 문예적 접근, 본문에 대한 신선한 통찰 등에서는 그의 아이디어들을 활용할 수 있을 것이다. 다만 본문의 궁극적인 해석으로 들어갈 때에 우리는 개혁주의 언약신학의 신앙적인 기준을 가지고 본문을 해석해야 한다.

이렇듯 후대로 갈수록 비평주의 구약신학의 역사는 본문 자체를 중요하게 생각하는 방향으로 흘러가게 되었는데, 역사비평의 전제는 그대로 유지되었다.

3. 구약신학의 역사 – 세 번째 논의의 축: 독자 (reader)

'역사'와 '본문'에 이어 등장한 구약신학의 세 번째 축은 '독자'이다. 이 시점에 이르게 되면, 이 전환은 포스트 모더니즘(post-modernism)의 흐름에 기인한 것이라고 말하지 않을 수 없다. 모더니즘이 합리성과 이성으로 진리를 판단하는 것이라면, 포스트 모더니즘은 합리성과 이성을 넘어서려는 방향성을 가지고 있다. 옳은 것과 그렇지 않은 것이 있다는 구분이 더 이상 중요하지 않으며, '나도 맞고 당신도 맞고 다 옳으며 이것을 서로 존중해야 한다', '어떤 종교의 길로 가더라도 구원에 이를 수 있다'고 사고하는 시대가 도래한 것이다. 이러한 영향 속에 성경해석에 있어서 의미를 창출해내는 주체가 독자라고 여기게 된 것이다.

이러한 경향을 지니는 포스트 모던 해석들은 우리 개혁주의 신학에서 받아들이기 어려운 부분이 많다. 사실, 저자·본문·독자 중에서 독자가 의미의 해석과정에 참여하는 중요한 주체 중 일부인 것은 맞다. 그러나 우리는 독자가 의미를 '창출'해낸다고 생각하지는 않는다. 의미는 저자와 본문으로부터 나온다. 독자는 이것을 읽어내는 해석자의 역할을 할 뿐이다. 독자는 해석의 과정에 참여하는 존재 정도일 뿐이지, 의미를 만들어내는 창출의 주체는 아닌 것이다. 그러나 포스트 모던적 사고방식은 독자가 의미를 부여하고 창출해 내는 존재로서 기능한다고 본다.

① 독자를 중시하는 비평학의 방법론 중에 독자반응비평(reader-response criticism)이 있다. 독자반응비평은 그 스펙트럼이 넓다. 그래서 독자가 의미를 창출한다고 보는 매우 비평적인 사람들이 있고, 독자는 해석에 참여하는 것이라는 정도로 생각하는 보다 보수적인 사람들도 있다. 때문에 독자반응비평을 한다고 해서 이것이 보수적인지 진보적인지를 일괄적으로 나누기는 어렵고, 개별적인 케이스를 보아야 한다.

② 보다 진보적인 독자중심 방법론에는 포스트 콜로니얼리즘(post-collonialism)이 있다. 후식민주의 해석이라고 부를 수 있을 것이다. 힘이 있는 존재가 약한 존재를 강탈하고 이용하는 사고를 대변하는 식민주의 방식에 반해, 포스트 콜로니얼리즘은 그동안 불이익을 당해 온 소수를 존중할 것을 표방한다. 그래서 독자, 즉 여기서는 약자에 의한 해석이 의미가 되는 것이다. 따라서 독자가 의미를 창출해낸다는 것이다.

최근 매우 큰 관심을 부여받고 있는 이런 포스트 콜로니얼리즘의 대표적인 예를 들어보자. 그동안 해석을 주도해온 것은 비장애인 서구의 백인 남성들이다. 이 전형적인 카테고리에 속하지 않는 사람들, 예를 들어 장애인, 비서구인, 흑인, 아시아인, 여성의 관점에서 보는 것이 포스트 콜로니얼한 해석인 것이다. 이러한 해석의 방향들은 사실상 유익한 본문해석의 결과들을 제공하는 경우가 많다. 예를 들면, 필자는 아시아인으로서의 성경 해석이 성경 해석의 신학에 기여하는 바가 있다고 생각한다. 서구적인 논리 구조로 본문을 볼 때 발견하지 못하는 부분들을 아시아인의 통전적인 사고방식으로 보았을 때 더 잘 해석할 수 있는 경우들이 분명히 있기 때문이다. 예를 들어, 시가서 해석에서는 통전성과 함축성이 매우 중요하다. 이러한 부분은 오히려 아시아인의 비 서구적·비 논리적인 통찰로 접근했을 때 훨씬 더 명확하게 그 의미가 드러나는 경우들이 많이 있다. 마찬가지로 남성의 시각이 아닌 여성의 시각에서 보았을 때 발견될 수 있는 성경의 의미들이 있을 것이고 유익할 것이 분명하다.

그러나 여기서 우리가 주의할 점 역시 분명히 존재한다. 왜냐하면, 이런 해석을 시도하다가 이런 방법론이 방법론적 도구가 아닌 해석의 목표가 될 수도 있기 때문이다. 다시 말해, 우리가 발견하고자 추구해야 하는 것은 '독자의 의도'가 아니라 '본문의 의도'라는 것이다. 본문이 말하고 싶은 것이 무엇인지를 발견하기 위해서 다양한 시각들을 활용할 수는 있으나, '본문'을 통해 드러나는 '저자'의 의도를 찾는 것이 목표라는 사실을 포기해서는 안 되는 것이다. 그런데 이 포스트 콜로니얼리즘은, 본문의 의도와 관계없이 그동안 권익을 갖지 못했던 소수자의 시각에서 보았을 때 그들에게 의미가 되는 것이 의미라고 본다. 독자에게 의미가 되는 것이 진정한 의미라고 보는 것이다.

예를 들어 보자. 잠언 1-9장에는 지혜 여인과 음녀라는 존재가 나온다. 본문은 일관성 있게 계속해서 음녀를 멀리하고 지혜를 취하라고 이야기한다. 그런데 어떤 포스트 콜로니얼한 학자들은 여성주의 시각을 들여와서, 본문의 의도가 아닌 독자의 의도를 가지고 본문을 해석하려고 한다. 그리하여 이들이 갑작스럽게 펼치는 논리는 '여기서 음녀는 고대 가부장 사회에서 핍박받던 여인상을 뜻한다. 그러므로 우리는 이 음녀를 해방시켜 주어야 한다'는 것이다. 본문해석상 받아들이기 어려운 결론이다. 본문 자체가 음녀에 대해 부정적으로 평가하고 있고, 음녀를 취하지 말라는 것을 명확하게 말하고 있기 때문이다. 필자는 그동안 해석에 참여하지 못했던 분들에 대한 존중을 하지 않겠다는 것이 아니다. 독자에게서 의미가 창출된다는 논리에 대해서 동의하지 못하는 것이다. 아시아인 입장에서, 여성의 입장에서, 또 다른 그동안 보지 못했던 어떤 시각에서 본문을 보았을 때, '지혜를 취하고 음녀를 취하지 말라'는 본문의 내용을 따르는 한에서는 그들의 해석이 충분히 논의의 대상이 될 수 있을 것이다. 그러나 본문을 따르지 않고 벗어나는 위와 같은 해석은 본문해석의 기준에 있어서 과하다.

그렇다면 전체적으로 정리를 해보자. 우리는 어디에 의미(meaning)가 있다고 생각하는가? 역사의 재구성에 의미가 있는가? 독자의 의미 창출에 의미가 있는가? 수사학 자체에, 구조주의 분석 자체에 의미가 있는가? 정경적 접근 자체에 의미가 있는 것인가? 그렇지 않다. 의미는 바로 저자의 의도(authorial intention)에 있다. 이때 저자란 유기적 영감을 받은 인간 저자와 궁극적 저자이신 하나님이시다. 우리 개혁주의는 이중 저자설을 따른다. 오경의 저자인 모세, 바울서신의 저자인 바울이 있다. 유기적 영감을 받은 인간 저자가 있는 것이다. 그래서 인간 저자의 생각, 경험, 그를 둘러싼 모든 상황 속에서 그가 받은 계시들이 기록된 것이다. 그러나 동시에 성령의 영감이 있었기 때문에 하나님께서 궁극적인 성경의 저자이시다. 그렇기에 저자의 의도가 진정한 의미이며, 이를 찾아내는 것이 해석이다. 그리고, 이 저자의 의도는 본문의 의도(textual intention)에 들어있다. 우리는 본문의 의도를 발견함으로써 궁극적 저자이신 하나님의 의도를 발견할 수 있다. 이렇게 우리는 궁극적 저자이신 하나님의 의도가 본문의 의도를 통해 표현되었음을 알기에, 저자의 의도와 본문의 의도를 찾아내는 것이 해석이요 의미라고 보는 것이다.

지금까지 진보비평과 구약신학의 흐름을 역사, 본문, 독자라는 세 가지 축으로 이야기했다. 이것을 이야기한 이유는 보수적인 개혁신학의 입장을 가진 우리가 성경신학이라는 분야에서 어떤 위치를 지향하고 있는지를 알기 위함이었다. 1장이 구약신학이 신학이라는 분과에서 어떤 위치를 가지고 있는지에 관한 것이었다면, 2장은 보수주의 구약신학이 구약신학이라는 분과에서 어떤 의미를 가지고 있는지에 관한 것이었다. 역사라는 축에서는 자료비평·양식비평·편집비평, 본문이라는 축에서는 문학비평과 정경적 접근방법, 독자라는 축에서는 포스트 모던한 여러 가지 접근법들이 나왔다. 비평학이 이러한 변화의 과정은 거쳤지만, 대전제는 바뀌지 않았다. 성경에 기록된 것이 실제 역사나 실제 의미가 아니라고 계속해서 생각해온 것이다. '역사의 재구성이 역사이다', '본문을 그저 경전이라는 의미에서 존중하자', '독자가 의미를 창출해 내는 것이다'라는 전제를 가지고 있었다. 따라서 우리 보수주의 구약신학은 소수였지만 이러한 여러 흐름들에 대해 논쟁해왔다. 잘못된 것들에 대해서는 지적하고, 또 신앙적으로 배울 수 있는 부분들이 있다면 그것을 받아들여서 우리 구약신학의 방법론들을 지금까지 전개해왔다. 그러나 그들의 전제는 받아들인 적이 없다. 우리는 '성경에 기록된 것이 역사적인 사실이다', '본문은 하나님의 말씀으로서 받아들여져야 한다', '저자의 의도가 본문의 의도를 통해 드러나는 것이고, 그것이 우리가 추구하는 해석의 궁극적 목표이다'라고 생각하기 때문이다. 이렇듯 보수주의 구약신학의 역사는 구약신학, 진보신학과의 논쟁을 통해서 발전해왔다. 이것이 우리가 가지고 있는 포지션이고, 가블러 이후로 보수주의 구약신학이 걸어온 발자취이다.

제3장

구원계시의 점진적 발전

지금까지는 신학에서 구약신학이 가지는 위치, 구약신학에서 보수주의 구약신학의 위치를 살펴보았다. 3장에서는 보수주의 신학 안에서 개혁주의 언약 신학이 갖는 위치에 대한 문제로 조금 더 깊이 들어가보도록 하겠다. 여기서 필자가 선택한 주제는 구약과 신약의 관계이다. 이 특정 주제를 통해 언약 신학의 흐름이 명확하게 드러나기 때문이다. 이하에 설명할 내용을 도식화하여 표현하면 아래와 같다.

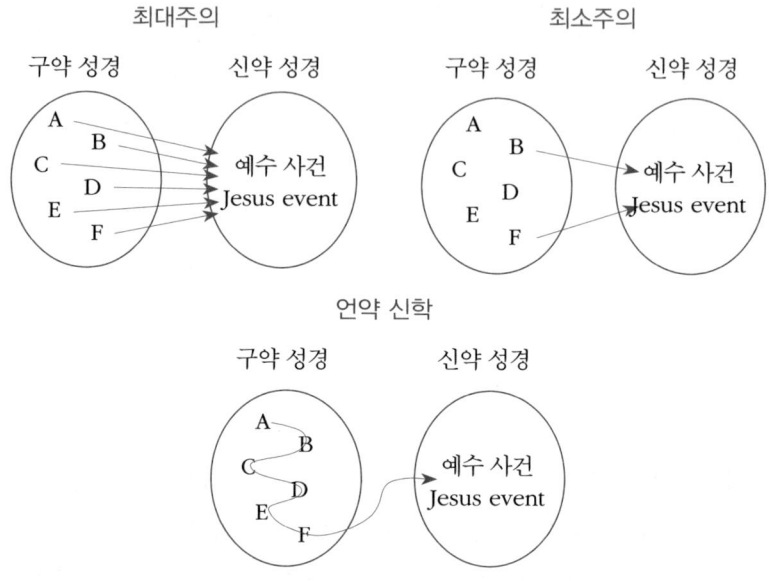

보수주의: 구약의 사건들이 신약의 예수 사건을 예표 (Two Testaments, One Bible)

구약 성경과 신약 성경의 관계에 대해, 구약 우월론의 주장을 펼치는 사람들이 간혹 있다. 예를 들면. 구약 성경의 하나님은 전능하시고 전쟁에서 승리하시는 신이신데 비해, 신약 성경의 하나님은 자신의 아들을 십자가에 못 박도록 내어주고, 다른 사람을 위해 희생할 것을 명령하는 모습이기 때문에 구약 성경의 하나님이 우월하다는 식의 주장이다. 또는 구약 성경의 분량이 신약 성경보다 많으므로 구약이 중요하다는 식의 논지를 펼치는 경우가 있다. 이러한 구약 우월론은 소수 견해라고 볼 수 있겠다. 반면, 신약 우월론을 주장하는 사람들이 있다. 불트만과 같은 학자들뿐 아니라 보수주의 안에서도, 세대주의 신학이 신약 우월론의 뉘앙스를 가지고 이야기를 할 때가 있다.

우리 개혁주의 신학은 이러한 구약 우월론과 신약 우월론을 받아들이지 않는다. 앞서 언급한 바 있듯이, 구약 성경과 신약 성경은 하나이다. 성경은 구약과 신약이라는 두 개의 약속으로 되어 있지만, 하나의 경전이다(Two Testaments, One Bible). 그런데, 이렇게 구약 성경과 신약 성경이 본질상 하나이고 동등하다고 이야기할 때 여기에는 여러 가지 의미가 있을 수 있다. 다시 말해, 구약 성경의 여러 가지 계시 사건들이 신약 성경의 예수님을 예표한다는 것에 대해서는 대부분의 보수주의 신학자들이 동의할 것이나, 실제로 이 말이 뜻하는 바가 무엇인가에 대해서는 여러 가지 입장이 있을 수 있다는 것이다.

먼저, 최대주의(Maximalist)의 입장이 있다. 이들은 구약 성경의 모든 사건들은 일대일로 신약의 예수 사건(Jesus event)에 대응하는 것으로서 모두 예수 그리스도를 이야기하고 있다는 식의 주장을 펼친다. 그래서 구약의 사건들이 예수 사건을 가리키는 것이라고 선언하기에 급급하다. 예를 들어, 사사기에서 삼손 이야기 속의 들릴라도 예수님을 가리키는 것이라는 식으로 해석을 한다. 우리 언약 신학은 이러한 최대주의의 입장을 취하지 않는다.

반대로 최소주의(Minimalist)가 있다. 이들은 구약의 사건들 중 어떤 것들은 예수 사건을 직접적으로 가리키지만, 어떤 것들은 예수님을 가리키지 않는다고 본다. 이들은 이러한 의미에서 구약이 신약을 예표한다고 생각하는 것이다. 예를 들어, 이들은 이사야 9장 6절 같은 경우에는 인성과 신성을 겸비한 아기가 나온다는 내용이므로 부정하기 어려운 예수님에 대한 예표라고 생각한다. 하지만 구약의 지혜서는 하나님을 경외하라는 교훈을 담고 있는 본문일 뿐 예수 그리스도를 예표하지 않는다고 생각한다.

이 최대주의, 최소주의는 모두 구약사건과 신약의 예수 그리스도 사건 사이에 일대일 대응이 일어나는 것을 예표와 성취로 이해한다. 그래서 구약의 특정 사건들 하나하나가 예수님을 이야기하는 것인지 아닌지에 대한 여부를 가리고자 한다. 우리 개혁주의가 표방하는 언약 신학의 입장은 최대주의도, 최소주의도 아니다. 구약 전체가 예수 그리스도를 예표하는데, 이때 구약의 여러 사건들이 일대일 대응으로 예수 사건을 가리키지는 않는다고 본다. 언약 신학은 창세기부터 말라기까지 등장하는 구약의 여러 가지 계시 사건들이 연결되어 점진적으로 발전하는 것으로 이해하며, 이러한 현상을 〈계시의 점진적 발전〉이라고 표현한다. 이것이 바로 언약 신학이 구약과 신약의 관계에 대해 취하는 입장이다. 이 언약 신학과, 보수주의 안에서도 소수 의견인 구약 우월론에 비해 세력을 잡고 있는 또 하나의 입장인 세대주의 신학을 비교해봄으로써 보수주의 신학에서 언약 신학의 위치를 이해하도록 하자.[3]

1. 세대주의적 관점

세대주의와 언약 신학은 모두 보수주의 신학 안에 있는 것은 분명하지만, 서로 만나려고 해도 만날 수 없을 만큼 다르다. 성경을 보는 기본적인 관점이 다르기 때문이다. 언약 신학은 기본적으로 성경에 나오는 여러 사건들 사이에 연속성(continuity)이 있다고 본다. 이에 반해, 세대주의 신학은 불연속성(discontinuity)을 강조한다. 이를 보다 상세히 설명해보면 아래와 같다.

창세기부터 시작되는 역사의 흐름 가운데 계시들이 순차적으로 주어졌다. 어떤 역사적 시점에 A라는 사건이 주어지고, 또 다른 역사적 시점에 B라는 사건이 주어지고, 그렇게 역사가 흘러온 것이다. 따라서 먼저 주어진 A라는 사건과 B라는 사건은 발생한 시공간이 서로 다르고, 내용에 서로 다른 점들이 있게 된다. 언약 신학에서는 이 다른 점들이 한 연속선상에서 발전해나가는 것, 거시적으로 큰 하나를 보여주는 것이라고 본다. 그러나 세대주의는 이것들을 불연속적인 것으로 생각한다. 공간이 다르고, 시간도 다르고, 관련된 사람도 다르고, 내용상 다른 면들이 있으니 앞뒤의 기간은 다른 세대(dispensation)에 해당한다는 것이다. 세대주의는 이러한 부분들을 기준으

---

[3] 구약과 신약과의 관계에 대한 다양한 주제들을 다룬 저술로는 다음을 참고하라: 데이비드 베이커, 『구약과 신약의 관계』, 임요한 역 (서울: 부흥과 개혁사, 2016).

로 이전 세대와 새로운 세대를 구분해 버린다. 필자는 이 언약 신학과 세대주의 신학 중 언약 신학이 성경을 훨씬 더 적실성 있게 해석하는 관점이라고 생각한다.

여러 가지 논의가 이 세대주의 신학에 뿌리를 두고 있는데, 종종 이슈가 되는 BTJ(Back to Jerusalem) 논의, 제3성전 이야기, 복음의 서진(西進) 운동 등이 그 예이다. 예루살렘으로 돌아가자는 이러한 논의들은, 전에는 솔로몬 성전이 있었고 현재는 모스크가 지어져 있는 그곳에 성전을 재건해야 종말이 온다는 식의 이야기이다. 이것은 이단이 되기에 매우 쉬운, 잘못되고 위험한 성경해석이다. 문제는 이렇듯 성경의 한두 구절이 전부인 것처럼 자의적으로 해석하는 세대주의적 성경 해석이 우리 주위에 만연해 있다는 것이다. 성경 전체의 가르침을 균형 있게 살펴보고 체계화시켜야 한다고 보는 우리 언약 신학의 관점은 이와 전혀 다르다. 따라서 이 세대주의와 언약 신학의 성경 해석 원리를 비교하기 위해, 먼저 세대주의 신학에 대한 설명과 비판을 한 후, 우리 언약 신학이 어떤 것인지를 설명하도록 하겠다.

세대주의(Dispensationalism)는 그 역사가 오래되지는 않았다.[4] 세대주의적 관점의 교육학, 목회학 등 실천신학에 있어서는 우리가 충분히 배울 것이 있다고 생각한다. 그러나 조직신학이나 성경신학과 같은 이론 신학의 분야에 있어서 세대주의 이론은 개혁주의 언약신학이 받아들이기 어렵다. 물론 초기 세대주의와 이후 등장한 수정된 세대주의는 다소 차이가 있다. 초기 세대주의는 어떠한 신학적 전통에서 등장한 것이 아니라, 교회가 부흥함에 따라 힘을 얻고, 이것이 교단이 되고, 세력을 얻고, 그래서 그 가르침이 하나의 신학으로 정착된 것이었다. 따라서 초기 세대주의가 많은 비판을 받

---

[4] 세대주의에 대한 개괄적인 이해로는 다음을 참고하라: Vern S. 포이쓰레스, 『세대주의 이해』, 권성수 역 (서울: 총신대학교 출판부, 1990). 고전적 세대주의로부터 발전한 점진적 세대주의의 전반적 입장을 보려면 다음을 참고하라: 크레이그 블레이징 & 대럭 박, 『점진적 세대주의: 하나님 나라와 언약』, 곽철호 역 (서울: CLC, 2005). 언약신학적 관점과 세대주의 관점에서 양 진영이 서로 토론한 자료로 다음을 보라: 존 파인버그 편, 『연속성과 불연속성: 신구약성서의 관계』, 번역위원회 역 (이천: 성서침례대학원대학교 출판부, 2016).

자, 이에 언약 신학의 비판들을 어느 정도 수용하여 발전해 나가서 수정 세대주의가 형성되었다. 하지만 수정된 세대주의라 할지라도, 그것의 근본이 되는 초기 세대주의 즉 고전적 세대주의(classical dispensation)의 기본적인 전제들을 버리지는 않았다.

창2	창5	창11	창50	세례요한		
무죄	양심	인간정부	약속	율법	은혜(교회)	왕국
(에덴동산)	(타락-홍수)	(노아-바벨탑)	(아브라함-애굽)	(모세 - 세례요한)	(교회 시대)	(천년왕국 시대)

그래서 우리는 고전적 세대주의의 첫 번째 특징인 '불연속성'을 먼저 자세히 살펴보겠다. 고전적 세대주의의 설명은 다음과 같다. 무죄세대는 창조 이야기가 나오는 창세기 1장, 2장 부분을 의미한다. 그 다음으로 등장하는 양심세대는 창세기 3장의 타락 사건 이후부터 창세기 5장 정도까지에 해당한다. 다음으로 창세기 6장에서 11장 정도까지, 노아 홍수 사건 이후에 해당하는 인간 정부 시대가 등장한다. 다음으로 아브라함 이야기가 시작되는 창세기 12장부터 창세기가 마치는 50장까지는 약속세대라 불린다. 그 이후 모세가 등장하는 출애굽기부터 말라기까지 구약 시대의 나머지 부분, 정확히 말하면 세례요한 때까지의 기간은 율법 세대라 불린다. 그리고 나서 예수 그리스도부터는 은혜 세대 또는 교회 세대가 등장하게 된다. 그 다음, 마지막으로 천년 왕국 시대 또는 왕국 시대가 나타나게 된다. 이것들이 각 세대를 특징짓는 핵심이라는 것이 고전적 세대주의의 주장이다. 다시 말해, 고전적 세대주의는 하나님께서 이 세상과 맺으신 관계가 어떠한 방식으로 형성되어 있었는지 그 핵심 원리들을 이와 같이 명명한 것이다.

창세기 1-2장에 창조 명령(문화 명령), 에덴동산의 특징들, 하나님의 나라 등 중요한 내용들이 매우 많은데, 그것들을 제외시키고 굳이 해당 부분을 '무죄 세대'라고 이름 붙인 것부터가 사실 필자가 보기에는 매우 부적절해 보인다. 그러나 위에 보인 세대 구별 중에서도 특별히 약속 세대, 율법 세대,

그리고 은혜 세대 부분을 통해 세대주의가 성경 해석에서 강조하는 '불연속성'의 문제점이 가장 난맥상을 형성한다.

설명의 필요를 위해, 세대주의 관점에서 간단히 한 가지 예를 서술해보고자 한다. 아래는 우리가 흔히 접하게 되는 세대주의 관점에서 본 성경의 거시적 흐름에 대한 설명이다.

세대주의 관점의 예 아브라함이 등장하는 12장부터 창세기의 마지막까지가 약속세대이다. 하나님께서 이 세대에 등장하는 인물들, 즉 아브라함, 이삭, 야곱, 요셉 및 그의 형제들과 관계를 맺으신 방식을 보면, 그들은 부족하고 실수가 많았고 죄를 지었으나 하나님은 그들을 너그럽게 대하시고 품어주셨다. 왜냐하면 이때의 기준은 약속이기 때문이다. 뒤이어 등장하는 율법 세대와 같이 인간의 순종을 요구하시는 시대가 아니었기 때문이라는 것이다. 그런데 출애굽기부터는 모세를 통하여 율법이 주어졌으므로, 율법 세대로 변화되었다. 여기서는 하나님께서 이스라엘 백성에게 순종을 요구하시고, 순종과 불순종이 나누어진다. 이스라엘 백성들이 순종하면 복을 주시고, 불순종하면 저주를 주시는 세대가 되었다. 그런데 이스라엘 백성이 제대로 순종하지 못하였기에, 구약은 계속해서 실패의 역사가 되었다. 따라서 이 실패의 역사만으로는 하나님의 약속이 이루어질 수 없기 때문에 예수님을 보내셨고, 은혜 세대가 나오게 되었다. 이것이 함의하는 바가 무엇인가? 구약은 실패이자 율법이고, 신약은 승리요 은혜다. 신약시대에 속한 우리들은 하나님의 은혜가 충만한 신약 시대에 속하고 율법의 시대인 구약 시대에 속하지 않은 것을 감사하게 여겨야 한다.

위의 설명은 어쩌면 우리 교회 현장에서 매우 흔히 접하게 되는 류의 견해일지 모른다. 필자의 입장에 보면, 이렇게 세대주의 입장에서 서술한 성경 흐름 설명은 문제점이 많다. 불연속성을 강조하는 세대주의의 성경 해석은 결국 하나님의 전능하심을 부정해버리는 것이 되기 때문이다. 하나님께서 제시하신 여러 계시들을 상호 비교할 때, 시간 순서 상 앞에 주어진 계시는 후에 주어진 계시에 비교해보았을 때 부족하거나 불완전했다는 의미가 되는 것이다. 소프트웨어 프로그램에 비유하자면, 버전 1이 있었는데(무죄 세대), 이어서 버전 1.1이 나왔고(양심 세대), 버전 1.2(인간정부 세대), 버전 1.3(약속 세대)이 나오다가 버전 2(율법 세대)가 나왔다는 것이다. 그런데 이 업그레이드가 된 버전 2(율법 세대)가 기능을 발휘하지 못하고 자꾸 버그가 나서 하나님의 뜻을 이루지 못하였으므로, 하나님께서는 이를 전량 회수하고 리콜하여 교회라는 버전을 새로 주셨다는 것이다. 이러한 해석을 받아들이게 되면, 우리가 믿는 하나님은 '실패하신 하나님', '약속을 이루지 못하시는 하나님'이 되고 만다. 하나님의 약속이 이루어지지 않고 실패했기 때문에, 이를 극복하기 위하여 더 나은 다음 버전이 나오게 되었다는 뜻이 되고 말기 때문이다. 그러나 개혁주의 언약신학의 관점은 우리 하나님을 어제나 오늘이나 내일이나 그 능력과 지혜에 있어서 동일하시고 온전하신 하나님이심을 믿는다. 불연속성을 강조하는 세대주의적 해석은 본문 자체를 중시한다고 하면서도 본문을 제대로 해석해내지 못하며, 그 해석에 있어서 성경 전체의 교리와 적절하게 조화를 이루지 못하는 약점을 지니게 된다.

이렇듯 세대주의 해석의 가장 기본적인 특징은 '불연속성'이며, 이에 따라 앞서 언급한 것과 같은 세대 구분이 나오게 되었고, 결국 신학적으로 잘못된 교리를 향해 흘러가기 쉬운 성향을 갖게 된다. 그렇다면 도대체 이런 식의 해석을 낳는, 세대주의의 해석의 기본적인 원리(interpretive principle)는 무엇일까? 바로 '지시적 해석'이다. 영어로는 'referential interpretation'이라고 불리는데, 이 지시적 해석은 어떠한 본문의 개념이나 주제 혹은 표현이 어떤 특정한 하나의 객체를 가리키고 있다고 본다. 본문의 표현 하나하나가 일대일 방식으로 무언가를 지시하고 있다(refer to)는 이야기이다. 세대주의자들은 자신들의 해석이 '문자적 해석'(literal interpretation)을 지향한다고 주장하는데, 그들이 말하는 문자적 해석이란 사실상으로는 지시적 해석(referential interpretation)이다. 정리하면, 이들에게는 지시적인 해석이 곧 문자적 해석인 것이다. 따라서 이들에게는 본문이 가리키는 것이 무엇인지를 서둘러 찾는 것이 중요하다.

이사야 2장 1-4절 말씀을 예로 들어보자.

이사야 2장 1-4절

[1] 아모스의 아들 이사야가 받은 바 유다와 예루살렘에 관한 말씀이라
[2] 말일에 여호와의 전의 산이 모든 산 꼭대기에 굳게 설 것이요 모든 작은 산 위에 뛰어나리니 만방이 그리로 모여들 것이라
[3] 많은 백성이 가며 이르기를 오라 우리가 여호와의 산에 오르며 야곱의 하나님의 전에 이르자 그가 그의 길을 우리에게 가르치실 것이라 우리가 그 길로 행하리라 하리니 이는 율법이 시온에서부터 나올 것이요 여호와의 말씀이 예루살렘에서부터 나올 것임이니라
[4] 그가 열방 사이에 판단하시며 많은 백성을 판결하시리니 무리가 그들의 칼을 쳐서 보습을 만들고 그들의 창을 쳐서 낫을 만들 것이며 이 나라와 저 나라가 다시는 칼을 들고 서로 치지 아니하며 다시는 전쟁을 연습하지 아니하리라

이 본문은 말일에 열방이 예루살렘 성전에 모이게 된다는 사실을 예언하고 있다. 세대주의는 이 구절을 바탕으로, '말일에 열방이 예루살렘에 모이게 된다'는 문장은 최종 심판 날에 예루살렘이 세상의 중심이 될 것이며, 그래서 예루살렘에는 성전이 물리적으로 존재해야 하며, 여기에 열방이 모여야 마지막 때가 오는 것이므로, 현재 모스크가 있는 예루살렘 성전 부지에 건물로서의 성전을 재건해야 마지막 날이 되는 것이라고 주장한다. 이들은 본문에 나타나는 예루살렘 중심성이 물리적인 의미의 예루살렘 성전 중심성이라고 문자적(지시적)으로 해석하고 있는 것이다.

이사야 2장 1-4절에서 예루살렘을 이런 식으로 해석하는 것은, 이사야서 전체의 문맥에서 보면, 부분적 해석에 불과하다는 것이 드러난다. 이사야

서의 서론 격에 해당되는 1-2장에 상응하는 본문이 이사야서의 맨 마지막인 결론부 65-66장인데, 65-66장에는 새 예루살렘이 묘사되어 있다. 여기서 새 예루살렘이란 새 하늘과 새 땅, 피조 세계 전체를 의미한다. 이것은 곧 새 공동체를 가리키는 의미도 지니고 있다. 이렇듯 이사야서 안에서조차 이스라엘, 예루살렘의 의미는 혈통으로서의 이스라엘, 지정학적 의미에서의 예루살렘 땅을 훌쩍 뛰어넘어간다. 더군다나 구약의 거시적인 흐름을 생각하면, 이사야 2장을 세대주의 식으로 해석하는 것은 아예 설 자리를 잃는다. 하나님이 처음부터 계획하신 그림은 예루살렘으로 다시 모이는 그림이 아니라, 예루살렘이 땅끝까지 확장되는 것이기 때문이다. 이는 "오직 성령이 너희에게 임하시면 너희가 권능을 받고 예루살렘과 온 유대와 사마리아와 땅 끝까지 이르러 내 증인이 되리라 하시니라"(행 1:8), "이 천국 복음이 모든 민족에게 증언되기 위하여 온 세상에 전파되리니 그제야 끝이 오리라"(마 24:14)와 같은 말씀들에도 나타난다. 그러므로 예루살렘은 우리가 돌아가야 할 특정 시간과 공간이 아니라, 우리가 가야 하는 땅끝 중의 하나인 것이다.

또 다른 예로 다니엘서를 들어보자. 다니엘서에는 묵시적인 환상들이 많이 등장한다. 열 뿔, 네 짐승, 70 이레와 같은 이야기들이 많이 나타나는데, 세대주의 관점에서 해석하려 한다면, 이런 상징적 표현들에 대해서도 지시적 해석을 시도해야 할 것이다. 열 뿔이 무엇을 가리키는지, 네 짐승은 어떤 세력인지, 70 이레의 시점은 언제인지에 대해 특정 시간, 특정 공간, 특정 대상으로 대답하라는 것이다. 한국교회 역사를 돌이켜 보면, 수십 년 전 이 열 뿔을 유럽 연합(EU)으로 해석하기도 했다. 유럽 연합이 만들어질 때 얼마나 공격의 대상이 되었는지 모른다. 나라들이 모여서 한 통화(유로화)를 쓰고 국가 간의 장벽을 낮추는 것을 보고, '마지막 때가 되어서 그런 것이다', '그 뒤에 세계 정부가 있다'고 주장한 것이다.

지시적 해석의 또 다른 예로, 계시록의 666에 대한 해석 논쟁이 있다. 한때 세대주의자들은 이것이 영어로 컴퓨터(computer)라고 해석했다. C에 해당하는 숫자, O에 해당하는 숫자들이 있어서 computer의 알파벳에 해당하는 숫자를 모두 더하면 666이 된다는 것이다. 따라서 666이란 컴퓨터 즉 바코드를 의미하는 것이고, 사람들이 바코드를 받게 될 것이고, 그 바코드를 주는 세계 정부 뒤에는 프리메이슨이라는 악한 비밀 정부가 있다는 것이다. 이런 해석을 시도한 사람들은 본문을 이렇듯 지시적으로 해석한 후 여기에 동의하지 않으면 성경을 해석할 줄 모르는 것으로 치부해 버리기도 했다. 이러한 지시적 해석은 종말의 날짜를 예견하는 것과도 연관된다. 우리나라에도 1992년 10월에 종말이 온다고 하여 사람들이 이를 기다리는 모습이 생중계되기까지 했던 사건이 있었다. 물론 예수님은 그날 오지 않으셨다.

다니엘서의 기본적인 구조가 어떻게 되어 있는가? 기본적인 구조를 살펴보면 1-6장은 내러티브이고 여기에 다니엘과 세 친구들의 경험이 나온다. 이에 비해 7-12장은 묵시 장르이고, 여기에 주로 환상들과 미래의 일들에 대한 설명이 나온다. 이러한 전체 구조는 1-6장의 내용 즉 다니엘과 세 친구들의 경험을 7-12장 즉 앞으로 장차 일어나게 될 일에 대한 경험적 근거이자 하나의 패턴으로서 제시한다고 해석된다. 여기서 중요한 것은 7-12장에 등장하는 열 뿔, 네 짐승, 한 때와 두 때와 반 때, 70 이레와 같은 표현들은 상징적 의미를 지닌다는 사실이다. 이러한 상징들은 12장에 의하면 풀지 말아야 한다. 그 이유는 이 상징들이 여러 번 성취되는 것이기 때문이다. 이것을 다중적 성취라고 한다. 이러한 상징들은 기본적으로는 주전 2세기 안티오쿠스 에피파네스 때에 일어나게 될 혹독한 사건들에 대한 예언이지만, 그것으로 그치지 않고 앞으로 계속해서 나타나게 될 일들 또한 예고하고 있다. 궁극적으로, 열 뿔 · 네 짐승은 계속해서 여러 번 일어나게 될 세력들 즉 그리스도를 대적하고 믿음의 성도를 핍박하는 세력들을 의미한다.

결국, 진정한 의미의 '문자적 해석'은 모든 것을 '지시적'으로 해석하는 것이 아니다. 진정한 문자적 해석이란 성경 본문이 말하려고 하는 것 자체에 집중하는 것이다. 성경이 '구원은 예수 그리스도 한 분뿐으로 되는 것이다', '이것은 예수 그리스도를 가리키는 것이다'라고 지시적으로 이야기하는 경우에는 우리 역시 지시적 해석을 해야 할 것이다. 그러나 성경이 비(非)지시적으로 이야기하는 때가 있다. 여러 번 반복되어 성취되는 일에 대해서는 이것을 표현하기 위해 상징을 활용하기도 한다는 것이다. 이런 때에는 우리가 비지시적으로 해석하는 것이 옳다. 성경본문이 지시적으로 보면 우리도 지시적으로 보고, 비지시적으로 보면 우리도 비지시적으로 보는 것, 다시 말해 성경 본문의 의도를 상세히 살피려고 하면서 본문이 가는 데까지 가고 본문이 멈추는 데서 멈추는 것이 참된 의미의 문자적 해석이다.

그러므로 바람직한 문자적 해석은 세 가지의 해석을 갖추어야 한다. 첫 번째, 역사적 해석이다. 역사적인 배경을 고려하여 당대에 그 본문이 무슨 뜻이었는지를 찾아내는 것이 필요하다. 두 번째, 문법적 해석이다. 히브리어와 헬라어에 근거하여 성경을 텍스트로 읽어내면서, 어휘, 문맥, 언어적인 특성, 문예적인 특성 등을 살펴보아야 한다. 마지막 세 번째, 신학적 해석이다. 본문의 내용이 삶에 대한 보편적인 원리로서 우리에게 어떻게 다가올 수 있는지를 살펴보는 것이다. 이렇게 역사적, 문법적, 신학적인 해석이 이루어져야 진정한 의미의 문자적 해석이라고 할 수 있다.

지금까지 세대주의의 특징인 불연속성, 이러한 특징을 낳은 세대주의 해석의 원리로서 지시적 해석의 방법을 다루면서 비판받아야 하는 측면들을 살펴보았다. 세 번째로 한 가지 더 이야기할 것은 이스라엘과 교회의 관계이다. 이스라엘과 교회의 관계를 이야기함에 있어서 세대주의는 상당한 해석의 난맥상을 드러낸다.

언약주의는 구약 성경에 나타난 이스라엘이 신약에 나타나는 교회를 보여주는 임시적인 장치이며, 신약교회가 궁극성을 가진다고 생각한다. 그런데 세대주의자들은 우리의 이러한 견해를, 교회가 이스라엘을 대체했다고 말한다는 의미에서 '대체신학'이라고 부른다. 이것은 언약 신학을 비판하는 표현이다. 그러나 우리는 교회가 이스라엘을 대체했다고 생각하지 않는다. 신약에 나타나는 교회는 구약의 여러 가지 언약들과 그 중 하나인 이스라엘에 대한 설명들이 내다보고 있었던 궁극적 완성체라는 것이 언약 신학의 견해이다.

그러나 세대주의는 그렇게 생각하지 않는다. 세대주의의 견해에 따르면, 교회 세대는 중간에 끼인 세대이므로 궁극적 모습이 아니다. 궁극적인 것은 천년 왕국 시대이다. 따라서 세대주의자들은 교회의 궁극성을 거부하고, 구약 성경에 나오는 이스라엘의 유효성을 이야기한다. 구약 성경의 이스라엘이 임시적인 것이 아니라 영속성을 가진 모습이라는 것이다. 그러므로 말일에는 이스라엘이 회복된다는 것이다. 이런 논의가 제3성전 주장과도 맞물리고는 한다. (이것이 왜 잘못된 것인지는 창세기 2장에서 대표성 원리를 다룰 때 보다 자세히 설명하도록 하겠다.) 이러한 논리를 계속 펼치게 되면, 현재 우리가 가서 예배를 드리는 지역 교회도 참된 교회가 아닌 것이 되며, 거기서 드리는 예배 또한 참된 예배가 아니라고 이야기해야 한다. 그렇게 볼 수 없다. 우리는 신약의 가르침을 적실하게 따라, 예배당으로서의 교회가 아닌 하나님 나라 공동체로서의 교회, 즉 예수님을 머리로 하는 몸된 교회가 성전이라고 생각한다. 그러나 세대주의 이론에 따르면, 성전은 예루살렘에 재건할 물리적인 성전이다. 그 종말론적인 최종 성전이 아직 오지 않았고, 혈통으로서의 이스라엘이 이방 민족들보다 구원을 받음에 있어서 우선성을 갖는다고 여기는 것이다.

그렇다면 우리 같은 이방인들은 하나님 백성 중에서 유대인들에 비해 열등한 자들이고, 이스라엘 혈통을 이어받은 유대인들이 우수한 자들이 되는 것인가? 그렇지 않다. 에베소서 2장은 예수 그리스도가 십자가로 이스라엘과 이방의 담을 허무셨다고 말한다. 그들을 하나로 만드셔서, 그들이 기촛돌 위에 서로 연결되어 하나님을 모실 처소로 지으심을 받는다고 말씀한다. 무슨 뜻인가? 유대인이나 유대인이 아닌 자나, 예수 그리스도 안에서 동등한 하나님의 자녀라는 것이다. 그런데 세대주의의 사고방식을 따른다면, 이러한 신약 성경의 가르침은 전부 무너지게 된다. 세대주의 논리에 따르면 혈통 이스라엘의 존재 자체가 신약 시대에도 유효한 것이 되며, 이는 곧 신약 시대에 예수 그리스도 사건으로 인해 이루어진 계시의 성취를 버리고 구약 시대의 원칙과 원리로 돌아가자는 것이 되기 때문이다. 이는 곧 신약이 가르치는 예수 그리스도의 복음과 그 성취 자체를 우리의 논의에서 제외해 버리자는 것이 되기 때문이다. 그러나 구약 시대의 절기들, 이스라엘, 성막이나 성전은 임시적인 제도이다. 궁극적인 것은 신약의 교회이다.

이상과 같이 세대주의의 문제점을 세 가지 측면에서 살펴보았다. 세대주의의 불연속적인 특징이 구약의 역사를 실패의 역사로 보았다는 점, 그 해석의 원리가 지시적 해석이라는 단편적 방법에 의존한다는 점, 그리고 마지막으로 이스라엘의 유효성을 주장하고 교회의 궁극성을 부정한다는 점을 고찰했다. 이와 같이 성경의 한두 구절을 전부인 것처럼 극단적으로 밀어붙여 해석하고자 하면 어느 순간 건강한 교리의 경계를 벗어나게 됨을 우리는 알 수 있다. 그러므로 우리는 성경의 거시적인 흐름과 진리에 대해 분명히 이해하기 위해 힘써야 한다. 필자는 세대주의 자체를 이단이라고 생각하지는 않지만, 극단적으로 가게 되면 얼마든지 이단적인 해석이 될 수 있다는 위험성을 갖고 있다고 본다.

2. 언약신학적 관점: 계시의 점진적 발전

언약 신학 (Covenant Theology)

구원 계시의 점진적 발전 (Progress of Redemption; Progress of Revelation)

❶ 계시의 다중적 성취 (부분적 성취)

그렇다면 우리는 어떤 원리를 가지고 있는 것일까? 언약 신학의 핵심적 원리인 〈구원 계시의 점진적 발전〉이 무엇인지를 살펴보자. 우리는 지금까지 진보적인 비평학이 보수적 구약신학과 어떻게 다른지, 또 보수주의 안에서도 세대주의가 언약신학과 어떻게 다른지를 다루었다. 지금까지의 내용이 우리와 다른 견해들에 대한 비판이었다면, 이제는 보다 적극적으로 우리가 가진 원리가 무엇인지에 대한 이야기를 할 차례이다.

언약신학(Convenantal Theology)에서 우리가 핵심적으로 이해해야 하는 바는 바로, 우리가 〈구원 계시의 점진적인 발전(Progress of Redemption or Progress of Revelation)〉이라는 렌즈로 구약 성경의 계시들을 이해해야 한다는 것이다. 그렇다면 구원 계시의 점진적인 발전이란 정확히 어떤 것일까? 많이 들어본 표현이라 할지라도, 핵심적인 아이디어들이 개념으로 정립되어 있지 않다면 아주 모호한 표현이 될 수밖에 없다. 따라서 〈구원 계시의 점진적인 발전〉이라는 표현의 의미를 정확하게 이해하는 것이 필요하다.[5]

구원 계시의 점진적 발전이란 구약의 여러 계시들이 서로 다르게 주어져 있는 것이 아니며, 오히려 연속성(continuity) 상에서 신약을 향해서 유기적으로 발전해 나가며, 신약의 예수 그리스도 사건에서 종말론적 성취를 이룬다는 의미이다. 구약의 계시들이 일대일 대응방식으로 즉 각 계시들이 단독적으로 예수 그리스도 사건에 연결되는 것이 아니라, 계시들이 서로 어우러져서 유기적인 발전과정을 거쳐 예수 그리스도 사건을 향해 나아간다는 것이다. 그렇다면, 이러한 점진적 발전은 구약 본문 안에서 실제로 어떻게 드러나게 될까? 우리는 여기서 계시의 점진적 발전이 나타나게 되는 두 가지 측면을 고려해야 한다.

첫 번째, 계시의 점진적 발전은 계시의 다중적인 성취를 통해 나타나게 된다. 하나의 계시는 한번만 성취되는 것이 아니라 여러 번 성취되며, 그러한 여러 번의 성취 과정을 통해서 발전되는 측면들이 드러나게 된다는 것이다. 이에 대해 '계시는 단회적으로 성취되는 것이 아닌가?'라고 의문을 제시하는 사람이 있을 수 있다. 계시의 단회적 성취란, 구약의 정경적 맥락 해석

---

5 구원계시의 점진적 발전을 위한 기초적인 자료로는 다음을 보라: W. A. 밴게메렌, 『구원계시의 발전사』, 안병호 & 김의원 역 (서울: 성경읽기사, 1993); 팔머 로벗슨, 『계약신학과 그리스도』, 김의원 역 (서울: 기독교문서선교회, 1983); 게하더스 보스, 『구약의 종말론』, 박규태 역 (서울: 좋은 씨앗, 2016). 언약과 하나님 나라에 대한 연구서로는 다음을 보라: 피터 J. 젠트리 & 스티븐 J. 웰럼, 『언약과 하나님 나라』, 감귀탁 역 (서울: 새물결플러스, 2017).

에서 사용하는 개념이다. 신약 시대에 와서 우리는 '단회적 성취'라는 말을 쓰게 되었다. '단회적 성취'라 함은 결국 '최종 성취', '종말론적 성취'를 뜻하고, 이것은 곧 예수 그리스도 사건이 이룬 바를 가리킨다. 예수님으로 인해서 구약의 모든 계시들은 완성되었고 종결되었다는 것이며, 예수 그리스도 이후에 다른 성취는 없다는 것이다. 예수님은 모든 계시들을 마지막으로, 최종적으로, 온전하게, 다 성취하셨고, 이러한 예수 사건에서의 성취를 단회적 성취, 최종 성취, 종말론적 성취라고 부른다. 이러한 단회적 성취는 예수 그리스도께서 오신 신약의 사건을 일컫는 것이고, 예수께서 성육신하시기 이전 즉 구약에 주어진 계시들은 그 예수께서 오시기 전까지 여러 번의 성취과정을 거쳐 예수 그리스도의 단회적 성취를 향해 나아가게 된다. 그러므로 다중적 성취란 구약 계시들의 성격을 나타내는 표현이며, 당연히 최종적 성취가 아닌 부분적인 성취를 의미한다. 이 부분적·다중적 성취들을 통해서 결국 최종적·단회적·종말론적 성취인 예수 그리스도 사건을 향해 나아가게 되는 것이다. 그래서 우리는 '다중적 성취를 통해 계시가 점진적으로 발전하는 모습을 드러낸다'고 이해하게 되는 것이다.

이것을 그림으로 단순화하여 설명해보도록 하겠다. 산으로 표현된 A라는 한 계시가 있다. 여기에 서서 우리는 이것의 최종 성취인, 신약의 예수 그리스도 사건을 바라보고 있는 것이다. 이것이 단회적·종말론적·최종 성취를 보여주는 그림이다.

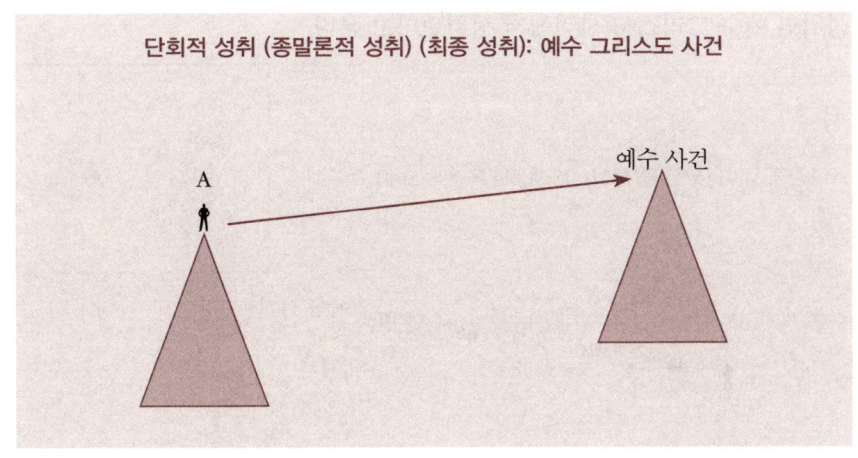

　그런데 구약 성경에 계시가 하나만 주어져 있는 것이 아니지 않은가! 구약에는 여러 계시들이 주어져 있고, 그 계시들이 서로 연결되어 있다. 후대에 주어진 계시가 이전의 계시들을 인용하는 경우들이 있으며, 서로 연결되는 현상들이 나타나기도 한다. 그렇다면 이런 연관관계들을 어떻게 설명해야 하는가? 계속하여 그림으로 설명하자면, 단회적 성취를 바라보고 있던 그 시선의 선상에 또 다른 계시가 존재하고 있고, 그래서 봉우리들이 겹쳐 보인다고 설명할 수 있다. 따라서 A라는 계시와 B라는 계시가 있는 아래의 그림에서, B라는 계시는 A라는 계시의 부분적 성취인 것이다. 이렇게 부분적 성취를 이루면서 계시의 발전이 일어나는 것이다. 이렇듯 시간 및 공간이 다른 계시들이 계속해서 부분적으로 성취되면서 발전이 일어나기 때문에, 각 계시들 사이에는 서로 다른 측면이 생겨나게 된다. 서로 다른 공간, 서로 다른 시간에 서로 다른 인물들에게 계시되었기 때문이다. 그렇지만 이런 계시들은 서로 연결되어 거시적인 시각에서 볼 때 연속선상에 존재하는 것인데, 이러한 연속성을 세대주의는 인정하지 않고 구별해버리려 하는 것이다. 그러나 언약신학적 관점은 이러한 계시들 간의 차이점을 궁극적인 차별성으로 보지 않고 오히려 부분적 성취를 이루어가는 연속선 상에 있다고 보며, 그래서 이 계시들 전체가 결국 통전적으로 연결되어 종말론적 최종 성취인 예수 그리스도 사건에서 성취된다고 본다.

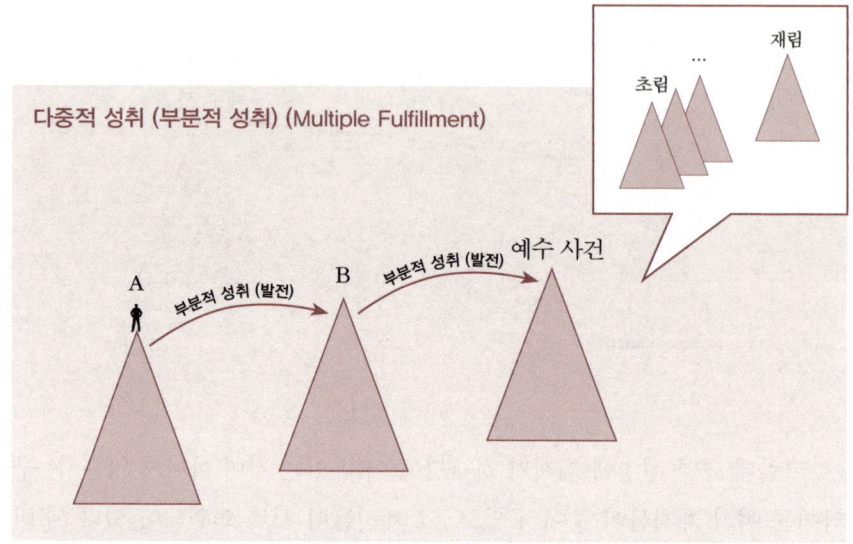

사실, 예수 그리스도 사건 안에서도 좁은 의미에서 본다면 첫 번째 성취와 최종 성취가 나뉘어진다. 예수 그리스도 사건에서 초림 사건은 이미 2천년 전에 발생했다. 그런데 이것이 장차 예수님의 재림 즉, 종말로서 최종 성취될 것이다. 그러므로 예수 그리스도 사건이란 초림만을 의미하는 것이 아니라, 초림부터 재림까지의 전체 사건을 포함하는 것이다. 이것을 우리는 '이미'와 '아직' 사이에 있다고 표현한다(Already but Not yet). '이미'라는 것은 하나님 편에서의 사건이다. 시간과 공간을 초월하신 하나님 편에서 보았을 때는, 예수 그리스도의 초림과 재림 모두 이미 완성된 사건이기 때문이다. 그러나 우리 편에서 예수 그리스도 사건은 '아직' 완성되지 않았다. 우리는 시간과 공간 안에서 초림과 재림의 중간을 살아가고 있기 때문이다. 우리 편에서 볼 때, 초림은 이미 왔으나 재림은 아직 오지 않았으며, 종말은 시작되었으나 아직 완성되지 않았다. 따라서 예수 그리스도 사건은 우리에게 이루어져 가고 있는 사건이다.

하지만 성경은 이것을 '이미' 완성된 사건이라고 한다. 즉, 예수 그리스도 사건은 우주적·보편적 사건이다. 모든 시간과 모든 공간에 영향을 미치는 사건이다. 그러므로 우리 개인의 구원 역시 예수 그리스도의 십자가 사건을 통해 완성된 것이다. 다만 우리가 성화에서 영화에 이르기까지 소요되는 시간 선상에서 살고 있는 것뿐이다. 성경의 모든 구원 계시들은 우주적·보편적인 예수 그리스도 사건에 의해 영향을 받는 가운데 있다. 따라서 지금으로부터 2천 년 전의 예수 그리스도 사건은, 예수님이 오시기 전에 존재했던 아담이나 다윗 등의 인물들에게도, 예수 그리스도 이후의 시간을 살고 있는 우리에게도 구원의 은혜를 베푸는 것이다. 예수님을 믿음으로 구원을 받는 것은 예수 사건 이전에도 이후에도 유효하다. 이렇듯 예수 그리스도 사건만 하더라도 그 안에 초림부터 재림까지의 연속적인 사건들이 포함된다. 그러므로, 예수님이 오시기 전 구약역사의 시간선 상에서 벌어진 수많은 계시 사건들은 더욱 더 시간과 공간 안에 유기적으로 펼쳐져 있게 되며, 우리는 계시의 발전이라는 시각으로 그 내용들을 살펴보아야 한다.

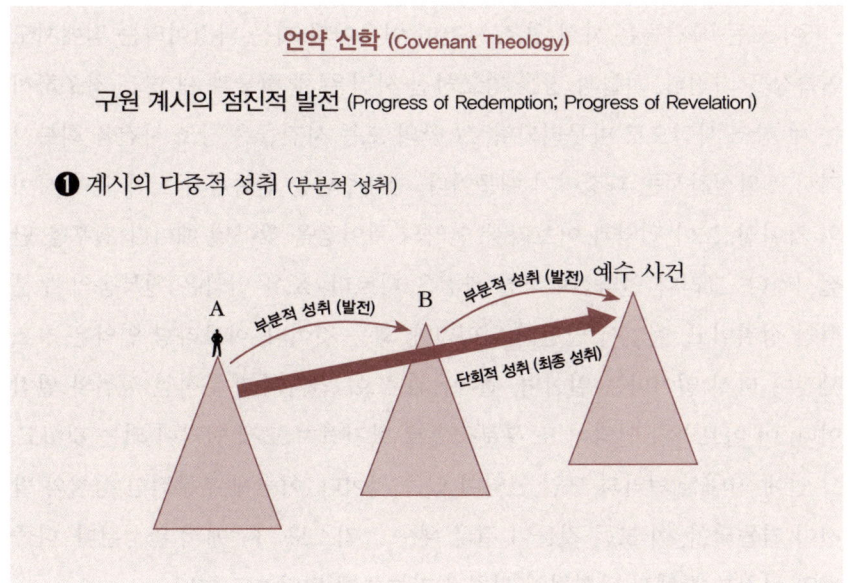

언약 신학 (Covenant Theology)

구원 계시의 점진적 발전 (Progress of Redemption; Progress of Revelation)

❶ 계시의 다중적 성취 (부분적 성취)

제3장 구원계시의 점진적 발전

위의 두 가지 그림을 아래와 같이 종합하면, 다중적 성취들을 통해 단회적 성취가 이루어지는 성경의 큰 그림을 볼 수 있다. A라는 계시는 예수 그리스도 사건에서 온전히 성취되되, 그 맥락을 보자면 B라는 계시를 거쳐서 예수 그리스도 사건으로 연결되는 것이다. 그러니까 A라는 산에서 보면, A는 B를 거쳐서 예수 그리스도 사건으로 가면서 다중적·부분적 성취를 이루고, 결국 예수 그리스도 사건에서 최종 성취되는 것이다.

이 계시의 다중적 성취를, 앞으로 보다 자세히 다룰 구체적인 사건들을 들어 이야기해보겠다. 가장 먼저 창조 사건이 있다. 그 다음으로는 타락이 들어오게 되어, 원복음 사건이 나온다. 그 다음에는 순차적으로 노아 언약, 아브라함 언약, 모세 언약이 등장한다. 모세 언약에는 시내산 언약, 모압 언약 두 가지가 포함된다. 그 다음에는 다윗 언약과 새 언약이 순차적으로 오게 된다. 구약에서 새 언약적인 요소를 가지는 것은 예레미야, 에스겔, 소선지서이므로, 이 세 가지를 모두 살펴보아야 새 언약에 대해 분명하게 이해할 수 있다. 이렇듯 여러 가지 계시들이 연속선상에 주어져 있다.

이 모든 사건들은 사실 창조 사건이 이루어져 가는 과정이라는 점에서도 연속성을 가진다. 하늘과 땅을 창조하신 사건은 새 하늘과 새 땅을 창조하시는 새 창조 사건으로 마무리되며, 그 안의 모든 사건들은 창조 사건을 회복시키시고 완성하시는 과정이기 때문이다. 세대주의는 원복음과 노아 언약 사이의 차이점, 노아 언약과 아브라함 언약의 차이점을 찾아낼 때마다 전후를 단절시킨다. 그러나 언약신학적인 관점은 다르다. 노아 언약은 원복음의 부분적인 성취이고, 여기서 발전이 나타나게 되는 것이다. 아브라함 언약은 창조 사건이 다시 일어나는 일이며, 원복음과 노아 언약의 부분적인 성취와 발전이다. 이 아브라함 언약이 또 부분적으로 발전하여 모세 언약이 되는 것이고, 그 안에 시내산 언약과 모압 언약이 있는 것이다. 이렇게 부분적인 성취와 발전이 거듭되어, 이 모든 것들이 결국 예수 그리스도 사건에서 완성된다. 다중적인 성취를 통해서 단회적인 성취가 가능하게 된다는 것이다.

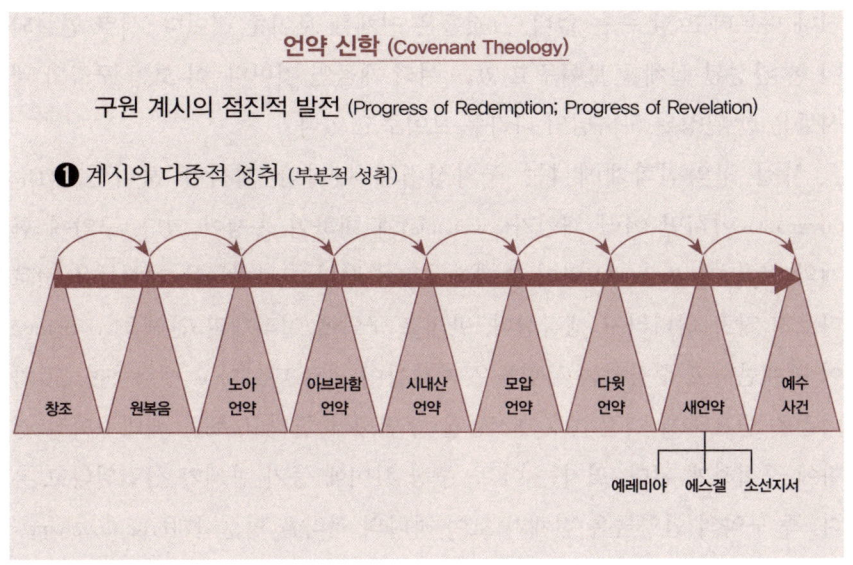

이것은 시공간을 초월한 완성된 실체가 특정 시간과 특정 공간에 보인 것이다. 시간과 공간을 초월하여 성삼위 하나님께 완성하신 하나님의 나라가 있는데, 성경의 계시를 통해 우리가 접하게 되는 종 완성된 버전은 곧 우주적·보편적 사건인 예수 그리스도 사건을 통해 우리에게 주어졌다. 히브리서에서는 이것을 '더 좋은 것'이라고 표현한다. 구약의 것들은 땅의 것이고 더 좋은 하늘의 것이 있다고, 구약의 것들은 모형이고 하늘의 실체가 있다고 이야기한다. 이렇듯 완성된 하나님의 나라가 있는데, 이것이 시간과 공간을 뚫고 특정 시간과 특정 공간에 여러 번 계시되었던 것이다. 그것이 구약의 계시들이다. 원복음이고, 노아 언약이고, 아브라함 언약이고, 시내산 언약, 모압 언약, 다윗 언약, 또 여러 개의 새 언약들이다. 즉, 시간과 공간 안에 제한된 채로는 이해할 수 없는 완성된 실체가 있는 것인데, 그 실체가 시간과 공간을 뚫고 특정 시간과 특정 공간에 계시되었고, 이런 계시들은 전체를 다 보인 것이 아니라 부분들을 보여준 것이다. 그렇다면 부분적으로 보인 것들은 전체가 아닌가? 전체를 잘못 보여준 것인가? 계시들 간에 서로 다른 측면이 보였다고 하여, 그 계시들이 궁극적인 의미에서 서로 상반된다거나 다르다고 할 수는 없다. 그것들은 전체를 보여준 것이다. 서로 연결되어 한 완성된 실체를 보여주고 있는 여러 개들인 것이다. 이 모든 구약의 계시들은 한 완성된 하나님의 나라를 보여주고 있다.

사실 구약신학계에서는 구약성경에 나타난 계시가 하나인가(The Covenant) 아니면 여러 개인가(covenants)에 대하여 논쟁이 있다. 구약에 한 개의 언약(The Covenant)만이 존재한다고 주장하는 사람들은 계시들은 서로 다르지 않고 하나라고 생각한다. 반대로 구약에 여러개의 언약들(covenants)이 존재한다고 주장하는 사람들은 계시들이 서로 다르다고 생각하며, 그 차이점을 중요하게 여길수록 계시들을 구별해야 한다고 보는 세대주의적 경향에 근접하게 된다. 필자는 이 두 주장 사이에 등가 관계가 성립된다고 본다. 즉 구약의 언약들은 전체가 모여 하나의 언약을 형성한다(The Covenant = covenants). 여러 개의 언약들이 존재하는데 그 언약들이 궁극적으로 하나의 언약을 보여주고 있다는 것이다. 여러 언약들은 부분적 성취로서의 다중적 성취라는 관계 속에서 서로 연결되어 있고, 결국 이런 언약들은 완성되어 있는 한 언약을 드러내는 역할을 한다. 이 과정을 통해 계시가 점진적으로 발전해 나가게 되는 것이다. 그러므로 이런 점에서 우리는 구약의 계시들을 연속선 상에서 이해할 필요가 있다.

구원 계시의 점진적 발전의 두 번째 개념은 이런 다중적·부분적 성취가 어떠한 방식으로 나타나는가 하는 문제와 관련된다. 이러한 다중적, 부분적 성취는 '주제들의 통합적인 발전 양상'을 통해서 나타난다. 주제들이 통합적으로 발전하는 양상을 보인다 함은 어떤 한 언약에서 하나의 특정 주제가 홀로 존재하는 것이 아니며, 여러 주제들이 유기적으로 서로 연결되어 한 언약의 내용을 형성하기 때문에, 계시가 발전하는 과정 속에도 주제들이 유기적으로 연결되어서 부분적 성취를 이루며 발전한다는 의미이다. 앞서 구약과 신약의 관계에 대한 다양한 견해를 다룰 때, 언약 신학은 구약의 주제들이 신약에 일대일 방식으로 대응되지 않는다고 이해한다는 사실을 설명했다. 구약과 신약의 내용들은 상호관계성을 형성할 때 일대일 방식으로 대응하지는 않기 때문이다. 성경을 꿰뚫을 수 있는 단 하나의 중심주제가 있어서 홀로 예수님을 향해 가는 것이 아니며, 어떤 한 주제가 구약에서의 연속적인 흐름 없이 신약으로 연결될 수 있는 것도 아니다. 구약의 주제들은 각 언약 안에서 다른 주제들과 연결되어 있으며, 그러한 언약들이 서로 유기적으로 연결되어 발전하는 과정을 통해 그 주제들도 유기적으로 발전해 나가게 된다.

언약 신학 (Covenant Theology)

구원 계시의 점진적 발전 (Progress of Redemption; Progress of Revelation)

❶ 계시의 다중적 성취 (부분적 성취)
❷ 주제들의 통합적인 발전 양상

예를 들어, 아브라함 언약에는 여러 주제들이 있다. 그 중에서도 '후손'이라는 주제가 있다. 아브라함의 후손이 큰 민족이 된다는 내용이다. 이 후손이라는 주제는 원복음에서는 여자의 후손이 나올 것이라는 내용으로 등장하였는데 이후 노아 언약에서는 노아의 후손에게 번성하라고 말씀하시는 내용으로 이어지게 되고, 아브라함 언약에서 가장 중요한 주제로 나타난다. 그런데 아브라함 언약에는 이런 후손이라는 주제만 있는 것은 아니다. '땅'이라는 주제도 있고, '복'이라는 주제도 있고, '열방'이라는 주제도 있고, '공의와 정의'라는 주제도 있고, '믿음'이라는 주제도 있다. 한 언약에 여러 가지 주제들이 통합적으로 얽혀서 하나의 유기체로 공존하고 있는 것이다. 또한 이러한 언약의 주제는 아브라함 스토리 중 하나의 본문에 나타나고 있는 것이 아니며, 여러 스토리들 속에 등장하며, 또한 하나님의 직접적인 계시 내용 속에 나타나기도 한다. 그렇기에 아브라함 언약에서 '후손'이라는 주제를 이해하고자 할 때, 후손이라는 요소 하나만 골라내어 살펴볼 수가 없

는 것이다. 아브라함 내러티브 전체에서, 그 가운데 주어진 하나님의 여러 계시들에서 '후손' 외의 다른 주제들이 어떻게 나타나고 있는지를 통전적으로 해석해내야 한다.

또한 한 걸음 더 나아가, 각 언약의 요소들은 다음 언약에서는 다른 양상으로 나타날 수 있다는 사실에 주목해야 한다. 아브라함의 후손은 결국 실제로 큰 민족 즉 이스라엘이 되는데, 민족으로서의 이스라엘에게 주어진 언약 즉 모세 언약에서는 '후손'이라는 주제는 크게 부각되지 않고 오히려 다른 주제들이 중점적으로 나타난다. 특히 '율법'이라는 주제가 매우 중요한 포인트로 등장한다. 이 율법이라는 주제는 아브라함 언약 안에도 존재하긴 했지만, 중심주제로 나온 것은 아니었고 상당히 작은 주제로 나타나면서 다른 주제들과 유기적으로 공존하는 정도였다. 그런데 이 '율법'이 모세 언약에서는 핵심 주제로 등장한다는 것이다. 물론 모세언약 안에서도 '율법'은 홀로 존재하지는 않으며, '제사장 나라', '거룩한 백성', '성전'과 같은 여러 다른 주제들과 얽혀서 유기적·통합적으로 존재한다. 따라서 이 '율법'이라는 주제를 이해하기 위해서는 아브라함 언약 외에도 특별히 모세 언약을 이해해야 하고, 이 언약들의 유기적인 연결 관계 안에서 '율법'을 해석해내야 한다. 하나의 주제가 홀로 일직선의 형태로 즉 일대일 대응의 방식으로 신약과 연결되는 것이 아니기에, 구약의 주제들을 살필 때는 그 주제들이 통합적인 틀 안에서 어떻게 발전해 나가는지 유기적 관계들을 세부적으로 살펴야 한다는 것이다.

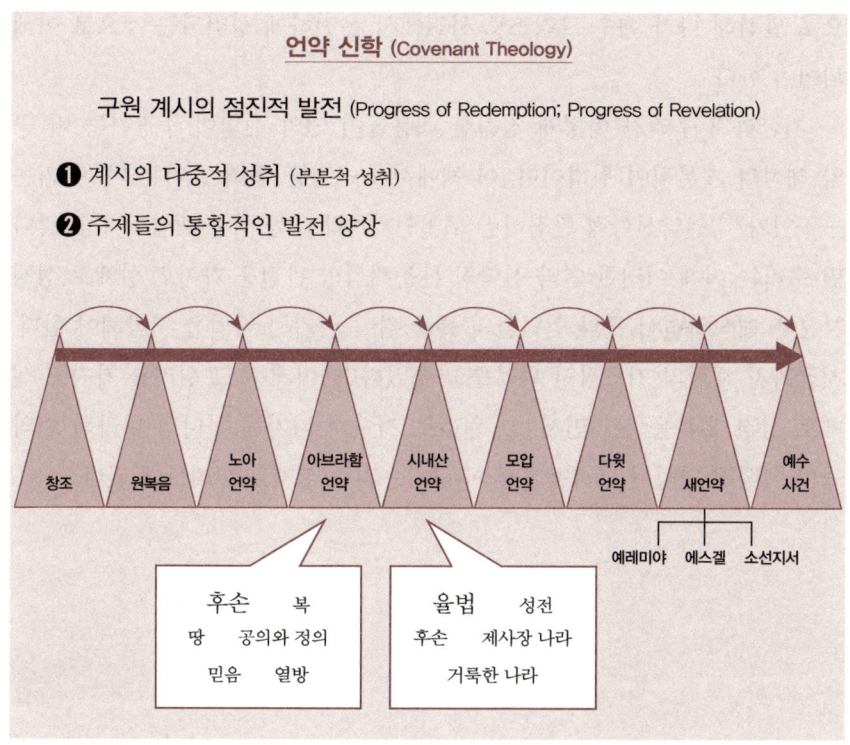

　이상의 내용을 바탕으로, 구원 계시의 점진적 발전이라는 개념을 정리해 보자. 구약의 계시들은 ① 다중적인 성취(부분적 성취)를 통하여 점진적으로 발전하며, ② 이 과정 속에 언약의 주제들이 통합적 관계를 형성하면서 유기적으로 발전하여, ③ 신약 성경의 예수 그리스도 사건에서 종말론적으로 성취되며 ④ 예수 그리스도 사건을 통하여 신약 교회의 사명과 정체성으로 연결된다.

　하나님 나라의 완성된 모습은 시간과 공간을 넘어선 궁극적인 하나의 실체인데, 그 하나님 나라가 여러 가지 언약이라는 모습으로 구약의 여러 시간과 공간 안에 계시되었으며, 그렇기에 그 다양한 계시들은 결국 유기적인 하나의 계시, 하나의 완성된 언약이다. 다양한 측면으로 드러나는 언약의 주제들은 불연속적으로 이해되어서는 안 되며, 오히려 연속선 상에서 유기적으로 발전해 나가 예수 그리스도 사건에서 온전하게 성취되는 것으로 이해되어야 한다.

지금까지 우리가 이렇게 정리한 내용들이 언약 신학이 주장하는 바 구약 해석의 기본적이 원리이며, 이 책에서 1~3장을 통해 살펴본 바 '우리는 누구인가?' '언약신학적 관점이란 무엇인가?'에 대한 최종 대답이다. 그렇다면 우리는 이제 이러한 언약 신학적 본문해석의 관점을 가지고 실제로 성경 본문을 해석하면서 구약 언약들의 틀을 잡아 나가는 작업을 시작해야 한다. 지금까지 해석의 기초적인 원리를 다루었다면, 이제는 그 원리를 가지고 실제로 성경 본문을 살피면서, 그 원리로 지어져 나가는 하나님 나라의 언약들이 어떻게 완성된 나라를 만들어 나가는지를 실제로 살펴보게 된다.

제4장

창조사건

이제 구원 계시의 점진적 발전이라는 큰 원리를 창세기에 적용하면서 본문을 해석해보려고 한다. 이에 앞서 창세기 전체 구조에 대한 몇 가지 의견을 살펴보도록 하자.

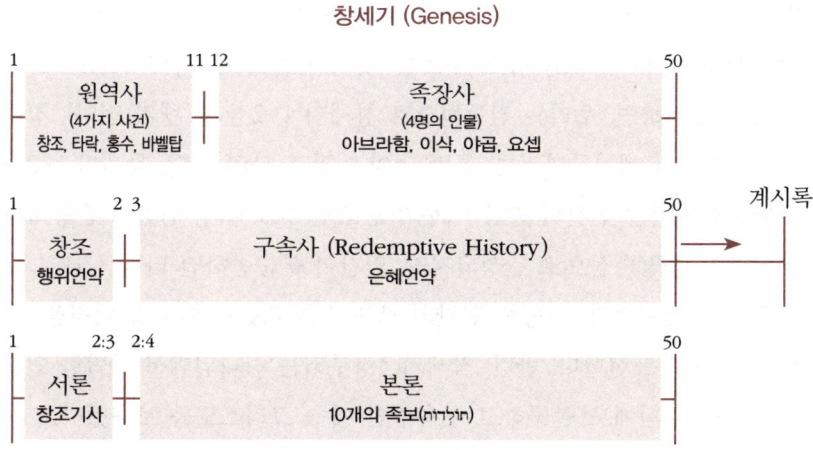

기본적으로 가장 잘 알려진 단순한 창세기의 구조는 창세기 전체를 1-11장, 12-50장으로 나누는 견해이다. 이 견해는 1-11장을 원역사, 12-50

장을 족장사라고 구별한다(원역사라 함은 이것이 원시의 역사, 최초의 역사라는 의미이다). 원역사인 창세기 1-11장은 네 가지 사건(창조 사건, 타락 사건, 노아 홍수 사건, 바벨탑 사건)으로, 족장사인 창세기 12-50장은 네 명의 인물 내지는 족장(아브라함, 이삭, 야곱, 요셉)으로 요약된다고 본다. 창세기를 매우 쉽게 볼 수 있도록 잘 요약된 버전이라고 볼 수 있으나, 창세기의 구조를 너무 단순하게 표현한 것이기에, 우리는 조금 더 깊이 이해할 필요가 있다. 특별히 12-50장을 네 명의 족장으로 이해하게 되면, 요셉을 족장에 포함시키는 것인데, 필자는 요셉은 족장으로 칠 수 없다고 본다. 족장이란 아버지에게서 한 아들에게로만 구속사가 연결된다는 이해에서 나온 표현이기에 아브라함-이삭-야곱까지만 해당이 되며, 야곱의 후손의 경우에는 요셉 한 사람이 아니라 요셉을 포함한 야곱의 12아들 전체를 포함시켜 구속역사상 공동체 버전이 나타나는 것으로 이해해야 한다.

창세기의 구조에 대한 또 하나의 견해는 창세기 1-2장과 창세기 3장로부터 말라기 혹은 신약의 계시록까지의 2개의 큰 단락으로 나누는 것이다. 창세기 1-2장은 창조사건이고, 창세기 3장부터 이후는 요한계시록까지 모두가 다 구속사건에 해당한다. 그래서 창 3장부터의 성경의 나머지 전체를 구속역사(redemptive history)라고 부르는 것이다. 이것을 카테키즘(교리문답)적 용어로 표현하면, 우리는 전통적으로 창세기 1-2장은 '행위 언약', 창세기 3장 이후부터 계시록까지는 '은혜 언약'이라고 불러 왔다. 창세기 1-2장의 에덴동산까지는 인간의 순종 여부가 중요한 요소였다. 인간이 순종하면 창조 전체가 종말론적으로 완성되지만, 인간이 불순종하면 타락 상태로 들어가게 되는 것이었다. 이렇듯 인간의 행위가 중요했기 때문에 이것을 '행위 언약'이라고 표현한다. 반면, 창세기 3장부터는 하나님께서 타락한 인간을 심판하셔야 함에도 불구하고 구속주인 예수 그리스도를 보내겠다고 하시는 약속이 시작되기 때문에, 여기부터는 '은혜 언약'이라고 구별하는 것이다.6 여기서 주의할 것은, 행위 언약은 구약을 말하는 것이고, 은혜 언약은 신약에 해당하는 것이라고 오해해서는 안 된다는 것이다. 그런 이해는 성경의 내용을 적절하게 반영하지 못하는 류의 성경이해 방식이라 하겠다.7

그렇다면 우리는 창세기 구조에 대한 이러한 견해들을 받아들일 것인가? 앞서 언급한 두 가지 모두 일리가 있지만, 우리는 조금 더 넓고 깊은 이해를 시도하는 것이 필요하다. 필자는 창세기 1장부터 50장 전체를 서론과 본론으로 나눈다. 창세기 1장 1절-2장 3절까지는 창세기의 서론으로서 창조를 설명하는 창조 기사(Creation Account)이다. 이어지는 2장 4절부터 50장까지는 창세기의 본론으로서 열 개의 족보로 구성되어 있다. 여기서 족보는 히브리어로 톨레도트(תוֹלְדוֹת)라고 부른다. 이 톨레도트란, '(아이/후손을) 낳다'라는 뜻의 얄라드 동사(ילד)에서 나온 명사이다. 즉, '낳은 것들'이라는 말이다. 그래서 이 어휘는 '족보'로 번역되기도 하고, '내력'으로 번역되기도 하고, '계보'로 번역되기도 한다. 그런데 이 '족보'라는 단어는 현대적 개념의 족보와는 다른 의미를 함축하고 있다. 우리 한국의 전통적 정서에서 족보란 조상을 찾아가는 과거 회귀의 개념, 뿌리가 누구인지 찾아가는 개념을 자연스럽게 드러내게 되는데, 성경이 말하는 족보는 다르다. 창세기에서 실제로 열 개의 톨레도트를 읽어보면, 우리가 흔히 생각하는 '족보'처럼 사람 이름

---

6 웨스트민스터 소요리문답 12문, 20문, 대요리문답 30-35문 등을 참고하라.
7 창세기 3장을 기점으로 성경을 행위 언약과 은혜 언약, 창조와 구속으로 나누어볼 수 있다는 견해에 대해 문제를 제기하는 경우가 있는데, '그렇다면 창세기 1-2장의 행위 언약 안에도 전능하신 하나님의 은혜가 존재한다고 볼 수는 없는가' 또는 '창세기 3장부터 나오는 구속사에 인간의 순종을 요구하는 명령 즉 행위에 대한 명령은 없는 것인가? 율법에 대한 순종 여부가 중요한 부분이 있지 않은가?'라는 등의 문제제기 등이 그 대표적인 경우일 것이다. 창세기 1-2장을 그 이후와 구별하고자 하는 이런 전통적인 구분법의 명칭이 다 담아내지 못하는 다양한 측면에 대해 여러 가지 논의들이 있고 우리가 계시의 점진적 발전이라는 해석의 렌즈를 바탕으로 이러한 명칭들을 면밀히 살펴야 하는 측면들이 있는 것은 맞다. 하지만 창 1-2장에 행위가 주요한 핵심사항으로 나타나며, 창 3장 이후의 모든 역사는 하나님의 은혜가 이끌어가는 구속사라는 점도 맞다. 그 이상의 논의를 펼치려면, 필자가 이후 실제 본문에서 설명해 나가고자 하는 내용들과 같은 구체적인 본문에 대한 토의가 필요하다. 여기서는 이러한 용어들에 대한 기본적인 이해, 그리고 행위와 은혜가 각각 구약과 신약을 가리키는 것이 아니라는 기본적인 이해 정도를 도모하도록 한다.

들이 연속적으로 나오는 본문도 있지만, 그런 사람의 명칭 없이 스토리로만 구성되어 있는 톨레도트도 있다. 그 첫 번째 톨레도트는 2장 4절부터 4장 끝까지에 등장하는 천지의 족보이다. 두 번째 톨레도트는 5장 1절부터 6장 8절까지에 등장하는 아담의 계보이고, 세 번째 톨레도트는 6장 9절부터 9장 끝까지에 등장하는 노아의 족보이다. 이런 식으로 10개의 톨레도트가 창세기 2장 4절부터 50장까지를 구성하고 있다는 것이다.

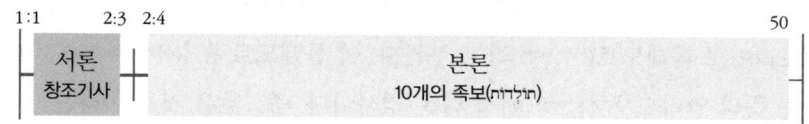

창세기 1장 1절-2장 3절

본문을 통해 예증을 해보도록 하겠다. 창세기 1장 1절에는 "태초에 하나님이 천지를 창조하시니라"라는 표제가 나타나고 있다. 여기에는 톨레도트라는 어휘가 나타나지 않는다. 그런데 2장 4절에 가면 "이것이 천지가 창조될 때에 하늘과 땅의 내력이니"라고 되어 있다. 여기서 "내력"이 톨레도트이다. 가인과 아벨, 셋이 태어나는 이야기를 포함하는 4장 26절까지의 내용이 하늘과 땅의 톨레도트인 것이다. 그렇다면 여기까지 창세기의 구조를 어떻게 보아야 하겠는가? 1장 1절-2장 3절은 창조에 대한 기술이고, 2장 4절-4장 26절은 창조 이후에 어떤 일들이 일어났는지를 이야기한다. 천지, 즉 피조세계가 어떻게 지어졌는지를 1장 1절-2장 3절이 설명하는 것이며, 그 피조세계가 무엇을 낳았고 어떻게 되었는지의 톨레도트가 2장 4절에 나오는 것이다. 그러므로 2장 4절 이하는 두 번째 창조 기사로서 기록된 것이 아니다. 비평학적 관점에서 창세기 1장과 2장의 내용이 서로 충돌하기 때문에 다른 문서라고 보는 주장은, 이러한 창세기의 톨레도트 구조를 생각할 때 설득력이 매우 부족하다는 점이 드러나게 된다. 창세기 1장의 창조 기사와 대등한 비교 대상이 될 수 있는 것은 또 다른 창조기사로서의 2장이 아니라, 천지가 창조된 이후의 이야기를 다루고 있는 2장·3장·4장 전체인 것이다.

이후 5장 1절을 보면, "이것은 아담의 계보를 적은 책이니라"라고 하여 톨레도트라는 말이 또 나오며, 이 단락은 6장 8절까지 이어진다. 6장 9절에 가면 "이것이 노아의 족보니라"라고 하여 톨레도트가 나오며, 이 단락은 9장 끝까지 이어진다. 홍수사건이 나오는 6-7장, 땅이 말라 방주를 나오는 8장, 무지개와 노아 언약이 나오는 9장까지가 노아의 톨레도트인 것이다. 여기에 우리가 흔히 생각하는 개념으로서의 족보, 누가 누구를 낳았는지에 대한 긴 서술은 없다. 이어서 10장 1절을 보면 "노아의 아들 셈과 함과 야벳의 족보는 이러하니라"라고 기록하고 있다. 노아의 아들들 세 명이 연달아 병행되어 기술된다. 경우를 주목하여 보면, 구속사의 계보에서 제외되는 인물(들)이 먼저 나오고, 구속사의 계보를 연결해 가는 인물이 가장 뒤에 등장한다. 여기서 구속사의 계보란 아브라함, 야곱, 다윗 등을 거쳐 예수님께로 향해 가는 계보를 말한다. 10장 2절을 보면, "야벳의 아들은…" 하면서 야벳의 자손들이 가장 먼저 나온다. 6절에 내려가서 보면, "함의 아들은…" 하면서 함의 자손들이 두 번째로 나온다. 그리고 나서야 21절에 가서 "셈은…" 하면서 셈의 자손들이 마지막에 등장한다. 왜 이렇게 기록되는 것일까? 이렇게 가장 마지막에 셈의 족보가 나와야, 이 본문 이후의 창세기 및 성경 전체의 나머지 부분이 모두 셈의 후손 이야기가 되어 예수 그리스도에게까지 이르게 될 수 있기 때문이다.

창세기가 톨레도트 구조로 되어 있다는 것은 이렇듯 계속해서 이야기 서술을 이어간다는 의미이다. 그러므로 성경에서 '톨레도트'는 과거 지향적인 개념이 아니라 미래 지향적인 개념이다. 톨레도트가 '조상이 누구인가' 하는 개념이 아니라, '후손이 누구인가' 하는 개념이라는 점을 기억하기 바란다. 다시 말해, 창세기의 가장 처음에 기록된 계시가 그 이후 어떻게 이어져 가는가 하는 문제를 톨레도트라는 구조를 통해서 설명하는 것이 창세기 구조의 함의이다.

창세기의 나머지 부분에서도 동일한 의도가 반복된다. 10장에서 셈의 자손들의 목록이 나온 다음, 11장에는 바벨탑 이야기가 나온다. 바벨탑 이야기까지가 노아의 후손 세 명의 족보라는 문단 안에 들어있는 셈이다. 그 다음에는 11장 10절부터 셈의 족보가 다시 한 번 기술된다. 11장 27절에 이르면 "데라의 족보는 이러하니라"라고 하면서 데라의 세 아들이 아브람, 나홀, 하란이었다고 기록하고 있다. 이 11장 27절에서 시작된 데라의 톨레도트는 25장 11절까지 길게 펼쳐지는데, 여기에는 아브라함 내러티브 전체가 들어있다. 그러니까 사실 이 데라의 족보는 데라 자신의 이야기라기보다 아브라함의 이야기인 것이다. 데라 족보의 핵심 포인트는 데라에서 아브라함으로 대(代)가 내려갔다는 데에 있다. 계속하여 25장 11절을 살펴보면 "아브라함이 죽은 후에"라고 되어있다. 이제 아브라함의 두 아들 이스마엘과 이삭 중 누구의 족보가 먼저 나오겠는가? 구속사의 계보에서 제외되는 사람, 이스마엘의 족보가 먼저 나온다. 12절의 끝부분은 "이스마엘의 족보는 이러하고"라고 기록하고 있다. 이렇게 이스마엘의 족보가 나오고 나서, 19절에 가면 "아브라함의 아들 이삭의 족보는 이러하니라"라고 하면서 이삭의 톨레도트가 등장한다. 이렇게 25장 19절부터 시작된 이삭의 톨레도트는 35장까지 계속된다. 야곱이 벧엘로 돌아오는 이야기까지 이어지는 것이다. 그러니까 이삭의 족보는 사실상 야곱의 이야기가 되는 것이다. 36장으로 가면, 역시나 이삭의 두 아들 에서와 야곱 중 구속사의 계보에서 제외되는 에서의 족보가 먼저 등장한다. "에서 곧 에돔의 족보는 이러하니라"로 시작되는 36장 전체가 에서의 자손 이야기이다. 이어지는 37장 2절에서는 "야곱의 족보는 이러하니라"라고 시작되고 있다. 따라서 37장부터 50장 전체까지가 전부 야곱의 톨레도트가 된다. 야곱 톨레도트는 독특한 점을 드러낸다. 지금까지의 톨레도트 구조와 달리, 야곱의 아들들이 모두 구속사 족보 안에 남게 된다. 지금까지 창세기 안에서는 여러 아들들 중 하나로만 계보가 이어졌고, 나머지 아들(들)은 제외시켰다. 그러나 야곱의 열두 아들들부터는 누군가를 제외하지 않고, 이 열두 아들들 모두를 포함하여 약속을 주신다. 열두 아들들 전체가 계보를 이어가는 것이다. 이 열두 아들이 열두 지파가 되어서 공동체를 형성하고, 이것이 야곱이 받은 이름을 따라 이스라엘이라 불리게 된다. 이때부터는 이스라엘이라는 공동체가 약속을 이어가는 것이다. 물론 그 열두 지파 중 어느 지파를 통해 구원자가 오느냐 하는 사안이 남지만, 그럼에도 불구하고 이제 열두 지파 중 어느 한 지파를 제외하는 일은 없다는 것이다. 개인 혹은 개인을 중심으로 한 가족으로 이어져온 하나님의 구원의 약속이 이제 공동체 버전으로 발전하는 '계시의 발전 양상'이 나타나는 것이다. 그리하여 창세기에서의 개인적인 언약이, 열두 지파 전체가 이스라엘 민족이 된 출애굽기 이후로는 공동체적인 언약으로 발전하는 것이다. 그렇기에, 정확히 말하자면 창세기의 족장이 네 명이라고 이야기하기는 곤란하다. 아브라함, 이삭, 야곱까지는 족장이라고 볼 수 있다. 아브라함은 족장으로서 구원역사를 이어갔으나, 데라의 다른 아들들 즉 나홀이나 하란은 구원역사를 이어가는 족보에서 제외되었기에 족장으로 이해되지 않는다. 동일한 방식으로, 이삭과 이스마엘 중에서는 이삭, 야곱과 에서 중에서는 야곱이 선택받았다. 이렇게 한 사람만 선택되어 언약을 이어갈 때 이것을 족장이라고 부르는 것인데, 야곱의 열두 아들들 중에는 제외되는 사람이 없으므로 여기서부터는 요셉만 족장이라고 보기가 어렵다. 언약을 이어간다는 면에서, 야곱의 열두 아들들부터는 이들 전체를 포함하는 것이라고 이해해야 할 것이다.

 이렇게 해서 우리는 창세기 전체의 구조를 '서론으로서의 창조 기사'와, '본론으로서의 열 개의 족보(톨레도트)'로 구성되어 있다고 분석하게 된다. 이제 이런 구조를 기억하면서 창세기 본문을 살펴보도록 하겠다. 이미 설명한 바와 같이 1장 1절부터 2장 3절까지는 창세기 전체의 서론인 창조 기사(Creation Account)이다. 그렇다면 서론으로서의 창조 기사가 우리에게 보여주려는 것은 무엇인가? 창조기사가 독자들에게 전달하려는 의도는 무엇인가?

1. 창세기 1장 1절~2장 3절: 창조 사건의 의미 (세계는 왜 존재하는가)

서론으로서의 창조 기사는 물론 기본적으로 창조 사건에 대한 객관적 기술이다. 이미 살펴본 바와 같이, 창세기 1장 1절은 "태초에 하나님이 천지를 창조하시니라"라고 말씀한다. 그래서 창세기 1장에서는 하나님께서 6일 동안 창조하신 사건을 설명한다. 그렇다면 이 본문이 창조 사건을 통해 우리에게 전달하고자 하는 바는 무엇일까? 필자는 여기서 우리가 두 가지를 파악해야 한다고 본다. 첫 번째는, 창조사건은 '물질적인 창조'라는 것이다. 다시 말해, '무에서 유로의 창조'라는 것이다. 우리가 알고 있는 모든 시간, 모든 공간, 모든 존재, 모든 개념들은 하나님으로부터 나온 것이다. 하나님이 없이는 된 것이 없다. 우리가 인지하는 모든 방식까지도 그렇다. 모든 것은 하나님께서 만드신 것이다. 이것을 제한된 인간의 용어를 사용하여 '무에서 유를 창조하셨다'라고 표현하게 되는 것이다. 이것은 우리가 기본적으로 받아들여야 하는 부분으로, 이것을 받아들이지 않으면 우리가 성경을 읽고 해석할 수가 없게 되는 기초 중의 기초이다. 둘째, 창세기 1장의 기술은 창조의 목표를 설명하고 있다. 우리는 창세기 1장을 읽으면서 한 가지 질문을 던져야 한다. 무에서 유를 창조하실 때, 왜 하나님께서는 6일간 창조하시는 방식을 선택하신 것일까? 한 번에 다 만드실 수도 있었는데 6일 동안 만드신 데에는 하나님의 뜻이 있을 것이다. 그 뜻은 본문에 기술된 바를 통해 알 수 있다. 성경의 저자이신 하나님의 의도가 본문의 의도를 통해 표현되기 때문이다. 그 의도를 필자는 이렇게 표현하고 싶다. 창조 사건은 '무질서에 질서를 부여하시는 왕으로서의 통치 행위'였다. 우리가 피조 세계 전체를 하나님의 나라, 하나님의 왕국(kingdom)으로서 이해해야 한다는 것이다.

창세기 본문을 보면, 1장 1절의 "태초에 하나님이 천지를 창조하시니라"라는 구절 뒤에 이어지는 2절에서 "땅이 혼돈하고 공허하며 흑암이 깊음 위에 있고"라고 태초의 상태가 어떠했는지를 보여준다. 여기서 깊음이라는 말이 히브리어로는 트홈(תהום)으로, 깊은 물을 의미한다. 고대 사회에서 이 '트

홈'이라는 말은 '혼란'과 '무질서'를 함의하는 단어였다. 고대 사람들에게 깊고 검은 물이 어떤 이미지로 비추어졌을지를 생각해보면 이 단어가 풍기는 분위기를 쉽게 이해할 수 있을 것이다. 이는 곧 하나님이 태초에 천지를 창조하셨을 때, 이것이 아직 혼돈하고, 공허하고, 무질서한 가운데 있었다는 말이다. 질서의 하나님이 왜 이러한 방식으로 창조를 진행하신 것일까? 하나님의 능력이 부족해서 처음을 이렇게 무질서한 상태로 창조하신 것은 아니지 않겠는가? 이 이후로 하나님께서 첫째 날, 둘째 날, 셋째 날, 넷째 날, 다섯째 날, 여섯째 날에 걸쳐 세상 만물을 창조하신 모든 과정은, 물질적인 창조인 동시에 여기에 질서를 부여하시는 행위였다. 이 질서는 하나님께서 왕으로서 정하신 질서, 하나님의 방식으로 부여하신 질서였다.

예를 들어 첫째 날, 하나님께서 "빛이 있으라" 하시니 빛이 있었다. 그런데 빛과 어둠을 나누셔서, 빛을 낮이라 부르시고 어둠을 밤이라 부르셨다. 이렇게 빛과 어둠, 낮과 밤을 구별하신 것이 바로 하나님의 질서 부여 행위였다. 둘째 날은 물을 윗물과 아랫물로 나누셔서 그 가운데가 궁창이 되게 하셨다. 이 역시 하나님의 질서 부여 행위였다. 셋째 날은 "천하의 물이 한 곳으로 모이고 뭍이 드러나라"라고 명령하셔서 땅과 바다를 구별하셨다. 하나님이 정하신 종류대로 나무의 열매가 열리게 된다. 역시 하나님의 질서 부여 행위였다. 넷째 날은 광명체들을 만드셔서 징조와 계절과 날과 해를 이루게 하셨고, 큰 광명체가 낮을 주관하고 작은 광명체가 밤을 주관하게 하시고, 땅을 비추게 하셨다. 역시 질서를 부여하시는 주권적인 행위였다.

이러한 모든 것이 의미하는 바는 하나님이 피조 세계 전체를 하나님의 왕국으로 창조하셨다는 것이다. 피조 세계 전체(universe)가 하나님께서 통치하시는 대상인 것이며, 하나님 방식의 질서가 부여되어 창조주이신 하나님을 드러내고 그분을 높이는 하나님의 왕국(Kingdom)으로 지어졌다는 것이다. 다시 말해, 만물은 창조주이신 하나님을 찬양하고 예배하는 성전으로 창조되었다.

2. 창세기 1장 26~28절: 인간 창조의 의미 (인간은 왜 존재하는가)

그렇다면 창세기 1장의 맥락에서 하나님께서 인간을 창조하신 이유는 어떻게 이해되어야 할까? 이에 대한 답이 창세기 1장 26-28절에 기술되어 있다. 우리는 이 내용을 〈창조 명령〉(Creation Mandate) 혹은 〈문화 명령〉(Cultural Mandate)이라고 부른다. 필자는 개인적으로 창조 명령이라는 표현을 선호한다. 물론 문화 명령이라는 표현도 받을 수 있다고 본다. 하나님께서 하나님 나라로서의 피조 세계 전체를 창조하실 때에 왜 인간을 만드셨는지, 달리 말해 피조 세계에서 사람의 역할이 무엇인지가 이 창조 명령에 명확하게 기술되어 있다.

> 창 1:26-28
> [26] 하나님이 이르시되 우리의 형상을 따라 우리의 모양대로 우리가 사람을 만들고 그들로 바다의 물고기와 하늘의 새와 가축과 온 땅과 땅에 기는 모든 것을 다스리게 하자 하시고
> [27] 하나님이 자기 형상 곧 하나님의 형상대로 사람을 창조하시되 남자와 여자를 창조하시고
> [28] 하나님이 그들에게 복을 주시며 하나님이 그들에게 이르시되 생육하고 번성하여 땅에 충만하라, 땅을 정복하라, 바다의 물고기와 하늘의 새와 땅에 움직이는 모든 생물을 다스리라 하시니라

본문을 한 번 살펴보자. 창세기 1장 26-28절의 중요성은 아무리 강조해도 지나치지 않다. 이것이 사실상 창세기 1장 창조기사의 핵심이자 절정이라고 볼 수 있다. "하나님이 이르시되 우리의 형상을 따라 우리의 모양대로 우리가 사람을 만들고" 부분에서는 '형상'과 '모양'이라는 어휘가 나온다. "그들로 바다의 물고기와 하늘의 새와 가축과 온 땅과 땅에 기는 모든 것을 다스리게 하자 하시고"에서 '바다의 물고기와 하늘의 새와 가축과 온 땅

과 땅에 기는 모든 것'은 그동안 창조하신 것들 전부를 말씀하시는 것이다. 그것들을 사람으로 하여금 다스리게 하기를 원하신 것이다. 여기서 '다스리다'라는 어휘도 등장한다. "하나님이 자기 형상 곧 하나님의 형상대로 사람을 창조하시되 남자와 여자를 창조하시고"에서는 '형상'이라는 키워드가 반복되고, "하나님이 그들에게 복을 주시며 하나님이 그들에게 이르시되 생육하고 번성하여 땅에 충만하라, 땅을 정복하라, 바다의 물고기와 하늘의 새와 땅에 움직이는 모든 생물을 다스리라 하시니라"에서는 사람이 생육하고 번성해야 하는 목적이 모든 것들을 다스리기 위함임을 알 수 있다. 그러므로 창조 명령의 핵심은 형상, 모양, 다스림이라는 세 가지 어휘에 있다.

이 세 가지 핵심적인 단어들 중 모양과 형상을 생각해보자.[8] 해설의 편의상 모양을 먼저 다루도록 하겠다. 원문을 보면 전치사 케(כ)와 '모양'이라는 뜻의 드무트(דְּמוּת)라는 말이 합쳐져 있다. 케(כ)는 '-처럼' 혹은 '-를 따라'라고 번역이 되고, 드무트(דְּמוּת)라는 단어는 다마(דָּמָה)라는 동사에서 나온 명사이다. 다마(דָּמָה)는 '닮다, 유사하다, -와 같다(to be like)'라는 뜻의 동사이고, 여기에 우트(ות)라는 접미사가 붙어서 명사가 된 것이다. 그래서 이 부분을 정확히 풀이하면 '닮음을 따라'라는 말이 되겠다. 이것은 우리 인간이 하나님을 닮았다는 말이다. 그런데 이것이 인간의 육신이 하나님을 닮았다는 것이겠는가? 그렇게 이해해서는 안 된다. 성경 속 '하나님의 손', '하나님의 팔', '하나님의 눈'과 같은 표현들은 신인동형론적인 표현으로서 하나님을 실제적으로 묘사하는 표현이 아니라 히브리어의 비유적인 기법이다. 하나님은 영이시니 육신이 아니시다. 그러니 우리가 하나님을 닮았다 함은 우리의 육체가 하나님을 닮았다는 의미는 아니다. 그렇다면 우리의 무엇이 하나님을 닮은 것인가? 우리의 존재 전체가, 특별히 우리의 존재 양식이 하나님을 닮은 것이다. 우리는 신의 성품을 닮은 존재로 부르심을 받았다. 지·정·

---

[8] 모양과 형상의 의미에 대한 논쟁의 요약으로 다음을 보라: Kenneath. A. Mathews, *Genesis 1-11:26* (NAC 1A; Nashville: B&H, 1996), 164-172.

의를 지닌 인격체로 부르심을 받았다. 그래서 하나님과 교제(fellowship)할 수 있는 존재가 된 것이고, 사람과 사람 사이에 교제하는 인격체로 지음받은 것이다.

이때 "우리의 모양대로"(26절)라는 부분에 '우리'라는 말이 등장했다. 이 표현은 삼위일체 하나님을 예표적으로 보여주고 있다고 언약 신학 전통에서 이해되어 왔다. 물론 성육신하신 사건 자체는 신약 시대에 나타나게 되지만, 이 구절이 세 위격을 지니신 삼위께서 한 동일 본질을 지니신 한 분이시라는 삼위일체의 신비를 예표적으로 보여주고 있다. 하나님의 공동체성이 '우리'라고 표현되어 있는 것이다. 그래서 하나님은 하나님 안에서 세 분이 교제하시고, 이러한 공동체성을 사람도 가지게 되는데, 바로 이런 측면에서 인간이 하나님을 닮았다는 것이 창조 명령에서의 모양이라는 말의 뜻이다.

그런데 한 가지 어휘가 더 존재한다. "우리의 형상을 따라"(26절), "하나님이 자기 형상 곧 하나님의 형상대로 사람을 창조하시되"(27절)와 같은 부분에서 나타나듯이, 우리는 하나님의 '형상'으로 지어졌다. 이것을 원어로 보면, 전치사 베(ב)와 쩰렘(צלם)이라는 말이 합쳐져 있다. 전치사 베(ב)는 여러 가지 뜻이 있는 히브리어 전치사인데, 여기서는 '-로서'로 번역하는 것이 좋겠다. 쩰렘(צלם)은 '상, 이미지'로 번역이 된다. 여기서 쩰렘(צלם)은 추상적인 어휘가 아니라, 일상 속에서 만날 수 있는 어떤 구체적인 물건을 뜻한다. 그 구체적인 물건이란 바로 동상 혹은 석상, 그러니까 어떤 존재를 닮은 형태로 눈에 보이게 만들어 놓은 것이다. 고대 사회에서 이 쩰렘(צלם)이라는 단어는 특별한 함의를 가진다. 우리가 살아가는 현대 사회에서는, 원래 존재와 그것의 상을 구별한다. 둘은 같지 않으며, 명확히 구별된다. 그러나, 이러한 구별에 대한 인지는 현대 사회의 인식 방식이며, 고대사회에서는 이 어휘를 다르게 이해했다. 고대사회에서는 원래 존재와 그의 상(쩰렘)이 있으면, 상은 그 존재의 현존을 뜻했다. 사실상 같은 것으로 이해했다는 것이다. 물론 원래 존재와 상은 다르지만, 같은 것으로 의미를 부여한 것이다. 고대 사회에서 형상(쩰렘)의 개념이 이러한데, 지금 창조 명령은 사람이 하나님의 형상(쩰렘)이라고 이야기하고 있다. 이것이 무슨 뜻이 되겠는가? 지금까지 살펴본 창세기 1장의 내용을 돌이켜보면, 하나님이 창조를 하셨는데 이 창조과정이란 물리적인 창조일 뿐 아니라 모든 만물에 질서를 부여하신 왕적인 행위였다. 질서를 부여하심으로써 모든 우주가 하나님의 왕국이자 성전으로 지어졌다. 이렇게 하나님이 우주 만물의 왕이시고 통치자이신데, 지금 그 절정에서 하나님은 사람을 하나님의 상(쩰렘)으로 만드셨다. 이 사실은 인간이 하나님의 현존을 대표하는 대리 통치자(representative)로 지음을 받았다는 것을 의미한다. 하나님께서 사람에게 통치권을 위임하신 것이다. 하나님의 왕권이 인간에게 위탁되었다. 하나님은 인간으로 하여금 하나님이 왕이신 나라를 다스리는 왕의 대리자가 되게 하셨다. 이것이 '형상'라는 어휘의 문맥적 의미이다.

모양과 형상이라는 말을 이렇게 두 가지로 별도로 설명했지만, 사실 이 두 가지는 하나의 개념을 이룬다. 인간이 하나님을 닮았다는 것이다. 하나님의 성품을 닮은 존재로 지어졌고, 또한 왕이신 주님을 그대로 닮았기에 그분의 왕권을 대리자로서 행사할 수 있게 되는 것이다. 닮았으므로, 대리 통치자가 되는 것이다. 이것을 모두 보여주는 표현이 모양과 형상이라는 언어 패키지(word pair)이다.

이리하여 창조 명령의 끝에 만물을 "다스리라"는 명령이 주어진다. 인간이 하나님의 왕국 통치권을 부여받은 왕의 대리자라는 사실이 명확하게 부각되는 것이다. 이것이 창세기 1장의 절정이다. 하나님은 우리 인간을 하나님을 대신하여 이 땅을 다스리는 존재가 되도록 부르셨다. 그러므로 우리는 왕으로 지음 받았다는 신앙고백이 있어야 하겠다.

이상의 내용에 따르면, 창세기 1장의 창조 사건은 두 가지를 보여준다는 사실을 파악하게 된다. 첫째, 창조 기사는 피조세계가 왜 존재하게 되었으며 무엇을 상징하는지를 알려준다. 피조세계는 하나님의 왕국으로 지어졌고, 하나님을 찬양하는 시간과 공간과 존재 상의 성전으로 지어졌다. 둘째, 창조 기사는 인간의 정체성을 설명한다. 인간은 하나님의 형상과 모양으로 지음을 받았는데, 하나님의 성품을 닮은 인격체로서, 또한 하나님을 대리하여 피조세계를 다스리는 왕적인 존재로 지음을 받았다.

3. 안식의 의미 (하나님 나라의 완성)

창세기 1장 1절~2장 3절의 본문을 이해하면서 우리는 한 가지 내용을 더 살펴보아야 한다. 이 모든 창조 기사의 내용들이 단계별로 진행될 때, "보시기에 좋았더라"라는 구절이 반복되면서 '토브(טוב)'라는 표현이 나온다. 창조의 마지막에 사람을 지으시고 나서는 "보시기에 '심히' 좋았더라"라고 강조된다. 히브리어 토브(טוב)는 '좋다' 혹은 '선하다'라는 의미의 단어이다. 이 단어의 의미는 단순히 기분이 좋다는 감정의 표현 정도에 그치지 않는다. 이 단어는 '하나님의 계획이 완성된 상태'를 묘사하는 말이다. 그렇기 때문에 개혁주의 언약 신학에서는 이것을 종말론적 의미를 가진 어휘로 이해한다.

이와 연결된 개념을 한 가지 더 살펴보도록 하자. 창세기 1장 1절-2장 3절까지의 창조 기사에서, 1장은 첫째 날부터 여섯째 날까지의 이야기이다. 2장 1-3절은 일곱째 날의 이야기이다. 이 일곱째 날에 대한 묘사에서 안식(שבת) 개념이 나타난다. "하나님이 그가 하시던 일을 일곱째 날에 마치시니 그가 하시던 모든 일을 그치고 일곱째 날에 안식하시니라"(창 2:2)에서 '멈추다'(to stop)라는 뜻의 샤바트 동사(שבת)가 나타난다. "이는 하나님이 그 창조하시며 만드시던 모든 일을 마치시고 그 날에 안식하셨음이니라(창 2:3)"에도 샤바트 동사가 나타난다.

구약의 이후 역사적 전개에서 발견되는 십계명의 제4계명인 안식일 계명은 바로 이 창세기 2장 1-3절과 연결된다. 그런데 창세기 2장 1-3절의 '안식' 개념과 십계명의 '안식일' 개념은 조금 다르다. 십계명의 안식일은 7일에 한 번씩 주기적으로 돌아온다. 그런데 창세기에서 일곱째 날에 하나님이 안식하신 것은 주기적으로 항상 돌아오는 것이 아니었다. 하나님께서 8일째부터 다시 일하시고, 14일 째에 또 쉬시는 것이 아니었다. 그렇다면 우리는 이 본문에서의 안식을 어떻게 이해해야 하는가? "천지와 만물이 다 이루어지니라"(창 2:1)에서 '이루다'라는 동사, "하나님이 그가 하시던 일을 일곱째 날에 마치시니"(창 2:2)에서 '마치다'라는 동사는 한국어로는 서로 다르게 번역되어 있지만, 히브리어로는 모두 칼라(כָּלָה)라는 동사이다. 이 단어는 '완성하다'(to be complete)라는 뜻을 가지고 있다. 따라서 위 구절들은 창조의 완성을 의미한다. 하나님께서 일곱째 날에 안식하신 것은 창조를 끝내셨기 때문이다. 더 만드실 것이 없었기 때문에 멈추신 것이다. 그렇기에 8일째부터 무언가를 새로 창조하시는 것이 아니다. 이처럼 '안식'의 의미는 단순히 육체노동의 멈춤, 휴식이나 회복이라는 소극적 의미에서 멈추지 않는다. 훨씬 더 긍정적이고 적극적인 의미가 있다. 다시 말해, 안식의 의미는 완성인 것이다. 하나님의 역사가 완성되는 것, 주님의 계획이 완성되는 것이 안식이다.[9]

앞서 언급한 토브 개념과 이 안식 개념은 모두 하나님의 계획이 완성되는 것을 의미하기에 문맥상 연결되어 있는 개념으로 이해되어야 한다. 이렇게 창세기 1장 1절-2장 3절에 걸친 창조 기사는 안식 이야기로 마무리되었다. 창조가 완성된 것이다. 그런데 창세기 3장에 가면 타락 사건이 일어나게 되었고, 안식은 더 이상 유지되지 못하고 파괴되었다. 이에 하나님은 오실 예수님에 대한 예언을 주시면서(창 3:15) 안식의 회복을 예고하신다. 이런 맥락에서 이후 이스라엘 백성이 들어갈 가나안 땅이 안식의 땅으로 이해되게 된다. 그 땅에서 하나님 나라의 회복을 이루어야 하므로 그들이 안식일을 지킨 것이다.

그렇기에, 구약의 안식일 제도의 개념을 확실히 할 필요가 있다. 안식일

---

[9] 보스, 『구약의 종말론』, 125; 윌리엄 J. 덤브렐, 『언약신학과 종말론』, 장세훈 역 (서울: CLC, 2000), 32-33.

제도란, 장차 종말론적으로 회복될 안식을 미리 믿음으로 수납하여 안식일을 지키는 것이다. 이런 점에서 안식일은 신앙고백의 날이다. 예수님이 오셔서 종말론적 안식이 회복될 것이지만, 구약 시대에는 종말의 회복이 아직 이루어지지 않았다. 그러나 구약에서 하나님의 백성들은 그 안식의 회복이 장차 분명히 이루어질 것을 미리 믿음으로 받아들임으로써, 마치 창세기 1-2장으로 돌아간 것처럼, 안식일 제도를 지킨 것이다. 그래서 여기에서 육체의 휴식 이야기도 나오는 것이다. 마치 에덴동산에 거하게 되는 것처럼 육체도 휴식하게 되는 것이었다. 이들도 '이미'와 '아직' 사이에 있었고, 계시가 부분적으로 성취되면서 완성되어 가고 있었다.

따라서, 안식일 제도는 예수님이 오시기 전까지의 임시적인 제도였지 영속적인 제도가 아니었다. 이 점을 우리는 분명히 이해해야 한다. 창세기 2장 1-3절에서는 '안식'을 이야기한 것이고, 출애굽기의 십계명에서는 '안식일'을 이야기한 것이다. 이 둘은 의미는 통하지만, 엄연히 서로 다르다. 주기적으로 돌아오는 안식일 제도는 안식을 회복하시는 예수 그리스도께서 오실 때까지의 임시적인 제도였고, 예수님이 오셔서 안식의 참 의미를 보여주셨다. 예수님께 안식일은 안식을 회복하시는 날, 하나님의 나라를 이루시는 날이었기에 그분은 병자들을 고치시고, 귀신들린 자들에게서 귀신들을 쫓아내셨다. 안식일은 육체의 노동 금지라는 것 하나만을 가지고 판단하는 날이 아니라, 하나님의 나라가 회복되고 하나님과의 관계가 회복되며 우리의 전인이 회복되는 날인 것이다. 그것이 안식일에 진정 이루어져야 하는 내용이다.

그래서 예수님께서는 십자가와 부활로 안식을 완성하시고 성취하셨다. 따라서 예수님의 부활 이후로, 임시적인 제도로서의 안식일 제도는 종결되었다. 이제 1일부터 7일, 다시 말해서 모든 시간이 구속함을 받은 것이다. 그러니 안식일만 거룩하고 나머지 날은 거룩하지 않은 날이라고 이원론적으로 생각해서는 안 된다. 모든 날이 다 거룩한 날이 된 것이다.

그렇다면 우리는 왜 신약 시대에 주일 성수를 이야기하는 것일까? 이것은 우리가 '이미와 아직 사이'에 있기 때문이다. 모든 시간이 다 구속을 받았으나, 최종 종말이 오기까지 우리는 시간 안에서 살아가고 있다. 그렇기 때문에 우리에게 영속적인 삶의 원리로서 주신 십계명을 지킨다는 의미에서 안식일을 지키는 것이다. 구약의 절기인 안식일 자체를 지키는 것이 아닌 것이다. 유비적인 의미에서 일주일에 적어도 하루를 구별된 날로서 하나님께 드리며, 그것을 통해 일주일의 모든 시간이 거룩한 시간으로 하나님께 드려지도록 신앙생활을 하는 것이다. 그렇다면 무슨 요일을 지킬 것인가 하는 문제를 마주하게 된다. 요일의 문제, 즉 제 7일 자체가 중요한 것이 아니었으므로, 우리는 토요일을 지키지 않는다. 왜 구약 시대에 금요일 해 질 때부터 토요일 해 질 때까지의 이 일곱 번째 날을 안식일로 지킨 것인가? 창세기 2장 1-3절에 나오는 안식이 완성된 날 즉 하나님께서 창조과정을 완성하시는 날이 제7일이었기 때문이다. 그렇다면 신약 시대에는 어떤 요일을 선택해야 맞는 것일까? 안식이 완성된 날이 언제인가를 살펴야 한다. 그리하여 예수께서 부활하신 그 안식 후 첫 날, 요일로 말하자면 일요일을 지키게 된 것이다. 우리는 구약의 예언대로 모든 안식을 회복하신 예수님의 부활의 날을 주일이라 부르며 거룩하게 구별하여 지키고, 이를 통하여 십계명의 제4계명을 유비적인 신앙의 의미로 지키는 것이다.

이러한 논의들을 총괄하여 생각할 때, 우리가 주일에 힘써야 할 것은 무엇인가? 물론 육체노동 금지도 중요한 부분으로 포함되겠으나, 그것만을 궁극적인 목표로 세워서는 안 될 것이다. 왜냐하면, 예수님께서도 말씀하셨고 또 구약에서도 나왔던 안식일의 의미처럼, 안식일의 핵심 개념은 안식의 회복, 즉 하나님 나라의 회복과 성취에 있기 때문이다. 그러므로 주일, 우리는 안식을 회복하기에 힘써야 한다. 주일 예배를 드리고, 어려운 분들을 구제하고, 심방하고, 지역 사회를 돌보면서 복음을 전하고, 사랑을 베풀고, 하나님의 일들을 적극적으로 해나가는 것이다. 그리고 이러한 일들은 주일 뿐 아니라 주중에도 적극적으로 힘써야 한다. 소극적인 자세에 멈추는 것이 아니라 적극적으로 하나님 나라의 일들을 완성해 나가는 날이 바로 우리가 지켜야 하는 주일이다. 따라서 주일은 거룩한 날, 나머지는 세상에서의 거룩하지 않은 날이라고 이원론적으로 접근해서는 안 된다. 우리는 모든 시간이 회복된 날인데, 그 모든 시간이 회복된 날로 지켜지도록 하기 위하여 일주일 중 하루, 예수께서 부활하신 그 안식 후 첫 날을 특별히 지정하여 섬기게 된 것이다.

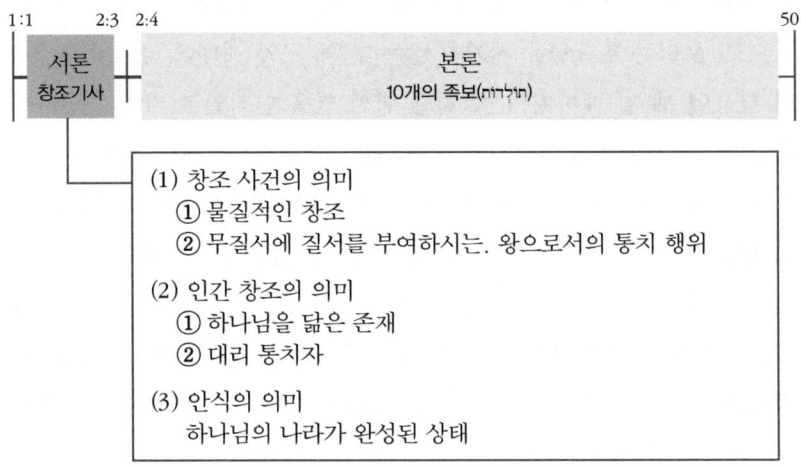

이상에서 우리는 창세기 1장 1절부터 2장 3절까지, 창세기의 서론 부분에 해당하는 내용을 다루었다. 여기서 우리는 (1) 창조 사건의 두 가지 의미, (2) 인간 정체성의 의미, 그리고 (3) 안식이 완성되었다는 것의 의미를 살펴보았다. 이런 내용들이 잘 정리되어 있어야 그 다음 이야기들로 넘어가서 구원 계시의 발전을 살펴볼 수 있다. 그렇다면, 창조 기사에 나타나는, 하나님께서 7일 동안 하신 일들이 그 이후에는 어떻게 되었을까? 그 부분이 2장 4절부터 4장 26절까지에 나타나는 하늘과 땅의 톨레도트이다. 그래서 창조 기사 다음에는 에덴동산 이야기, 타락 이야기, 원복음 이야기, 가인과 아벨과 셋의 이야기가 등장하게 된다. 여기서는 하나님 나라의 모형이자 샘플로 에덴동산을 주신 이야기, 그런데 하나님의 형상과 모양으로 지어진 사람이 불순종하여 하나님의 나라로 살지 못한 타락이 오게 된 이야기, 인간의 타락에 대해 하나님께서 어떻게 반응하셨는지 등을 차근차근 살펴나갈 것이다. 이렇게 세세하게 살펴보고 있는 이유는 무엇인가? 언약 신학의 발전을 제대로 이해하기 위해서는 세부적인 본문의 내용들을 잘 살피고, 그 내용들이 연속선상에서 계시의 발전으로 어떻게 이어져 나가는지를 구체적으로 이해하는 것이 중요하기 때문이다.

제5장

원복음

이제부터 창세기에 나오는 첫 번째 톨레도트, 즉 2장 4절부터 4장까지의 내용을 살펴보도록 하자. 이 부분의 핵심은 3장 15절에 등장하는 원복음이다.

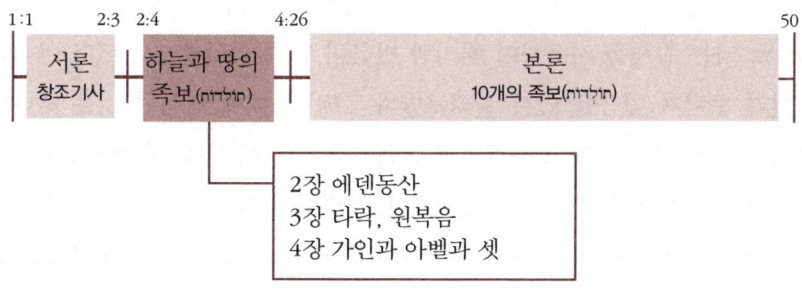

이미 앞서 보았듯이, 창세기의 전체 구조는 하나의 서론과 10개의 톨레도트로 구성되어 있다. 1장 1절부터 2장 3절까지가 서론으로서 창조기사이고, 2장 4절부터 50장까지가 본론으로서 10개의 족보(톨레도트)가 나타난다. 그 중 첫 번째 족보(톨레도트)가 2장 4절부터 4장 26절까지에 등장하는 하늘과 땅의 톨레도트이다. (창세기 2장 4절에는 "하늘과 땅의 내력"이라고 번역되어 있다.)

제5장 원복음 **79**

이 문단에서 우리는 2장의 에덴동산 이야기, 3장에 나오는 타락 사건과 원복음, 그리고 타락 사건의 후속 이야기인 4장까지를 하나로 연결하여 살펴보아야 한다.

1. 하나님 나라 실현 과정으로서의 창세기 2장 이해

2장에서 우리는 먼저 하나님께서 에덴동산을 창설하여 두신 이유를 다루어야 하는데, 그 전에 먼저 기본적으로 고려할 사항들을 언급하는 것이 필요하다. 설명했듯이 필자는 2장이 창조기사가 아니라고 본다. 창조에 관련된 내용들은 1장 1절부터 2장 3절에 다 설명이 되었다. 물론 2장 4절부터 기록되어 있는 모든 내용들도 역사적인 사실이지만, 본문의 기록 의도 자체가 창조과정 설명은 아니라는 것이다. 2장 4절 이하의 본문은 하늘과 땅의 톨레도트로 이해되어야 한다. 다시 말해 하늘과 땅이 창조된 이후에 어떠한 일들이 일어났는지를 이야기하는 것이 이 본문의 의도이다. 이 문단에서 주목하여 보아야 할 부분은 바로 하나님의 창조 목적이다. 2장 1절에서는 칼라(כלה)라는 동사를 사용하여 천지와 만물이 다 완성되었다고 했고 안식의 의미가 주어져 있음을 앞서 살펴보았다. 그런데 이때 완성된 것은 하나님께서 처음에 이루신 창조 사건이었을 뿐, 하나님께서 피조 세계에 부여하신 창조의 목적까지 완성된 것은 아니었다. 그렇다면 창조의 목적은 어떻게 완성되는 것인가? 이를 위해서는 하나님의 형상과 모양으로 창조된 사람을 통하여 하나님의 창조목적 즉 하나님의 통치와 완성이 성취되어야 했다. 하나님께서 피조 세계 안에 하나님을 닮은 인격체로서 존재하게 하신 사람이 모든 만물을 하나님의 뜻대로 다스리는 일이 실현되어야 했던 것이다. 그때에 만물은 궁극적인 완성으로 들어가게 될 것이었다. 이러한 맥락에서 천지의 창조 이후에 어떻게 일이 진행되었는지를 서술하고 있는 것이 창세기 2장이다.

이 창세기 2장에는 기본적으로 세 가지 사건이 등장한다. 이 중 두 가지는 하나님의 피조 세계에서 사람이 어떤 역할을 수행했는지에 대한 서술이고, 마지막 세 번째는 사람의 행동을 제한하시는 부정적인 금지 명령이다. 이 세 가지 내용들은 하나님의 형상과 모양으로서의 사람이 하나님의 뜻대로 만물을 다스리는 것이 실현되어 가는 과정 가운데 발생한 일들이었다. 창세기 2장 8절은 "여호와 하나님이 동방의 에덴에 동산을 창설하시고"라고 말하고 있으며 이것은 역사적 사실이다. 또한 하나님께서는 사람을 거기에 두셨다. 이 에덴동산에서 사람에게 일어나는 사건들 중 첫 번째는 아담이 에덴동산에서 한 일과 관련되어 있다.

① 아담이 생물들에게 이름을 지어줌: 먼저 사람이 에덴동산에서 일을 했다는 것을 정확히 서술하고 있는 15절을 살펴보자. "여호와 하나님이 그 사람을 이끌어 에덴동산에 두어 그것을 경작하며 지키게 하시고." 여기서 '경작하다'라는 동사는 아바드(עָבַד) 동사로, 이것은 '일하다(to work)'라는 뜻이다. 이 '경작하다'라는 동사는 땅을 파서 농사를 지었다는 의미가 아니다. 땀을 흘려 수고해야 먹고 살게 되는 힘든 노동의 의미는 타락 이후에 주어지게 되므로, 이 표현은 단순한 '일하다' 정도의 의미로 이해되는 것이 적절할 것이다. 하나님께서는 또한 사람으로 하여금 에덴동산을 지키게 하셨다. 여기서 '지키다'라는 동사는 샤마르(שָׁמַר)라는 동사로, 표현 그대로 '지키다(to keep)'라는 뜻이다. 그러니까 사람이 일하고 지켰다는 것이다. 이것은 아담이 에덴동산에서 하나님의 형상과 모양으로서 일을 했다는 것으로 해석되는 것이 적절하다.

그렇다면 하나님의 형상과 모양으로서, 아담은 어떤 일을 했을까? 그 내용을 19절에서 확인할 수 있다. "여호와 하나님이 흙으로 각종 들짐승과 공중의 각종 새를 지으시고 아담이 무엇이라고 부르나 보시려고 그것들을 그에게로 이끌어 가시니 아담이 각 생물을 부르는 것이 곧 그 이름이 되었더라." 이렇게 아담은 생물들에게 이름을 지어주게 된다. '왜 아담이 생물들의

이름을 짓는가? 통치자이신 하나님께서 이름을 지으셔야 하는 것 아닌가?'
라는 의문이 들 수도 있다. 물론 하나님께서 왕이시고 통치자이시다. 그렇지만 하나님은 아담이 생물들의 이름을 붙이기를 원하셨다. 사람을 하나님의 대리 통치자로 삼으셨기 때문이다. 하나님은 자신의 형상과 모양으로 만드시고 만물을 다스리라 명령하신 '사람'을 통해 하나님의 다스림이 실현되게 하셨다. 그러므로 아담이 생물들의 이름을 지어주는 일을 한 것은, 주님께서 계획하신 바 하나님의 나라가 실현되는 중에 있었음을 보여준다.

② 가정(공동체)의 창조: 에덴동산에서 인간에게 일어난 사건 두 번째는 18절부터 25절까지의 보다 긴 문맥 속에 나타나는 가정(공동체)의 창조 이야기이다. 이것은 남자와 여자 이야기이기도 하다. "여호와 하나님이 이르시되 사람이 혼자 사는 것이 좋지 아니하니 내가 그를 위하여 돕는 배필을 지으리라 하시니라"(창 2:18). '좋다'는 창세기 1장에서 하나님이 "보시기에 좋았더라"라고 이야기하실 때에 나온 단어인 토브(טוֹב)이다. 이미 설명한 바 있듯이 이 단어는 종말론적 함의를 지니고 있다. 하나님의 창조 계획이 완성된 상태를 '좋은' 상태라고 이야기하기 때문이다. 사람을 남자 하나만 창조하시는 것이 하나님의 창조 계획에 맞지 않았다는 것이다. 그래서 하나님이 아담을 깊이 잠들게 하시고(21절), 그의 갈빗대를 취하여 여자를 만드시고(22절), 그를 아담에게로 이끌어 오셨다는 것이다. 그리하여 24절은 "이러므로 남자가 부모를 떠나 그의 아내와 합하여 둘이 한 몸을 이룰지로다"라고 기록하고 있다. 이 구절을 원래 둘이었다가 나중에 하나가 된다는 개념으로 보는 것은 충분하지 않다. 정확히 말하면, 원래 하나였다. 원래 한 몸이지 않은가? 여자가 남자에게서 나왔기 때문이다. 그런데 지금은 둘이 되었고, 그 둘이 다시 하나가 된다는 말인 것이다. 이런 사실은 가정이 하나이면서 동시에 공동체인 존재로 지음 받았음을 의미한다. 하나님의 형상과 모양을 닮은 것이다. 창세기 1장의 창조 명령 부분에서 하나님께서 자신을 "우리"라고 칭하신 것이 삼위일체 하나님을 예표하는 표현이라고 언급한 바 있

다. 삼위일체 하나님은 한 분이시면서 세 위격을 지니셨다는 것이 삼위일체의 설명이다. 그렇기 때문에 사람도 혼자 있는 것이 좋지 못하다고 하신 것이다. 하나님의 모양과 형상인 사람이 하나님을 닮아 공동체성을 경험하는 존재가 되기를 원하신 것이다. 그래서 사람을 하나이면서 공동체이고 공동체이면서 하나인 존재가 되게 하시려고 가정을 만드셨다는 사실을 본문은 증거하고 있다. 이렇게 우리는 창세기 2장에서 하나님을 닮은 존재로서 인간이 세상을 다스리는 일들이 이루어져 가고 있었다는 것을 알게 되는 것이다.

③ 선악과 금지 명령: 위에 설명한 두 가지에 추가하여 한 가지를 더 살펴야 한다. 바로 16절과 17절에 나오는 선악과 금지 명령이다. "여호와 하나님이 그 사람에게 명하여 이르시되 동산 각종 나무의 열매는 네가 임의로 먹되 선악을 알게 하는 나무의 열매는 먹지 말라 네가 먹는 날에는 반드시 죽으리라 하시니라"(창 2:16-17). 이 선악과 이야기와 관련해서는 다양한 논쟁이 존재하는데, 필자는 언약신학 즉 구원계시의 발전과 관련하여 한 가지만 언급하려고 한다. 이 '선악을 알게 하는 나무의 열매'에서 "선"으로 번역된 원어는 토브(טוב)이다. 이 단어가 창 1-2장에서 계속하여 반복적으로 등장한다. 이 단어는 이미 살펴본 바와 같이 하나님의 창조 계획의 완성을 의미한다. 그렇다면 좋음 혹은 선함의 기준이 무엇인가? 선악의 기준은 하나님이시다. 여기서 본문이 강조하고 있는 것은 인간이 어떤 나무 열매를 먹었는가, 그 열매에 어떤 성분이 들어있었기에 선악을 알게 되었는가 하는 이야기가 아니다. 하나님께서 선함의 기준이 되신다. 왜냐하면 선함이란 하나님의 창조계획의 종말론적 완성과 관련된 개념이기 때문이다.

그렇다면 하나님께서는 왜 선악을 알게 하는 나무 열매를 금하신 것일까? 필자는 이것이 일종의 브레이크 장치라고 본다. 하나님께서 주신 창조 명령에 따라 인간은 피조물들을 향해 왕으로 존재하고 있다. 그래서 피조물의 이름을 붙이기도 했다. 그러나 이러한 인간은 하나님 앞에 섰을 때는 역시 피조물일 뿐이다. 하나님만이 참 왕이시며, 참 통치자는 한 분뿐이시다.

그러므로 인간은 피조물을 향해서는 통치권 즉 대리통치권을 발휘하지만, 하나님 앞에 섰을 때는 겸손히 하나님의 통치권을 인정하고 그분의 말씀에 순종해야 한다. 하나님을 통치자로, 왕으로, 창조주로 경배해야 한다. 이를 위한 점검 장치가 선악과인 것이다. 이러한 선악과 이야기에서 우리는 매우 중요한 신학적 교훈을 얻게 된다. 누가 진짜 통치자인가? 누가 참된 리더인가? 하나님이 진정한 왕이신 것을 인정하는 사람만이 참된 인간 왕이 될 자격이 있다. 하나님을 왕으로 섬기는 사람이 진짜 왕의 역할을 감당할 수 있는 사람이다. 자신이 왕이 아니라 하나님이 왕이신 것을 고백하는 사람을 통해서 하나님의 통치권이 발현되는 것이다. 모든 피조 세계가 하나님의 나라로 지어졌으므로, 성경에는 왕권(kingship)의 이슈가 앞으로도 계속해서 나타날 것이다.

지금까지 인간은 생물들의 이름을 붙였고, 가정이라는 공동체를 이루었다. 하나님의 창조 의도가 온전히 완성되기까지 마지막 하나의 관문이 남은 것이다. 그것은 바로 선악을 알게 하는 나무의 열매를 먹으라는 유혹이 찾아올 때 그것을 거절하고, 하나님을 왕으로 인정하는 것이었다. 그렇게 한다면 하나님의 나라가 완성되는 것이었다. 그러나 만약 선악과를 먹으면, "네가 먹는 날에는 반드시 죽으리라"(창 2:17)하신 말씀대로 될 것이었다. 심판과 멸망이 오게 되는 것이다.

2. 에덴동산 창설 이유 (대표성의 원리)

여기에서 에덴동산의 창설 이유라는 문제로 돌아가 보자. 이 에덴동산의 그림에서, 우리는 성경이 말하고 있는 시간과 공간과 민족 개념에서의 대표성의 원리를 발견할 수 있다. 이것은 언약 신학 관점에서 매우 중요한 내용이다.

하나님께서는 온 피조 세계 가운데 피조 세계를 대표하는 공간과 시간과 사람을 선택하셨다. 그 장소가 어디인가? 에덴동산이었다. 하나님께서는 에덴동산이라는 특정 공간에서, 역사의 처음 시점이라는 특정 시간에, 인류의 첫 사람인 아담으로 하여금 모든 피조세계 즉 모든 공간, 모든 시간, 모든 존재를 대표하게 하신 것이다. 이것이 에덴동산을 창설하신 이유이다. 만약 이곳에서 첫 사람이 선악과 금지 명령에 순종했더라면, 하나님의 나라가 이 에덴동산에서만 완성되는 것이 아니라, 모든 시간, 모든 공간에서 모든 존재들에게 완성되었을 터이다. 그런데 아담과 하와가 그렇게 하지 못하고 선악과를 먹음으로써, 모든 시간과 모든 공간과 모든 사람, 모든 존재가 죄에 물드는 타락의 상태가 되고 말았다. 즉, 에덴동산은 하나님 나라의 시간, 공간, 모든 존재들을 대표하는 대표 모델이었다. 이것을 쉬운 말로는 샘플(sample)이라 부를 수 있을 것이며, 신학적 용어로는 모형(type)이라고 명명할 수 있을 것이다.

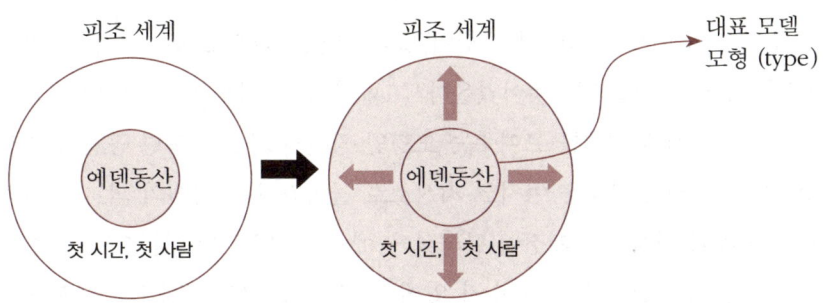

구속 역사가 시작된 뒤에도 이 대표성의 개념이 계속 적용되어 나간다는 사실을 우리는 이후의 역사에서 분명하게 보게 된다. 예를 들어, 공간이라는 측면에서 생각해보자. 모든 공간이 있다. 이 모든 공간을 구속하시는 것이 하나님의 구속사역의 궁극적인 목표이다. 이를 위해 하나님께서는 전체 공간 중에서 샘플(모형)이 되는 공간을 선택하셨다. 그것이 가나안 땅이다. 그래서 가나안 땅은 모든 공간 속에 구별된 거룩한 공간이었다. 그런데 이 가나안 땅 중에서도 특별히 하나님이 구별하신 곳이 있었다. 예루살렘이다. 이 예루살렘 안에 더 구별된 공간이 있었다. 성전이다. 성전 안에 성소가 있고, 성소의 가장 안쪽에 지성소가 있다. 구약 성경은 이렇듯 안으로 들어갈수록 더욱 구별이 되는 체계로 피조세계의 공간을 이해한다. 이를 우리는 '거룩의 구별체계'라고 부르게 된다.

그런데 이 안으로 들어가는 힘이 결국 지성소 안으로 모든 것을 들어가게 하는 것으로 종결되는 것이었을까? 그렇지 않다. 장차 예수 그리스도께서 오셔서 피조 세계 전체를 보여주는 모형인 성전의 가장 거룩한 공간인 지성소로 들어가셨다. 휘장을 여시고 지성소로 들어가셔서, 자신의 피로 속죄하셨다. 그 결과 지성소의 휘장이 갈라졌다. 예수 그리스도의 이름으로 믿는 자는 누구나 그 공간에 들어갈 수가 있게 된 것이다. 그래서 예수님은 사도행전 1장 8절에서 "오직 성령이 너희에게 임하시면 너희가 권능을 받고 예루살렘과 온 유대와 사마리아와 땅 끝까지 이르러 내 증인이 되리라"라고 말씀하셨다. 안으로 들어가는 일이 완성되었고, 이제부터는 모든 공간으로 확장하여 나아가라고 명령하신 것이다. 이렇게 안으로 들어가는 힘은 예수 그리스도 사건으로 말미암아 밖으로 나가서 피조 세계의 공간 전체를 구속하여 완성시키는 하나님의 궁극적인 목적을 달성하게 되었다. 안으로 들어가는 힘이 있어야 하지만, 그것은 밖으로 나가서 전체를 완성시키기 위함인 것이다.

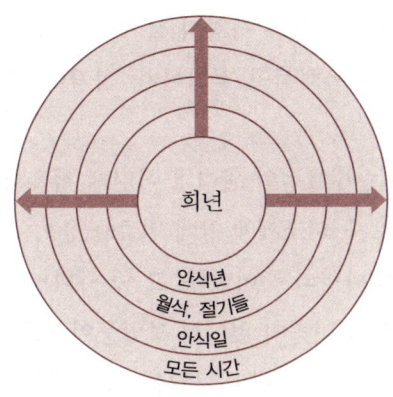

　이번에는 시간이라는 개념을 살펴보자. 모든 시간이 구속계획의 대상이다. 그런데 이 중에 특별히 더 구별된 시간이 있었다. 바로 안식일이다. 또한 안식일보다 더 구별된 시간이 있었다. 월삭을 비롯하여 3대 절기, 대속죄일과 같은 절기들이다. 이러한 매년 돌아오는 절기들보다도 더 구별된 시간이 있다. 안식년이다. 그리고 가장 구별된 시간 즉 50년마다 돌아오는 희년이 있었다. 안으로, 안으로 들어갈수록 더 구별되고, 더 큰 회복과 안식의 힘을 가진 시간이었다. 이후 구속역사의 완성이 이루어졌다. 예수 그리스도께서 오셔서 희년을 선포하셨다(누가복음 4장에서 이사야 61장을 인용하셨다). 그래서 예수 그리스도의 사역은 희년의 사역이다. 예수 그리스도의 죽으심과 부활로 인해 모든 시간이 회복된 것이다. 여기서도 안으로, 안으로 들어가는 것은 밖으로, 밖으로 나가서 전체를 완성시키기 위함인 것을 다시 한번 확인할 수 있다. 좀 더 상세하게 서술해 보자. 안식일 제도는 임시적인 제도였으며 예수님의 십자가 죽음과 부활로서 종결, 완성된 것이다. 구약의 절기들인 안식년, 희년 모두 마찬가지이다. 구약적 의미의 안식일을 지켜야 한다고 생각하는 사람들이 있다면 그들은 이 모든 절기들을 문자 그대로 다 지켜야 한다. 언약신학적 관점에서는 그렇게 볼 수가 없다. 모든 절기들은 예수 그리스도 사건에서 완성되고 종결된 것이다. 개혁주의 신학에서 신약 시대의 유일한 절기는 하나뿐이다. 바로 예수 그리스도께서 죽으시고 부활하심을 기념하는 주일이다. 다른 날들은 성경적 절기가 아니다. 추수감사절, 성탄절 등은 신앙을 돕기 위한 목회적인 절기이지, 성경이 명령하는 절기는 아닌 것이다.

이제 인간 중에서는 대표성의 원리가 어떻게 적용되었을지 파악하기 위해 민족 개념을 살펴보자. 피조세계 안에 민족들(열방들)이 있다. 모든 민족들을 구속하시는 것이 하나님의 뜻이었다. 그 중 하나님은 특별히 이스라엘을 선택하셨다. 이 이스라엘 민족이 앞에서 보았듯이 모든 공간 중에서 가나안 땅에 살게 되었던 것이다. 그런데 하나님은 그 중에서 특별한 자를 불러 구별하셨는데 바로 레위 지파이다. 그 중에 제사장 가문이 또 구별되어 있고, 그 중에 대제사장이 구별된 존재로 세우심을 받았다. 가장 구별된 이 대제사장이 1년 중 가장 구별된 시간인 대속죄일에 가장 구별된 공간인 지성소에 들어가게 되는 것이다. 즉 민족 역시 안으로, 안으로 들어갈수록 더 구별된다. 이것이 대표의 원리이다.

그러나 안으로, 안으로 들어가는 힘은 민족 개념들에서도 역시 밖으로, 밖으로 나가서 전체를 완성시키기 위한 목적에서 주어진 것이었다. 예수 그리스도께서 대제사장으로 이 땅에 오셨고, 그의 죽으심으로 지성소에 들어가셨고, 희년을 이루셨고, 부활하심으로 구속사역을 완성하셨다. 이렇듯 안으로, 안으로 들어가는 힘은 밖으로, 밖으로 확장되어 나가서 전체를 완성시키는 것이다. 예수 그리스도의 사역으로 인해 대제사장과 제사장의 구별, 제사장과 레위 지파의 구별, 레위인과 이스라엘의 구별, 이스라엘과 열방의 구별이 무너지고 이들이 하나가 된 것이다. 이것이 예수께서 막힌 담을 허무시고 화평을 이루셨다는 에베소서 2장의 가르침이다.

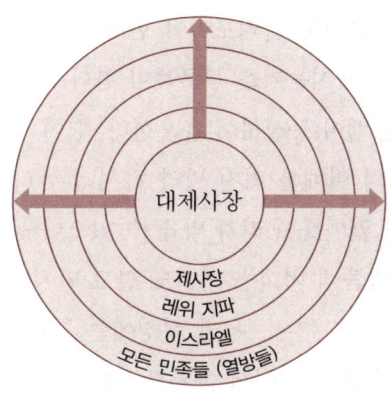

이렇듯 성경을 자세히 살펴보면, 세대주의적 경향을 지닌 Back to Jerusalem 운동이나 제3성전 건축과 같은 이론들이 힘을 잃을 수 밖에 없다. 에덴동산에서부터 안으로 들어가는 것은 밖으로 나가기 위함이었다는 사실에서 드러난다. 그러므로 이스라엘도 예수 그리스도를 믿음으로 구원을 얻게 되는 것이지, 혈통으로 말미암아 구원을 받는 것이 아닌 것이다. 이러한 구별에서 확장을 통한 완성으로 이어지는 패턴은 에덴동산에서부터 분명하게 존재하고 있었으며, 이후 구약 성경의 계시의 발전 과정을 통해 다양한 방식으로 이어져 나간다는 점을 우리는 분명히 기억해야 한다. 구약 본문은 이러한 구속사의 구별/확장/완성이라는 언약 신학적인 패턴을 기초로 한 건강한 이해를 통해 해석되어야 한다.

3. 원복음: 창세기 3장

이어서 창세기 3장을 살펴보자. 창세기 2장에서 진행되어 있던 바, 에덴동산을 통한 하나님 나라의 통치가 하나님의 말씀에 대한 순종을 통하여 완성되었다면 참으로 좋았을 것이지만, 결과는 그렇지 못하였다. 3장에서 인간은 불순종함으로 타락하게 된다. 이제 우리는 그 타락의 결과가 어떠한 방식으로 드러나게 되는지를 살펴보아야 한다. 특히 하나님께서 타락 사건에 대하여 어떤 계시를 주시는가를 주목해야 한다.

3장 1절부터 보면, 뱀이 등장하여 유혹한다. 뱀이 "하나님이 참으로 너희에게 동산 모든 나무의 열매를 먹지 말라 하시더냐"라고 물으니 여자가 대답한다. "동산 나무의 열매를 우리가 먹을 수 있으나 동산 중앙에 있는 나무의 열매는 하나님의 말씀에 너희는 먹지도 말고 만지지도 말라 너희가 죽을까 하노라 하셨느니라"(창 3:2-3). 우리 성경에는 "너희가 죽을까 하노라 하셨느니라"라고 번역이 되어 있어서 하와가 '죽을 수도 있고 죽지 않을 수도 있다'라고 이야기한 것처럼 보이는데, 원문을 직역하면 "너희가 죽을 것이다"라고 말한 것이다. 앞서 2장에서 하나님은 "반드시 죽으리라"라고 말씀하셨는데, 여기에서 '반드시'라는 말을 삭제한 것이다. 하와는 '죽지 않을 수도 있다'는 말을 한 것이 아니라, "너희는 죽을 것이다"라고만 표현하여 하나님의 '반드시'라는 강조점을 빼 버린 것이다. 유혹은 어디서부터 시작되는 것인가? 하나님께서 우리에게 강조하신 말씀의 강조점을 우리가 삭제해 버릴 때, 주님께서 우리에게 분명히 말씀하신 것의 선명성을 우리가 흐리게 될 때, 거기서부터 흔들림과 유혹이 시작되는 것이다. 하나님께서 강조하신 것을 우리도 강조해야 한다.

그런데 여기서 뱀은 오히려 자신의 말에 강조점을 부여한다. "너희가 결코 죽지 아니하리라"(창 3:4)라며 죽지 않는다는 것을 강조했다. 이어서 "너희가 그것을 먹는 날에는 너희 눈이 밝아져 하나님과 같이 되어 선악을 알 줄 하나님이 아심이니라"(창 3:5)라고 말한다. 선악과를 먹으면 사람의 눈이 밝아진다는 것, 하나님과 같이 되어서 선악을 알게 된다는 것, 모두 거짓이다. 이들은 선악을 알 필요가 없다. 이미 선(토브 טוב)이 이루어져 가고 있었기 때문이다. 하나님께서 그들에 대해 "보시기에 심히 좋았더라"라고 표현하시지 않았는가. 또한 혼자 있는 것이 좋지 아니하니 돕는 베필을 지으리라 하셔서 가정을 주심으로써 더욱 '좋은' 상태로 만들어주셨다. 이렇듯 인간은 이미 선한 상태이고, 이미 하나님의 모양과 형상으로서 다른 피조물들에 대해서는 하나님과 같은 존재이다. 그렇지만 사람이 하나님일 수는 없다. 그것이 선악과를 주신 금지명령의 포인트였다. 하나님만이 창조주이시고, 사람은 피조물일 뿐이다. 하나님이 왕이시고, 사람은 대리자일 뿐이다. 선의 기준은 창조주이신 하나님이시다.

그러나 사람은 들어온 유혹을 이기지 못하고 선악과를 먹게 된다. 이로써 지금까지 설명한 안식, 완성, 하나님의 형상과 모양, 선함과 같은 모든 개념이 무너졌다. "이에 그들이 눈이 밝아져 자기들이 벗은 줄을 알고 무화과 나무 잎을 엮어 치마로 삼았더라"(창 3:7). 눈이 밝아졌는데 이것이 아이러니한 것이다. 정말 눈이 밝아진 것이 아니라, 벗은 줄을 알게 되어 부끄러워진 것이다. 또한 하나님이 오셨을 때, 이들은 동산 나무 사이에 숨는다. "그들이 그 날 바람이 불 때 동산에 거니시는 여호와 하나님의 소리를 듣고 아담과 그의 아내가 여호와 하나님의 낯을 피하여 동산 나무 사이에 숨은지라"(창 3:8). 하나님과의 관계가 왜곡되어 버린 것이다. 예전에는 하나님과 사람이 친밀한 관계를 맺고 있었다. 하나님의 형상과 모양대로 지으심 받았기에 인간은 주님과 교제할 수 있었다. 그런데 지금 그 관계가 망가지게 된 것이다.

이에 하나님은 아담에게 물으셨다. "내가 네게 먹지 말라 명한 그 나무 열매를 네가 먹었느냐"(창 3:11) 하시니 아담이 대답한다. "여자 그가 그 나무 열매를 내게 주므로 내가 먹었나이다"(창 3:12). 여자가 주므로 먹었노라고 변명하고 핑계를 댄다. 이렇게 대답해서는 안 되는 것이었다. 왜냐하면 한 몸이기 때문이다. 하나님께서는 자신의 형상과 모양으로서 사람에게 공동체를 주셔서 그 선함을 경험하도록 하셨다. 남자와 여자, 여자와 남자는 한 몸이다. 그러니 '우리가 먹었나이다, 죄를 지었나이다' 하는 고백이 나와야 하는 것인데 '여자가 주었습니다'라는 변명과 핑계, 타인에 대한 정죄와 자신에 대한 책임회피가 나오고 있는 것이다. 이것은 공동체성의 파괴이다. 창세기 2장에서 한 몸 되게 하신 것이 무너진 것이다.

하나님은 여자에게 또 물으신다. "네가 어찌하여 이렇게 하였느냐"(창 3:13) 하시니 이번에 여자는 뱀을 핑계 댄다. "뱀이 나를 꾀므로 내가 먹었나이다"(창 3:13). 뱀이 꾀어서 먹었다는 것이다. 이것은 또한 하나님의 형상과 모양으로서의 통치자 인간과 피조물 사이의 관계가 무너지고 말았음을 의미한다. 책임자는 왕의 책임을 맡은 자, 곧 대리통치자로 지음받은 인간이다. 그러니 '제가 죄를 범하였습니다'라고 고백해야 하는 것인데, '뱀이 꾀었습니다'라고 나온 것이다. 이렇게 인간이 '여자가 주었습니다', '뱀이 꾀었습니다'라고 변명함으로써 하나님의 형상과 모양으로서의 모습이 무너져버린 모습을 보게 된다.

그렇다면 하나님께서 창조하신 피조 세계는 이제 실패의 결과를 맞이하게 된 것으로 보아야 하는 것일까? 하나님의 창조 명령은 궁극적으로 실패한 것인가? 만약 하나님의 창조 명령이 실패한 것이라면, 하나님께서 인간을 즉각 심판하시는 것이 맞다. 왜냐하면 사람이 하나님을 왕으로 섬기지 않고 스스로가 왕이라고 생각해버림으로써 죄를 범했기 때문이다. "반드시 죽으리라"라고 강조하여 말씀하셨으니, 그 말씀대로 죽이시면 되었다. 그런데 하나님은 바로 죽이시지 않으셨고, 오히려 14절부터 19절까지의 긴 신탁의 말씀을 주셨다. 이 14~19절의 본문은 심판 예언 혹은 심판 선포라고 이해되는 경우가 있는데, 본문을 주의깊에 살펴보면 이 계시는 사실상 심판의 선포라기보다는 구원의 선포로 이해되어야 한다. 물론 뱀이 배로 다니고, 흙을 먹고, 사람은 힘든 노동을 해야 하고, 여자에게 잉태하는 고통을 더하시는 등 범죄에 대한 대가 지불로 이해될 내용들이 포함되어 있지만, 이러한 것들이 이 본문의 핵심은 아니다. 창세기 3장의 핵심은 이 문단 안에 주어져 있는 '회복에 대한 약속'이다. 여기에 하나님의 은혜가 나타나게 되며, 이 은혜의 약속을 파악하는 것이 창세기 3장 이해에서 가장 중요하다.

이 본문에서 우리는 창세기 3장 15절 부분을 핵심적으로 보도록 하겠다. 창 3:15는 아무리 강조해도 지나치지 않다. 이 본문은 〈원복음〉 혹은 〈원시복음(Proto-Evangelium)〉이라고 불린다.[10] 첫 번째 복음, 즉 최초 형태의 복

---

10 원복음에 대한 자세한 해설로는 다음을 보라: 윤영탁, "창세기 3:15에 나타난 원복음," 「성경과

음이라는 의미에서이다. 예수 그리스도에 대한 소식을 복음이라고 부르기에, 예수님을 보여주는 첫 번째의 신탁인 이 창세기 3장 15절을 원복음이라고 부르는 것은 적절하다. 이것을 게르할더스 보스는 비유적으로 하나의 씨앗과 같다고 보았다. 모든 구속사의 씨앗이라는 것이다. 씨앗은 흙에 심기면 아무것도 보이지 않고 아무것도 없는 것 같지만, 이 안에 모든 것이 다 들어있다. 여기서 뿌리가 나오고, 줄기가 나오고, 잎사귀가 나오고, 꽃이 피고, 또 씨앗이 나오게 된다. 원복음은 마치 이 씨앗과 같이 복음의 모든 것을 다 가지고 있는, 초기 형태의 복음이다. 여기가 구속사의 시작점인 것이다.

그렇다면 이 원복음을 어떻게 해석해야 할까? 15절은 상반절과 하반절로 나누어서 이해된다. 상반절은 원복음의 기초 맥락에 대한 표현이고, 하반절이 원복음의 내용이다. 상반절을 보면, "내가 너로 여자와 원수가 되게 하고 네 후손도 여자의 후손과 원수가 되게 하리니"라고 기록되어 있다. 여기서 화자인 1인칭 단수 '나'는 하나님이시고, 청자인 2인칭 단수 '너'는 뱀이었다. 현장에는 네 존재(하나님, 남자, 여자, 뱀)가 있었는데, 15절은 하나님께서 뱀에게 하신 말씀이다. 이 구절에서 '뱀의 후손'이라는 표현에 신경을 쏟아 많은 이단들이 등장하기도 했으므로 해석에 대하여 조심할 필요가 있다. 원문을 직역하면 "내가(하나님이) 너(뱀)와 여자 사이에 원수됨을 두겠다"가 된다. 뱀과 여자가 원수가 되도록 만드시겠다는 것이다. 뿐만 아니라 뱀의 후손과 여자의 후손이 또 원수가 되게 하시겠다는 것이다. 뱀과 여자 사이에 원수된 관계를 두겠다는 말씀의 의미는 무엇일까? 원래 아담과 하와는 하나님과 함께 있었다. 그런데 이들이 선악과를 먹음으로써 하나님께 속한 존재에서 사단을 편드는 존재로 입장이 바뀐 것이다. 그래서 선악과를 먹은 결과 뱀, 남자/여자(타락한 자들) vs 하나님이라는 구도가 되었다. 원수됨은 하나님과 뱀 및 사람들 사이에 존재하고 있는 것이다. 그러니 "반드시 죽으리라" 말씀하신 것과 같이 즉각 심판하시는 것이 옳게 보이며, 여자에게 "내가 너

신학」 4 (1987): 50-80.

와 나 사이에 영원한 원수됨을 두겠다" 말씀하시는 것이 합당해 보이는 상황이었다. 그런데 지금 하나님은 그렇게 말씀하지 않으시고, 도리어 여자와 뱀 사이에 원수됨을 두겠다고 말씀하시는 것이다. 하나님과 사람들(남자와 여자) 그리고 뱀 사이에 선을 그으시는 것이다. 그리하여 뱀을 편들게 되어 불순종한 하와를 다시 하나님 편으로 데리고 오시겠다는 것이다. 이것은 뱀을 심판하고, 여자와 남자 즉 사람은 구원하시겠다는 구원 선언이다.[11] 큰 흐름은 심판 선언이지만, 그 핵심 내용은 구원 선언인 것이다. 15절 상반절에 이렇게 하나님의 긍휼하심과 은혜가 아주 명확하게 드러나고 있다.

그렇다면 여기서 질문을 던져 보자. 이 상황에서 사람이 구원을 얻는 것이 어떻게 가능한가? 반드시 죽으리라 하셨으니 죽이셔서 심판하셔야 맞는 것 아닌가? 그런데 어떻게 이 상황 가운데 구원 사건을 선포하실 수 있는가? 그에 대한 대답이 15절 하반절에 등장하며, 그 내용이 바로 원복음이다. "여자의 후손은 네 머리를 상하게 할 것이요 너는 그의 발꿈치를 상하게 할 것이니라." 이 여자의 후손(쩨라 זרע)은 뱀의 머리를 상하게 할 것이고, 뱀은 여자의 후손의 발꿈치를 상하게 한다는 것이다. 여기에 '상하게 한다'라는 같은 단어가 두 번 나오는데, 서로 상하게 하는 것이 다르다. 하나는 머리이고, 하나는 발꿈치이다.

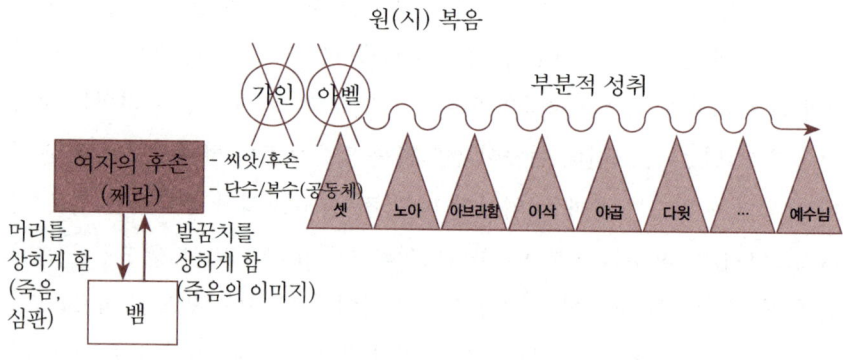

---

[11] 게르할더스 보스, 『성경신학』, 이승구 역 (서울: 기독교문서선교회, 1985), 58.

이를 언약신학적 관점에서 정리하여 설명해보겠다. 먼저 여자에게서 후손이 나온다는 것이다. '후손'이라는 말이 원어로는 쩨라(זֶרַע)라는 단어이다. 이것은 '씨 뿌리다'라는 뜻의 짜라(זָרַע)라는 단어의 명사형으로, 쩨라(זֶרַע)는 '씨앗(seed)'으로 해석할 수 있다. 그래서 혹은 비유적인 의미로 '후손(descendant)'으로 번역을 할 수도 있는 단어이며 개역개정에서는 '후손'으로 번역했다. 이 어휘는 언약신학에서 매우 중요하다. 이 쩨라(זֶרַע)는 가산명사로서 단수형으로 하나의 씨앗을 가리키는 경우도 있고, 혹은 집합명사로서 복수의 의미를 가져서 공동체를 가리킬 수도 있다. 쩨라(זֶרַע)는 이렇게 다양하게 쓰일 수 있는 단어이다. 여자의 후손(쩨라)이 뱀과 전투를 벌이게 된다. 여자의 후손은 뱀의 머리를 상하게 하고 뱀은 여자의 후손의 발꿈치를 상하게 할 것이라는 말씀은 여자의 후손과 뱀 사이에 전투가 벌어졌음을 뜻한다. 서로 타격을 주고받은 결과가 발생한다. 뱀은 여자의 후손의 발꿈치를 상하게 할 것이다. 뱀에게 발꿈치를 물리면 죽는다. 이것은 강력한 타격을 가한 것이며, 죽음의 이미지가 강력하게 깃들어져 있다. 그렇지만 여자의 후손은 그 죽음을 이긴다는 사실을 "여자의 후손이 뱀의 머리를 상하게 한다"는 표현을 통해서 알 수 있다. 뱀의 머리를 상하게 하는 것이 곧 죽음이요 심판이다. 다시 말해, 여자의 후손은 뱀에게 강력한 타격을 가하여 궁극적인 승리를 거둔다. 그 과정에서 자기 자신도 타격을 입고 고난을 겪게 되며, 죽음 가운데 들어가는 것 같았으나, 결국은 죽음을 이기고 승리한다는 이미지가 나타나게 되는 것이다. 여기에서 아까 질문을 던졌던 죽음과 심판의 문제가 해결되는 것이다. 여자의 후손이 인간이 받아야 하는 대가(고난)를 지불하고, 뱀에 대해 궁극적인 승리를 거두는 것이다.

여기서 여자의 후손이 누구이겠는가? 종말론적 성취(최종 성취)를 이루시는, 우리의 구주이신 예수 그리스도이시다. 그러므로 이 원복음은 예수 그리스도의 십자가 사건과 부활 사건을 예언하고 있는 구원 신탁이다. 누군가가 이 창세기 3장 15절의 원복음이 누구를 가리키고 있는 것인지를 묻는다면, 예수님을 가리키고 있는 것이라고 명확하게 대답하면 된다. 그것이 최종 심판이고, 단회적 성취이다. 그런데 앞서 계시의 점진적 발전 개념 설명에서 언급한 바와 같이, 예수님이 오실 때까지의 구약의 발전 과정에서 주어진 계시들은 부분적 성취 즉 다중적 성취를 통해 예수 그리스도 사건을 향해 나아갔다. 여자의 후손이 오심을 예언하는 원복음도 동일한 관점에서 해석되어야 한다. 여자의 후손에 대한 예언은 구약 성경 전체를 통해 계속하여 부분적, 다중적 성취를 통해서 발전해 나가게 된다. 그 첫 번째가 창세기 3장의 타락 이후부터 4장 26절까지 이어지는 천지의 톨레도트의 뒷부분인 것이다. 3장에서 원복음이 주어지던 때 그 현장에는 네 존재(하나님, 남자와 여자, 뱀)가 있었다. 그러므로 원복음의 '여자의 후손'이라는 구절의 '여자'의 근접 성취, 1차적 성취, 부분적 성취는 현장에 있던 여자인 하와에 의해서 이루어진다. 여자에게 붙여지는 하와라는 이름은 3장 20절에야 나오므로 아직 여자의 이름이 따로 존재하지 않았던 시점이다. 그러므로, 아담과 하와는 당시 말씀을 들으면서 부분적 성취를 기대했었을 것이 분명하다. 그들이 범죄하고 타락해서 피조세계가 죄로 오염되었으나, 아담과 하와를 통해서 태어날 후손이 뱀을 죽이고 모든 피조세계를 회복하는 구원자로 오게 된다는 사실을 듣게 된 것이다.

이러한 그들의 기대는 창세기 4장의 이야기와 연결된다. 아담과 하와를 통해 두 명의 아들, 가인과 아벨이 나오게 된다. 하나님은 가인의 제사는 받지 않으셨고, 아벨의 제사는 받으셨다. 그 이유로는 두 가지가 주로 거론된다. 하나는, 아벨의 제사가 피가 있는 제사였다는 것이다. 또 하나는, 아벨의 제사는 믿음의 제사였다는 것이다(히브리서 11장). 두 가지 모두 우리가 받을 만한 부분이라고 생각된다. 그런데 구속역사의 맥락에서 더 중요한 포인트가 있다. 하나님께서 가인의 제사를 받지 않으시고 아벨의 제사를 받으셨다는 것은 아벨이 여자의 후손을 이루는 근접 성취, 부분적 성취의 대상자로 이해될 수 있다는 점이다. 그런데 여기서 가인이 아벨을 죽이고 말았다. 그래서 아벨은 없어졌고, 가인은 저주를 받아서 떠났다. 그렇다면 이런 상황에서 여자의 후손에 대한 약속이 어떻게 이어져 가는 것일까? 이에 대한 답이 창세기 4장 25절에 이렇게 기록되어 있다. "아담이 다시 자기 아내와 동침하매 그가 아들을 낳아 그의 이름을 셋이라 하였으니 이는 하나님이 내게 가인이 죽인 아벨 대신에 다른 씨를 주셨다 함이며." 세 번째로 낳은 아들을 하나님이 아벨 대신 주신 다른 "씨"라고 표현하고 있으며, 이것은 원어로 쩨라(זֶרַע)이다. 쩨라(זֶרַע)를 창세기 3장 15절에서는 "후손"이라고 번역했는데, 4장 25절에서는 "씨"라고 번역되었으나, 원문상으로 둘은 같은 단어이다. 그러니까 세 번째 아들인 셋이 "여자의 후손"의 계보를 이어나가는 존재임을 본문을 밝혀주고 있는 것이다.

이로써 볼 때, 아담과 하와가 어떻게 구원을 받은 것인가? 자신들에게 주신 원복음의 약속을 믿음으로 구원을 얻은 것이다. 구약 시대에 율법이나 행위로 구원받은 것이 아니다. 믿음으로 주신 계시의 약속을 받아들여서 구원을 얻는 것이었다. 아담과 하와도 여자의 후손이 뱀의 머리를 상하게 한다는 약속을 믿음으로 구원을 얻었다. 이것이 가능한 이유는 분명하다. 원복음 예언은 예수 그리스도를 가리킨다. 시간과 공간과 모든 존재를 뛰어넘는 우주적이고 보편적인 구원사건인 예수 그리스도 사건을 가리킨다. 그러므로 이것은 모든 시간과 공간과 사건에 유효하다. 구원은 하나님의 선물이자 은혜인 믿음을 통해 얻어지는 것이다. 아담과 하와 역시 은혜를 입어 예수 그리스도를 예표하고 있는 원복음을 믿음으로 말미암아 구원을 얻었다.

따라서 이 원복음으로부터 비롯된 첫 번째 여자의 후손은 셋이며, 이 셋으로부터 계속해서 그 다음 구원역사를 이어나갈 후손들이 등장하게 된다.[12] 그래서 노아가 나오고, 아브라함이 나오고, 이삭과 야곱을 거쳐서 이스라엘 민족이 나오고, 이 중에서 유다 지파 중에 다윗이 나오게 된다. 이 모든

---

[12] 보스는 여자의 후손이 개인적인 메시야로 파악되는 것은 구약의 흐름 가운데 점진적으로 나타나는 현상으로 이해한다. 보스, 『성경신학』, 60. 아담과 하와는 하나님의 계시 가운데 장차 나타날 구원자가 사탄에 대한 궁극적인 승리를 아는 것으로 충분했다고 보는 것이다. 필자는 보스의 견해에 동의하면서, 여자의 후손을 예언하는 원복음 안에 예수 그리스도의 대표성 원리, 즉 구원자로서 모든 구원계시를 성취하시는 예수 그리스도의 유일성, 단일성 및 예수 그리스도로 인하여 일어나게 될 교회의 사명과 정체성까지 함께 포괄적으로 들어 있다고 본다.

인물들이 다 여자의 후손이다. 다만 이들은 궁극적·종말론적 성취가 아니라 부분적·다중적 성취일 뿐이다. 종말론적 성취는 오직 한 분, 우리의 구주시요 성육신하신 제2위 하나님이신 예수 그리스도이시다.

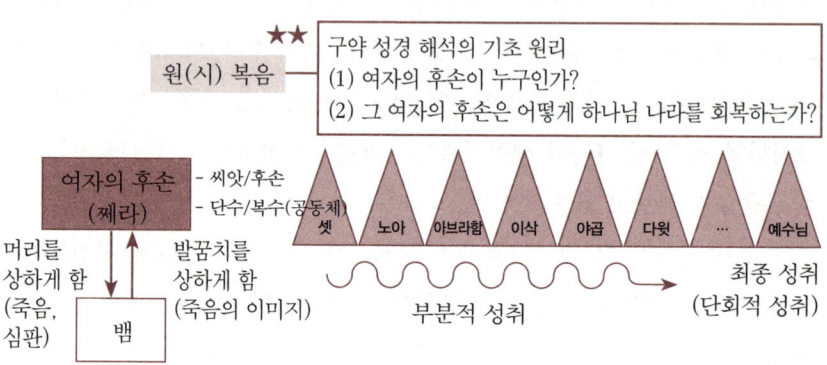

이 모든 논의를 통해 우리는 원복음은 우리에게 제공하는 매우 중요한 사실 한 가지를 기억해야 한다. 원복음을 통해 우리는 구약 성경의 해석의 기초 원리를 배우게 된다는 점이다. 앞으로 계속해서 살펴보게 될 구약의 언약들, 즉 노아 언약이나 아브라함 언약 등의 본문을 읽게 될 때, 단순한 도덕적·윤리적 읽기에 그쳐서는 안 된다. 가장 중요한 해석의 기초 질문은 '여자의 후손이 누구인가?' 그리고 '그 여자의 후손은 어떻게 하나님의 나라를 회복하는가?'여야 한다. 물론 구약에 나타나는 여자의 후손들은 부분적인 성취에 해당하기 때문에, 실패도 많고 궁극적 완성을 결코 이루지 못한다. 그러나 하나님께서 그 '여자의 후손들'을 빚으시고 그들의 인생을 인도하시는 가운데 드러내시는 역사들이 있었고, 그 모든 계시들은 장차 종말론적으로 모든 계시들을 성취하실 예수 그리스도를 향해 점진적으로 발전해 가고 있었다. 그러므로 우리는 구약의 계시들을 통해 여자의 후손이란 과연 어떤 존재인지, 그리고 그 여자의 후손이 어떤 방식으로 하나님의 왕국을 회복해 나가는지를 이해하기 위해 노력해야 한다. 그 모습들이 부분적인 성취를 통해 계시의 발전으로 나타나게 되며, 장차 오실 예수님의 모습을 미리 보여주는 예표의 역할을 하기 때문이다. 이런 의미에서 원복음은 구약성경에 주어진 구속계시 해석의 가장 기본적인 원리가 된다.

이 원복음 본문을 고찰함에 있어서 우리는 또한 '하나님은 어떤 분이신가'에 대하여 배워야 한다. 원복음 예언의 주인공은 하나님이시다. 그는 심판을 베푸셔야 마땅함에도 불구하고 심판을 유예시키셨다. 심판이 종말까지 유예되어 열리게 된 것이 구속사 시대이다. 여기에는 특별은총이 주어지는 동시에, 이 피조세계가 종말이 완성되기까지 유지되게 하기 위하여 모든 필요를 채우시고 공급하시는 일반은총 역시 주어지게 된다. 즉, 하나님께서는 심판하셔야 하는데 유예하셨고, 이에 더하여 원복음이라는 은혜의 약속 즉 예수 그리스도에 대한 계시까지 주셨다. 여기서 우리는 하나님이 어떤 분이신지를 알게 된다. 우리 하나님은 선하신 분이시고, 모든 약속을 반드시 성취하시는 분이시다. 하나님은 심판하셔야 마땅한 때 오히려 예수 그리스도를 통한 더 큰 은혜를 우리에게 베푸시는 분이시다. 심판이 없어진 것이 아니다. 심판은 반드시 있다. 예수 그리스도의 십자가 사건에서도 심판이 임했기 때문에 예수님께서 죽으셔야 했던 것이다. 그러나 그 가운데 하나님의 은혜가 함께 임하여, 하나님이 택하신 백성들을 살리시고 하나님의 약속을 이루시는 것이다. 예수 그리스도의 약속을 믿는 믿음 가운데 있는 자들에게는, 하나님께서 심판의 때에 그리스도로 말미암아 더 큰 은혜를 베푸신다. 그분이 우리 하나님이시며 좋으신 하나님 아버지이심을 우리는 믿고, 묵상하고, 깨달아야 할 것이다.

제6장

노아 언약

1. 아담의 족보 (창 5:1-6:8)

이제 창세기 5장부터 계속 언약의 흐름을 살펴보도록 한다. 창세기 본론의 두 번째 톨레도트 본문으로 들어가게 된다. 1장 1절부터 2장 3절까지가 창조기사로서의 서론이었고, 2장 4절부터 4장 끝까지가 본론으로서의 첫 번째 톨레도트였다. 이 부분에서 원복음 즉 여자의 후손(제라) 이야기가 나왔고, 이 여자의 후손이 일차적으로 셋이라는 것까지 정리되었다. 이어지는 5장 1절부터 6장 8절까지가 두 번째 톨레도트, 6장 9절부터 9장 끝까지가 세 번째 톨레도트이다.

두 번째 톨레도트는 "이것이 아담의 계보를 적은 책이니라(창 5:1)"라는 문장으로 시작된다. 이 문장의 "계보"가 톨레도트이다. "하나님이 사람을 창조하실 때에 하나님의 모양대로 지으시되(창 5:1)"는 창세기 1장 26-28절의 창조 명령과 연결된다. 남자와 여자를 창조하셨고, 그들에게 복을 주셨고, 사람이라 일컬으셨다(창 5:2). 아담의 계보는 첫 번째 사람인 아담으로부터 그 이후가 어떻게 되었는지를 알려준다. "아담은 백삼십 세에 자기의 모양 곧 자기의 형상과 같은 아들을 낳아 이름을 셋이라 하였고(창 5:3)." 4절에 보면 아담이 다른 자녀들도 낳았는데 그들의 이름은 나오지 않고, 셋의 이름만 나온다. 그 다음에 '셋은 에노스를 낳고 자녀들을 낳고 죽었다', '에노스는 게난을 낳고 자녀들을 낳고 죽었다'라는 방식으로 내용이 전개된다. 여기서 우리가 알 수 있는 것은 한 사람 당 자녀 한 명씩만 언급한다는 점이다. 셋은 에노스를 낳았고(창5:6), 에노스는 게난을 낳았고(창 5:9), 게난은 마할랄렐을 낳았음(창 5:12)이 언급되며, 결국 노아가 셈과 함과 야벳을 낳았다는 데까지 이어진다. 한 명이 한 명을 낳고, 또 한 명을 낳고, 또 한 명을 낳고, 이런 과정을 거쳐 노아에게까지 족보가 이어지게 된다.

그런데 이 족보에 형상과 모양이라는 어휘가 등장한다. "아담이 백삼십 세에 자기의 모양 곧 자기의 형상과 같은 아들을 낳아 이름을 셋이라 하였고(창 5:3)." 아담이 하나님의 형상과 모양으로 지어졌다는 점은 창조 명령(창 1:26-28)에 언급되었다. 그런데 이 아담의 형상과 모양으로 셋이 지어졌다는 것이다. 타락 사건으로 인해 죄가 들어왔지만, 사람이 하나님의 형상과 모양으로서의 존재인 것은 구원사 족보가 이어져 내려감을 따라 변함없이 동일하다. 사실 이런 사실은 교리에 있어서 인간론에 대한 설명일 것이다. 인간이 비록 타락으로 말미암아 죄에 오염되고 뒤틀리고 왜곡된 모습이지만, 하나님의 형상과 모양으로서의 정체성은 계속 유지하고 있다는 사실을 본문이 우리에게 보여주고 있다고 하겠다. 이는 죄로 인해 뒤틀리고 왜곡되고 무너진 모습들을 부정하는 것이 아니다. 잘못된 그 모습을 회복하기 위해서 이 족보가 이어져 가고 있는 것이다. 종말론적 여자의 후손이신 예수께서 오시기까지 이 족보는 계속 발전해 나가게 된다.

이 족보의 가장 큰 특징은 여러 자녀들 가운데 단 한 명만을 언급하고 있다는 것이다. 따라서 이 족보는 단순히 모든 가족의 이름을 기록하는 역사적 사실 명시로서의 의미보다는, 예수 그리스도에게 이르기까지의 흐름을 보여주는 의미를 지니고 있다. 다시 말해, 이 족보는 구원사 족보이다. 장차 누구를 통해서 구원자가 오는지 그 구원자의 계보를 이어가는 후손의 이름을 기록해 나가는 것이다. 그러니 이 아담의 톨레도트는 특별한 성격을 지닌 족보라고 이해해야 할 것이다.

2. 노아 언약 (6:9~9:29)

이제 우리는 다음 톨레도트로 넘어가서, 6장 9절부터 나오는 노아의 족보를 살펴야 한다. 6장 9절부터 9장까지 세 번째 톨레도트가 나오고, "이것이 노아의 족보니라(창 6:9)"라고 기록하고 있다. 이 단락은 아들의 이름들을 기록하는 식의 족보가 아니라 홍수 이야기와 그 다음에 나오는 노아 언약 이야기를 기록하고 있는 내러티브 본문이다. 이 내러티브에서 독자들은 흔히 대개 홍수 사건의 역사성 입증 및 홍수의 구체적인 역사적 정보에 집중하는 경향이 있다. 물론 그러한 접근도 중요하다. 그러나, 구원계시의 발전을 살펴나가는데 있어서 보다 더 중요한 부분은 '홍수의 의미'와 '노아 언약의 의미'가 무엇인지를 고찰하는 것이다.

먼저, 노아 홍수의 의미는 무엇일까? 필자는 노아 홍수의 의미가 '창세기 1장 2절로의 회귀'에 있다고 생각한다. 창세기 1장 2절은 "땅이 혼돈하고 공허하며 흑암이 깊음 위에 있고 하나님의 영은 수면 위에 운행하시니라(창 1:2)"라고 기록하여, 모든 것이 깊은 물 아래에 있었음을 알려준다. 육지도 드러나지 않았고, 윗물과 아랫물도 나누어지지 않아 물뿐이었다. 그 상태는 무질서와 혼돈을 의미했다. 그러한 가운데 하나님께서 일련의 창조 사건을 통해 질서를 부여하신 것이다. 그렇게 윗물과 아랫물이 나뉘었고, 아랫물이 한쪽으로 모여 바다가 되었고, 육지가 드러나서 땅이 되었다. 그러므로, 노아 홍수는 물들이 창세기 1장 2절의 상태로 되돌아간 것을 의미하는 것이 분명하다. 위의 물이 아래의 땅으로 쏟아지고, 그래서 모든 것이 물 아래 잠겨 버린 것이다. 노아 홍수의 문맥적 의미는 창세기 1장 2절로의 회귀이며, 신학적 의미는 창조 질서의 파괴(De-Creation)이다. 더 정확히 표현하자면, 하나님께서 창조주로서 세상에 질서를 부여하신 통치권을 잠시 거두신 사건으로 이해할 수 있겠다. 하나님께서 이 땅을 왕으로서 통치하지 않으실 때 어떤 일이 벌어지게 되는가를 선명하게 보여주신 사건인 것이다. 물론 하나님께서는 모든 만물을 통치하고 계시다. 하지만 사람들이 하나님을 왕으로 인정하지 않고 죄를 범하여 반역하기를 거듭하니, 이렇게 물과 관련된 부분을 통하여 하나님께서 통치하시지 않으면 어떻게 되는지를 보여주신 것이 노아 홍수 사건이다.

이렇게 하여 모든 것이 깊은 물 안에 갇혔다. 창세기 1장 2절로 회귀해 버린 것이다. 그런데 그 물 위에 노아의 방주가 있었다. 노아의 방주는 피조세계 전체의 모형/샘플이었다. 이 안에 사람과 모든 생물들이 '종류대로' 들어갔다고 본문이 기록하고 있기 때문이다(창 6:14-16). '종류'라는 단어는 창세기 1장의 창조 사건에 등장한 바 있다 (창 1: 11, 12, 21, 24). 피조세계를 종류대로 방주 안에 보존하신 것이다.

(1) 창조 질서의 재시작

창세기 8-9장에는 노아 언약의 주요 내용이 등장한다. 성경에서 '언약'이라는 말이 처음 직접적으로 사용된 곳이 바로 노아 언약이다. 물론 창세기 1장과 2장의 창조 사건이 하나님께서 아담과 맺으신 언약이라는 것을 뒷받침하는 본문들(렘 33:20; 호 6:7)이 있으므로 창조 사건도 하나의 언약이라고 부를 수는 있지만, 본문상 '언약'이라는 단어가 언급되어 있지는 않다. 본문에 직접 '언약'이라고 명시된 첫 번째 경우가 바로 노아 언약이다(창 6:18 "그러나 너와는 내가 내 언약을 세우리니"; 창 9:11 "내가 너희와 언약을 세우리니" 등). 그런데 이 8-9장의 노아 언약 이야기는 놀랍게도, 창세기 1장 1절-2장 3절과 매우 유사한 그림을 보여준다. 두 부분에서 같은 어휘 및 표현들이 사용되고 유사한 주제들이 등장한다는 것이다.

8장 1절은 "하나님이 노아와 그와 함께 방주에 있는 모든 들짐승과 가축을 기억하사 하나님이 바람을 땅 위에 불게 하시매 물이 줄어들었고"라고 기록한다. 이때 '바람'이라고 번역된 단어가 루아흐(רוּחַ)이다. 이 루아흐(רוּחַ)는 '바람'이라고 번역할 수도 있고, '영'이라고 번역할 수도 있다. 그런데 이 단어가 성경에서 가장 처음으로 등장한 곳은 창세기 1장 2절 "땅이 혼돈하고 공허하며 흑암이 깊음 위에 있고 하나님의 영은 수면 위에 운행하시니라"이다. 이 구절에서 하나님의 '영'으로 번역된 단어가 루아흐(רוּחַ)이다. 따라서 우리는 창 1장과 창 9장의 그림이 매우 유사하다는 사실을 발견하게 된다. 물론 창세기 8장 1절에서는 하나님의 '영'이라고 번역되어 있지는 않다. 하나님이 루아흐(רוּחַ)를 보내셨다고 원문에 되어 있는데, 한국어로는 '바람'을 보내셨다고 번역했다. 하지만 원문으로 보면 두 본문의 그림이 무척이나 유사하다는 사실을 부정하기 어렵다. 1장에서는 하나님의 영이 수면 위에 운행하셔서, 제1일부터 제6일까지 순차적으로 세상을 창조하시는 그 창조 사건에 하나님의 영께서 동참하셨음을 알려주었다. 성부 하나님이 창조하신 것으로 주로 기록되었지만, 창세기 1장 2절에 하나님의 영이 함께 하셨다는 점이 분명히 서술되어 있는 것이다. 창세기 8장 1절에서는 하나님의 영이 하셨다고 되어 있지는 않지만, 하나님이 루아흐(רוּחַ)를 보내셔서 물이 줄어들게 되었다고 말씀하고 있다. 그래서 육지가 드러나게 되는 것이다. 이것은 창세기 1장에서 창조의 제3일에 육지가 드러나게 된 사건과 매우 유사한 그림을 보여준다.

이번에는 8장 17절을 보자. "너와 함께 한 모든 혈육 있는 생물 곧 새와 가축과 땅에 기는 모든 것을 다 이끌어내라 이것들이 땅에서 생육하고 땅에서 번성하리라 하시매." 땅에서 생육하고 땅에서 번성한다는 것은 창세기의 독자들에게 매우 익숙한 표현이다. 이것은 창조 제 5일 째에 하나님께서 명령하신 내용과 개념과 어휘가 동일하다. 하나님께서 창조 다섯째 날에 모든 물에서 사는 생물들과 날개 있는 새를 종류대로 창조하신 후에 말씀하신 창세기 1장 22절을 보면 "하나님이 그들에게 복을 주시며 이르시되 생육하고 번성하여 여러 바닷물에 충만하라 새들도 땅에 번성하라 하시니라"고 기록하였다. 그리고 다음날인 6일째가 되면 하나님께서 땅에게 생물을 종류대로 내게 하시고, 이것이 하나님이 보시기에 좋았더라고 기록하고 있다. 이렇게 5일째부터 6일째가 연결되는 부분에 내리신 생육하고 번성하라는 명령을 지금 노아의 방주에서 나온 생물들에게 다시 명하고 계신 것이다. 창세기 1장과 매우 유사한 어휘와 표현들이 8장에 나오고 있음을 계속해서 확인할 수 있다.

창 1장과의 관련성은 계속 이어진다. 9장 1-2절을 읽어보자. "하나님이 노아와 그 아들들에게 복을 주시며 그들에게 이르시되 생육하고 번성하여 땅에 충만하라. 땅의 모든 짐승과 공중의 모든 새와 땅에 기는 모든 것과 바다의 모든 물고기가 너희를 두려워하며 너희를 무서워하리니 이것들은 너희의 손에 붙였음이니라." 이것은 바로 우리가 창세기 1장 26-28절에서 중요하게 다루었던 바 창조 명령에 나왔던 어휘들이다. 창세기 1장으로도 돌아가 살펴보자. "하나님이 그들에게 복을 주시며 하나님이 그들에게 이르시되 생육하고 번성하여 땅에 충만하라, 땅을 정복하라, 바다의 물고기와 하늘의 새와 땅에 움직이는 모든 생물을 다스리라 하시니라(창 1:28)" 이렇듯 지금 창세기 8-9장에 나온 어휘들이 창세기 1장의 어휘를 재사용하고 있다는 것을 알 수 있다.

이렇듯 창조기사 본문과 노아 언약 본문의 유사성은 매우 깊다. 그러므로, 노아의 홍수가 창조 질서의 파괴를 뜻한다면, 노아 언약은 '창조 질서의 재시작'이라고 볼 수 있다. 하나님께서 인류에게 다시 시작할 수 있는 기회를 주신 것이다. 그래서 우리는 이것을 재창조(Re-Creation) 사건이라고 부른다. 이것은 모든 것을 아예 다 없애고 무(無)로 만들었다가 다시 창조했다는 의미가 아니다. 재창조라 함은 창조 질서가 재시작되었다는 것, 창조 명령이 성취될 수 있도록 다시금 기회를 주셨다는 것을 뜻한다. 이것은 구약성경의 다른 책들에서는 새 창조(New Creation)라는 큰 주제로 발전하게 된다. 이사야서의 "너희는 이전 일을 기억하지 말며(사 43:18)", "보라 내가 새 일을 행하리니 이제 나타낼 것이라(사 43:19)"와 같은 말씀들, 새 하늘과 새 땅 및 새 예루살렘 창조 이야기(사 65:17-25)가 바로 새창조의 주제가 나타난 본문들이다. 이 주제는 예수님께서 니고데모에게 말씀하신 거듭남(Re-Birth/born again), 바울서신의 "그런즉 누구든지 그리스도 안에 있으면 새로운 피조물이라 이전 것은 지나갔으니 보라 새 것이 되었도다(고후 5:17)," 계시록의 새 하늘과 새 땅 및 새 예루살렘 이야기(계 22) 등으로 이어지게 되는데, 이 재창조라는 주제가 노아 언약 본문에서 출발하는 것이다.

(2) 영원성의 약속 (무지개)

하나님께서는 재창조(Re-Creation)를 말씀하시면서 번성을 명하신다. 그 내용을 9장 7절에서도 다시 한 번 확인할 수 있다. "너희는 생육하고 번성하며 땅에 가득하여 그 중에서 번성하라 하셨더라(창 9:7)." 또한 하나님은 이들과 언약을 세우심을 계속 반복하여 말씀하심으로써 언약의 약속을 확실히 하신다. "내가 내 언약을 너희와 너희 후손과 너희와 함께 한 모든 생물 곧 너희와 함께 한 새와 가축과 땅의 모든 생물에게 세우리니 방주에서 나온 모든 것 곧 땅의 모든 짐승에게니라(창 9:9-10)." 하나님께서 사람들뿐만 아니라 모든 생물과도 세우신 이 언약은, 다시는 땅을 멸할 홍수가 있지 않을 것이라는 내용이었다. "내가 너희와 언약을 세우리니 다시는 모든 생물을 홍수로 멸하지 아니할 것이라 땅을 멸할 홍수가 있지 아니하리라(창 9:11)." 이것은 창조 질서를 아예 거두어가시는 방식으로 하시는 심판은 다시 나오지 않을 것이라는 약속이었다. 그리고 나서 하나님은 언약의 징표를 주신다. 은혜의 증거는 바로 무지개였다. "하나님이 이르시되 내가 나와 너희와 및 너희와 함께 하는 모든 생물 사이에 대대로 영원히 세우는 언약의 증거는 이것이니라 내가 내 무지개를 구름 속에 두었나니 이것이 나와 세상 사이의 언약의 증거니라(창 9:12-13)." 9장을 살펴보면 11절부터 17절까지 '언약'이라는 말이 6번이나 반복되고 있다. 언약을 세우리니(11절), 언약의 증거는 이것이니라(12절), 언약의 증거니라(13절), 언약을 기억하리니(15절), 언약을 기억하리라(16절), 언약의 증거가 이것이라(17절). 얼마나 하나님께서 강조하고 싶으셨으면 이렇게 '언약'을 반복해서 강조하고 계신 것이겠는가.

여기서 무지개의 의미는 무엇인가? 언약의 증거로서 왜 무지개가 주어진 것일까? 무지개로 번역된 히브리어 원어는 케쉐트(קֶשֶׁת)이다. 이 케쉐트(קֶשֶׁת)라는 단어는 '무지개'로 번역할 수도 있지만 혹은 '활'로도 번역할 수 있다. 타원의 절반 모양을 물체들을 뜻하는 어휘로 이해할 수 있겠다. 반원형 모양의 무엇인가가 땅에 걸려 있으면 무지개이지만 사람의 손에 들려 있으면 화살을 걸어서 쏘는 활의 모양이 되는 것이다. 고대 사람들에게 이것이 어떤 이미지였겠는가? 지평선에 걸려 있는 무지개를 보면 우리는 아름답다고만 생각하지만, 고대 사람들은 이것을 보고 활이 하늘이 걸려 있다고 생각했을 수 있다. 이 커다란 활(무지개)에 화살을 걸어서 쏘면 어디로 날아가게 되는가? 하늘을 향해 날아가게 된다. 따라서 무지개란 하늘에 걸린 활이며, 그 의미는 하늘에 계신 하나님께서 이 언약의 성취를 책임지시겠다는 증거라는데 있다. 다시는 이런 홍수가 없을 것이라는 노아 언약에 대하여, 창조 질서가 재시작되어 다시금 창조 명령이 이루어지는 부분에 대하여, 하나님께서 주권적·적극적으로 책임을 지실 것이라 말씀하신 것이다.[13]

사실 여기서 죄악이 관영한 땅에 대하여 심판이 임해야 하는 것이었다. 세상을 진멸하셔야 하나님의 의로우심이 성취되는 것으로 생각되었다. 그러나 하나님은 진멸하기를 원하지 않으시고 오히려 노아와 그 방주에 있던 생물들과 언약을 맺으셨다. 다시 한번 심판을 넘어서는 은혜의 약속이 나오는 것이다. 이런 패턴은 원복음 때에 이미 주어진 바 있다. 반드시 죽으리라 하셨으니 모든 것을 궁극적으로 심판하시는 것이 합당해 보였는데, 오히려 그때 예수 그리스도에 대한 예언인 원복음을 주셨다. 심판을 넘어서서 더 귀한 은혜의 약속, 그 심판 자체를 해결할 수 있는 약속을 주신 것이다. 하나님은 참으로 선하시고 좋으신 분이시다. 우리가 원복음에서 본 이 패턴이

---

13 혹은 전쟁의 무기인 활이 땅에 놓여 있음으로 인하여, 땅에 평화가 임했다는 이미지로 볼 수도 있다.

노아 언약에서도 나타나고 있는 것이며, 이는 구원계시가 점진적으로 발전해 나간다는 사실을 우리에게 확인시켜 준다.

(3) 신적 구원자의 약속 (하나님의 임재가 셈의 장막에 주어짐)

노아 언약 본문의 결론부에 언약신학에서 매우 중요한 내용이 담겨져 있다. 9장에는 노아가 포도나무를 심었고(창 9:20), 그래서 포도주를 마시고 취하여 벌거벗었는데(창 9:21), 그때 그 아들 셈·함·야벳이 행한 일들에 대한 이야기가 나온다. 그 중 함은 아버지 노아의 하체를 보고 형제들에게 알렸는데(창 9:22), 다른 두 아들 셈과 야벳은 옷을 가져다가 뒷걸음질쳐 들어가 아버지를 덮어드렸다(창 9:23). 노아는 나중에 이 일을 알고 나서, 함의 아들인 가나안을 저주한다. "가나안은 저주를 받아 그의 형제의 종들의 종이 되기를 원하노라(창 9:25)"라고 이야기한다. 여기서 '잘못은 함이 했는데 왜 함의 아들인 가나안이 저주를 받았는가' 등 저주에 관한 내용에 관심을 두어 더 중요한 부분을 놓칠 수 있는데, 더 중요한 부분은 노아가 나머지 두 아들을 축복하는 9장 26절과 27절이다. 필자는 특별히 27절이 우리 언약 신학의 전체 구약 흐름에 있어서 상당히 중요한 구절이라고 생각한다. "또 이르되 셈의 하나님 여호와를 찬송하리로다 가나안은 셈의 종이 되고(창 9:26)." 여기에서 포인트는 가나안이 셈의 종이 된다는 것이라기보다 셈이 복이 있는 존재라는 것이다. 이어서 27절은 "하나님이 야벳을 창대하게 하사 셈의 장막에 거하게 하시고 가나안은 그의 종이 되게 하시기를 원하노라 하였더라(창 9:27)"라고 말씀하고 있다. "하나님이 야벳을 창대하게 하사"까지는 그 의미가 명백하다. 야벳에게는 창대하게 되는 축복을 주신다는 것이다. 그런데 이 27절의 뒷부분을 어떻게 해석해야 하느냐에 대해서는 두 가지 의견이 있다.

우리 한글 성경에서는 "(하나님이 야벳을) 셈의 장막에 거하게 하시고"라고 번역하고 있는데, 이것은 번역 가능한 두 가지의 가능성 중 하나를 취한 결과이다. 여기서 '거하다'라는 동사를 지시형으로 번역할 수도 있고, 일반 미완료로 번역할 수도 있다. 지시형으로 번역하면 '그가 ~로 하여금 거하게 한다'는 의미이다. 이것이 개역개정이 취한 번역이다. 27절의 주어는 하나님이시므로, '거하다'라는 동사를 지시형으로 보면 '하나님이 야벳을 창대하게 하시고, 하나님이 야벳으로 하여금 셈의 장막에 거하게 하신다'라고 번역할 수 있는 것이다. 이 경우 셈의 장막에 거하는 주체는 야벳이 된다. 그런데, 문법적으로 가능한 또 하나의 번역이 있다. '거하다'라는 동사를 미완료로 보면 27절은 '그가 셈의 장막에 거하시고'라는 뜻이 된다. 이때 '그'는 27절 앞부분에 나온 주어와 동일한 하나님이다. 그러니까 이렇게 번역할 경우, 셈의 장막에 거하시는 주체는 하나님이 되시는 것이다. 첫 번째와 같이 해석을 하면, 야벳이 셈의 장막에 거하게 되는 것이므로 이것은 야벳에게 주신 복 이야기가 된다. 그런데 두 번째와 같이 해석하면, 이것은 셈이 받는 축복이 된다. 하나님께서 셈의 장막에 거하신다는 의미가 되기 때문이다. 필자는 이 두 번째 번역의 가능성을 취하는 것에 무게를 두고 싶다.[14]

이쯤에서 지금까지 살펴본, 노아 언약에서 기억해야 할 내용들을 정리해보자. 노아 언약에서 기억해야 할 첫 번째는 창조 질서의 재시작이고, 두 번째는 무지개를 통하여 주어진 영원성의 약속이다. 그리고 마지막 세 번째는 하나님의 임재가 셈의 장막에 주어지는 것이다. 이 세 번째 내용의 의미는 무엇인가? 하나님께서 주권적인 구원을 베푸시는 구원자로서 직접 셈의 장막에 임하시겠다는 것이다. 역사적인 흐름을 통해 볼 때, 하나님께서 셈의 장막에 오시는 일은 구약성경에서 반복하여 나타났다. 모세 때 성막을 지으시고 임재하시고, 솔로몬 때 성전을 지으시고 임재하신다. 노아 언약의 부분적 성취들이다. 그리고 궁극적으로는 성육신하신 하나님이신 예수 그리스도, 참 성전이신 예수 그리스도께서 친히 셈의 장막 가운데 내려오신다. 셈

---

[14] 하나님을 주어로 보아야 한다는 주장의 예로 다음을 보라: 월터 C. 카이저, 『구약에 나타난 메시아』, 류근상 역 (서울: 크리스챤, 2008), 39-40.

의 계보를 따라 아브라함과 이삭 등을 지나 다윗의 후손으로, 하나님께서 사람이 되어 우리 가운데 오시는 일이 예수 그리스도 사건으로 인해 성취되는 것이다.

구약 성경 안에서 구원자 개념은 크게 두 종류로 나타난다. 첫 번째는 하나님께서 〈인간 구원자〉를 보내신다는 것이다. 이것은 원복음(창 3:15) 즉 여자의 후손에 대한 약속의 성취이다. 원복음으로부터 노아 언약, 아브라함 언약, 다윗 언약으로 이어져 결국 예수님께서 오시게 되는 것이다. 그런데, 구약 성경에는 이러한 인간 구원자로 구원자를 설명하는 것 외에 또 다른 설명의 방식이 존재한다. 바로 〈신적 구원자〉 개념이다. 다윗이나 다윗왕조의 후손과 같은 인간 구원자들은 구원자로서의 역할을 온전히 감당하지 못하고 자꾸만 무너지고 실수를 했다. 그때마다 구약 성경은 인간은 궁극적인 구원자가 되지 못하고 오직 하나님만이 참 구원자가 되심을 강조한다. 다윗왕조가 구원하는 것이 아니라 하나님만이 구원자가 되신다는 이러한 〈신적 구원자〉의 계시의 흐름은 시편(시 90-106편)이나 선지서(단 7-12장; 슥 14장 등) 등 구약 후반부에서 강력하게 나타난다. 이 두 가지 구원자 계시가 구약 성경에서 양대 산맥을 이룬다. 하나님께서 인간 구원자를 〈보내신다〉는 것과 신적 구원자가 〈임하신다〉는 이 두 가지 개념은 구약 성경을 흐르는 양대 산맥을 형성하는데, 구약 성경 안에서는 서로 만나지 아니하고 평행으로 발전해 나간다. 이 두 사상적 흐름은 결국 신약시대에 하나로 통합되는데, 바로 신적 구원자이신 하나님께서 인간 구원자 다윗의 후손으로 오시는 사건이다. 그 분은 바로 하나님이시면서 사람이신 분, 하나님의 아들이시면서 다윗의 가문에 나신 분이신 예수 그리스도이시다.

이렇게 노아 언약은 하나님의 임재가 셈의 장막에 임하게 된다는 신적 구원자의 약속을 보여줌으로써, 구약 성경 안에 면면히 흐르게 되는 또 하나의 중요한 주제를 우리에게 소개해주고 있다. 원복음에서 주어진 구원계시는 노아 언약에 이르러 더욱 풍성한 주제들로 연결되면서 점진적으로 발전해 나가고 있다.

이제 10-11장을 살펴보자. 10장에는 셈과 함과 야벳의 톨레도트가 등장하며(창 10:1), 순서는 구원사의 계보에서 제외되는 사람들의 족보가 먼저 등장한다. 그래서 야벳(10:2-5)과 함(10:6-20)이 먼저 나오고, 셈(10:21-31)은 가장 마지막에 나오게 된다. 이렇게 구성할 때 이후의 구약 성경 전체가 셈의 후예가 되기 때문이다. 그래서 2절부터 5절까지 "야벳의 아들은…" 하면서 야벳의 아들들 이야기가 나오고, 6절부터 20절까지 "함의 아들은…" 하면서 함의 아들들 이야기가 나온다. 22절에 가야 "셈의 아들은…"이 등장하게 된다. 11장에 셈의 족보(창 11:10-26)가 따로 한 번 더 나오기는 하지만, 10장에서 노아의 아들들 세 명의 족보를 모두 언급하며, 10장 32절은 "이들은 그 백성들의 족보에 따르면 노아 자손의 족속들이요 홍수 후에 이들에게서 그 땅의 백성들이 나뉘었더라"라고 기록한다. 그러므로 창세기 10장은 민족들(열방들)의 족보를 우리에게 보여준다고 보아야 한다. 이들이 11장의 바벨탑 사건을 지나면서 흩어지게 되고, 이후에 아브라함의 후손과 구별되는 열방의 개념으로 형성되게 된다. 우리는 10장에서 창조 명령으로부터 이어져 노아 언약으로 발전된 "생육하고 번성하라" 하신 말씀이 이 부분적인 성취를 이루었음을 발견하게 된다. 물론 이 부분적 성취는 종말론적 성취가 아니다. 10장에서 노아의 후손으로 언급된 이 열방들이 하나님의 나라를 이루지 못하고 11장에서 바벨탑 사건으로 심판을 받게 되기 때문이다. 결국 10-11장은 셈과 함과 야벳의 톨레도트, 즉 민족들(열방들)의 이야기이다.

11장에는 바벨탑 사건이 나온다. 바벨탑 사건의 결과, 하나님께서 민족들의 언어가 달라지게 만드시고 이들을 온 땅에 흩으셨다. 온 땅의 언어가 하나요 말이 하나였는데(창 11:1), 하나님께서 내려오셔서 언어를 혼잡케 하시고 온 지면에 흩으셨다(창 11:6-9). 이 바벨탑 사건은 하나님께서 다시 한 번 심판을 내리신 세 번째 심판 사건이다. 첫 번째 심판 사건은 타락으로 인해 죽음, 힘든 노동, 임신의 고통이 들어온 것이었고, 두 번째 심판 사건은 노아 홍수 사건이었다. 세 번째가 이 바벨탑 사건이다. 이번에는 왜 심판을 받게 되는 것인가? 타락 사건 때는 하나님을 왕으로 인정하지 않고 선악과를 먹었기 때문이었고, 노아 홍수 때는 죄악이 관영했기 때문이었다. 세 번째 바벨탑 사건에서는 하나님께서 심판을 하신 이유가 무엇이었을까? 흔히 이에 대해 바벨탑을 쌓은 인간들이 교만했기 때문이라고 해석하기도 하는데, 그 핵심은 구체적으로 어떤 점이 교만했느냐에 있다. 벽돌을 만들면 교만한 것인가? 탑을 건설한다는 것은 높아지려고 한 것이니 교만한 것인가? 이 민족들은 "또 말하되 자, 성읍과 탑을 건설하여 그 탑 꼭대기를 하늘에 닿게 하여 우리 이름을 내고 온 지면에 흩어짐을 면하자 하였더니(창 11:4)" 라고 말했다. 이들은 탑을 건설하여 그 탑 꼭대기를 하늘에 닿게 하고, 우리 이름을 내고, 온 지면에 흩어짐을 면하자고 말했다. 여기서 흩어짐을 면한다 함은, 심판을 회피한다는 것이다. 이를 위해 어떻게 하겠다는 것인가? 탑을 쌓아서 꼭대기가 하늘에 닿게 하자는 것이다. 필자는 이 부분이 중요한 핵심이라고 생각한다. 이 탑은 피라미드 형식으로 생긴 지구라트와 같은 건축물이었을 것으로 추측된다. 이 꼭대기가 하늘에 닿게 하자는 것은 무슨 뜻일까? 고대 근동 사회에서, 높은 건축물의 꼭대기나 산의 정상과 같은 부분은 하늘과 땅이 만나는 곳으로 인식되었다. 그래서 고대 사회에서 높은 곳에는 제단이 있는 경우가 많았다. 하늘에 닿는다는 것은 땅과 하늘이 연결되는 것으로 이해되며, 종교적인 개념을 형성한다. 다시 말해, 하늘에 닿게 하고 흩어짐을 면하자는 이 표현은 다름 아닌 구도 행위, 즉 구원을 얻으려는 종교적 행위인 것이다. 인간이 하늘을 향해 올라가 신에게로 돌아간다는 것이다. 이것이 바로 교만이었다. 왜 그런가? 하나님께서는 이미 구원의 방식을 창세기 3장 15절과 9장 27절에서 계시하셨는데, 이들이 취한 방식은 그 구원에 대한 계시에 반대되는 잘못된 방향성을 가지고 있었다. 인간들은 땅으로부터 하늘을 향해 가는 방식의 구원 행위를 시도했다. 그러나, 이것은 하나님께서 그동안 계시하신 하나님의 구원 방식이 아니었다. 하나님께서 그동안에 말씀하신 방식은 어디에 나오는가? 창세기 3장 15절에서 하나님은 여자의 후손을 보내겠다 약속하시고서는 타락한 인간들을 에덴동산 밖으로 내보내셨다. 그리고 창세기 9장의 노아 언약 부분에 이르러서는 하나님께서 직접 셈의 장막에 오시겠다고 하셨다. 이 두 가지가 만나는 사건이 장차 예수 그리스도 사건이라고 이미 설명한 바 있다. 즉 하나님이 말씀하신 구원의 방식은 땅이 하늘로 올라가는 방식이 아닌 것이다. 하나님이 말씀하신 구원의 방식은 '하늘이 땅으로 내려오시는 방식'이다. 여자의 후손을 보내시고, 하나님께서 그들에게 임하시는 방식인 것이다. 구원계시의 성취로 설명하자면, 이는 바로 예수 그리스도 사건이다. 하늘이 땅으로 내려와서 하늘과 땅을 연결하시는 사건, 하나님이 사람이 되셔서 여자의 후손으로 오시는 예수 그리스도 사건만이 유일한 구원의 방법이다. 그리고 그 방법은 원복음과 노아 언약을 통해 이미 계시로, 약속으로 주어져 있었던 것이다.

 구원의 방식이 무엇인가? 사람이 무엇인가를 행하여 그 행위를 근거로 구원받는 것이 아니다. 구원은 약속에 대한 믿음을 통해 얻는다. 이때 약속이란 모두 예수 그리스도를 가리키고 있는 구약의 계시들이다. 예수 그리스도 사건은 시공간을 초월하여 효력을 미치는 전 우주적이고 보편적인 사건이라고 이미 언급하였다. 그 예수 그리스도 사건이 아담과 노아와 같은 고대의 사람들에게도 효력을 미쳐서, 그들이 약속을 믿음으로 구원을 얻는 것이다. 구원자를 보내신다 하시고, 구원자로 오시겠다 하신 그 약속을 믿음으로 구원을 얻게 된다. 그런데 바벨탑 사건에서는 이 민족들(열방들)이 위로 올라가려고 함을 통해, 자기들의 종교성으로 구원을 얻고자 한 것이다. 바로 이 점이 교만하여 심판의 대상이 될 수밖에 없는 것이었다고 해석된다. 그 결과 하나님께서 그들의 언어를 혼잡케 하시고 온 지면에 흩으시는 심판 사건이 또 한 번 등장하게 되었다. 그런데 한 번 생각해 보자. 지금까지 심판 사건이 발생해야 할 때, 하나님은 동일하게 같은 패턴으로 역사하셨다. 더 좋은 은혜의 약속이 그 심판의 현장을 통해 나타나게 하셨다. 타락 때에는 원복음이 주어졌었고, 노아 홍수 때에는 노아 언약이 주어졌었다. 이번 바벨탑 사건 역시 심판으로 끝나지 않고, 그 이후에 하나님의 약속이 주어졌다. 11장 27절부터 데라의 톨레도트, 즉 아브라함 이야기가 등장하게 되는 것이다. 아브라함 이야기는 바벨탑의 심판 사건을 넘어서는 구원에 대한 계시이다. 바벨탑 때 열방을 흩으시는 심판 사건이 일어났으나, 하나님께서는 그 흩어버린 열방들 가운데 한 사람을 선택하셨으니 그가 아브라함이었고, 하나님은 아브라함을 통해 흩어버린 열방들, 즉 10장에 나타난 셈과 함과 야벳의 후손들을 회복하기를 원하셨다. 하나님께서 아브라함으로 하여금 열방을 향한 복의 통로가 되게 하시는 것을 우리는 곧 아브라함 언약에서 발견하게 될 것이다. 이것이 데라 톨레도트의 주요한 내용이다.

11장 10절부터 시작되는 셈의 족보는 5장에 나왔던 아담의 족보와 마찬가지로 한 사람씩, 한 사람씩 나오며 내려간다. 셈은 아르박삿을 낳았고(10절), 아르박삿은 셀라를 낳았고(12절) 등으로 이어져서 데라까지 이어지며, 데라는 아브라함과 나홀과 하란을 낳았다(26절). 여기서 흥미로운 것은 족보의 유사성이다. 아담에게도 세 명의 아들이 있고(가인, 아벨, 셋), 이 중 셋으로 계보가 내려간다. 노아도 세 명의 아들이 있고(셈, 함, 야벳), 이 중 셈으로 계보가 내려간다. 데라도 세 명의 아들이 있고(아브라함, 나홀, 하란), 이 중에서는 아브라함으로 계보가 내려간다. 아브라함과 노아의 유사성이 크다. 아들이 3명 있었고 그 중 1명으로 구속사 족보가 이어졌을 뿐 아니라, 두 인물 모두 벌거벗어서 부끄러움을 당한 적이 있고, 생육하고 번성하게 된다는 약속을 받았다(창 1:26-28, 9:1).

이제 데라의 세 아들들 중에 아브라함이 족보를 이어가게 되는데, 여기서 문제가 발생한다. 바로 아브라함의 아내 사래가 임신하지 못했다는 불임 모티프이다(창 11:30). 이 불임의 문제는 매우 중차대한 이슈였다. 후손이 나타나지 못한다면 원복음과 노아 언약이라는 약속이 더 이상 발전, 성취되지 못하게 되기 때문이다. 어째서 하나님께서는 막으신 것일까? 아브라함에게 어떤 일을 행하시려고 그러시는 것일까? 어떻게 아브라함을 통해 바벨탑 사건을 넘어서는 일을 행하시려는 것일까? 창세기의 흐름을 따라 읽어갈 때 이러한 질문이 생기는 것이 당연하다. 이에 대한 대답들이 창세기 12장부터 본격적으로 아브라함 언약 이야기에서 나타나게 된다.

제7장

아브라함 언약

1. 아브라함 언약의 시작 (창 12:1-3)

우리는 이제 아브라함[15] 언약을 살펴보게 된다. 창세기 11장 27절부터 데라의 톨레도트가 시작되고, 12장부터 본격적으로 아브라함 언약 이야기가 나타난다. 창세기 1장 1절부터 2장 3절까지가 서론이고, 2장 4절부터 지금까지 여러 톨레도트가 나왔었다. 2장 4절부터 4장까지 하나(천지의 톨레도트), 5장에서 6장까지 하나(아담의 톨레도트), 6장에서 9장까지 하나(노아의 톨레도트), 10장에서 바벨탑 사건까지 하나(셈과 함과 야벳의 톨레도트)가 나왔고, 11장에 셈의 톨레도트가 나왔다. 11장 27절-25장 11절까지가 데라의 톨레도트이고, 이 단락이 바로 아브라함 언약을 담고 있다. 좀 더 명확하게 말하자면, 우리가 〈아브라함 언약〉이라고 이야기할 때는 11장 27절부터 창세기의 마지막인 50장까지를 가리킨다. 그러나 아브라함 언약의 실제적인 내용과 주요 주제들이 나타나는 본문들은 이 데라 톨레도트 안에 들어 있다. 그 중 가

---

[15] 아브라함의 원래 이름은 아브람이었고 창 17장에서 아브라함이라는 이름을 얻게 된다. 본서에서는 아브라함 언약이라는 언약 명칭을 계속 언급해야 하기에, '아브람'과 '아브라함'을 구분하지 않고 '아브라함'으로 통일하여 표현하기로 한다.

장 첫 번째로 살펴보아야 할 부분은 12장 1-3절 본문이고, 이후 13장, 15장, 17장, 22장, 이렇게 여러 본문을 거쳐서 아브라함 언약의 주요 주제들이 나타날 것이다. 언약에 대한 직접적 계시는 아브라함 내러티브의 구조적 흐름과 연계되어 해석해야 한다. 아브라함 스토리 자체보다 훨씬 더 중요한 것은 아브라함 언약을 이야기하고 있는 언약 본문들이다. 다시 말해 언약 본문들이 뼈대에 해당하고, 나머지 스토리들은 그 뼈대로 만들어진 구조에 담겨 그 언약 본문의 내용을 풍성하고 세밀하게 설명해주는 기타 내용물에 해당한다.

먼저 12장 1-3절을 중심으로 아브라함 언약의 구체적인 내용들을 정리해 보자.

창 12:1-3

¹ 여호와께서 아브람에게 이르시되 너는 너의 고향과 친척과 아버지의 집을 떠나 내가 네게 보여 줄 땅으로 가라

² 내가 너로 큰 민족을 이루고 네게 복을 주어 네 이름을 창대하게 하리니 너는 복이 될지라

³ 너를 축복하는 자에게는 내가 복을 내리고 너를 저주하는 자에게는 내가 저주하리니 땅의 모든 족속이 너로 말미암아 복을 얻을 것이라 하신지라

아브라함 언약 (창 12:1-3)

중요 주제들	연결되어 나오는 중요한 단어 또는 주제에 대한 내용 설명	앞선 계시들의 부분적 성취
땅 (אֶרֶץ)	라아 (רָאָה) (보다)	창조 명령 여자의 후손 (원복음) 노아 언약
큰 민족 (생육, 번성)	쩨라 זֶרַע (후손/씨) - 하늘의 별 - 땅의 티끌 - 바닷가의 모래	

복 (하나님의 계획이 완성된 상태)	아브라함이 열방의 복의 통로가 됨 (구원 사건, 창조 명령의 성취)
+	
12장 창대한 이름	
15장 믿음	
18장 공의와 정의	하나님 나라의 통치 원리 및 결과

가장 먼저 1절에서 하나님은 아브라함에게, 고향과 친척과 아버지의 집을 떠나 하나님께서 아브라함에게 '보여주실 땅'으로 가라고 말씀하신다. 여기에 '땅'의 주제가 나타난다. 히브리어로 에레쯔(ארץ)이다. 하나님은 아브라함에게 땅을 주신다고 약속하셨다. 우리는 이미 창세기 2장에서 에덴동산을 다루면서 공간에 있어서의 대표성의 원리를 살펴본 바 있다. 모든 피조 공간 중에 하나님은 특정한 공간인 가나안 땅을 선택하시고, 그 가나안 땅에서 예루살렘을 택하시고, 예루살렘에서 성전을 택하시고 하여, 거룩의 구별이 등장한다고 설명하였다. 첫 번째 샘플이었던 에덴동산은 타락으로 인해 성취되지 못했는데, 이제 하나님께서 구속역사의 회복을 위해 특정 공간을 선택하시겠다고 말씀하시며, 그것이 아브라함 언약에서 땅에 대한 약속으로 주어지고 있다. 1절에서 아직 '가나안 땅'이라고 되어 있지는 않고, '땅'으로만 설명된다. 1절의 '땅'에 대한 약속에는 특별한 동사 하나가 연결된다. '내가 네게 보여 줄 땅'이라는 표현에 '보다' 즉 라아(ראה)라 수식어로 나타나는데, 이 동사는 히필 동사 즉 사역형으로, 그 의미를 직역하면 '하나님께서 아브라함으로 하여금 땅을 보도록 만드시겠다'는 뜻이다. 이 라아(ראה) 동사는 앞으로 아브라함 내러티브에서 매우 중요한 단어가 된다. 이 단어가 땅이라는 주제와 연결되어서 '땅을 본다'라는 패턴을 형성하게 되며, 이 패턴이 반복될 것이다. 그렇다면 하나님은 왜 아브라함에게 땅을 주실 때 이 '보다'라는 단어와 연결시켜 표현하고 계신 것일까? 우리는 이러한

부분에 집중해서 내러티브를 읽어나가야 한다.

12장 1절의 핵심은 땅을 주시겠다는 약속이었다. 두 번째 핵심으로 넘어가 보자. 2절을 보면 "내가 너로 '큰 민족'을 이루고 네게 복을 주어 네 이름을 창대하게 하리니 너는 복이 될지라"라고 되어 있다. 하나님이 아브라함으로 "큰 민족"을 이루게 하시겠다는 것이다. 이는 아브라함의 후손으로 하여금 공동체가 되게 하신다는 의미이며, 앞서 주어진 약속 즉 생육하고 번성하게 하신다는 약속의 성취를 뜻한다. 생육하고 번성하여 큰 민족을 이룬다는 것은 창조 명령 및 노아 언약의 성취이기 때문이다. 이 공동체성에 대한 언급은 매우 중요하다. 지금까지 창세기의 흐름에서는 아담부터 셋을 거쳐 노아까지 또 노아에서 셈을 거쳐 데라까지 한 사람씩으로만 족보가 내려왔다. 그런데 이번에는 구원계시의 흐름이 한 사람이나 한 가족으로만 내려가지 않고 민족 즉 공동체로 이어지게 된다는 것이다. '여자의 후손' 약속, 즉 원복음이 발전해나가는 중에, 여자의 후손은 개인을 통해 이어졌는데, 이제는 공동체 버전으로 발전한다는 것이다. 그렇다면 이 '큰 민족'을 이루기 위해서는 무엇이 필요하겠는가? 12장에는 아직 나오지 않지만 창 13:15-16에 아브라함에게 쩨라(זֶרַע)를 주신다는 표현이 주어진다. '후손'이라고도 번역할 수 있고 '씨'라고도 번역할 수 있는 이 쩨라(זֶרַע)라는 단어가 나오는 것이다. 이 단어는 물론 창 3:15의 원복음에 여자의 '후손'으로 번역된 단어이다. 이 단어가 아브라함 언약의 주요한 주제가 된다. 구원계시의 발전이 이루어지는 것이다.

아브라함 언약 전체를 살펴보면 '큰 민족'에 대한 세 가지 구체적인 표현들이 나타나게 된다. '하늘의 별'처럼 많아진다(창 15:5), '땅의 티끌'처럼 많아진다(창 13:16), '바닷가의 모래'(창 222:17)처럼 많아진다는 표현이다. 이 세 가지 표현은 모두 큰 민족이 된다는 12장 2절의 약속이 구체화된 경우들이다. 구약의 독자들이 아브라함 이후 역사를 성경에서 읽게 될 때, 하늘의 별처럼 혹은 땅의 티끌처럼 혹은 바닷가의 모래처럼 많아진다는 표현이 등장하면 이는 아브라함 언약의 성취를 의미한다는 것을 즉각적으로 알아차려야 한다. 물론 그 기저에는 창조 명령과 노아 언약이 존재하는 것이며, 그 약속들과 계시들이 아브라함의 후손을 통해 이루어진다는 의미이다. 앞서 주어진 약속의 주제들이 서로 연결되어 연속선 상에서 구원 계시의 점진적 발전을 이루어 나가는 것이다. 그러므로 이것을 세대주의와 같이 불연속적인 세대들로 구분해서는 안 된다.

또한 하나님은 아브라함에게 "네 '이름을 창대하게' 하리니"라고 말씀하셨다. 아브라함은 '창대한 이름'의 약속을 얻었다. 그래서 이후 구약 역사에서 하나님께서 '아브라함과 이삭과 야곱의 하나님'으로 일컬음을 받으시는 것이다. 사실 구약에서 '큰 이름'의 약속을 받은 사람은 두 명이다. 한 명은 여기 창세기 12장 2절의 아브라함이고, 다른 한 명은 사무엘하 7장 9절의 다윗이다. 사무엘하 7장 8-16절의 다윗 언약 본문에서 다윗도 위대한 이름을 주시겠다는 약속을 받는다. 이렇듯 언약 본문을 통해 '큰 이름'에 대한 약속을 받은 두 사람이 아브라함과 다윗이다. 후에 예수님의 족보를 기록하는 마태복음 1장 1절이 "아브라함과 다윗의 자손 예수 그리스도의 계보라"라고 이야기하는 것은 과언이 아니라 매우 정확한 서술이다.

이렇게 창대한 이름을 주시고 나면 '복'에 대한 이야기가 나온다. 2절에서 하나님은 아브라함에게 "내가 너로 큰 민족을 이루고 네게 복을 주어 네 이름을 창대하게 하리니 너는 복이 될지라"라고 말씀하신다. 아브라함이 복을 받아, 아브라함 자체가 복이 된다는 말씀이다. 지금 개역개정 성경에서 "너는 복이 될지라"라고 번역한 부분을 개역한글에서는 "너는 복의 근원이 될지라"라고 번역했는데, 이 번역은 우리가 받을 수 없다. 성경 원문에 '근원'이라는 말은 없다. 복의 근원은 하나님뿐이시다. 복을 주시는 주체는 하나님뿐이시고, 우리는 복을 받는 것이다. 우리는 복을 받아, 복이 충만하게 되어서, 복 자체가 되는 것이다. 이것이 창세기 12장 2절의 "너는 복이 될지라"라는 말씀이 명령하시는 바이다.

그런데 이 '복'의 개념은 정확히 무엇일까? 이를 알기 위해서는 창세기 처음부터 시작하여 '복'의 용례를 찾아보아야 한다. 성경이 '복'을 어떻게 정의 내리고 있는지가 '복'의 정의가 되기 때문이다. 성경에서 '복'을 설명하는 가장 첫 구절은 창세기 1장이다. '복'은 창조의 5일째, 6일째, 7일째에 한 번씩 거론된다. 이 세 본문을 하나씩 살펴보자. 먼저 제 5일째이다. "하나님이 그들에게 복을 주시며 이르시되 생육하고 번성하여 여러 바닷물에 충만하라 새들도 땅에 번성하라 하시니라(창 1:22)." 이 부분은 하나님이 1장 21절에서 바다 짐승들, 물에서 움직이는 생물들, 날개 있는 새들을 창조하시고 나서, 그들에게 복을 주시며 생육하고 번성하라고 말씀하시는 부분이다. '복'을 주시는 내용이 '생육하고 번성한다'는 주제와 연결되어 있음을 볼 수 있다. 제 6일째에는 사람을 만드시고 그들에게 복을 주시는 내용이 28절에 언급되어 있다. "하나님이 그들에게 복을 주시며 하나님이 그들에게 이르시되 생육하고 번성하여 땅에 충만하라, 땅을 정복하라, 바다의 물고기와 하늘의 새와 땅에 움직이는 모든 생물을 다스리라 하시니라(창 1:28)." 여기서도 '복'을 주시는 것과 '생육하고 번성하는 것'이 연결되어 있다. 이러한 부분을 근거로 '복'의 개념을 '생명력의 충만'으로 정의할 수 있다. 복을 주실 때마다 생육하고 번성하라 하셨으니 복이란 생명력이 충만해지는 것을 의미한다는 것이다.

그러나 필자는 여기서 한 걸음 더 나아가야 한다고 생각한다. 왜냐하면 복을 주셔서 생육하고 번성하는 것으로 끝나는 것이 아니라, '땅에 충만'하고, '땅을 정복'하라고 말씀하셨기 때문이다. '복'과 '땅' 이야기가 같이 등장하는 것이다. 이러한 부분은 창세기 12장과도 연결이 된다. 그 다음에는 무어라 말씀하셨는가? 바다의 물고기와 하늘의 새와 땅에 움직이는 모든 생물을 '다스리라' 하셨다. '복'이 '왕권/통치권' 이야기와도 연결되는 것이다. '복'의 개념은 여기서 끝나지 않는다. 제7일째에는 이렇게 기록하고 있다. "하나님이 그 일곱째 날을 복되게 하사 거룩하게 하셨으니 이는 하나님이 그 창조하시며 만드시던 모든 일을 마치시고 그 날에 안식하셨음이니라(창 2:3)." 하나님께서 일곱째 날을 복되게 하사, 거룩하게 구별하시고, 그 날에 안식하셨다는 것이다. 이것을 우리가 단순히 후손을 낳는 생명력의 충만이라는 의미로만 이해할 수 있겠는가? 생물체의 번성보다 더 깊이 들어가는 개념이 발견된다. 즉 '복'이 궁극적으로 '안식' 개념과 연결되는 것을 발견한다. 그렇다면 정리해보자. 이 모든 내용을 총괄하여 볼 때 '복'이란 무엇일까? 복은 '하나님의 계획이 완성된 상태'를 표현하는 말로 이해되어야 적절하다. 그래서 창조의 5일째, 6일째에 생물들, 인간들이 번성한다는 생명력이 충만한 상태가 언급되게 되며, 결국 하나님의 통치권이 그의 대리 통치자인 인간을 통해 실행되는 것이고, 그래서 7일째가 의미하는 안식, 즉 시간적 측면에서의 온전함, 곧 완성이 오는 것이다. 이렇듯 창세기 첫 문단(창 1:1-2:3)에서는 하나님의 계획이 완성된 상태를 '복'이라고 부르고 있다. 그런데 이 복된 상태가 창세기 3장에서 타락 사건으로 인해 깨어지게 되었다. 그후 노아 홍수 사건이 있었고, 바벨탑 사건이 있었다. 지금 바벨탑의 심판 사건의 맥락에서 그 바벨탑 심판을 해결하기 위해 주어지는 약속으로서 아브라함 언약이 나타나고 있는 것인데, 여기서 열방들이 바벨탑 심판으로 인하여 흩어진 상태이므로 복된 상태가 아닌 것이 분명하다. 그런데 하나님께서 그 열방들 중에 한 사람, 아브라함을 불러 내셔서 "너는 복이 될지라"라고 명령하신 것이다. 그러므로 아브라함이 '복'이 되게 하신다 함은, 아브라함을 통해 하나님의 계획이 완성된 상태가 되도록 하신다는 의미이다. 즉 아브라함을 통해 창세기 2장 3절의 상태 즉 복의 상태, 안식의 상태가 회복되도록 하시겠다는 선언이다. 먼저는 아브라함 자신에게 있어서 회복되게 하시고, 아브라함을 통하여 열방들에게 이 상태가 회복되게 하신다는 것이다. 따라서 교리적인 용어를 사용하여 표현하면 이것은 '구원 사건'이자 '창조 명령의 성취'라고 이해할 수 있다.

　복을 주신다는 것이 이런 개념이기 때문에 아브라함에게 생육하고 번성하여 큰 민족이 될 것이라는 약속과 땅을 얻어서 땅을 통치하게 될 것이라는 약속을 주시는 것이다. 이를 통해 볼 때 아브라함 언약은 기본적으로는 원복음으로부터 나오는 성취요 발전이고, 동시에 그 이전에 하나님이 주셨던 창조 명령과 노아 언약으로부터 나오는 성취요 발전이기도 하다. 원복음, 창조 명령, 노아 언약의 내용이 함께 들어있는 것이 아브라함 언약인 것이다.

아브라함 언약의 약속은 3절에서 계속 이어진다. 아브라함 본인이 복을 받고, 다음에는 어떻게 되는 것인가? "너를 축복하는 자에게는 내가 복을 내리고 너를 저주하는 자에게는 내가 저주하리니 땅의 모든 족속이 너로 말미암아 복을 얻을 것이라 하신지라." 아브라함이 기준이 되어서 아브라함을 축복하는 자에게는 하나님이 복을 주시고, 아브라함을 저주하는 자에게는 하나님이 저주하신다는 약속이다. 땅의 모든 족속이 아브라함으로 말미암아 복을 얻는다는 것이다. 물론 이 '땅의 모든 족속'은 곧 하나님께서 바벨탑 사건으로 인해 흩으신 열방이다. 심판의 대상인 이 열방 민족들 가운데 아브라함을 불러내셔서, 그를 통해 열방들에게 하나님의 복이 흘러가게 하신다는 것이다. 아브라함이 심판받은 열방을 향한 복의 통로로, 즉 구원의 통로로 쓰임 받게 된다는 것이다. 이 약속은 아브라함의 쩨라(זרע)에서 나오게 될 큰 민족을 통해 이루어지게 되며, 출애굽기에서는 이스라엘 민족으로, 정경적으로는 예수 그리스도와 그의 교회로 발전해 나가게 되는 개념이다.

구약의 독자들은 이 모든 요소들 즉 아브라함 언약의 중요한 주제들을 기억해두어야 한다. 첫 번째는 '땅'을 주신다는 것이다. 두 번째는 '큰 민족'을 이루게 하신다는 것이다. 이것이 쩨라(זרע)로 연결되어서 나오게 된다. 세 번째는 아브라함이 '열방을 향한 복의 통로'가 된다는 것이다. 부가적으로는 '보다'라는 라아(ראה) 동사, '하늘의 별/땅의 티끌/바닷가의 모래'와 같은 표현들, 창대한 이름을 주신다는 약속과 등을 기억해두어야 한다. 이 주제들은 아브라함 언약 가운데 서로 유기적으로 연결되어 있는 주제들이다. 여기에 연결되는 개념들 몇 개가 더 있다. 모두 아브라함 언약의 주제 패키지에 포함시켜야 하는 내용들이다. 15장에서는 '믿음' 이야기가 나온다. 15장 6절이 이신칭의 구절이며, 12장부터 이어져 나오는 스토리 전체에도 약속에 대한 신뢰의 이야기가 그 핵심으로 표현되어 있으며, 15장에는 또한 땅을 '보다'라는 패턴이 등장하기도 한다. 18장에는 소돔과 고모라 사건과 관련하여 '공의와 정의'가 언급된다. 공의와 정의는 추후 설명될 것처럼 하나님 나라의 통치 원리 혹은 통치 결과를 의미한다. 이렇게 땅을 보고 얻게 됨, 쩨라를 통한 큰 민족을 이룸, 열방을 향한 복의 통로가 됨, 공의와 정의를 이룸, 믿음과 같은 내용들이 아브라함 언약의 주요 주제이고, 이에 연결되는 내용인 '보다', '하늘의 별/땅의 티끌/바닷가의 모래', '창대한 이름'을 주신다. '복'과 같은 개념들이 연결되어서 아브라함 언약 패키지를 형성하고 있다는 것을 기억하도록 하자.

결론적으로, 아브라함 언약의 세 가지 특성을 정리해야 한다. 이 특성들은 추후 모세 언약의 특성과 비교해야 하므로 기억할 필요가 있다.

> **아브라함 언약의 특성**
>
> 개인 언약 (individual)
> 일방성 (unilateral)
> 무조건성 (unconditional)

아브라함 언약의 특성 첫 번째는 〈개인 언약〉이라는 것이다. 이것은 약속을 한 개인, 한 가족에게 주신 것이지 공동체 버전으로 주시지 않았다는 것이다. 큰 민족을 이루게 하시겠다는 약속이 주어지기는 했으나 이것은 아브라함 개인에게 주어진 약속이다. 그래서 이 약속이 아브라함에게서 이삭에게로, 이삭에게서 야곱에게로, 한 명씩에게로만 내려가게 된다. 모든 아들들이 다 포함되는 것이 아니다. 그러나 나중에 모세 언약으로 가면 이것은 열두 지파 전체를 포괄하는 공동체 언약이 된다.

아브라함 언약의 특성 두 번째는 〈일방적 언약〉이라는 것이다. 일방적 (unilateral) 언약의 반대되는 말은 쌍방 (bilateral) 언약으로, 나중에 나오는 모세 언약이 이에 해당한다. 일방적 언약이란, 언약을 맺을 때 합의해서 언약 관계에 들어가는 것이 아니라 한쪽에서 일방적으로 선물로 약속을 준다는 것이다. 하나님께서 아브라함에게 언약을 주실 때, 순종할 것인지 혹은 이 관계를 잘 유지시킬 수 있겠는지 등을 물어보지 않으셨다. 그저 하나님께서 주권적으로 약속을 주신 것이다. 이런 것을 일방적 언약이라고 부른다.

아브라함 언약의 마지막 특징은 〈무조건성〉이라는 특성을 띤다는 것이다. 무조건성(unconditional)이라는 말의 반대 개념은 조건성(conditional)이다. 순종하면 복을 주시고, 불순종하면 저주를 주신다는 모세 언약이 조건성에 해당한다. 하나님께서 아브라함에게 언약을 맺으실 때는 조건을 걸지도 않으셨고, 아브라함이 무엇을 하면 어떻게 해주시겠다고도 말씀하지 않으셨다. 이 무조건성은 사실상 일방적 언약이라는 두 번째 특성과 연결되어 있는 것이다. 그런데 여기에서 주의해야 할 것은, 이 무조건성이 하나님께서 인간의 방종과 불순종을 허락하신다는 뜻이 아니라는 점이다. 오히려 아브라함을 빚어 가시고 아브라함에게 주신 약속을 이루어가시는 하나님의 열심이 이 무조건성을 통해 드러나는 것이다. 추후에 다시 언급하겠지만, 성경 전체에서 무조건성이란 조건성의 폐지가 아니라 '인간이 조건성을 충족시키지 못할 때 하나님께서 일하심으로 인간이 조건성을 충족할 수 있도록 역사하신다'라는 의미에서의 '하나님의 주권적 구원역사하심'을 뜻하게 된다. 이 부분은 우리가 앞으로 계속해서 본문을 보면서 생각해나가도록 하겠다.

이상에 정리한 내용이 12장 1-3절을 기초로 정리해 본 아브라함 언약의 내용이다. 이러한 주제들이 13장, 15장, 17장, 22장을 통해 계속적으로 나타날 것이다. 그러므로 우리는 이 내러티브 선상에서 언약 본문들을 살펴봄으로써 아브라함 언약이 어떻게 이루어지는지 그 흐름을 정리할 수 있다. 이제 12장에서 정리한 내용들이 어떻게 발전되어 나가는지 보도록 하자.

2. 아브라함 언약의 발전 (창 12장~25장)

하나님께서 아브라함에게 주신 약속들에 어떤 것들이 있었는가? 먼저 땅을 주신다는 약속이 있었다. '보다'라는 뜻의 라아(ראה) 동사가 '땅' 개념에 연결되어 나올 것이라고 이야기했었다. 아브라함 내러티브에서는 '땅'에 대한 문제가 가장 처음 발전하는 주제로 나타난다. 12장에서 약속을 받은 아브라함은 하란을 떠나 출발하게 된다. 하나님이 주실 땅이 어디인지 아직 알지는 못하지만 순종하여 그 땅으로 출발을 했다. 하란을 떠나 가나안 땅으로 가는 여정이 시작된 것이다. 12장 6절을 보면 그가 가나안 땅, 그 중에서도 세겜 땅에 이르게 된다. 7절에서는 하나님이 아브라함에게 나타나셔서 "내가 이 땅을 네 자손에게 주리라"라고 말씀하신다. 여기서 하나님께서 아브라함의 자손에게 주리라 하신 이 땅은 넓게 보면 가나안 땅이고, 좁게 보면 세겜 땅이다. 이렇게 아브라함은 세겜 땅, 넓게 해석하자면 가나안 땅에 대한 말씀을 받았다. 그러므로 아브라함은 적어도 이 가나안 땅 안에 거주했어야 했다. 그런데 12장 10절은 아브라함이 애굽으로 내려갔다고 기록한다. "그 땅에 기근이 들었으므로 아브람이 애굽에 거류하려고 그리로 내려갔으니 이는 그 땅에 기근이 심하였음이라(창 12:10)." 이는 신앙적으로 볼 때 잘못된 결정이었다. 하나님께서 말씀하신 땅에 거해야 했기 때문이다. "내가 네게 보여 줄 땅으로 가라" 하셨을 때 말씀하신 땅은 지금 보여주신 가나안 땅, 좁게 보자면 세겜 땅이다. 그런데 아브라함이 하나님이 약속하신 땅을 떠나서 다른 곳으로 갔다. 기근이 들었기 때문이다. 인간적인 눈으로 판단하여 삶을 유지하기 위해 간 것이다. 하나님이 주신 땅에 머무르면 죽을 것 같아서, 살기 위해 간 것이며, 잘못된 선택이었다. 하나님께서 말씀하신 약속의 땅에 거하는 것이 부르심 받은 자의 삶인데, 그렇게 살지 않았다는 것이다. 한 번 잘못된 결정을 하니, 아브라함은 계속해서 잘못된 결정을 내리게 되었다. 아내가 아리따운 여인이므로 애굽 사람이 자기 아내를 볼 때 자신을 죽이고 아내를 데려갈까 봐, 아내로 하여금 자신의 누이라고 이야기하도록 한다(창 12:11-13). 물론 아브라함의 아내인 사래(지금은 사래이고 나중에 사라가 되는 사래)는 그의 친척 누이 출신이다(창 20:12). 그렇지만 지금 그녀는 아내인데, 아내더러 누이라고 거짓말을 한 것이다. 이 길이 사는 길이 아니고, 하나님께서 말씀하신 약속을 붙잡는 것이 사는 길이다. 그런데 이렇게 잘못된 결정들을 계속하니 더 깊은 어려움으로, 더 잘못된 결정으로 빠져드는 아브라함의 모습을 보게 된다.

여기서 우리는 이 아브라함이 처음부터 완전했던 사람이 아니었음을 알 수 있다. 부족했고, 흔들렸고, 실수했고, 약속을 붙잡기보다 살기 위해 노력하는 데에 급급했던 인물이었다. 그런데 하나님께서는 아브라함을 내치지 아니하시고 버리지 아니하셨다. 오히려 여기서 확 더 붙잡아주시는 모습, 즉 은혜를 베푸시는 모습이 나온다. 그래서 하나님께서 바로의 집으로부터 아내를 보호해주셔서 그녀를 되찾아오는 이야기가 12장 마지막 부분에 나온다. 그렇게 아브라함은 아내뿐만 아니라 모든 소유까지 이끌고 무사히 가나안 땅으로 돌아오게 되었다.

하나님은 계속해서 은혜를 베풀고 계시다. 심판을 베풀어야 할 때마다 그 심판을 넘어서는 더 귀한 은혜를 계속해서 베푸시는 좋으신 하나님이시다. 이 하나님이 우리가 창세기를 통해 계속해서 발견하게 되는 분이다. 하나님께서는 그가 한 번 부르신 아브라함을 지키시고, 훈련하시고, 빚어가셔서, 그를 향한 뜻을 끝까지 이루신다. 여기서 우리는 하나님의 열심, 그분의 주권적 성취를 본다. 아브라함 스토리는 아브라함의 열심을 강조하면서 '아브라함처럼 되자'고 말하고 있지 않다. 성경 내러티브의 주인공은 항상 하나님 한 분뿐이시다. 이것을 오해해서 인간을 주인공으로 해석해서는 안 된다. 하나님의 열심으로 인해 아브라함도 열심을 가지게 되는 것이다. 후에 아브라함이 순종하게 되는 것도 전적으로 하나님의 역사라는 것이 본문을 통해 명확하게 증거될 것이다.

13장으로 넘어가면 아브라함이 땅을 보는 사건이 일어난다. '보다'라는 단어와 '땅'이라는 단어가 서로 연결되는 패턴이 다시 등장한다. 땅을 보는 이야기가 12장에 이어 13장에서 또다시 나오는 것이다. 이제 아브라함은 부유해졌고, 롯과 아브라함이 함께 양 떼를 목양할 수 없게 되어 분립하는 일이 일어난다(창 13:1-9). 이때, 아브라함이 롯이 갈 땅을 먼저 선택할 수 있도록 한다. "네 앞에 온 땅이 있지 아니하냐 나를 떠나가라 네가 좌하면 나는 우하고 네가 우하면 나는 좌하리라(창 13:9)." 아브라함의 이 말은 단순한 양보 정도를 의미하는 것일까? 물론 가능은 하겠으나, 필자는 13장의 아브라함의 이러한 양보의 선택을 더 깊은 문맥적 차원에서 해석하여, "하나님께서 보여주시는 땅을 보는 행위"로 이해한다. 아브라함은 스스로 땅을 보는 행위를 하지 않겠다는 선택을 한 것이다. 이유가 무엇인가? 땅은 하나님께서 보여주시는 것이기 때문이다. 하나님이 보여주시는 땅을 보고, 하나님께서 보여주시는 땅에 가도록 훈련을 받았기 때문이다. 12장에서 아브라함은 하나님이 나타나셨던 세겜 땅에 거하지 않고 애굽으로 갔다가 그러한 땅에 대한 선택이 잘못된 것이었음을 경험했다. 자신이 보았을 때 좋아 보이는 땅, 즉 생명을 유지시켜줄 수 있을 것 같은 땅이 어디인지를 스스로 보는 것이 땅을 보는 바른 방법이 아니라는 사실을 그는 배웠던 것이다. 그래서 13장에서는 하나님께서 땅을 보라고 명령하시는 시점까지 기다린 것이다.

반면, 롯은 자기 마음대로 땅을 보기로 선택했다. 아브라함과는 달리 약속에 대한 믿음의 훈련을 받지 못한 것이다. 그래서 롯은 스스로 눈을 들어서 땅을 바라보았다. "이에 롯이 눈을 들어 요단 지역을 바라본즉 소알까지 온 땅에 물이 넉넉하니 여호와께서 소돔과 고모라를 멸하시기 전이었으므로 여호와의 동산 같고 애굽 땅과 같았더라(창 13:10)." 여기서 눈을 들어 바라보았다고 할 때 쓰인 동사가 바로 라아(ראה)이다. 요단 지역을 바라보았는데 소돔과 고모라 지역이 보인 것이다. 소돔과 고모라를 멸하시기 전이었으므로 그곳은 여호와의 동산 같고, 애굽 땅과 같았다. 여호와의 동산은 에덴동산을 말하는 것이고, 애굽 땅은 12장에 나왔던 유혹의 땅을 가리키는 것이다. 유혹의 땅은 가면 잘 될 것 같지만 사실은 모든 것을 잃게 되는 땅이다. 애굽에 갈지 소돔에 갈지가 중요한 것이 아니라, 하나님께서 말씀하신 땅인지의 여부가 중요하다. 핵심은 하나님이 말씀하신 땅이냐, 그렇지 않은 땅이냐이다.

롯은 아브라함을 떠났고, 그곳에서 나중에 온갖 어려움을 당하게 된다. 그러나 아브라함은 기다렸다. 그랬더니 14절부터 하나님께서 땅을 보여주셨다. "롯이 아브람을 떠난 후에 여호와께서 아브람에게 이르시되 너는 눈을 들어 너 있는 곳에서 북쪽과 남쪽 그리고 동쪽과 서쪽을 바라보라. 보이는 땅을 내가 너와 네 자손에게 주리니 영원히 이르리라(창 13:14-15)." 하나님은 아브라함에게 동서남북을 바라보라고 하시고, 보이는 땅 전체를 아브라함과 그의 자손에게 주겠다고 약속하셨다. 여기서 '땅의 확장'이 일어나는 것에 주목해야 한다. 하나님은 12장에서는 세겜만 보여주셨다. 물론 넓게 보면 가나안이라고 생각할 수 있지만, 세겜 땅에서 나타나 이 땅을 너에게 주겠노라 말씀하셨다. 나중에는 가나안 땅이 약속의 땅이 되지만, 처음에는 세겜으로부터 시작해서 이 범주가 확장되어 나간 것이다. 그렇게 세겜으로부터 시작했는데, 지금 동서남북의 보이는 땅 전체를 주겠다고 약속하신다. 주시는 땅의 범위가 확장되는 역사가 일어난 것이다. 원래 하나님께서 주시려고 했던 땅은 2장에 대한 설명에서 이미 언급한 바와 같이 온 피조세계이다. 온 피조세계의 공간 회복을 위하여, 비유적인 의미에서 표현하자면 새로운 에덴동산으로서 아브라함에게 가나안 땅을 주시는 것이며 그 가나안으로부터 거룩한 공간이 확장되어 나가는 것인데, 그러한 확장의 개념이 아브라함 내러티브 안에서조차 작은 패턴으로 나타나고 있는 것이다.

13장에는 또한 '자손'에 대한 약속이 나온다. 원어는 물론 쩨라(זֶרַע)이다. "내가 네 자손이 땅의 티끌 같게 하리니 사람이 땅의 티끌을 능히 셀 수 있을진대 네 자손도 세리라(창 13:16)." 쩨라(זֶרַע)에 대한 약속이 13장에 나올 것이라고 이미 언급한 바 있고, 자손이 '땅의 티끌' 같게 될 것이라는 표현도 나올 것이라고 언급했었다. 이어서 하나님은 아브라함에게 그 땅을 종과 횡으로 두루 다녀보라고 말씀하시고, 그것을 주리라 다시금 약속하신다. "너는 일어나 그 땅을 종과 횡으로 두루 다녀 보라 내가 그것을 네게 주리라(창 13:17)." 이렇게 땅의 확장이 일어나는 현상을 우리는 보게 되었다. 여기에서 우리는 무엇을 알 수 있는가? 땅은 보는 것은 하나님을 신뢰하는 행위이다. 하나님의 약속을 받는 방법은 '이것이 될까, 안 될까'를 보는 것이 아니다. 땅을 받는 방법은 하나님이 보게 하시는 그 땅을 믿음으로 보는 것임을 우리는 명확하게 배우게 된다.

이제 15장을 살펴보자. 15장에는 우리가 〈횃불 언약〉이라고 부르는 본문이 나타난다. 이 본문에 하나님이 아브라함과 '언약'을 맺으셨다는 '언약'이라는 구체적인 단어가 등장한다. "그 날에 여호와께서 아브람과 더불어 언약을 세워 이르시되…(창 15:18)." 이 구절이 창 12장 이후의 약속을 '아브라함 언약'이라고 명명하는 근거가 된다. 15장에 언약 체결식이 나오는, 먼저 스토리를 살펴보도록 하자.

하나님은 아브라함에게 나타나사 "아브람아 두려워하지 말라 나는 네 방패요 너의 지극히 큰 상급이니라"라고 말씀하셨다(창 15:1). 내용상으로는 매우 좋은 말씀으로 들린다. 그런데 이에 대한 아브라함의 반응은 좋지 않았다. "아브람이 이르되 주 여호와여 무엇을 내게 주시려 하나이까 나는 자식이 없사오니 나의 상속자는 이 다메섹 사람 엘리에셀이니이다(창 15:2)." 아브라함은 지금 하나님을 잘 신뢰하고 있지 못한 것이다. 하나님께서 아브라함을 지켜주실 것이고 그에게 큰 상급이 될 것이라 하시자, 그에게서 부정적인 반응이 나오고 있기 때문이다. "무엇을 내게 주시려 하나이까", "나는 자식이 없사오니"와 같은 아브라함의 말은 그가 후사를 아직 주시지 않은 사실에 대하여 하나님께 질문을 던지고 있음을 보여준다. 12장에서 큰 민족을 이루게 하겠다 하셨고, 13장에서 후손(제라)을 주신다고 하셨는데, 땅 이야기는 어느 정도 진행되고 있는 반면, 후손 이야기는 아직 진전이 없는 상황이어서 아브라함은 마음이 급한 것이다. 왜 약속을 이루어주시지 않느냐고 질문한 것이다. 이런 상황에서 아브라함은 자신의 계획을 하나님께 언급한다. "아브람이 또 이르되 주께서 내게 씨를 주지 아니하셨으니 내 집에서 길린 자가 내 상속자가 될 것이니이다(창 15:3)." 집에서 길리운 종 다메섹 사람 엘리에셀을 입양하여 양자가 되게 하고, 후계자로 삼겠다는 것이다. '그러니까 이 엘리에셀을 후손으로 삼읍시다'라고 하나님께 의견을 제시한 것이다. 이것은 불신앙이다. 법적인 제도로만 보자면 고대 근동에서 자녀가 없을 때 집에서 길리운 종을 입양하여 자녀로 삼아 후사를 잇는 것이 가능했다.[16] 그러나 제도상으로 가능했다 해서 모든 것이 잘 된 것은 아니다. 지금 아브라함은 하나님께서 말씀하시지 않은 계획, 자신의 인간적인 계획을 꺼내보인 것이다. 하나님이 이루시겠다 하신 약속이 이루어지지 않음에 대하여 불편함을 사실상 말한 것이기 때문이다. 아브라함이 2-3절에서 말하는 것을 보자. "무엇을 내게 주시려 하나이까(2절)", "주께서 내게 씨를 주지 아니하셨으니(3절)"와 같이 말하고 있다. 하나님께 왜 약속을 안 이루어주시느냐 원망하고 있는 것이며, 자신가 이루겠노라고 자신의 계획을 내밀고 있는 것이다. 이렇게 나오면 심판하셔야 하는 것 아닌가? 그런데 하나님께서는 여기서 또 은혜를 베푸신다. 이것은 우리가 상상하기도 이해하기도 어려운, 자격 없는 자에게 베푸시는, 한 번 부르셨기 때문에 끝까지 이루시는 주님의 은혜이다. 창세기에서 계속 발견해온 패턴대로, 하나님께서는 오히려 더 구체적인 약속, 더 은혜로운 약속을 주신다. "여호와의 말씀이 그에게 임하여 이르시되 그 사람이 네 상속자가 아니라 네 몸에서 날 자가 네 상속자가 되리라 하시고 그를 이끌고 밖으로 나가 이르시되 하늘을 우러러 뭇별을 셀 수 있나 보라 또 그에게 이르시되 네 자손이 이와 같으리라(창 15:4-5)." 주님은 아브라함의 몸에서 날 자가 그의 상속자가 될 것이라는 약속을 주신다. 이제 단순히 후사를 잇는 것에 대한 약속이 아니라, '친자에 대한 약속'을 주시는 것이다. 약속이 오히려 발전해 나가는 것이다. 아브라함은 의심했는데, 하나님의 은혜는 더욱 커지고 있으며, 약속은 더욱 구체적으로 발전한다. 이렇게 친자의 약속을 주신 하나님은 이어서 시청각 교육까지 시키신다. 하늘을 우러러 뭇별을 셀 수 있나 보라고 하신다. 그리고 아브라함의 자손이 하늘의 별과 같이 많아질 것을 말씀하신다. '하늘의 별' 역시 큰 민족이 되는 것에 대한 표현으로 나올 것이라고 언급한 적이 있다.

이제 15장 6절을 보자. "아브람이 여호와를 믿으니 여호와께서 이를 그

---

[16] M. Selman, "Comparative Customs and the Patriachal Age," in *Essays on the Patriachal Narrative*, eds. A. R. Milllard & D. J. Weisman (Leicester: IVP, 1980), 93-138.

의 의로 여기시고(창 15:6).” 아브라함의 이신칭의 구절이자 성경에서 첫 번째로 나오는 이신칭의 구절이다. 이신칭의(justification by faith)란 믿음을 통하여 의롭다 함을 얻게 되는 원리이다. '이신칭의'라는 말이 믿음과 구원을 서로 맞바꿀 수 있다는 교환의 개념이 아니다. 15장 초두에 아브라함이 여호와의 약속을 신뢰하지 않았다. 2-3절에서 아브라함이 하나님께 '무얼 주시려고 합니까? 엘리에셀로 하시지요. 씨를 안 주셨습니다. 그러니까 엘리에셀이 내 상속자가 되어야 합니다'라고 말했다. 그런데 주님께서 아브라함에게 은혜를, 더 귀한 약속을 주셨다. 하늘을 보여주시고, 별을 보게 하시고, 설득하시고, 아브라함의 마음 가운데 역사하신 것은 하나님이시다. 그렇게 해서 아브라함이 하나님의 말씀에 설득된 것이고, 하나님의 은혜가 임하여 믿게 된 것이다. 그랬더니 하나님께서 이것을 보시고, 아브라함에게 믿음이 있음을 인정하시며, 그를 의롭게 여기셨다는 것이다. 그러므로, '이신칭의'가 믿음을 통해 구원을 얻게 된다는 것은 맞되, 이때 믿음은 하나님께서 주시는 하나님의 선물이라는 점을 기억해야 한다. 믿지 아니하는 자에게 믿음을 주셔서 믿게 하시는 것, 그 믿음을 보시고 의롭게 하시는 것이 이신칭의이다. 믿음도 주시고 의로움도 주시는, 하나님의 주권적인 구원 행위가 이신칭의인 것이다. 여기서 아브라함을 빚어가신 분은 바로 하나님이심을 우리는 분명하게 알게 된다.

이렇게 아브라함이 하나님을 신뢰하게 되고 난 후, 하나님께서는 그에게 언약식을 체결해주신다. 아브라함이 "주 여호와여 내가 이 땅을 소유로 받을 것을 무엇으로 알리이까(창 15:8)"라고 질문을 드리자, 하나님께서는 언약 체결식을 진행하겠다고 선언하신다. "여호와께서 그에게 이르시되 나를 위하여 삼 년 된 암소와 삼 년 된 암염소와 삼 년 된 숫양과 산비둘기와 집비둘기 새끼를 가져올지니라(창 15:9).” 하나님의 약속이 확실할 것을 분명히 보여주시기 위함이었다. 그리하여 아브라함은 짐승들을 잡고, 작은 새 같은 것은 제외한 큰 짐승들은 모두 중간을 쪼갠다. 여기에서 언약 체결에 대한 히브리어 숙어가 나온다. 우리말로는 '언약을 체결하다' 혹은 '언약을 맺다'라고 표현하는 것이 히브리어로는 카라트 베리트(כָּרַת בְּרִית)이다. 카라트 (כָּרַת)는 '자르다', '쪼개다'라는 뜻이고, 베리트(בְּרִית)는 '언약' 혹은 '계약'이라는 뜻이다. 흔히 우리는 '언약'이라고 번역한다. 왜 히브리인들은 '언약을 체결하다'라는 것을 '언약을 쪼개다'라고 표현한 것일까?[17] 언약을 체결할 때에 맺게 되는 약속의 이행사항들이 있다. 제물의 쪼개진 사이를 지난다는 것은 언약에 대한 책임을 지게 되고 언약의 의무사항을 이해하지 않을 경우 벌을 받게 됨을 뜻한다. 그렇기에 '언약을 쪼개다'라는 의미의 '카라트 베리트'(כָּרַת בְּרִית)가 '언약을 체결하다'라는 의미가 되는 것이다. 언약을 지키지 않거나 의무를 불이행할 경우 이 제물처럼 쪼개지게 되는 상징적 의미가 내포되어 있는 것이다. 그런데, 이 장면에서 누가 쪼갠 제물 사이로 지나가게 되는가? 15장 문맥으로 생각해 보자면, 하나님을 온전히 신뢰하지 못했던, 부족한 아브라함이 지나가야 맞는 것이다. 다음부터 믿지 않으면 쪼개질 것이라는 경고의 메시지를 받아야 하는 것은 아브라함이 아니겠는가. 그런데 놀라운 일이 일어난다. "해가 져서 어두울 때에 연기 나는 화로가 보이며 타는 횃불이 쪼갠 고기 사이로 지나더라(창 15:17)." 여기에 '타는 횃불'이 나온다. 불은 신현 현상이다. 그래서 나중에 출애굽기에서도 불기둥, 구름 기둥이 나타나게 된다. 불, 구름, 지진 등은 하나님의 임재를 뜻하는 현상들이다. 그러므로 쪼갠 고기 사이로 타는 횃불이 지나가셨다는 것은 하나님께서 지나가셨다는 의미가 된다. 아브라함이 지나가야 하는데, 하나님께서 지나가신다. 이것은 하나님의 주권적 역사로 이 언약을 반드시 성취하시겠다는 하나님 편에서의 약속이자 선언인 것이다.

하나님께서 반드시 이루시겠다 표명하신 이 아브라함 언약(횃불 언약)에서 출애굽에 대한 예고적 약속이 주어진다. "여호와께서 아브람에게 이르시

---

[17] 창 15장의 언약체결 의식에 대하여는 렘 34장과 연관한 해석 등 다양한 견해들이 존재한다. 다양한 견해들을 보려면 Gordon J. Wenham, *Genesis 1-15* (WBC 1; Nashville, Thomas Nelson, 1987), 332-333; Kenneth A. Mathews, *Genesis 11:27-50:26* (NAC 1B; Nashville: B&H, 2005), 170-175를 참고하라.

되 너는 반드시 알라 네 자손이 이방에서 객이 되어 그들을 섬기겠고 그들은 사백 년 동안 네 자손을 괴롭히리니 그들이 섬기는 나라를 내가 징벌할지며 그 후에 네 자손이 큰 재물을 이끌고 나오리라 너는 장수하다가 평안히 조상에게로 돌아가 장사될 것이요 네 자손은 사대 만에 이 땅으로 돌아오리니 이는 아모리 족속의 죄악이 아직 가득 차지 아니함이니라 하시더니(창 15:13-16)." 그리고 하나님께서 약속하시는 땅이 13장에 이어 또 한 번 확장된다. "그 날에 여호와께서 아브람과 더불어 언약을 세워 이르시되 내가 이 땅을 애굽 강에서부터 그 큰 강 유브라데까지 네 자손에게 주노니 곧 겐 족속과 그니스 족속과...여부스 족속의 땅이니라 하셨더라(창 15:18-21)." 앞에서는 동서남북을 바라보라 하시고 보이는 땅을 다 준다고 하셨는데, 아무리 보아도 사람의 눈으로 보는 땅은 한계가 있다. 그런데 이번에는 애굽 강(나일 강)에서부터 유브라데(유프라테스 강)까지, 즉 가나안 땅이 속한 당시의 고대근동 전체를 주시겠다는 의미가 된다. 이렇게 땅이 다시 한 번 확장되고, 그 땅에 살고 있는 민족들의 구체적인 이름들까지 언급되어 나타난다.

정리하자면, 15장에서 아브라함은 불신앙의 모습을 보였다. 그런데 하나님께서 더 귀한 친자의 약속까지 주셨고, 아브라함은 이신칭의의 은혜를 받았고, 횃불 언약이 체결되었고, 하나님이 주권적으로 반드시 성취하시겠다는 의미에서 쪼갠 고기 사이로 지나가셨고, 땅이 확장되었다. 하나님을 불신했음에도 불구하고 오히려 하나님의 은혜의 역사가 더 크게 주어진 것이다. 누가 하신 일인가? 하나님께서 하신 것이다. 아브라함 언약은 발전되고 있었다. 아브라함의 실수와 부족함에도 불구하고 하나님의 약속은 구체화되고 있었고, 더 깊어지고 있었고, 확장되고 있었음을 우리는 본문을 통해 확인할 수 있다.

이제 17장을 살펴보자. 이 본문에서 우리는 〈할례 언약〉을 발견한다. 15장은 횃불 언약으로 이해하여 공식적으로 이루어지는 언약의 체결식이라 할 수 있었다면, 17장의 할례 언약은 언약의 징표가 주어지는 부분이라고 보아야 한다. 이제 아브라함은 99세가 되었다(창 17:1). 바로 앞 절인 16장 마지막 절에서는 이스마엘이 태어났을 당시의 이야기를 하는데, 이때의 아브라함은 86세였다(창 16:16). 그러므로, 지난 13년 간 하나님께서는 아브라함에게 자녀를 주시지는 않았다. 물론 이스마엘이 태어났지만 하나님께서 이스마엘로 약속을 이루어가지는 않겠다고 하신 것이기 때문에, 하나님께서 사라를 통해 주시는 아들을 기다리고 있는 상황이었다. 그렇게 13년이 걸렸다. 아브라함이 부르심을 받은 75세 때부터 생각하자면 현재까지 24년째 기다리고 있는 것이다. 땅은 믿음으로 받는 것이었을 우리는 본문을 통해 고찰하였는데, 자녀를 받는 것, 후손을 받는 것 역시 믿음을 통하여 받게 되는 것이다. 자녀를 받으려고 해서 받는 것이 아니라 믿음을 가지게 될 때 하나님께서 약속을 이루어주시는 것이며, 이 믿음으로 약속의 성취를 수납하는 패턴이 계속해서 창세기 본문에 나타난다는 사실을 기억해야 하겠다.

하나님이 아브라함에게 나타나셔서 말씀하신다. "나는 전능한 하나님이라 너는 내 앞에서 행하여 완전하라(창 17:1)." 아직 약속이 이루어지지 않았으나, 하나님의 약속에 대한 믿음을 가져야 한다는 의미이다. 17장에는 '언약'이라는 단어가 계속 반복하여 등장한다. 창세기 9장의 노아 언약에서 '언약'을 반복하여 강조하시면서 언약의 징표를 무지개로 주셨던 것과 매우 유사하다. 2절에서는 "내가 내 '언약'을 나와 너 사이에 두어 너를 '크게 번성하게' 하리라"라고 말씀하시고, 4절에서는 "보라 내 '언약'이 너와 함께 있으니 너는 여러 민족의 아버지가 될지라"라고 말씀하신다. 이리하여 아브라함의 이름이 아브람에서 아브라함으로 바뀌는 것이다. "이제 후로는 네 이름을 아브람이라 하지 아니하고 아브라함이라 하리니 이는 내가 너를 여러 민족의 아버지가 되게 함이니라(5절)." 여기서 여러 민족의 아버지라는 것은, "열방을 향한 복의 통로"가 되게 하시겠다던 12장 3절의 언약 성취가 나타난다는 의미이기도 하다. 그래서 이제 아브람이 아니라 아브라함, 열방의 아버지, 여러 민족의 아버지가 된 것이다. 이어서 6절도 살펴보자. "내가 너로 심히 번성하게 하리니 내가 네게서 민족들이 나게 하며 왕들이 네게로부터 나오리라(6절)." 심히 번성하게 한다는 것 역시 12장 2절에서 나타난 바 아브라함 언약의 내용이다. '큰 민족'을 이루어서 '열방이 돌아오는 복의 통로'로 쓰임 받게 된다는 약속이 계속 이어지고 있는 것이다.

그런 후 언약의 표징 이야기로 넘어간다. '언약'이라는 어휘가 계속하여 나온다. "내가 내 언약을 나와 너 및 네 대대 후손 사이에 세워서 영원한 언약을 삼고 너와 네 후손의 하나님이 되리라(7절)." 그러므로 아브라함과 그의 대대의 후손에게 언약을 지키라 말씀하시고는(9절), 이어서 이 언약의 징표가 되는 규례가 주어지는데 바로 할례이다. "너희 중 남자는 다 할례를 받으라 이것이 나와 너희와 너희 후손 사이에 지킬 내 언약이니라. 너희는 포피를 베어라 이것이 나와 너희 사이의 언약의 표징이니라(10-11절)." 이렇게 아브라함과 그의 후손에게 언약의 표징으로서 할례가 주어졌다. 하나님께서는 팔 일 만에 할례를 받는 것이 그들의 살에 있어서 영원한 언약이 될 것이라고 하셨다(창 17:12-13).

아브라함 내러티브의 흐름상 한 가지를 생각할 필요가 있다. 믿음이 먼저 오는 것인가, 할례가 먼저 오는 것인가? 믿음이 먼저 오는 것이다. 믿음이 창세기 15장 6절 이신칭의 구절에서 나왔고, 할례는 지금 17장에 나온다. 그러므로 믿음이 있은 후에 바깥으로 인치는 징표인 할례가 오는 것이다. 신약 시대에도 마찬가지이다. 회심과 믿음의 신앙고백이 있은 후에, 신약 성경에서는 세례를 할례로서 받는 것이다. 믿음이 있은 후에 세례가 오는 것이다. 내면에서 먼저 인치고, 그리고 나서 외면으로 인치는 표증을 하게 되는 것이다. 믿지도 않았는데 세례를 받게 하지는 않는다. 이로 볼 때 모든 것은 내면의 변화로부터 먼저 시작되는 것이라는 사실을 기억할 필요가 있다.

18장에서도 아브라함 언약과 연관하여 살펴야 하는 구절이 있다. 바로 '공의와 정의'의 주제이다. 아브라함 언약 패키지에 '공의와 정의'라는 내용이 들어간다고 앞에서도 언급한 적이 있다. 아브라함이 장막 문에 앉아있는데 하나님께서 아브라함에게 나타나신다(18장 1절). 소돔과 고모라를 멸하시러 가기 전에 오신 것이다. 하나님께서는 "내가 하려는 것을 아브라함에게 숨기겠느냐(17절)"라고 말씀하시고, 아브라함에게 "소돔과 고모라에 대한 부르짖음이 크고 그 죄악이 심히 무거우니 내가 이제 내려가서 그 모든 행한 것이 과연 내게 들린 부르짖음과 같은지 그렇지 않은지 내가 보고 알려 하노라(20-21절)"라고 소돔과 고모라를 멸하시려는 자신의 계획을 알리신다. 그때 아브라함이 하나님께 기도하고 간구하기를 시작한다. 그 성 중에 의인 50명이 있을지라도 용서하지 않으실 것인지 여쭈어본다. 이렇게 50명으로 시작해서 숫자를 줄여나간다(23-32절). 그래서 마지막에는 의인 10명을 소돔과 고모라에서 찾으시면 어떻게 하시겠는지를 여쭤본다. 이에 대해 하나님께서 열 명의 의인이 있으면 소돔과 고모라를 멸하지 않을 것이라고 대답하신다.

이러한 흐름에서 우리는 아브라함 언약과 관련하여 18-19절을 주목해야 한다. "아브라함은 강대한 나라가 되고 천하 만민은 그로 말미암아 복을 받게 될 것이 아니냐 내가 그로 그 자식과 권속에게 명하여 이르되 여호와의 도를 지켜 '공의와 정의'를 행하게 하려고 그를 택하였나니 이는 나 여호와가 아브라함에게 대하여 말한 일을 이루려 함이니라(창 18:18-19)." 하나님께서 왜 아브라함에게 소돔과 고모라를 멸하시기 전에 먼저 나타나셔서 설명을 해주시고 이렇게 여러 차례의 기도를 드릴 수 있도록 기회를 주신 것인지에 대한 이유가 이 구절에 설명되어 있다. 아브라함이 강대한 나라가 되고 천하 만민은 그로 말미암아 복을 받게 된다는 것(18절)은 12장에서부터 나왔던 아브라함 언약의 주제 패키지 중에 하나이다. 바로 이 이유로 인하여 하나님께서 소돔과 고모라로 가시기 전에 아브라함에게 나타나셨다. 19절에서 이를 조금 더 자세하게 설명한다. 여기서 하나님께서는 아브라함으로 하여금 여호와의 도를 지켜 "공의와 정의"를 행하게 하려고 그를 택하셨다고 말씀하신다. 한글 번역 중에는 이 부분을 '의와 공도'로 번역한 경우도 있다. 필자는 이 부분을 '정의와 공의'라고 번역하는 편이 좋겠다고 본다. 원어로 정의는 쩨다카(צְדָקָה)이고, 공의는 미쉬파트(מִשְׁפָּט)이다.[18] 먼저 쩨다카

---

[18] 개역개정 성경에서 이것을 반대로 쩨다카(צְדָקָה)를 공의로, 미쉬파트(מִשְׁפָּט)를 정의로 번역한

(צְדָקָה)부터 설명해보자. 창세기 15장 6절 이신칭의 구절에서, 아브라함이 믿으니 이를 그의 '의'로 여기셨다 할 때도 쩨다카(צְדָקָה)가 쓰였다. 이 단어는 '의' 또는 '정의'로 번역하는 것이 적절하다. 이 단어는 기본적으로 '관계적 올바름'을 뜻한다. 하나님께서 아브라함을 의롭게 여기셨다 함은, 아브라함이 하나님과의 올바른 관계성 속에 들어가게 되었다는 것이다. 그러므로 쩨다카(צְדָקָה)가 하나님과 사람의 관계가 올바른 관계가 되는 것을 의미하는 경우는 구원사건을 뜻할 수 있다. 또한 쩨다카(צְדָקָה)는 사람과 사람 사이에 올바른 관계를 맺게 되는 것 즉 이웃과의 올바른 관계를 의미할 수도 있다. 또 다른 맥락에서는 공동체 지도자가 공동체 구성원들과 올바른 관계를 맺게 되어 올바른 지도력을 발휘하는 것을 이야기할 수도 있다. 이렇듯 쩨다카(צְדָקָה)는 관계적인 측면을 가리키는 의미를 지니고 있다. 미쉬파트(מִשְׁפָּט)는 보다 공동체적이고 사회적인 개념으로서 '하나님의 통치가 구현된 상태'를 뜻한다. 이것은 샤파트(שָׁפַט) 동사에서 나온 단어이다. 샤파트(שָׁפַט)는 '다스리다', '통치하다'라는 의미이며, 이 동사에서 파생된 명사가 미쉬파트(מִשְׁפָּט)이다. 이 미쉬파트(מִשְׁפָּט)는 하나님의 통치가 이루어진 상태, 이루어지는 현장, 그 통치의 원리 등을 다양하게 뜻할 수 있다. 그래서 문맥에 따라 '재판'으로 번역하기도 하고, '심판'으로 번역하기도 하고, '율법'이라고 번역하기도 하고, '공의'로 번역하기도 한다.

쩨다카(צְדָקָה)와 미쉬파트(מִשְׁפָּט), 정의와 공의라는 두 단어는 사실상 하나로 묶여서 단어 쌍(word pair)으로 쓰인다. 성경에서 '정의와 공의' 혹은 번역에 따라 '의와 공의'라고 되어 있는 단어쌍은 '하나님 나라의 통치 원리'를 나타내는 표현이다. 혹은 '하나님 나라의 통치가 구현된 상태'를 가리키기도 한다. 이러한 의미에서 하나님께서 이후 구약성경의 여러 본문들을 통해 정의와 공의를 행하라고 명령하시게 된다.

경우들이 꽤 있는데, 필자는 쩨다카(צְדָקָה)는 정의로, 미쉬파트(מִשְׁפָּט)는 공의로 번역되는 것이 좋다고 생각한다.

우리는 지금 아브라함 언약 본문을 보고 있다. 여기서 하나님께서 아브라함과 그 후손으로 말미암아 열방 가운데 공의와 정의가 세워지도록, 하나님의 통치가 이루어져서 주님의 나라가 완성되도록 하신다고 말씀하셨다. 맥락을 고려하여 해석하자면, 하나님께서는 아브라함에게 무엇이 소돔과 고모라에게 공의와 정의인가를 물으신 것이다. 그렇기에 아브라함이 의인 50명이 있다면 어떻게 하실 것인지, 10명이 있으면 어떻게 하실 것인지 질문을 드릴 수 있게 되었다. '공의와 정의'라는 중요한 표현이 아브라함 언약에서부터 등장한다는 사실을 잘 기억해두기 바란다. 이 공의와 정의라는 표현이 하나님 나라의 언약적 가치를 드러내는 표현이라는 사실은 매우 의미심장하다. 이후 공의와 정의는 다윗 언약에서 다시금 그 중요성을 드러내게 될 것이다.

창세기 21장에 이르면 여기서 드디어 이삭이 태어난다. 아브라함이 100세, 사라는 90세일 때였다. 21장 뒷부분에서는 아브라함이 아비멜렉이라는 이방 왕과 언약을 체결한다. 아비멜렉이 하나님께서 아브라함과 함께 계시다는 것을 알고, 자신들의 후손들을 생각하여 언약을 체결하자고 제안한 것이다(창 21:22-23). 이것이 약속의 부분적 성취가 완성되었음을 뜻한다. 하나님이 약속하신 것들 가운데 '땅'은 이미 거의 다 보여주셨고, '후손' 이삭도 나왔다. 이제 아브라함은 '열방을 향한 복의 통로'로서 실제적인 역할을 감당한 것이다. 아비멜렉이 아브라함을 보고 하나님의 살아계심을 알게 되어 언약을 체결하게 되었기 때문이다. 따라서, 땅, 후손, 열방을 위한 복의 통로라는 아브라함 언약의 주요한 약속 주제들이 21장에서 성취된 것이다. 물론 정경적 흐름에서 보면 부분적 성취에 불과하나, 아브라함 개인의 인생 속에서는 성취가 이루어졌다고 볼 수 있다. 그런데 바로 이때 22장 모리아 산에서 이삭을 제물로 바쳐야 했던 사건이 등장한다. 하나님께서 모든 것을 원점으로 되돌리시는 것 같은 사건이다. 매우 놀랍게도, 우리가 12장에서 이야기했던 '땅을 보는' 패턴이 이 부분에 다시 한 번 나타난다. '땅'이라는 단어와 '보다'라는 단어가 다시 한 번 연결되는 현상이 22장에 나타나는 것이다. 그러므로 우리가 22장까지 보아야 아브라함 내러티브 전체를 이해할 수 있다.

본문 22장을 보자. 하나님께서 아브라함을 부르셔서 말씀하신다. "여호와께서 이르시되 네 아들 네 사랑하는 독자 이삭을 데리고 모리아 땅으로 가서 내가 네게 일러 준 한 산 거기서 그를 번제로 드리라(2절)." 하나님의 이 명령은 두 가지 이유에서 이해되기가 어렵다. 첫 번째로, 아브라함 내러티브에서 독자 이삭은 약속 그 자체이다. 약속은 엘리에셀이나 이스마엘이 아닌 이삭을 통해서만 이루어질 수 있다(창 21:12). 그러니 이삭이 없으면 약속도 이루어질 수 없게 된다. 둘째로, 모세의 율법에서 하나님은 인신 제사를 금하신다(신 12:31 등). 창세기 9장 5-6절에서도 하나님의 형상대로 지으심을 받은 사람의 피를 흘리지 말라고 말씀하신 바 있다. 따라서 이삭을 번제로 드리라는 하나님의 명령은 구약의 흐름에서 이해가 되지 않는 명령이다. 1절에서 한 가지 해석의 힌트가 주어진다고 볼 수 있는데, 바로 산의 이름인 '모리아'이다. '모리아'는 '보다'라는 뜻의 라아(ראה) 동사에서 나온 명사이다. 즉 '보는 땅', '봄의 땅'이라는 의미인 것이다. 그렇다면 하나님께서는 대체 아브라함에게 무엇을 보기를 원하신 것일까?

3절을 보면 아브라함은 아침에 일찍이 일어나서 떠난다. "아브라함이 아침에 일찍이 일어나 나귀에 안장을 지우고 두 종과 그의 아들 이삭을 데리고 번제에 쓸 나무를 쪼개어 가지고 떠나 하나님이 자기에게 일러 주신 곳으로 가더니(창 22:3)." 이 부분에서 아브라함은 여러 가지 반응을 보일 수 있었을 것이다. 하나님께 기도함으로 시간을 벌려 할 수도 있었을 것이고, 엘리에셀이나 이스마엘을 대신 바치겠다고 말씀드려 볼 수도 있었을 것이다. 그런데 아브라함은 그렇게 하지 않았다. 다음 날 아침 출발함으로 바로 순종했다. 그렇게 네 명(종 두 명, 아들 이삭, 아브라함 자신)이 모리아 땅을 향해 가게 된다. 4절을 보면 "제삼일에 아브라함이 눈을 들어 그 곳을 멀리 바라본지라(창 22:4)"라고 되어 있다. 여기서도 역시 라아(ראה) 동사가 사용되었다. 땅을 보는 일이 또 일어나는 것이다. 앞서 15장에서 아브라함이 나일강부터 유브라데까지의 광대한 땅을 다 보았고, 하나님께서 그 땅을 주시겠다고 하셔서 땅 이야기가 모두 완료된 것으로 내러티브 흐름에서는 이해되었었다. 그런데 여기서 왜 땅을 또 보아야 하는 것일까? 여기서 아브라함이 보아야 할 땅, 하나님께서 아브라함이 보기를 원하시는 땅은 도대체 어떤 땅인가?

5절에 아브라함의 고백이 나온다. "이에 아브라함이 종들에게 이르되 너희는 나귀와 함께 여기서 기다리라 내가 아이와 함께 저기 가서 예배하고 우리가 너희에게로 돌아오리라 하고(창 22:5)." 현장에 있는 네 명의 인물들 가운데 아브라함이 종들 두 명에게 여기서 기다리라고 했으므로, 아브라함과 이삭 두 명만 가는 것이다. 이때 아브라함은 가서 예배하고 '우리가' 너희에게로 돌아오겠다고 말한다. 아이와 함께 가서 예배한다는 것은 이삭을 죽임을 뜻한다. 그렇다면 두 명이 갔다가 한 명을 죽이고 나머지 두 명에게 돌아오는 것이니, 상식적으로는 '내가 너희에게로 돌아오리라'라고 되어 있어야 맥락상 적절하다. 그런데 아브라함은 1인칭 복수를 사용하여 '우리가 너희에게로 돌아오리라'라고 말했다. 이때 '우리'라 함은 아브라함뿐 아니라 이삭도 살아 돌아올 것임을 이야기하는 것이다. 이 문장은 아브라함은 신앙적 확신을 고백한 것으로 이해될 수 있다. 이삭을 살려서 데리고 돌아올 것이라는 선언이다. '나는 무슨 일이 일어날지 다 알지 못한다. 그러나 내가 알고 내가 믿는 것은 하나 있으니, 하나님은 약속을 반드시 이루시는 분이시다. 하나님은 이삭을 통해서만 약속을 이루겠다고 하셨으니 이삭을 통해서 반드시 약속을 이루실 것이다. 내가 설사 그를 번제로 드린다 할지라도 하나님은 이삭을 다시 살려서, 그로 말미암아 내게 주신 언약이 이루어지도록 역사하실 것이다.' 땅을 믿음을 통해 얻는 것이며, 자녀도 믿음을 통해 얻는 것임을 아브라함은 배웠고, 그 고백을 지금 22장에서 하고 있는 것이다.

아브라함이 이 고백을 하고 하나님이 일러주신 대로 순종하여 이삭을 제물로 드리려 하자, 하나님께서 "아브라함아 아브라함아"하고 부르셔서 이삭에게 손을 대지 못하게 하셨고, "내가 이제야 네가 하나님을 경외하는 줄을 아노라"라고 말씀하셨다(9-12절). 그때 마침내 아브라함은 눈을 들어 무언가를 보게 되었다. "아브라함이 눈을 들어 살펴본즉 한 숫양이 뒤에 있는데 뿔이 수풀에 걸려 있는지라 아브라함이 가서 그 숫양을 가져다가 아들을 대신하여 번제로 드렸더라(13절)." 아브라함은 뒤에 있는 숫양을 가져다가 아들을 대신하여 번제로 드린 후(13절) 그 땅 이름을 '여호와 이레'라 하였다(14절). 여기서 '이레'라는 부분이 원문에서는 이르에(יִרְאֶה)라는 표현인데, 이는 우리가 아브라함 내러티브에서 계속 살펴보아 온 라아(רָאָה) 동사의 칼 미완료 형태이다. 직역하면 여호와께서 보고 계신다, 여호와께서 보실 것이다, 여호와께서 계속해서 보실 것이다 등의 의미가 된다. 하나님께서 다 보고 계신다는 것이다. 이삭이 죽는 것이 아니라 숫양이 죽는 것임을 하나님은 다 보고 계셨다. 그것을 아브라함은 보지 못했으나 믿음으로 본 것이다. 하나님이 모든 것을 보고 계신다는 의미의 이 '여호와 이레'를 현대어 번역본들에는 부드럽게 옮겨서 '여호와께서 준비하신다'로 번역하였다. '여호와 이레'는 (아브라함의 인생을) 이미 그리고 앞으로도 '보고 계신 하나님'을 뜻하는 것이다.

이러한 14절 상반절의 내용은 14절 하반부에서 더 정확하게 설명된다. 하반절의 "여호와의 산에서 준비되리라"라는 구절에서, '준비된다'는 말은 라아(רָאָה) 동사의 니팔 미완료이다. 직역은 '여호와의 산에서 그분이 보여지실 것이다'이다. 이 산에서 누가 보여지신 것인가? 아브라함이 이 산에서 어떤 존재를 본 것인가? 보여진 존재를 숫양으로 해석할 수도 있겠으나, 문맥상 숫양 이야기는 13절에서 끝났고, 14절 상반절에서 '여호와 이레'되신 하나님을 언급했다는 점을 생각한다면, 14절 하반절의 '보여진 존재'는 바로 여호와 하나님이신 것으로 해석하는 것이 적절하다. 아브라함은 하나님을 본 것이다. 더 정확히 말하면 아브라함은 모리아 산, '봄의 산'에서 '여호와 이레' 되시는 하나님, '나를 보고 계신 하나님'을 본 것이다. 내 인생의 모든 것을 이미 보고 계시며, 앞으로도 계속 보고 계실 그 하나님을 아브라함이 보게 된 것이다.

이러한 해석을 창 12장부터의 언약 스토리 흐름과 거시적으로 연결해

보자. 12장부터 22장까지 '땅'이라는 말과 '보다'라는 말이 연결되어 온 아브라함 전체 스토리에서 아브라함이 보아야 하는 '땅'은 물질적인 땅만을 뜻하는 것이 아니었다. 땅이란 하나님 나라를 뜻하는 것이었다. 결국 땅을 본다는 것은 하나님의 나라를 주권적으로 스스로 성취하시는 하나님 그분 자체를 보는 것을 의미했다. 하나님을 신뢰하는 믿음의 삶이 바로 여호와 이레의 삶이자, 아브라함 언약의 성취가 가능케 될 수 있는 길이었던 것이다. 22장의 모리아 사건이 바로 아브라함 내러티브에서 이러한 언약적 주제들의 묘사에 있어서 매우 중요한 요약 서술을 해주고 있다고 볼 수 있다. 그리하여, 22장 17-18절에서는 아브라함 언약의 내용이 더 발전하는 모습이 나타난다. "내가 네게 큰 복을 주고 네 씨가 크게 번성하여 하늘의 별과 같고 바닷가의 모래와 같게 하리니 네 씨가 그 대적의 성문을 차지하리라 또 네 씨로 말미암아 천하 만민이 복을 받으리니 이는 네가 나의 말을 준행하였음이니라 하셨다 하니라(17-18절)." 이전에 나왔던 주제들도 반복된다. 큰 복을 주신다는 것, 아브라함의 씨가 크게 번성하리라는 것은 이미 등장했던 주제들이다. 아브라함의 씨로 말미암아 천하 만민이 복을 받는다는 부분도 앞에서 이미 나왔던 주제이다. 그런데 '네 씨가 그 대적의 성문을 차지하리라'는 처음 등장한 표현이다. 이는 전쟁의 승리를 약속하시는 말씀이다. '전쟁의 승리'라는 주제가 어디에 나왔었는가? 바로 '여자의 후손이 뱀의 머리를 상하게 한다'는 창세기 3장 15절의 하반절에서 전쟁의 승리 주제가 나타났었다. 즉 창 3장 15절의 원복음이 아브라함 언약에 와서는 '씨(제라)가 대적의 성문을 차지하게 된다'는 표현으로 발전한 것이다. 여기서 우리는 구원 계시의 점진적 발전의 구체적인 예를 보게 된다.

아브라함 언약을 정리해보자. 아브라함 내러티브 이후 창세기에서 우리는 이삭, 야곱, 야곱의 열두 아들들의 이야기를 읽게 된다. 본문의 한계상 이 책에서 다 다루지 못하지만, 아브라함 언약의 세 가지 성격 — 개인적 언약, 일방적 언약, 무조건성 — 이 창세기의 나머지 부분에 동일하게 나타난다. 하나님께서 주권적으로 이루시는 아브라함 언약의 특성이 일관되게 드러난다. '무조건성'은 방탕하도록 내버려 두는 방임이 아니라, 하나님께서 주권적으로 이루시는 신적 열심으로 인하여, 인간이 변화되어 조건성을 충족하게 됨을 뜻한다. 아브라함은 부족하고 실수가 많았으나, 하나님은 그를 빚으셔서 결국 '여호와 이레' 되신 하나님을 고백하며 그 하나님을 보는 데까지 이르도록 그를 훈련시키시고 성장시키셨다. 그러므로 무조건성은 아무렇게나 내버려두는 것이 아니라, 하나님께서 자신의 열심과 능력과 주권으로 사람을 변화시키시고, 그래서 하나님께 순종하게 만드시는 것이라고 이해되어야 한다. 이러한 아브라함 언약은 출애굽기에서 시작되는 모세 언약에 이르러 새로운 발전의 국면을 맞게 된다.

제8장

모세 언약 (1):
출애굽기에 나타난 모세 언약

1. 모세언약의 개괄적 이해

이제 모세 언약의 내용을 살펴보도록 한다. 모세 언약이란 출애굽기부터 시작해서 신명기까지를 즉 출애굽기, 레위기, 민수기, 신명기에 나타난 언약을 가리킨다. 모세 언약에는 두 가지가 있다. 첫 번째는 시내산 언약이고, 두 번째는 모압 언약이다. 이것들은 각각 출애굽 한 직후 시내산에서 맺은 언약과, 가나안에 들어가기 직전에 요단강 건녀편 모압 광야에서 맺은 언약인데, 이 두 언약을 총칭하여 모세 언약이라 부른다. 그런데, 시내산 언약과 모압 언약이 성경 어느 부분에 해당하느냐에 대하여 여러 가지 견해가 있다. 필자는 출애굽기 1장부터 신명기 28장까지가 시내산 언약이고, 신명기 29장부터 34장까지가 모압 언약이라고 생각한다. 신명기 1-34장 전체를 모압 언약이라고 보는 견해들도 있다. 그러나 필자는 다르게 생각한다. 신명기 29장부터 34장만 모압 언약이고, 출애굽기부터 신명기 1-28장까지는 전부 시내산 언약을 의미한다고 생각한다. 이 중에서 모세 언약의 특성을 잘 살피기 위하여 살펴볼 부분은 출애굽기와 신명기이다. 이 두 가지 책을 정리하면 모세 언약이 무엇인지를 우리가 확실하게 이해할 수 있게 될 것이다.

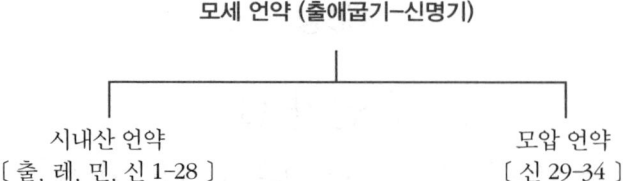

　먼저 출애굽기를 살펴본다. 출애굽기는 전체가 40장으로 되어 있다. 이를 두 부분으로 나누면 1-18장 및 19-40장으로 나눌 수 있다. 1장에서 18장까지는 출애굽 사건이 나온다. 우리에게 일반적으로 잘 알려진 여러 사건들이 여기에 나온다. 모세가 어렸을 때 바구니에 넣어서 버려진 이야기, 건짐을 받아서 애굽의 공주의 아들이 되는 이야기, 모세가 하나님께 부르심을 받는 소명 이야기, 출애굽과 홍해 사건 이야기, 광야에서 만나와 메추라기를 먹은 이야기 등 흥미진진한 이야기들이 등장한다. 그런데, 19장부터 40장까지는 쉽게 이해하기 어려운 내용들이 많다. 그러나 언약신학적 관점으로 보면 출애굽기 19-40장은 매우 중요하다. 시내산 언약을 설명하고 있기 때문이다.

　그렇다면, 시내산 언약은 왜 필요했을까? 원복음 이후 구원계시들이 발전해온 흐름에서의 시내산 언약의 존재 이유는 무엇인가? 사실 세대주의는 출애굽기부터 세례요한 때까지를 '율법 세대'라고 이해함으로써 아브라함 언약과 시내산 언약을 구별하면서 차이점을 부각시킨다. 그러나 언약신학 관점에서 시내산 언약은 아브라함 언약의 부분적 성취요 발전이다. 그렇기에 시내산 언약이 나오는 이유가 무엇인지를 명확하게 이해하는 것이 매우 중요하다. 먼저, 출애굽 사건이 필요한 이유가 있었다. 출애굽 사건은 '아브라함 언약의 성취'이다. 물론 아브라함 언약의 궁극적 성취는 예수 그리스도 사건이므로, 출애굽 사건은 일차적 성취, 부분적 성취이다. 창세기 15장에서 하나님께서는 아브라함의 후손이 이방 땅에 가서 객이 되어 살다가 큰 민족을 이루어서 다시 가나안 땅으로 돌아오게 될 것이라고 말씀하셨다.

즉 출애굽은 횃불 언약 때 약속된 일이었던 것이다. 그러므로 하나님께서는 반드시 이스라엘 민족을 출애굽 시켜야 했다. 이런 의미에서 출애굽 사건은 아브라함 언약의 성취이다. 그렇다면 하나님은 이들을 어디로 데리고 가셔야 하는가? 아브라함에게 약속하셨듯이, 가나안 땅에 데리고 가실 것이다. 생육하고 번성하여 큰 민족이 된 이스라엘 민족은 가나안 땅에서 열방을 향한 복의 통로로서 쓰임 받아야 하는 것이다. 그러므로 출애굽 사건은 아브라함 언약의 성취이다.

우리는 이미 아브라함 언약의 세 가지 특성을 살펴본 바 있다. 이제 그 아브라함 언약의 특성들을 모세 언약과 비교해보자. 아브라함 언약은 개인적 언약인데 비해, 모세 언약은 민족적 언약 즉 공동체 언약이다. 창세기에서는 한 개인, 한 가족에게로만 구속역사의 족보가 이어졌는데, 이제 그 족보는 한 개인이나 가족 정도가 아닌 큰 민족, 공동체로 이어졌다. 다시 말해, 개인이 믿음으로 살아가는 것을 넘어서, 이스라엘 민족 공동체 전체가 하나님의 뜻대로 살아냄으로써 열방을 향한 복의 통로로 쓰임 받아야 하는 것이다. 개인 언약에서 공동체 언약으로 구속역사의 흐름이 발전한 것이다.

두 번째로, 아브라함 언약은 일방적인 언약(unilateral)인데 비해, 모세 언약은 쌍방적 언약(bilateral)이다. '쌍방'이라는 말은 양쪽에서 다 관계가 된다는 뜻이다. 아브라함 언약은 하나님께서 아브라함의 동의를 구하는 조건 없이 주권적으로 주신 선물과 같은 약속이었다. 모세 언약은 그렇지 않다. 모세 언약은 양쪽이 서로 합의함으로써 언약의 관계가 발효되는 언약이다. 그래서 추후 출 24장에서 보게 되듯이, 하나님은 언약을 체결하실 때 이스라엘 백성에게 이 언약의 의무사항을 지킬 수 있겠느냐고 물으신다. 이에 백성들이 이것을 지키겠다고 동의하면, 그 합의에 의해 언약이 체결되고 언약 관계가 발효된다. 이는 모세 언약이 공동체 언약이기 때문에, 한 사람이 아니라 수많은 백성들이 함께 들어가 있는 언약이기 때문에 이러한 쌍방성이 자연스럽게 존재하게 되는 것이다.

세 번째로, 아브라함 언약은 무조건적인 언약(unconditional)이었는데 비해, 모세 언약은 조건적인 언약(conditional)이다. 그래서 신명기 28장과 같이 순종하면 언약의 복을 받고, 불순종하면 저주를 받는다는 복과 저주의 이중 구조가 자연스럽게 따라 나오게 된다. 조금 전 언급한 바와 같이 모세 언약은 양측의 합의에 의해 언약 관계에 들어가게 되는 쌍방성을 지녔기 때문에, 언약 당사자 양측 중에 한쪽이라도 약속의 의무사항을 위반하게 되면 언약 관계가 깨어지게 되며 그에 대한 책임을 지게 된다. 그러므로 모세 언약은 당연히 조건성의 특성을 드러내게 된다.

아브라함 언약	모세 언약
개인적 언약	공동체 언약/민족 언약
일방성 (편무 언약)	쌍방성 (쌍무 언약)
무조건성	조건성

이렇게 보면 아브라함 언약과 모세 언약, 이 두 언약은 개인적인 언약과 민족적인 언약, 일방성과 쌍방성, 무조건성과 조건성 등 모든 면에서 반대되는 특성을 보인다고 생각하게 되기 쉽다. 그런 이유를 근거로 세대주의적 견해처럼 두 언약을 단절시켜서 모세 언약부터는 아브라함 언약과는 전혀 다른 시대로 시대가 열리는 것이라 규정하고 싶어질 수도 있다. 그러나 그러한 해석은 적절하지 않다. 왜 이런 차이가 나타나게 된 것인가? 개인이었던 아브라함에게 주신 언약이 성취되는 것 자체가 아브라함 언약이 개인이 아닌 큰 민족을 통해 이루어져야 했기 때문이다. 그러므로 모세 언약은 아브라함 언약의 성취를 위해 나타나게 된 언약의 공동체적 버전인 것이다. 아브라함 언약을 정리할 때, 그 안에 창조 명령과 노아 언약(생육하고 번성하라), 원복음의 약속(여자의 후손을 통해 구원한다)가 다 같이 들어가 있는 것이라고 설명한 바 있다. 이러한 주제들이 이제는 공동체 버전으로 변화하여 나타나고 있다. 그러므로 모세 언약은 아브라함 언약의 성취요 발전으로 이해되어야 한다. 모세 언약은 구원계시의 점진적 발전이라는 시각에서 해석

되어야 한다. 그렇기에 우리가 출애굽기에서 살펴보아야 할 핵심은 계시의 점진적 발전이 모세 언약, 즉 출애굽기에 나타나는 시내산 언약에서 어떻게 발전하는가라는 문제가 된다. 우리가 창세기에서 살펴본 계시들은 구약의 가장 기초가 되는 출발점들이며, 이후 구약의 역사 즉 이스라엘 왕국역사 및 시가서, 선지서 등에서는 모세 언약 및 다윗 언약이 기초가 되기에 매우 중요한 핵심 언약 본문들이 된다. 그러므로 우리는 모세 언약을 본문 중심으로 잘 정리해야 한다.

2. 출 1-18장: 여호와의 이름의 의미를 중심으로

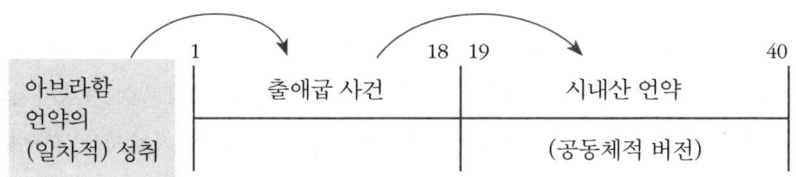

출애굽기 1-18장 본문 중에서 핵심사항들을 점검해 보겠다. 출애굽기 1장은 야곱의 가족이 애굽에 내려갔다는 서술로 시작된다. 1장 7절은 애굽에 내려간 그 이스라엘(야곱)의 자손이 '생육하고 불어나 번성하고 매우 강하여 온 땅에 가득하게 되었'다고 기록하고 있다. 이 구절의 의미는 단순히 그들의 숫자가 많아졌다는 것에 그치는 것이 아니다. 이것은 아브라함 언약이 성취되었음을 뜻한다. 아브라함의 후손이 큰 민족을 이루게 되었다는 것이다. 물론 여기에는 창조 명령, 노아 언약이 모두 연결된다. 그렇다면 큰 민족을 이룰 것이라는 언약이 성취되었으니, 이제 남은 것은 무엇인가? 출애굽을 하게 될 것이고, 가나안 땅에 가서 그 땅에서 열방을 향한 복의 통로로 살아가는 일들이 이어져야 한다. 그 이야기가 출애굽기와 신명기, 그리고 역사서의 이야기가 되는 것이다.

2장에서 모세의 초기 인생이 서술된다. 모세가 태어나고, 건짐을 받았다 (1-10절). 그렇게 바로의 공주의 자녀로 즉 왕자로 40년을 살고서, 40세에 이스라엘 민족을 구원하고자 하다가 실패한다(11-15절). 그래서 광야에서 양치기로 40년을 보내게 된다(15-22절). 2장 23-25절에 언약적 주제가 묘사되어 있다. 애굽 왕은 죽었고, 이스라엘 자손은 고된 노동으로 말미암아 탄식하며 부르짖었다(23절). 하나님이 그들의 고통 소리를 들으시고, '아브라함과 이삭과 야곱에게 세운 그의 언약을 기억'하셨다(24절). 성경에서 아브라함, 이삭, 야곱이라는 세 명의 인물이 함께 등장한다면, 이것은 단순히 조상의 목록을 이야기하는 우리 한국 전통적 의미의 족보 기록이 아니다. 이 표현은 '아브라함 언약을 이루어 오신 하나님'을 의미한다. 아브라함, 이삭, 야곱은 모두 실수가 많았다. 허물과 죄가 많았던 사람들이다. 그러나 주님은 이들 가운데서 약속을 성취해주셨다. 아브라함을 끝내 변화시키셔서 '여호와 이레'의 고백을 하는 믿음의 사람으로 만들어 놓고 마셨다. 그러므로 아브라함과 이삭과 야곱의 이름이 함께 서술되면 '하나님은 언약을 이루시는 분'이시라는 사실을 말하고 있는 것이다. 이 조상들을 통해 하나님의 언약이 성취되고 발전되어 왔다는 맥락이 반드시 여기에 들어가고 있다는 사실을 절대 놓쳐서는 안 된다. 그렇기에 본문에서도 하나님께서 이들에게 세우신 그의 '언약'을 기억하셔서(24절) 이스라엘 자손을 돌보셨고 그들을 기억하셨다고(25절) 기록하고 있는 것이다. 이 구절이 구속역사의 흐름으로 보았을 때 출 2장의 핵심이다.

3장은 모세의 소명을 묘사한다. 우리가 '모세 소명장'이라 통칭할 때는 출애굽기 3장부터 6장 전체를 의미하게 되는데, 본서에서는 그 중에서 가장 중요한 3장을 보도록 하겠다. 모세는 양 떼를 치다가 하나님의 산 호렙 즉 시내산에 이르게 되었다(1절).[19] 거기서 여호와의 사자가 떨기나무 가운데서

---

[19] 호렙산과 시내산이 동일한 장소를 가리키는지의 여부에 대한 논쟁이 있다. 본서에는 두 장소가 같은 의미로 상호교환되어 사용된다고 보고, 시내산 언약이라는 표현을 사용하기로 한다.

불꽃 안에 나타났는데, 모세가 보니 떨기나무에 불이 붙었는데 그것이 타지는 않고 있었다(2절). 이에 모세가 다가가서 보려고 하니, 하나님께서 "네가 선 곳은 거룩한 땅이니 네 발에서 신을 벗으라"라고 말씀하셨다(5절). 여기서 신을 벗는다는 것, 벌거벗은 발을 드러낸다는 것은 당시로서는 수치를 드러내는 것이었다. 그래서 이것은 권리의 포기를 의미했다. 현대 교회에서는 '내려놓음'으로 이해하는 바 곧 온전한 순종과 겸손을 뜻하는 행위였다. 하나님은 이렇게 모세를 가장 낮은 자리에 두심으로써, 무언가를 내려놓고 하나님을 붙잡게 하셨다는 것이다. 그렇다면 지금 모세에게는 내려놓아야 하는 것과 붙잡아야 하는 것이 있는 것일텐데, 그것은 무엇이었는가?

하나님의 말씀이 6절부터 본격적으로 등장하기 시작한다. "나는 네 조상의 하나님이니 아브라함의 하나님, 이삭의 하나님, 야곱의 하나님이니라"(6절). 이것이 아브라함, 이삭, 야곱과 맺은 언약을 이루신 하나님을 의미한다는 점을 놓쳐서는 안 된다. 하나님께서는 이렇게 말씀하고 계신 것이다. '아브라함이 실수가 많았지만 나는 끝내 그로 하여금 '여호와 이레'를 고백하도록 하였다. 이삭이 부족하고 흠이 있었지만 나는 이루었다. 야곱이 그렇게 부족하고 실수가 많고 계산적이었지만, 나는 그를 빚어서 이스라엘로 만들어 놓고야 말았다.' 그 하나님이 바로 아브라함의 하나님, 이삭의 하나님, 야곱의 하나님이신 것이다. 그 하나님께서는 7절에서 이스라엘 백성을 가리켜 '내 백성'이라 하신다. 이스라엘 백성의 하나님이 되신다는 것이다. 이렇게 언약의 관계가 발전해나가는 것이다. 이것이 바로 '언약 관계'이다. 지금 '누구 누구의 하나님'이라는 표현은 언약 관계를 의미하고 있다. '누구 누구의 하나님'이라 할 때, 그 누구 누구의 인생 혹은 역사 가운데 하나님이 약속을 이루신다는 의미가 들어가 있는 것이다.

그래서 아브라함 언약을 성취하시겠다는 문맥의 흐름이 계속 이어진다. 하나님은 애굽에 있는 백성의 고통을 보셨고, 그 근심을 아셨고(7절), 직접 내려가 그들을 애굽인의 손에서 건져내겠다고(8절) 말씀하셨다. 이러한 내용들은 창세기 15장의 횃불 언약에서 언급되었던 주제들이다. 8절에서 언급하시는 가나안 족속, 헷 족속, 아모리 족속 등도 창세기 15장에 나왔던 민족들이다. 10절에서 하나님은 모세를 바로에게 보내어 이스라엘 자손을 애굽에서 인도하여 내게 할 것이라고 명확히 말씀하신다. 그러나 모세는 이러한 하나님의 뜻을 바로 이해하지 못하고 오히려 질문을 던졌다. 자신이 누구이기에 바로에게 가며 이스라엘 자손을 애굽에서 인도하여 내겠느냐고 질문한 것이다(11절). 모세는 자기 스스로가 자신의 힘으로 이스라엘을 구원해야 할 것처럼 생각한 것인데, 하나님은 다르게 반응하셨다. "내가 반드시 너와 함께 있으리라"(12절)고 말씀하신다. 구원역사의 주체가 하나님이심을 알려주신 것이다.

이에 모세는 이스라엘 백성들에게 자신을 보내신 분의 이름을 어떻게 설명해야겠는지를 질문한다(13절). 이 부분에서 여호와의 이름에 대한 설명이 나오게 된다. 모세는 지금 여호와라는 이름의 의미가 무엇인지에 대해서 설명해달라고 즉 하나님은 어떤 분이신지를 알려달라고 질문한 것이다. 달리 말하면 하나님께서 출애굽기 3장 14절에서 모세를 통해 '여호와는 어떤 분이신가'에 대해 설명하신다. 그래서 14절이 매우 중요하다. 14절에서 하나님은 모세에게 "나는 스스로 있는 자이니라"라고 알리셨다. 이스라엘 백성들에게도 하나님을 '스스로 있는 자'라고 알리라는 것이다. 그래서 이 '스스로 있는 자(I AM)'라는 표현이 "여호와"를 표기하는 이름이 되는데, 이것이 사실상 출애굽기 1장부터 18장 가운데 가장 중요한 핵심이라고 생각된다. 출애굽기는 출애굽 사건이나 모세 언약의 체결보다 먼저 '여호와는 어떤 분이신가'를 설명하고 있기 때문이다.

스스로 있는 자(I AM)라는 일인칭 표현은 히브리어로 표현하자면 "에흐예(אֶהְיֶה)"라는 이름이다. 그런데 이것이 스스로 계신 분(HE IS)이라는 삼인칭으로 바뀌게 되면서 "여호와(יהוה)"라는 이름이 된다. 먼저 본문을 원어로 살펴보자. 에흐예(אֶהְיֶה)가 나오고, 아쉐르(אֲשֶׁר)라는 관계대명사가 나오고, 그 다음에 에흐예(אֶהְיֶה)라는 말이 한 번 더 나온다.

에흐예(אֶהְיֶה) 아쉐르(אֲשֶׁר) 에흐예(אֶהְיֶה)

원어는 '에흐예(אֶהְיֶה) 아쉐르(אֲשֶׁר) 에흐예(אֶהְיֶה)'이다. 에흐예(אֶהְיֶה)는 하야(הָיָה) 동사의 미완료 1인칭 단수 형태이다. 하야(הָיָה) 동사는 영어의 be동사와 유사한 의미를 지니고 있는데, '-이다', '있다', '-가 되다' 등 여러 가지를 뜻할 수 있다. 히브리어 미완료 형태는 상당히 많은 뜻을 가지고 있다. 현재나 미래로 번역할 수도 있고, 과거의 반복을 뜻할 수도 있고, 조동사적 의미 즉 영어로 표현하자면 would-의지/could-가능/should-의무/might-허락 등의 의미를 표현할 수 있다. 그렇기에 에흐예(אֶהְיֶה)에는 '나는 가능하다', '나는 -하도록 되어 있다', '나는 -할 의지가 있다' 등 여러 가지로 번역될 수 있다. 그런데 이 표현에 관계대명사를 덧붙인 후, 그 뒤에 에흐예(אֶהְיֶה)라는 미완료 형태가 한 번 추가 되었다. 에흐예(אֶהְיֶה)와 에흐예(אֶהְיֶה) 사이에 아쉐르(אֲשֶׁר)가 들어감으로써 가능한 의미의 경우의 수가 매우 많아진 문장이 되었다. 영어로는 'I am who I am'이라는 현재형으로 이해하는 경우가 많다. 앞부분의 에흐예(אֶהְיֶה)는 '나는 -이다'로, 뒷부분의 에흐예(אֶהְיֶה)는 현재형 존재의 의미로 해석해서 '나는 스스로 있는 자다'로 보는 것이며, 개역개정도 이런 의미로 이해하였다. 이렇게 해석하면 이 표현은 '하나님의 자존하심'을 뜻하게 된다. 창조주로서 스스로 존재하시기에 피조물에 의존하거나 종속되지 않으시는 자존하신 주권자로 이해하게 된다. 그런데 이러한 이해 외에 다른 수많은 번역도 동시에 얼마든지 가능하다. 예를 들어, '나는 내가 되어야 할 존재가 될 수 있는 자다'(I will be able to be who I should be)도 가능하다. 앞부분은 '나는 -가 될 수 있다'는 가능의 의미로, 뒷부분은 '나는 -가 되어야 한다'라는 의무의 의미로 해석한 것이다. 그러면 이 표현은 '나는 내가 되어야 할 존재가 될 능력이 있다'는 의미가 된다. 의무 성취를 가능하게 하는 능력을 지닌 존재라는 것이다. 이렇게 보게 되면 이 표현은 하나님의 '전능하심'을 표현하게 된다. 에흐예(אֶהְיֶה)는 이렇듯 하나님이 어떤 분이신지를 드러내는 깊고도 넓은 뜻을 지닌 이름이다. 자존하시고, 전능하신, 절대자의 이름이다. 그것을 I AM으로 번역할 수 있다는 것이다. 그런데 이 에흐예(אֶהְיֶה)는 하나님이 자신을 1인칭으로 표현하실 때의 이름이고, 우리 입장에서 하나님을 가리키기 위해서는 이것을 삼인칭으로 표현해야 한다. 첫 글자인 알렢(א)은 일인칭 미완료이므로 삼인칭 남성 단수인 요드(י)로 바뀌고, 바브(ו)로 치환이 잘 되는 세 번째 요드(י)는 바브(ו)로 바뀌도록 하면, 요드(י), 헤(ה), 바브(ו), 헤라(ה)는 네 글자로 이루어진 3인칭이 되는데, 이 이름이 바로 "여호와(יהוה)"이다. 에흐예(אֶהְיֶה)를 3인칭으로 바꾸면 여호와(יהוה)가 되는 것이다.

지금 3장에서 이 에흐예(אֶהְיֶה), 여호와(יהוה)라는 이름이 나오고 있는 이유는 무엇일까? 하나님께서 아브라함 언약을 성취시키겠다고 말씀하시는 맥락에서 여호와의 이름이 언급되고 있는 것이다. 이로써 "여호와(יהוה)"라는 이름은 앞으로 구약 성경에서 '언약 신명'으로 이해되게 된다. '하나님'은 보통명사이지만, 고유명사 '여호와'는 이스라엘의 하나님의 특수한 이름이다. 그 이름은 전능하시고 자존하신 하나님을 나타낸다. 모세를 보내서 아브라함 언약을 이루실 수 있는, 언약을 이루시는 하나님이신 것이다. 언약을 이루시는 하나님이라는 측면에서 그분의 이름을 여호와라고 부르게 되는 것이다. 15절을 보면 하나님께서 모세에게 이스라엘 자손에게 전달할 말씀을 주셨다. "너희 조상의 하나님 여호와 곧 아브라함의 하나님, 이삭의 하나님, 야곱의 하나님께서 나를 너희에게 보내셨다 하라 이는 나의 영원한 이름이요 대대로 기억할 나의 칭호니라." 앞서 설명했듯이 '아브라함의 하나님, 이삭의 하나님, 야곱의 하나님'이라는 표현은 언약의 하나님을 의미한다. 14절 이후의 본문은 그분의 이름이 여호와라는 사실을 선언한다. 그분은 자존하시고, 전능하셔서, 언약을 성취하신다는 것이다. 그 여호와가 하나님의 영원한 이름이요, 이스라엘 백성들이 대대로 기억할 하나님의 칭호라는 것이다. 이렇게 해서 언약 신명, '여호와'(יהוה)라는 하나님의 이름이 여기에 주어지게 된다.

3장의 맥락 전체를 다시 살펴보면, 모세가 받아야 했던 첫 번째 훈련은 무엇이었는가? 바로를 꺾을 수 있는 비책도, 전쟁 준비도 아니었다. '여호와는 어떤 분이신가'를 아는 것이었다. 여호와는 절대자이시며, 언약을 이루시는, 신실하신 언약의 하나님이라는 것을 모세는 배워야 했던 것이다. 그리고 그 여호와를 증거해야 했던 것이다. 이 여호와 하나님을 신뢰하고 의존한다면, 그때에 출애굽이 이루어질 것이고 아브라함 언약이 성취되는 것이다. 시내산 언약이 체결되기 전에 '여호와 하나님에 대한 배움'이 먼저 필요했다는 사실을 기억해야 한다.

1-18장 중 언약적 관점에서 중요한 한 구절을 더 살펴볼 필요가 있다. 출 6장 7절에 우리가 앞으로 구약 성경에서 많이 접하게 될 〈언약 공식〉의 기본적인 틀이 주어진다. 언약 공식이란 하나님과 언약백성 사이의 관계, 즉 언약 관계를 표현하기 위해 사용되는 성경의 표현을 말한다. 대개의 경우 출 6장에서 언급된 바 모세 언약적 관계를 의미한다.

> 출애굽기 6:7
> 너희를 내 백성으로 삼고
> 나는 너희의 하나님이 되리니
> 나는 애굽 사람의 무거운 짐 밑에서 너희를 빼낸 너희의 하나님 여호와인 줄
> 너희가 알지라

언약 공식은 세 가지 내용으로 구성되어 있다. 첫째, 너희는 "내 백성"이 된다는 것이다. '백성'이라는 말과 함께 관계를 나타내는 표현이 연결되어 '내 백성'이 된 것이다. 인칭이 달라지면 '주의 백성', '너(당신)의 백성'으로도 사용된다. 즉 하나님과의 관계를 나타내는 어휘가 '백성'과 함께 사용되면 시내산 언약 관계를 가리키는 것으로 이해해야 한다. 언약 공식의 두 번째 표현은 "너희의 하나님"이다. 언약백성에 여호와는 '우리의 하나님'이시

다. '하나님' 앞에 이스라엘 백성과의 관계를 나타내는 표현이 연결되면 시내산 언약 관계를 나타내게 된다. 세 번째, 너희가 나를 "여호와인 줄 알게 될 것"이 또한 언약 공식이다. '알다'의 원어는 야다(ידע) 동사이다. 이 야다(ידע)는 통전적 지식, 체험적 지식을 뜻한다. 직접 경험하여 알게 된다는 의미이다. 그분이 여호와이신 줄을 알게 된다는 이 표현은 그분이 여호와이신 것을 경험하게 된다는 것이다. 다시 말해, 그분이 언약을 이루시는 전능하시고 자존하신 분이심을 체험을 통해 알게 된다. 그분을 '여호와'로 고백하게 된다는 의미를 지니고 있다. 이 세 가지 표현은 이후 구약 본문에서 시내산 언약 관계를 가리키기 위해 다양하게 활용되기 때문에 잘 기억해야 한다.

(시내산) 언약 공식

(1) 하나님과의 관계를 나타내는 말 + 백성
　　(내 백성, 주의 백성, 당신의 백성 등)
(2) 이스라엘 백성과의 관계를 나타내는 표현 + 하나님
　　(너희의 하나님, 우리의 하나님 등)
(3) 하나님께서 "여호와"이신 줄을 "알게" 됨
　　'여호와'(언약을 이루시는 분) + '알다'(체험적 지식)

이후 18장까지의 본문에서 다양한 사건들이 묘사된다. 하나님이 모세를 보내셔서 열 가지 재앙을 내리시고, 장자의 죽음 재앙을 내리시기 전에 유월절을 제정하시고, 이스라엘 백성을 출애굽 시키시는 사건들, 홍해 사건, 만나와 메추라기 사건 등이 등장한다. 18장에는 천부장과 백부장을 세우는 사건, 즉 직제를 만드시는 이야기가 나타난다. 그래서 18장에 이르게 되면 시내산 언약을 체결할 준비가 사실상 완료되게 된다.

3. 시내산 언약 (19-40장)

이제 출애굽기의 핵심인 시내산 언약 본문을 살펴보자. 출 19-40장은 19-24장과 25-40장으로 나눌 수 있다. 19-24장은 시내산 언약 체결 과정을 설명한다. 이를 더 세밀하게 구분하자면, 19장, 20-23장, 24장으로 나눌 수 있다. 19장에서는 하나님께서 이스라엘 백성들에게 언약을 체결할 것을 제의하신다. 24장에서는 언약 체결식이 일어난다. 실제로 언약이 체결 완료되는 것이다. 그 사이의 20장에서 23장까지는 언약의 조건 사항에 해당하는 율법 설명이 나타난다.

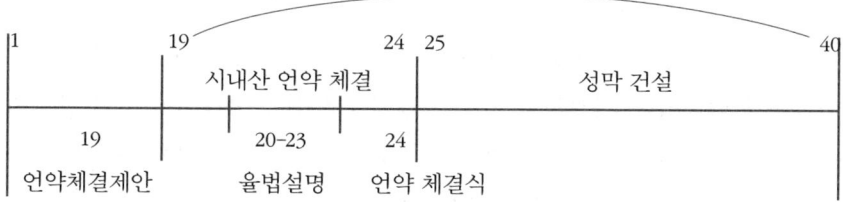

① 언약 백성의 정체성: 거룩한 백성, 제사장 나라

19장에는 시내산 언약의 내용이 구체적으로 설명되어 있다. 1-6절이 핵심 본문이다. 이스라엘 자손이 애굽 땅을 떠난 지 삼 개월 되던 때, 그러니까 출애굽 제1년 3개월에 이들은 시내 광야에 오게 된다(1절). 바로 호렙 산이 있는 광야이다. 여기서 하나님이 언약 체결을 제안하신다. 5-6절은 〈시내산 언약 백성의 정체성(identity)〉을 설명하고 있기에 매우 중요하다.

> ⁵ 세계가 다 내게 속하였나니
>   너희가 내 말을 잘 듣고 내 언약을 지키면
>   너희는 모든 민족 중에서 내 소유가 되겠고
> ⁶ 너희가 내게 대하여 제사장 나라가 되며

거룩한 백성이 되리라
너는 이 말을 이스라엘 자손에게 전할지니라

'너희가 내 말을 잘 듣고 내 언약을 지키면'이라는 문장은 하나님께서 이스라엘 백성들에게 언약 체결을 제안하시는 것으로 이해된다. 언약 백성이 되면 그들은 열방들 중에서 "하나님의 소유"가 될 것이다. 그리고 그들의 정체성은 "제사장 나라" 및 "거룩한 백성"이다. 이 표현들을 구체적으로 이해할 필요가 있다. 그림으로 설명해보도록 하자. 열방과 하나님의 관계는 바벨탑 사건 이후로 끊어지고 뒤틀린 관계이다. 그런데 그 열방들 중에서 하나님이 아브라함을 불러내셔서 열방을 향한 복의 통로가 되게 하겠다고 선언을 하셨다. 그 개인 언약의 내용이 이제 시내산 언약이라는 공동체 버전으로 발전하여 체계화되고 있다. 이를 위해 하나님은 열방 중에서 이스라엘 민족을 불러내셨다. 아브라함 언약이 출애굽 사건을 통해 성취되며 발전하는 것이다. 이 때 이스라엘은 하나님의 소유가 된다. '너희는 모든 민족 중에서 내 소유가 되겠고(5절)'에서 '소유'의 원어는 세굴라(סְגֻלָּה)인데, 특정한 존재에게 속한 바 된 특별한 소유를 의미한다. 이스라엘 백성이 시내산 언약을 체결함으로써, 하나님께 특별하게 소속된 존재가 된다는 것이다.

그렇다면 왜 하나님은 이스라엘을 그분의 '소유'가 되게 하셨을까? 이것을 본문은 두 가지로 설명한다. 바로 "거룩한 백성", "제사장 나라"인데, 이 표현들이 바로 시내산 백성의 정체성을 설명하게 된다. "시내산 언약"을 구성하는 네 가지 표현이 있는데, 그 중 두 개가 언약 백성의 정체성에 관한 단어이며, 바로 1) 거룩한 백성, 2) 제사장 나라이다.

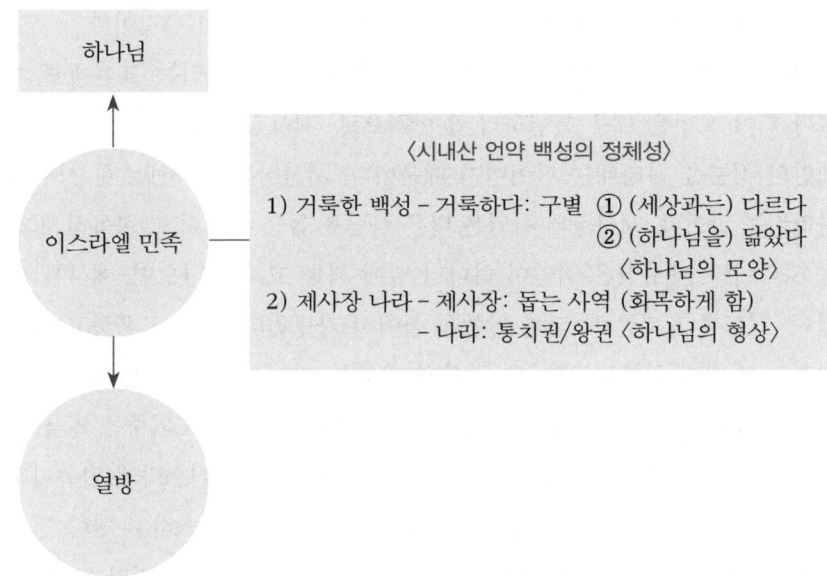

"거룩한 백성"이 무슨 뜻인가? 거룩은 '구별됨'을 의미한다. 거룩이라는 말은 구별되신 분인 하나님께만 사용할 수 있는 말이다. 하나님은 거룩하시고 죄가 없으시지만, 인간은 타락한 죄인들이다. 인간은 거룩하지 않다. 그런데 하나님께서 열방 가운데서 그분의 소유로 이스라엘을 건져내셨다. 그러므로 "거룩한 백성"이라는 말은 방향성으로 설명하자면 위를 향한 방향성 즉 하나님을 향한 방향성을 의미한다. 이것은 '-로부터'(from)라는 뜻이 될 수도 있고, '-를 향하여'(toward)라는 뜻이 될 수도 있다. 어디로부터 꺼내심을 받은 것인가? 열방으로부터(from) 꺼내심 받은 것이다. 열방으로부터 꺼내심을 받아서, 하나님께로(toward) 속하게 되었다는 것이다. 이것이 구별되었다는 의미이다. 따라서 "거룩하다" 함은 첫 번째, 세상과는 다르다는 것이며, 두 번째, 하나님을 닮았다는 것이다. 세상과는 다르고, 하나님은 닮았다는 의미이다. 창세기 1장에서 하나님이 사람을 하나님의 형상대로 모양대로 창조하셨다고 할 때 살펴보았던 바 '형상', '모양'이 출애굽기에서는 "거룩한 백성"으로 표현되고 있는 것이다. 구원 계시가 발전하는 양상을 또 다시 발견하게 된다. "거룩한 백성"인 이스라엘 백성은 더 이상 열방과 같은 삶을 살아가서는 안 되고, 하나님을 닮은 삶을 살아가야 하는 것이다.

두 번째로, 언약백성의 정체성은 또한 "제사장 나라"라는 표현에 들어 있다.[20] 이 표현은 매우 특별하다. 일반적으로 '제사장'은 공동체가 아닌 한 개인의 직분을 나타내는 단어이기 때문이다. 제사장은 한 사람, 한 사람을 가리키는 말이다. 제사장의 사역은 다른 사람을 돕는 사역이고, 화목하게 하는 사역이다. 제사장은 죄인이 하나님 앞에 죄를 고하고 나오면, 제사를 드릴 수 있도록 도와준다. 또한 말씀을 풀어서 가르친다. 죄를 고백하고 하나님과의 관계가 회복되도록, 또 말씀의 은혜를 얻어서 그 하나님께 감사의 제사를 드려 하나님과의 관계가 깊어지도록 다른 사람을 도와주는 일을 하는 존재가 제사장이다. 그런데 이 제사장의 역할을 지금 이스라엘 민족이라는 공동체 전체가 감당하게 된다는 것이다. 다시 말해, 이스라엘 민족 전체가 다른 누군가를 즉 다른 민족들 즉 열방을 도와준다는 이야기가 된다. 따라서 "제사장 나라"라는 말은 그 방향성이 아래를 향하고 있다. 물론 열방을 데리고 다시 주님께로 가는 것이기 때문에 결국은 위를 향해서 가는 것이기는 하지만, 결국에는, 창세기 2장에서 본 그림과 같이, 샘플이 확장되어서 전체를 완성하는 개념이기에, 아래로 확장된다고 이해하는 것이 적절하다. 결국 아래를 향해, 세상을 향해, 바깥을 향해 나아가는 방향성이 된다. 그런데 이것을 하나님께서는 제사장 '나라'라고 부르셨다. 개역개정에 '나라'라고 번역된 원문은 '통치'라는 뜻이다. 제사장으로서 통치한다는 것이다. 통치권, 왕권의 개념이 어디서 나왔는가? 창세기 1장의 창조 명령에 나오는 '하나님의 형상'에서 하나님의 대리자로 피조세계를 통치한다는 개념에서 나왔었다. 이제 구약계시가 이루어지면서 구속사역이 성취되어가는 맥락에서 이스라엘은 제사장으로서 하나님의 나라를 다스리게 되는 것이다. 이 '제사장 나라'는 창조 명령 뿐 아니라 또한 아브라함 언약에 나오는 '복의 통로'

---

20 '제사장 나라'를 이해하는 여러 견해가 존재하는데, 필자는 이 표현이 이스라엘이 이방 민족들을 향해 제사장의 역할을 감당해야 한다는 존재론적 정체성으로 이해한다. 이 표현에 대한 학계의 논쟁의 요약을 위하여는 다음을 보라: 젠트리 & 웰럼, 『언약과 하나님 나라』, 459-467.

와도 연결된다. 구원 계시의 점진적 발전이 언약 본문들 가운데 계속 일어나고 있는 것을 볼 수 있다.

우리는 거룩한 백성과 제사장 나라가 언약백성의 두 가지 정체성으로 항상 함께 공존해야 함을 기억해야 한다. 이들은 세상을 향해 나아가서 열방을 도와 하나님께 돌아오게 하고, 그것을 위해서 궁극적으로는 세상과는 다르게 하나님을 닮는 삶을 거룩하게 살아가야 한다. 창 2장에서 에덴동산이 피조세계의 샘플/모형이라는 점에서 설명한 바와 같이, 안으로 들어오는 힘은 바깥으로 나아가 전체를 완성하기 위함인데, 이 안으로 들어오는 힘이 '거룩한 백성'으로, 바깥으로 나가는 힘이 '제사장 나라'로 표현되어 있는 것이며, 이 두 가지 모습은 하나로 유기적으로 통합되어 하나님 나라를 이루는 언약 백성의 정체성을 형성한다. 이제 이스라엘은 곧 들어가게 될 가나안 땅에서 이렇게 살아내야 할 것이었다. 바로 이런 이유에서 하나님께서는 이들을 하나님의 특별한 '소유'라고 말씀하셨다.

② 언약 백성의 삶의 원리: 율법

그렇다면 어떻게 하면 이 거룩한 백성, 제사장 나라로 살아낼 수 있을까? 그래서 하나님께서는 거룩한 백성이자 제사장 나라로 살아내는 기준을 주셨는데, 그것이 바로 "율법"이며, 시내산 언약을 구성하는 세 번째 중요 표현이다. 율법이 언약 백성의 삶의 기준이 될 것이기에, 24장에서 언약식을 체결하게 되기 전 즉 20-23장에서 율법을 먼저 설명하셨다. 20장에는 영속적 삶의 원리인 '십계명'이 설명되고, '언약서'라 불리는 21-23장에는 여러 가지 규정들이 나온다. 21-23장의 기타 세부 규례들은 영속적 원리인 십계명을 가나안 땅에서의 고대의 삶에 적용해 놓은 세부 규정들이다. 십계명은 바뀌지 않고 우리가 계속해서 지켜야 하는 것이지만, 21-23장의 세부적인 규정들은 당대에 적용된 규정들이므로 우리가 지금 문자적으로 지키는 것은 아니다.

여기서 율법은 '언약 백성의 삶의 원리'이다. 언약 백성은 어떻게 살아가는지를 다룬다. 교리적으로 설명할 때, 우리는 율법을 지켜서 구원을 받는 것이 아니라, 구원을 받았기 때문에 율법을 지켜야 한다. 구약 시대에서도 동일하다. 구약 시대에 율법을 지켜서 구원받은 것이라고 말한다면 잘못된 이해이다. 구약 시대 때 율법을 지켜서 구원받은 적은 없다. 구원은 하나님께서 주신 예수 그리스도에 대한 약속을 믿음으로 받는다. 세대주의적인 이원론적 사고방식으로 구약, 신약을 대조시켜서는 안 된다. 이스라엘 민족들은 이미 아브라함 언약을 받은 자들이었다. 그런데 하나님께서 이들을 시내산 언약 백성으로 다시 삼으신 것은 아브라함에게 주셨던 약속이 성취되게 하시기 위함이다. 가나안 땅에 들어가서 하나님의 백성, 복의 통로로서 살라는 것이다. 지금까지 나왔던 창세기의 언약들을 시내산 언약을 통해 이루시겠다는 것이다. 그래서 거룩한 백성·제사장 나라로 살아야 한다고 말씀하시고, 거룩한 백성·제사장 나라로 살아가기 위한 삶의 원리로서 율법을 주신 것이다. 물론 이 율법에 불순종하게 되면 저주를 받는다는 조건성이 있는데, 그 부분은 신명기 부분에서 자세히 다룰 것이다.

"거룩한 백성"과 "제사장 나라"는 언약 백성의 정체성이다. 그리고 언약 백성이 되었기 때문에 하나님께서 주신 선물이 두 가지이다. 시내산 언약이 체결되었기에 하나님께서 주시게 된 것이 두 가지인데, 이를 시내산 언약의 결과적 선물이라 이해할 수 있다. 첫 번째는 언약 백성의 삶의 원리인 율법이며, 두 번째는 하나님의 임재적 동행을 뜻하는 성막이다. 성막은 추후 설명한다.

이제 언약체결 장면을 소개하는 24장을 살펴보자. 3절에 보면, '모세가 와서 여호와의 모든 말씀과 그의 모든 율례를 백성에게 전하매'라고 되어 있다. 이 '모든 말씀'은 십계명을 뜻한다. 십계명은 원문으로 읽어보면 '10가지 말씀들'이라는 뜻이다. '모든 율례'는 언약서의 규례 즉 21-23장에 설명된 규례들을 의미한다. 시내산 언약은 쌍방 언약이어서 언약을 체결하는 양측 당사자들이 합의해서 언약 관계에 들어가는 것인데, 이러한 쌍방성이

24장의 체결 과정에 그대로 드러난다. 하나님께서 질문하시고, 백성이 이에 동의하는 과정이 두 차례 반복된다. 하나님께서 모세를 통해 율례를 전달하셨다는 것은 이스라엘 백성에게 '이렇게 할 수 있겠느냐'라고 물으셨다는 의미이다. 이에 대해 백성들은 '말씀하신 모든 것을 우리가 준행하리이다'라고 대답한다(3절). 하나님께서는 언약을 맺을 것을 제의하셨고, 백성들은 동의한 것이다. 양측이 일차적으로 언약에 대해 합의를 한 것이다. 그래서 말씀을 기록하고, 다음 날 아침이 되어 번제와 화목제를 드렸다(4-5절). 이때 피를 가지고 절반은 양푼에 담고, 나머지는 제단에 뿌렸다(6절). 그리고 언약서, 즉 율법을 가져다가 백성이 낭독하여 듣게 하였다. 백성들은 '여호와의 모든 말씀을 우리가 준행하리이다'라고 재차 응답했다(7절). 이렇게 두 번째 합의가 달성된 것이다. 합의는 이루어졌고, 따라서 쌍방성이 충족되었다. 이에 모세가 나머지 절반의 피를 가지고 백성들에게 뿌리며, '이는 여호와께서 이 모든 말씀에 대하여 너희와 세우신 언약의 피니라'라고 선언한다(8절). 언약 체결이 완료된 것이다. 이스라엘 백성 시내산 언약 백성이 되었다. 그러므로 우리는 시내산 언약이 쌍방성을 지니고 있으며, 따라서 조건성을 지니고 있고, 양측 중 하나라도 의무를 지키지 않으면 언약이 깨진다는 사실을 기억해야 한다. 독자의 입장에서 설명하자면, 사실상 하나님은 언약을 지키실 것이므로, 이제 백성들이 어떻게 하느냐에 언약 관계의 지속이 달려있게 된다.

> 〈시내산 언약 백성의 정체성〉
>
> 1) 거룩한 백성 (위를 향하는 방향성)
> 2) 제사장 나라 (아래를 향하는 방향성)
>
> 〈언약 백성에게 주신 두 가지 선물〉
>
> 3) 율법 (언약 백성의 삶의 원리)
> 4) 성막 (하나님의 임재와 동행)

④ 성막 & 여호와의 언약적 성품(인자하심)

시내산 언약의 핵심 요소 중 네 번째인 성막에 대하여 살펴보자. 출 19장에 보면, 하나님께서 이스라엘 백성들을 하나님이 계시는 거룩한 공간으로 가까이 오지 못하게 하셨다(출 19:12). 백성들의 진영은 시내 광야에 있었고, 하나님은 시내산에 임재하여 계셨다. 하나님께서 그 가운데서 모세를 시내산 위로 부르실 때, 이 경계를 백성들이 침범하지 못하게 하셨다. 이들이 경계를 침범하면 죽게 되기 때문이다. 왜 죽는가? 거룩하신 하나님께서 시내산 위에 강림하셨기 때문에 이 시내산이 거룩한 산이 되어 거룩의 공간이 된 것이다. 그런데 백성들은 아직 거룩하지 않다. 거룩한 것과 거룩하지 않은 것이 만나게 되면 심판으로서 죽음이 오기 때문에 경계를 침범하지 말라고 하셨다(출 19:12). 사실은 이런 내용이 24장에서도 잘 드러난다. 24장의 앞부분에 "너는 아론과 나답과 아비후와 이스라엘 장로 칠십 명과 함께 여호와께로 올라와 멀리서 경배하고 너 모세만 여호와께 가까이 나아오고 그들은 가까이 나아오지 말며 백성은 너와 함께 올라오지 말지니라(출 24:1-2)"라고 기록한다. 대제사장인 아론, 제사장들인 나답과 아비후, 이스라엘 장로 칠십 명만 올라오되 그들도 멀리서만 경배할 수 있다는 것이다. 모세만 여호와께 가까이 나아오고, 다른 자들은 가까이 나아오지 말라는 것이다. 백성들은 함께 올라오지도 말라는 것이다. 이렇게 지시하신 이유는 언약 체결 이전이었기에 백성들은 아직 거룩하지 않은 상태에 머물고 있기 때문이었다.

24장에서 언약이 체결되면, 이러한 모습이 달라진다. "모세가 그 피를 가지고 백성에게 뿌리며 이르되 이는 여호와께서 이 모든 말씀에 대하여 너희와 세우신 언약의 피니라(출 24:8)." 언약이 체결 완료되자 상황이 바뀐다. 모세와 아론과 나답과 아비후와 이스라엘 장로 칠십 인이 올라가서(9절) 이스라엘의 하나님을 뵙게 된다(10절). 하나님께서는 이들에게 손을 대지 아니하셨고, 그들은 하나님을 뵙고 그 앞에서 먹고 마시는 교제의 행위를 했다(11절). 앞에서 살펴본 이야기와는 다르다. 이들이 하나님께 더 가까이 갈 수 있게 된 것이다. 이것은 언약이 체결되었기 때문이었다. 언약 체결의 결과, 이스라엘은 '거룩한 백성'이 되었기에 거룩하신 하나님께 보다 더 가까이 갈 수 있게 되었다. 하나님의 소유가 되어 하나님과의 교제가 가능해진 것이다.

그런데 이것으로 끝나지 않았다. 25장에 보면, 하나님께서 모세에게 '내가 그들 중에 거할 성소'를 지으라고 말씀하셨다(8절). 앞서 19장에서는 경계조차 침범하지 말라고 하셨다. 언약이 체결되자 하나님께 가까이 갈 수가 있게 되었는데, 하나님은 한 걸음 더 나아가셔서 이제는 이스라엘 백성들의 진영 중에 내려오시겠다고 하셨다. 거룩하신 여호와께서 이스라엘 백성 한 가운데에 집을 짓고 임재하시겠다는 것이다. 성막을 지으라고 하신 명령은 이제 하나님께서 이스라엘과 동행하시겠다는 의미이다. 임재에 대한 의지 표현이다. 이러한 하나님의 임재가 가능하게 된 것 역시 언약이 체결되었기 때문이었다. 따라서 이 성막 건설은 언약 체결의 결과로 주어지는 선물이라고 표현할 수 있다. 또한 이는 창세기 9장에서 이미 나왔던 약속이다. 노아 언약 때 하나님께서 셈의 장막에 거하실 것이라고 하는 임재의 약속이 있었다. 이 임재의 약속이 모세 언약에서 성막 건설로 이어지게 되며, 다윗 언약에서는 예루살렘 성전으로 발전하게 되고, 신약에 이르기 되면 참 성전이신 예수님께서 성육신하셔서 우리 가운데 오시는 것으로 성취될 것이었다.

이후 25장부터 40장까지에 성막 건설 이야기가 진행된다. 우리는 이 부분을 25-31장, 32-34장, 35-40장의 세 부분으로 나눌 수 있다. 25-31장에서는 하나님이 모세에게 성막을 어떻게 지어야 할지를 설명해 주신다. 35-40장은 실제로 성막을 건설하는 이야기로서 40장에서 성막 건설이 완료되고 하나님께서 불기둥과 구름 기둥으로 성막에 강림하신다. 그런데 이 중간에 해당하는 32-34장에서는 아주 특별한 사건이 일어나게 된다. 바로 금송아지 숭배 사건이다. 이 금송아지 숭배 사건은 이스라엘 우상을 숭배한 사건으로 "언약 파기 사건"에 해당한다. 이스라엘에 율법을 어김으로써 시내산 언약의 쌍방성을 위반하여 언약이 깨어지게 된 것이다. 금송아지 숭배 사건은 십계명 제1계명과 제2계명을 어긴 사건이다. 1계명에서는 '나 외에 다른 신을 네게 두지 말라'고 하셨고, 2계명에서는 '그 어떤 상도 만들지 말고, 그것들에게 절하지도 그것들을 섬기지도 말라'고 하셨다. 그런데 금송아지를 만들고 섬겼으니 1계명과 2계명을 모두 깨뜨린 것이다. 시내산 언약의 형태는 쌍방 언약 곧 양측이 합의해서 맺어진 언약이기에 언약의 당사자 중 한 쪽이라도 의무사항을 위반하면 언약이 파기된다. 그리고 언약이 파기되면 당연히 성막을 건설할 수가 없게 된다. 언약 백성이 아닌 자들이 성막을 짓고 하나님이 그곳에 임재하시면, 그들은 더 이상 거룩한 백성이 아니기 때문에, 하나님의 거룩하심으로 인하여 죽을 수 밖에 없다. 금송아지 숭배 사건은 언약파기를 야기하여 성막 건설 자체가 불가능해지게 만드는 성격을 지녔다. 그런데 막상 출 35장부터 40장까지를 보면 성막 건설을 진행했고, 하나님께서 그 성막에 불기둥과 구름기둥으로 임재하셨다. 금송아지 숭배 사건 이후에 어떤 일이 발생했기에 성막 건설이 가능해졌는가? 이 질문에 대한 대답이 금송아지 숭배사건 해석에 있어서 핵심에 해당된다.

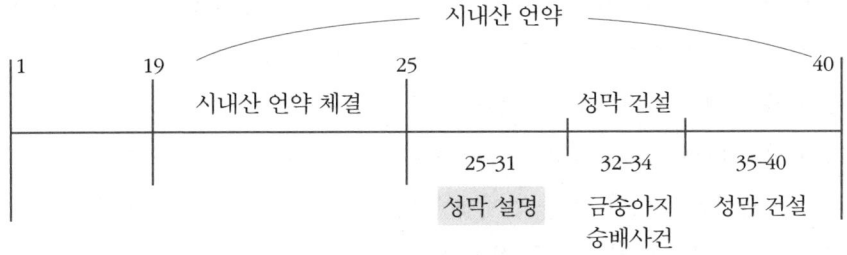

본문에서 사건의 내용을 고찰해보자. 32장을 보면, 백성이 모세가 산에서 내려옴이 더딤을 보고 아론에게 말했다. "우리를 위하여 우리를 인도할 신을 만들라"(1절). 이는 이집트의 신을 경배하자는 것이 아니었다. 백성들은 (그들 나름대로 생각하기에는) 아직 하나님을 버리려는 것은 아니었다. 그래서 아론이 금송아지를 만들고 나서 그들은 "이스라엘아 이는 너희를 애굽 땅에서 인도하여 낸 너희의 신이로다"라고 말한다(4절). '너희의 신'에 해당하는 원문을 직역하면 '너희 하나님'이다. 이 표현은 출 6장 7절에 나왔던 언약 공식 중의 하나이다. 백성들은 이스라엘의 하나님 여호와의 형상을 만들려 한 것이다. 그러나, 그들의 의도가 어떠했는지에 관계없이, 이스라엘은 하나님의 율법을 명백하게 위반했다. 하나님을 섬기겠다고 했는데, 율법은 지키지 않았다. 아이러니하게도 기묘한 상황이 발생한 것이다. 우상을 만들어 놓고, 언약 공식의 표현을 사용하고 있다. 이를 보신 하나님의 반응이 7절에 나온다. 여호와께서 모세에게 이르신다. "너는 내려가라 네가 애굽 땅에서 인도하여 낸 네 백성이 부패하였도다(7절)." 하나님은 '너의 백성'이라는 표현을 사용하신다. 이것 역시 출 6장 7절의 언약 공식이다. 그러나 '내 백성'이라고 표현되었던 본래의 언약 공식과는 다르다. 지금 하나님께서는 모세에게 이스라엘이 '네 백성', 곧 모세의 백성이라고 말씀하시는 것이다. 이것은 무엇을 의미하는가? '언약 파기 선언'이다. 이들이 더 이상 하나님의 내 백성이 아니라는 선언이기 때문이다. 백성들은 십계명을 어겼고, 금송아지를 향하여 '우리의 하나님'이라 함으로써 언약 공식을 잘못되게 사용하여(8절), 언약은 이미 깨어졌다. 이에 하나님은 '모세의 백성'이라 하심으로 언약 파기를 선언하셨다. 또한 "내가 이 백성을 보니 목이 뻣뻣한 백성이로다. 그런즉 내가 하는 대로 두라. 내가 그들에게 진노하여 그들을 진멸하고 너를 큰 나라가 되게 하리라(9-10절)"라고 하심으로 진멸의 심판을 선언하셨다. 이러한 심판은 당연한 것이다. 언약 관계에 들어왔다가 언약을 깨뜨렸기 때문이다. 그러므로 심판이 임하는 것은 합당하다.

그런데, 모세는 여기서 진멸하는 심판에 동의하지 않고 오히려 회복을 위한 기도를 드린다. 오경의 저자요 창세기의 저자인 모세는 하나님이 어떤 분이신지 여호와가 어떤 분이신지를 모세는 너무나 잘 알고 있었기 때문이다. 여호와는 아브라함과 이삭과 야곱의 하나님이시요, 언약을 이루어오신 하나님이시다. 그분이 '여호와'이신 것을 모세는 너무나 잘 알았다. 그래서 그는 기도하기를 시작한다. 우리는 이 본문에서 백성들의 죄를 사해주시지 않으시려면 모세 자신의 이름을 주께서 기록하신 책에서 지워 버려 달라고 요청하는 부분에 주목하곤 하는데, 이는 32장의 후반부인 32절에서 나오는 내용이며, 이때는 하나님이 이미 심판을 거두신 후였다. 우리가 주목해야 하는 모세의 기도의 핵심 내용은 11-13절에 있다. 이 기도를 들으시고 하나님께서 백성들을 진멸하시겠다는 생각을 바꾸셨다. 가장 먼저 모세는 11-12절에서 언약 관계를 수차례 강조한다.

> "여호와여, 어찌하여 그 큰 권능과 강한 손으로 애굽 땅에서 인도하여 내신 주의 백성에게 진노하시나이까(11절) 어찌하여 애굽 사람들이 이르기를 여호와가 자기의 백성을 산에서 죽이고 지면에서 진멸하려는 악한 의도로 인도해 내었다고 말하게 하시려 하나이까 주의 맹렬한 노를 그치시고 뜻을 돌이키사 주의 백성에게 이 화를 내리지 마옵소서(12절)."

여기서 모세는 세 번이나 '주의 백성'이라는 언약 공식을 언급한다. '모세의 백성'이 아니라 '여호와의 백성'임을 강조함으로써 언약 관계가 유지되어야 한다고 말씀드리고 있는 것이다. 그렇다면, 모세가 하나님께 언약 관계가 유지되어야 한다고 말씀드릴 수 있는 이유는 무엇일까? 이 점에서 13절이 중요하다.

"주의 종 아브라함과 이삭과 이스라엘을 기억하소서 주께서 그들을 위하여 주를 가리켜 맹세하여 이르시기를 내가 너희의 자손을 하늘의 별처럼 많게 하고 내가 허락한 이 온 땅을 너희의 자손에게 주어 영원한 기업이 되게 하리라 하셨나이다(13절)."

아브라함과 이삭과 이스라엘이라는 이름이 동시에 언급되는 장면은 출 3장에서 살펴본 바 있다. 하나님께서 모세에게 신을 벗으라 하시고, 모세를 설득해가실 때 이 이름들이 함께 언급되었다. 하나님께서 언약의 하나님이심을 말씀하실 때 나온 표현인 것이다. 모세는 이어서, 창세기의 아브라함 언약을 요약해서 말씀드린다. '자손(쩨라)', '하늘의 별', '땅'과 같은 아브라함 언약의 핵심 주제들이 나오고 있는 것이다. 이러한 사실들은 모세가 하나님께서 이스라엘 백성을 용서해주셔야 한다는 근거로서 아브라함 언약을 직접적으로 언급하고 있다는 점을 우리에게 명백하게 보여준다. 즉, 금송아지 사건으로 언약을 파기한 이스라엘을 용서해주셔야 하는 이유는 '아브라함 언약 성취의 필요성'이다. 다시 말해, 주님은 여호와(יהוה)이셔서 아브라함, 이삭, 야곱을 통해 언약을 이루어오신 하나님이시기에, 지금도 언약을 성취하셔야 하는 분이시며, 따라서 이스라엘 백성들을 가나안 땅으로 데리고 가셔서 복의 통로로 살게 하셔야 하는 분이라는 것이다. 이러한 이유로 주님은 언약을 버리실 수 없으시다고 모세는 하나님께서 주신 약속을 근거로 하여 기도드리고 있다. 사실 아브라함 언약을 이루기 위해 출애굽 사건을 일으키실 것이라는 말씀은 출애굽기 3장에서 모세에게 직접적으로 주셨던 약속이기도 하다. 그 당시 모세는 못 한다고 했는데, 하나님이 바로 아브라함 언약의 성취를 이유로 모세를 설득하셨었다. 이제는 모세는 바로 그런

출 3장의 하나님 말씀을 인용하면서 하나님께 말씀을 드리고 있는 것이다. 이에 주님은 뜻을 돌이키사 말씀하신 화를 내리지 아니하셨다(14절). 이것은 하나님께서 계획을 바꾸셨다는 의미가 아니다. 돌이켜 화를 내리지 않으시고 약속을 이루시는 것이 하나님의 온전하신 계획이었다. 하나님의 언약을 이루시는 성품에 근거한 기도가 바로 주님께서 듣고자 원하셨던 기도였다. 하나님의 언약적 성품을 근거로 하여 주님께 기도할 때, 하나님은 그 기도를 들으시는 것이다.

그래서 하나님은 이스라엘 백성을 진멸하지 않기로 하셨다. 33장까지 계속되는 이 모세의 기도를 들으시고, 이스라엘 백성들에게 다시 한번 언약 백성이 될 기회를 주기로 하셨다. 그 내용이 34장에 나오고 있다. '언약 재체결' 절차가 시작된 것이다.

"여호와께서 모세에게 이르시되 너는 돌판 둘을 처음 것과 같이 다듬어 만들라 네가 깨뜨린 처음 판에 있던 말을 내가 그 판에 쓰리니(출 34:1)."

모세가 돌판 둘을 처음 것과 같이 다시 만들어 가지고 오면, 하나님께서 처음 판에 있던 말을 그 판에 써주시겠다는 것이다. 이 '처음 판에 있던 말'이란 율법(십계명)을 뜻한다. 첫 번째 돌판 위에 십계명이 기록되어 있었다. 이 돌판 둘은 언약의 증거, 즉 언약 문서이다. 그런데 이 첫 번째 돌판은 모세가 시내 산에서 내려오다가 깨뜨려버렸다(출 32:19). 이것을 모세가 화를 낸 것이 아니고, 언약이 깨어졌기 때문에 그 언약 문서를 파기시킨 것이었다. 그런데 하나님께서는 이제 돌판을 다시 가지고 오면 십계명을 기록해주시겠다고 하시는 것이다. 이것은 언약을 다시 체결해주시겠다는 언약 재체결 선언이었다. 당연히 모세는 바로 두 돌판을 준비해서 다음 날 아침 일찍 시내 산에 올라간다. 그때, 하나님이 모세에게 나타나셔서 선언하신다. 이것 바로 '여호와의 자기 계시'이다. 여호와께서 자신의 언약적 성품을 직접 친히 계시하신 것으로, 출애굽기 34장 5-7절에 나타난다. 그 중에서도 가장 중요한 부분이 출애굽기 34장 6절이며, 이 구절은 이후 구약 성경에서 매우 많이 인용되는 여호와의 언약적 성품 묘사 본문이다.

출애굽기 34장 5-7절

5 여호와께서 구름 가운데에 강림하사 그와 함께 거기 서서 여호와의
   이름을 선포하실새
6 여호와께서 그의 앞으로 지나시며 선포하시되
   여호와라 여호와라 /자비롭고 /은혜롭고 /노하기를 더디하고 /
   인자와 진실이 많은 하나님이라
7 인자를 천대까지 베풀어 악과 과실과 죄를 용서하리라
   그러나 벌을 면제하지는 아니하고 아버지의 악행을 자손 삼사 대까지
   보응하리라

출 3장 14절에서 그토록 강조한 여호와(יהוה)라는 이름을 여기서 두 번이나 말씀하시면서 반복, 강조하신다. 그 여호와 하나님은 어떤 분이신가? 자비롭고, 은혜롭고, 노하기를 더디하시고, 인자와 진실이 많은 하나님이시다. 여기서 '자비롭다'는 말은 라함(רחם)이라는 단어이고, '인자'는 헤세드(חֶסֶד)라는 단어이고, '진실'은 에메트(אֱמֶת)라는 단어이다. 이 중 앞으로 가장 많이 사용될 핵심 단어는 헤세드(חֶסֶד)이다. 라함은 구약에서 사실상 앞으로 헤세드와 거의 유사한 의미를 지닌 단어로 사용되게 된다.

헤세드(חֶסֶד)는 개역개정 번역에서 '인자'로도 번역하고, '인애'로도 번역하고, '은총'으로도 번역하고, '은혜'로도 번역하고, 때로는 '자비'로까지 번역되는 단어이다. 영어로는 steadfast love 또는 loving kindness 등으로 번역되는 단어이다. '인자(헤세드)'는 단순히 감정만을 뜻하는 단어가 아니다. 이 단어의 의미를 오해하여 감정적인 넉넉함, 화내지 않는 여유로운 성품 정도로 생각하는 경우들이 있는데, 구약에서 이 단어는 훨씬 더 깊은 의미를 지니고 있다. 헤세드는 여호와 하나님의 언약적 성품을 가리키는데, 그

첫 번째 본문이 출 34장이며, 이후 구약성경에서 이 본문을 기초로 하여 여호와 하나님을 인자하신 분으로 묘사하게 되고, 그래서 백성들에게도 인자함을 지키라고 요청하게 된다. 그래서 우리는 그 의미를 출 34장의 문맥에서 찾아내야 한다.

인자하심의 의미를 찾기 위해 우리는 금송아지 사건의 문맥적 흐름을 먼저 고려해야 한다. 지금 하나님께서 언약을 재체결시켜 주시는 이유는 과연 무엇인가? 그저 하나님의 마음에 이스라엘 백성이 불쌍히 여겨졌기 때문만은 아닐 것이다. 그 이유는 바로 하나님께서 아브라함 언약을 이루시고자 하셨기 때문이다. 하나님은 아브라함에게 약속을 주셨고, 이삭과 야곱에게 약속하셨다. 그 이전에는 아담에게 약속하셨고(원복음), 노아에게 약속하셨다(노아 언약). 심지어 출애굽기 3장에서 '나는 스스로 있는 자' 즉 여호와라고 하시면서 모세에게 약속하셨다. 이 모든 약속들을 성취하시기 위해서는, 시내산 언약 백성이 진멸하도록 내어두셔서 그들이 가나안에 들어가지 못하게 되는 일이 발생해서는 안 된다. 그렇기에 언약을 재체결해주시는 것이다. 그러므로 '인자함'이라고 번역되는 이 헤세드(חֶסֶד)는 '언약에 대한 신실함'을 의미한다. 언약을 반드시 이루시는 하나님의 성품을 '인자'라고 부르는 것이다. 그렇기에, 출애굽기 34장 6절에서 발견되는 여호와의 '인자하심', 즉 헤세드(חֶסֶד)에 대해 필자는 이렇게 정의를 내린다. 출 34장에서 묘사된 헤세드(חֶסֶד)는 '희생을 감수하시면서까지 언약을 반드시 성취하시는 여호와 하나님의 성실하심'이다. 지금 하나님께서는 이스라엘을 진멸하셔야 할 심판을 돌이키셔서 언약을 재체결해주신다. 즉 기회를 줄 필요가 없는 자들에게 다시 한번 기회를 주시면서까지 언약을 성취하고 계신다. 그러므로 헤세드는 희생을 감수하시면서까지 언약을 반드시 성취하시는 여호와 하나님의 성실하심을 의미하게 된다. 줄여서 표현하면 '언약적 성실성'이라 할 수 있겠다. 이것이 하나님의 인자하심, 헤세드(חֶסֶד)의 의미이다. 따라서 이 '인자'라는 단어는 하나님의 의지적인 사랑이다. 여기에는 감정뿐 아니라 하나님의 의지가 깊이 들어있는 여호와 하나님의 인격적인 언약 성품이시다. 포기하지 않고 반드시 이루시는 하나님의 끈질기신 의지의 사랑과 놀라우신 성실하심이 '인자함'이라는 단어에 표현되어 있는 것이다. 이 '인자하심'은 차후 다윗언약에서 훨씬 더 적극적인 여호와의 언약적 성실성으로 발전될 것이며, 이를 통해 우리는 구약계시들의 점진적 발전 및 주제들의 유기적이고도 통합적인 발전 양상을 더욱 구체적으로 이해하게 될 것이다.

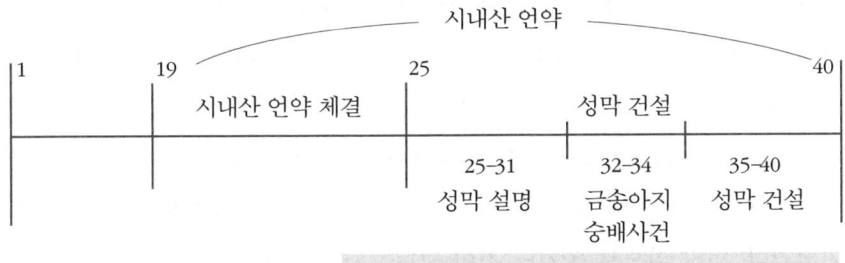

34장에서 여호와의 인자하심을 근거로 시내산 언약 관계가 재체결되었다. 그래서 35-40장에 성막이 건설되는 것이며 하나님께서 불기둥, 구름 기둥으로 강림하시는 것이다. 그리고 이스라엘 백성이 가나안 땅으로 진군해 들어갈 수 있게 되는 것이다. 지금까지 설명한 내용들이 바로 출애굽기에 나타난 시내산 언약이다.

그런데 우리는 여기서 출애굽기 전체 구조에 있어서의 시내산 언약의 성격을 규명할 필요가 있다. 이 시내산 언약은 조건적인가 아니면 무조건적인가? 물론 조건성이 극명하게 드러난 언약인 것은 맞다. 그러나 시내산 언약을 조건성으로만 이해하고 끝내서는 안 된다. 출애굽기의 조건성을 극대화하여 오류적 해석을 내놓은 경우들이 있을 수 있다. 전형적인 예로 '언약 관계에 들어가는 것은 은혜로 들어가는 것이다. 그렇지만 그 언약 관계 안에 머무르는 것은 사람이 순종하여 하는 일이다. 사람에게 달린 일이다'라는 견해가 있을 수 있다. 교리적으로 표현하면, 개혁주의 신학이 말하는 바 구원에 있어서의 하나님의 주권성을 부인하며 성도의 견인 교리도 약화시켜서, 신자가 중간에 구원에서 탈락해 나갈 수도 있다고 보는 경우일 것이다. 그 근거로서 구약시대의 시내산 언약을 들면서, 시내산 언약 관계에 들어갈 때는 은혜로 들어갔지만, 불순종하면 언약이 깨어진다고 말할 수 있을 것이다. 그러나, 이러한 견해는 출애굽기를 바로 이해하지 못한 경우임이 분명하다. 시내산 언약을 형식의 틀로만 보면 조건성의 극대화가 맞다고 볼 수도 있다. 그러나, 우리는 언약의 형식만 보아서는 안 되고, 내러티브 전체를 함께 유기적으로 이해해야 한다. 금송아지를 숭배하여 불순종함으로 언약이 파기되었다. 언약 밖으로 쫓겨난 것이 맞다. 그러나, 그 최종 결과가 무엇이었는가? 언약이 재체결되었고, 성막은 건설되었고, 하나님은 결국 임재하셨다. 백성들은 언약의 조건을 깼다. 그런데 언약은 다시 체결되었다. 하나님의 임재가 이루어진다. 언약은 성취되었다. 형식은 조건성의 성격을 지녔고, 그렇기에 당사자가 의무를 수행하지 않으면 즉 율법을 행하지 않으면 파기된다. 그러나 우리는 형식만 보면 안 되고, 그 언약을 이루어나가신 여호와 하나님까지를 보아야 한다. 모든 것을 이루어가신 주체는 언약의 하나님 '여호와(HE IS)'이시다. 여호와 하나님은 인자하신 분이시다. 언약을 이루시는 분이시다. 그래서 조건성으로 인해 언약 관계가 깨졌음에도 불구하고 하나님은 그 언약을 회복시키셨으며, 그 언약을 이루시고야 마셨다는 것이다.

이를 통해서 볼 수 있듯이, 구약에 나타나는 어떤 한 사건이나 한 주제만으로, 그것도 특정 본문 하나만 가지고 해석해서는 안 된다. 구약의 전체를 보아야 하며, 본문의 맥락을 보아야 하며, 신약과 연결하여 정경적 해석까지 시도해야 한다. 그러므로, 어떤 한 주제를 이해하기 위해서 우리는 '하나님이 어떤 분이신가'라는 질문을 늘 던져야 한다. 창세기부터 말라기까지 다양한 계시와 언약의 형태들이 나오지만, 그 모든 것을 주시고 인도해가신 분은 동일하신 한 분 하나님이시다. 인자하신 하나님 여호와이시다. 이 하나님께 초점을 맞춘 해석이 필요하다. 모세 언약은 조건성이라고 설명했던 것이 맞지만, 그럼에도 불구하고 해석의 초점은 여호와 하나님 그분께 가 있어야 한다. 출애굽기에서 19-24장의 시내산 언약 이야기가 중요하지만, 더욱 중요한 핵심은 출애굽기 3장에 나온 '하나님은 여호와이시다'라는 가르침, 그리고 출애굽기 34장에 나온 '여호와 하나님은 인자하시다'라는 교훈이다.

제9장

모세 언약 (2):
신명기에 나타난 모세 언약

1. 신명기의 구조 및 그 함의

이제 우리는 신명기에 나타난 모세 언약에 대해서 살펴보도록 하겠다. 모세 언약은 출애굽기부터 시작해서 레위기, 민수기, 신명기까지 이어지는 언약을 말한다. 이 모세 언약은 두 가지로 나누어볼 수가 있는데, 첫 번째는 시내산 언약이고, 두 번째는 모압 언약이다. 앞서 언급한 바와 같이, 필자는 출애굽기 1장부터 신명기 28장까지를 시내산 언약으로 보며, 신명기 29-34장을 모압 언약이라고 이해한다. 이하에서는 이러한 필자의 견해를 바탕으로 본문을 설명하고자 한다. 좀 더 정확히 말하자면, 신명기 1-28장은 시내산 언약을 다시 한번 설명해주는 '시내산 언약의 재설명' 부분이고, 신명기 29-34장은 '모압 언약'이다. 두 언약이 함께 모세 언약을 형성하지만, 시내산 언약과 모압 언약은 신학적인 성격상 다른 부분이 존재하며, 그 관계에서 계시의 발전이 또한 나타난다.[21]

---

21 시내산 언약을 출애굽기 19-24장으로, 모압언약을 신명기 5-28장으로 이해하는 대표적인 논증으로는 다음을 보라: 송제근, 『시내산 언약과 모압 언약: 출애굽기 19-24장과 신명기 5-28장 연구』 (서울: 솔로몬, 1998).

이에 대해 설명하기 전에, 신명기의 기본적인 성격을 알고 넘어가자. 첫째, 신명기가 위치하고 있는 역사적 시점은 모세의 죽음 직전이다. 그래서 신명기를 '모세의 고별설교'라고 부르기도 한다. 모세가 죽기 전에 전달한 설교 메시지라는 것이다. 그는 가나안 땅에 들어가지 못한 채 여호수아에게 지도자의 자리를 건네주고 죽음을 맞게 되기에, 신명기 전체가 모세가 이스라엘 백성들에게 전달한 마지막 설교라는 의미가 된다는 뜻이다. 둘째, 신명기는 고대 근동의 종주권 언약 문서와 유사한 형식을 지니고 있다. 신명기는 고대 근동에 있었던 종주권 언약(종주-봉신 조약) 문서의 형태로 되어 있다는 것이다. 종주권 언약이란, 종주가 되는 민족과 봉신 즉 종이 되는 민족 사이에 계약을 말한다. 즉 동등하지 않은 쌍방이 맺는 계약이다. 모세 언약과 관련하여 인용되는 가장 대표적인 예는 히타이트의 언약 문서가 있는데, 이런 논의들을 종합하면 전형적인 몇몇 요소들을 발견하게 된다.[22] 우리는 신명기가 이러한 언약문서적 요소들을 가지고 있음에 주목해야 할 뿐 아니라, 한 걸음 더 나아가 그런 요소들을 신명기가 어떻게 활용하고 있는지에 깊은 관심을 기울여야 한다. 그 전형적 요소들은 다음과 같다. 가장 처음에 〈서언〉이 나오며, 그 이후 〈과거 역사의 기술〉이 나온다. 그 후 〈의무 조항〉이 나온다. 언약 당사자들이 지키기로 약속하는 의무가 서술된다. 그 후에는 〈증인들의 목록〉, 그리고 〈상벌 규정〉이 나온다. 의무 조항을 잘 지키면 어떻게 되고, 잘 지키지 못하면 어떻게 된다는 규정이 나오는 것이다. 이러한 전형적인 요소들은 본문이 기록될 당시의 고대사회에서 계약을 맺을 때 당연히 서술되어야 할 부분을 의미한다고 볼 수 있다.

모세가 신명기를 기록하면서 이런 종주권 언약의 형식적 요소들을 사용한 것으로 판단된다. 여기서 우리는 모세가 이러한 요소들을 어떤 방식으로 사용하였는지에 주목해야 한다. 고대근동 언약의 요소들을 사용했다는 공

---

[22] 고대근동 언약문서 형식에 대한 논의의 예로는 다음을 보라: Meredith Kline, *the Treaty of the Great King* (Grand Rapids: Eerdmans, 1963); Kenneth Kitchen, *Ancient Orient and Old Testament*, 1st ed. (Chicago: IVP, 1966), 90-102.

통성에 주목하기보다, 모세가 어떻게 그 요소들을 활용했는가에 주목하여, 신명기가 가지고 있는 특별한 신학적 성격을 규명해야 하는 것이다. 신명기는 전체가 1장부터 34장까지로 구성되어 있으며, 1장 1-4절을 보면 〈서언〉이 나온다. 1장 5절부터 4장 정도까지에는 〈과거의 역사 기록〉이 나온다. 40년 광야 생활의 기록이 나오는 것이다. 그리고 나서 5장부터 26장까지에는 〈의무 조항〉에 해당하는 십계명과 율법 규례들이 등장한다. 특별히 5장 앞부분에는 언약의 성격을 규명하는 서론적 설명이 주어져 있다. 27-28장 〈상벌 규정〉에 해당하는 언약의 복과 저주 목록이 등장한다. 말씀을 지키면 복을 받고, 말씀을 지키지 않으면 저주를 받는다는 상벌 규정이 나오는 것이다. 그리고 마지막으로 33-34장에 이르면, 모세가 율법서를 기록하여 여호수아에게 넘겨준 기록으로 마무리된다.

이런 점들을 생각하면, 우리는 신명기의 신학적 성격을 '하나님은 종주이시고 백성들은 봉신으로 이해해야 하는가?'라는 질문을 마주하게 된다. 이 질문은 하나님은 봉신을 핍박하고 이용하는 류의 신으로 이해되어야 하는지를 묻는 함의를 지닐 수 있다. 다시 말해, 신명기는 백성들의 순종을 궁극적으로 요구하는 비인격적인 하나님을 묘사하고 있는 것인가? 신명기는 조건성만 극대화시키는 책이며 그런 뜻에서 아브라함 언약과는 전적으로 다른가? 세대주의처럼 아브라함 언약과 시내산 언약을 완전히 반대되는 것으로 구별하고, 그 차이점을 극대화하는 것이 맞는가? 신명기는 구원이 사람에게 달려 있다고 보는 책인가? 등등의 질문들이 나타날 수도 있을 것이다. 이 질문들에 대해 필자는 그렇지 않다고 대답하고자 한다. 우리는 계속 구약의 계시들을 연속선 상에서 '구원 계시의 발전'이라는 관점으로 언약들을 이해해야 한다고 보면서 구약을 읽어왔다.

이러한 질문에 대답하기 위해서 신명기의 구조와 주요 본문을 조금 더 살펴보도록 하자. 필자는 신명기의 1장부터 28장을 '시내산 언약의 재설명'으로 이해해야 하며, 29장 이후와 구별되는 신학적 성경을 지니고 있음을 놓치지 말아야 한다고 생각한다. 1-28장은 시내산 언약을 두 번째 설명하는 것이다. 시내산 언약에 대한 첫 번째 설명은 이미 살펴본 바와 같이 출애굽기에서 주어졌다. 다시 말해, 출애굽 직후 광야 생활의 초창기에 시내산 언약이 주어졌다. 광야에서 40년을 보내고 죽어갔던 출애굽 1세대에게 시내산 언약이 처음 선포되었고, 그때 백성들이 하나님의 말씀을 지키겠다고 동의했고, 합의 관계에 들어가서 출애굽기 19-24장에서 언약이 체결되었다. 이 출애굽 1세대, 즉 20세 이상의 장정들을 계수한 내용이 민수기 1장에 나온다. 그런데 이제는 광야 생활 40년이 지났다. 출애굽 1세대는 갈렙과 여호수아를 제외하고 모두 죽었다. 가나안 땅 건너편에 있는 모압 광야에 도착하여 신명기 말씀을 듣고 있는 청중은 광야 제2세대이다. 이는 광야 생활의 마지막 장면에 해당하며, 바로 이 2세대가 가나안 땅에 들어가게 될 것이었다. 2세대 백성들에게는 아직 시내산 언약이 공적으로 설명된 적이 없다. 물론 그들 중에 일부는 부모 세대로부터 시내산 언약에 대해 들었을 수도 있을 것으로 추정할 수 있지만, 지난 40년 동안 이들에게 공적으로 시내산 언약이 선포되었다는 기록은 성경에는 없다. 그래서 모세는 자신이 죽기 전에 이스라엘 2세대 백성들을 향해 시내산 언약을 다시 한번 설명하고 선포하는 것이며, 그 내용이 신명기 1-28장이다. 이 본문은 출애굽기에 나타난 시내산 언약과 근원적으로 동일한 신학적 방향과 주제를 보여주고 있으며, 출애굽기보다 좀 더 자세한 언약의 내용을 들려준다.

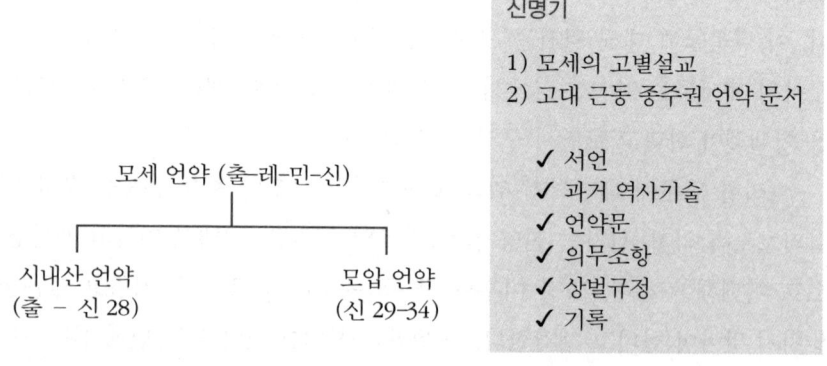

1				28	29	34
1:1-4	1:5-4장	5:1-4	5:5 - 26장	27-28장		
서언	과거 역사 (광야)	관계 설명	의무조항 (십계명, 율법규정)	상벌규정 (축복, 저주)		

시내산 언약의 재설명: 1:1 ~ 28장

2. 신명기 1장-28장

1장 1절부터 4절까지가 신명기 전체의 〈서언〉이다. 신명기 전체의 표제 역할을 담당한다. 신명기는 모세가 선포했으며, 요단 저쪽(건너편) 숲 맞은편의 아라바 광야(모압 광야)에서 이스라엘 무리에게 전한 말씀이다(1절). 시기는 출애굽 제40년이었고, 모세는 이스라엘 자손에게 여호와께서 그들을 위하여 자기에게 주신 명령을 다 알렸다(3절). 이것은 아모리 왕 시혼과 바산 왕 옥을 쳐죽인 후였다(4절).

1장 5절부터 4장까지가 〈과거 역사 회고〉에 해당한다. "모세가 요단 저쪽 모압 땅에서 이 율법을 설명하기 시작하였더라 일렀으되(신 1:5)." 장소는 모압 광야이다. 이 구절로 인해 신명기 전체를 모압 언약이라고 보는 견해가 있다. 출애굽기는 시내산에서 받은 것이므로 '시내산 언약', 신명기 전체는 모압 땅에서 선포한 것이므로 '모압 언약'이라고 불러야 한다는 것이다. 일리있는 견해이기는 하나, 필자는 다르게 본다. 장소를 기준으로 구별하는 것이 아니라, 본문이 설명하는 언약의 내용 자체를 살펴서 본문의 문예적 의도를 따라 규정해야 한다고 본다. 6절을 보면, 모압 땅에서 모세가 율법을 설명하기 시작했다. "우리 하나님 여호와께서 호렙 산에서 우리에게 말씀하여 이르시기를…(신 1:6)." 이는 본문이 시내산 언약을 재설명(re-state)하고 있음을 보여준다. 여기서부터 모세는 과거의 역사를 이야기하기 시작한다. 하나님은 가나안 땅으로 들어가서 그 땅을 차지하라는 명령을 시내산에서 주셨다(신 1:6-8). 이에 이스라엘은 천부장, 백부장도 세우게 되었다(신 1:9-18; 출 18장 참조). 이렇게 하여 4장까지 이스라엘의 과거 역사 즉 광야생활 이야기가 펼쳐진다. 그러므로 1장 5절부터 4장까지는 〈과거 역사 회고〉이다. 이 부분의 핵심 내용은 무엇일까? 그것은 이스라엘이 계속해서 불순종했으나, 하나님은 신실하셔서 그들을 보호하시고, 인도하여 주셨다는 것이다. 하나님이 은혜를 베풀어 오신 것이 지난 광야 40년의 여정이었다는 이 관점에서 전체 역사를 조망하고 있다.

이제 우리는 5장으로 가서 〈언약 관계〉에 대한 서술을 고찰해야 한다. 5장은 언약 관계를 서술하는 설명을 제시한다. 5장 1절을 보자. 모세가 온 이스라엘을 불러 '이스라엘아 오늘 내가 너희의 귀에 말하는 규례와 법도를 듣고 그것을 배우며 지켜 행하라'고 말한다. 이것이 무슨 내용을 말하는 것인가? 5장 2절을 보자. 여기서 모세는 '우리 하나님 여호와께서 호렙 산에서 우리와 언약을 세우셨다'고 이야기한다. 호렙산이 출 3장에서 부르심받았던 장소이며 출 19장에서 언약이 체결되었던 장소이다. 곧 우리가 '시내산 언약'이라고 부르는 언약이 체결된 장소이다. 즉 신 5장은 새로운 무언가를 제시하고 있는 것이 아니라, 시내산에서 세우셨던 과거의 언약에 대해 재설명하고자 하는 본문의 의도를 서술하고 있는 것이다. 모압 광야에서 주시는 새로운 언약을 선포하는 것이 아니라, 출애굽기 당시 즉 출애굽 직후에 주셨던 그 언약의 내용을 다시 풀이하겠다는 것이다. 누구를 대상으로 하는가? 광야 제2세대를 대상으로 한다. 지금 광야 생활 제40년이 되어서 주인공이 되어 가나안 땅에 들어가야 할 2세대에게 시내산 언약을 재설명하겠다는 의미이다.

이어지는 3절의 의미를 잘 살펴야 한다. "이 언약은 여호와께서 우리 조상들과 세우신 것이 아니요 오늘 여기 살아 있는 우리 곧 우리와 세우신 것이라(신 5:3)." 이 구절에 시내산 언약의 대상이 누구인지 규정되고 있다. 언약의 대상은 조상들이 아니라 "우리"이다. 이 구절이 말하는 '조상'은 누구인가? 두 가지 가능성이 있을 것이다. 첫 번째는 아브라함, 이삭, 야곱 등 창세기의 족장을 가리킬 수 있다. 이렇게 보게 되면 3절은 '시내산 언약은 아브라함 언약이 아닌 그 다음의 언약이다'라고 해석할 수 있다. 두 번째로 '조상'이 광야 제 1세대 즉 광야 2세대의 부모 세대를 가리키는 말일 수도 있다. 그런데 3절에서 '조상'이 누구인가 하는 문제보다 더 중요한 이슈는 '-와 세우신 것이다'라는 하반절에 있는 것으로 이해된다. 언약의 대상은 '우리'라는 것인데, 이 '우리'는 누구인가? 이어지는 본문의 표현대로 '오늘 여기 살아 있는 우리'이다. 이 표현은 광야 제2세대를 가리키고 있음이 분명하다. 그러므로 5장 2-3절은 40년 전에 호렙산에서 맺었던 그 시내산 언약의 당사자에 광야 제2세대가 해당된다고 선언하고 있음을 알 수 있다. 다시 말해, 시내산 언약을 처음 맺었을 때 어렸거나 혹은 태어나지 않았던 광야 제2세대에게 그 시내산 언약이 유효하다는 것이다. 그들은 40년 전에는 백성 계수에도 들지 못했던 자들이었으나, 지금은 시내산 언약의 당사자가 됨을 강조하는 것이 3절의 핵심 의도이다. '하나님께서 우리와 언약을 맺으신 것이다'라는 3절의 이 설명은 추후 신 29장에 가서 매우 다른 표현으로 바뀌게 되어 대조를 형성하게 될 것이기 때문에, 잘 기억해 두어야 하는 의미 깊은 어구이다.

이러한 5장 서두 부분을 고려할 때, 시내산 언약이 본격적으로 재설명되는 부분은 5장부터 28장까지로 제한하여 설명할 수도 있을 것이다. 거시적으로 보면 1-28장이 시내산 언약 재설명 부분인데, 구체적으로 시내산 언약을 언급하기 시작하는 부분은 5장이기 때문이다.

언약 관계를 설명한 후, 본문은 본격적으로 〈의무 조항〉을 설명하기 시작한다. 5장 5절부터 십계명을 필두로 율법에 대한 설명이 나온다. 십계명은 출애굽기 20장에서 이미 주어졌는데, 신명기 5장에 다시 한번 나온다. 전자는 출애굽 한 직후, 즉 광야 생활을 시작한 초기이다. 후자는 광야 생활의 끝자락이다. 따라서 신명기 5장에서의 십계명은 가나안 땅에서의 삶을 보다 더욱 직접적으로 내다보는 특징이 있는 것이다. 출애굽기 20장의 십계명과 신명기 5장의 십계명을 비교해보면, 서로 다른 점들이 몇 가지 드러난다. 그 중 가장 중요한 차이는 제 4계명에 대한 부가설명 내용이 다르다는 점이다. 출 20장에서는 하나님께서 6일째에 창조를 완성하시고 7일째에는 쉬셨기 때문에 7일째를 안식일로 지키라고 하신다(출 20:8-11). 그런데 신 5장 12-15절에 오면 설명하는 내용이 달라진다. "너는 기억하라 네가 애굽 땅에서 종이 되었더니 네 하나님 여호와가 강한 손과 편 팔로 거기서 너를 인도하여 내었나니 그러므로 네 하나님 여호와가 네게 명령하여 안식일을 지키라 하느니라(신 5:15)." 출애굽 사건이 있었기 때문에 이들이 안식일을 지켜야 한다는 것이다. 출애굽기에서는 창조 사건 때문에 안식일을 지켜야 한다고 하셨고, 신명기에서는 출애굽 사건, 다시 말해 구속 사건 때문에 안식일을 지키는 것이라고 말씀하신 것이다. 우리는 여기서 '구속'이란 '창조 사건의 회복'임을 알 수 있다. 창조 사건의 온전한 회복, 창조 사건의 성취가 바로 구속 사건이라는 것을 알게 되는 것이다. 그러므로 출애굽은 단순히 이스라엘을 애굽에서 꺼내신 사건이 아니라, 하나님께서 온 피조 세계를 하나님의 나라로 창조하신 그 창조 사건이 다시금 회복되어 완성되도록 하시는 일인 것이다. 따라서 안식일은 그러한 종말론적 안식의 회복을 믿음으로 미리 내다보며 지키는 날임을 알게 된다. 출애굽기에서 신명기로 이어지면서 구원 계시의 점진적 발전이 나타남을 우리는 알 수 있다.

이렇게 5장에서 십계명을 선포한 후, 6-26장에는 율법 규정들이 나온다. 본서에서는 이 중 중요한 내용으로 6-11장과 12장을 설명해 보고자 한다. 신명기 6장 4-9절은 잘 알려진 바와 같이 "쉐마" 단락이다. 쉐마(שְׁמַע)는 '듣다'라는 뜻의 샤마(שָׁמַע) 동사의 칼 명령 남성 단수 형태이다. 명령형이기 때문에 '들으라'라는 뜻이다. '쉐마 이스라엘'은 '이스라엘아 들으라'라는 의미이다. 이스라엘에게 무엇을 들으라는 것인가? 4절 하반절부터 이어서 주어진 말씀을 들으라는 것이다. 바로 "우리 하나님 여호와는 오직 '유일한' 여호와시다"라는 내용이다. 원문을 번역할 때 여러 의미가 될 수 있는데, 우리 하나님 여호와는 '유일한' 여호와이시다라는 뜻으로 번역할 수도 있고, 우리의 하나님 여호와는 '한 분'이시라는 의미로 번역할 수도 있다. 이 내용은 사실상 십계명 제1계명을 다시금 풀어낸 것으로 볼 수 있다. 하나님만 섬기고, 다른 신을 두면 안 된다는 1계명의 내용을 풀어 설명한 것이다. 그렇다면 하나님만 섬기라는 이 명령을 지키기 위해서는 어떻게 해야 하는가? 이에 대한 대답이 5절에 계속된다. "너는 마음을 다하고 뜻을 다하고 힘을 다하여 네 하나님 여호와를 사랑하라(신 6:5)". 이것은 우리 예수님께서 가장 큰 계명이라고 말씀하신 구절이기도 하다(마 22:37; 눅 10:27). 여기서 우리가 알 수 있는 의미는 무엇인가? 하나님을 유일한 여호와로 신앙한다는 것은 곧 마음을 다하고, 뜻을 다하고, 힘을 다하여 하나님을 '사랑'하는 것을 말한다. 하나님만 섬긴다는 것은 곧 하나님을 사랑하는 것이다. 하나님만 섬긴다는 것은 다른 종교를 믿지 않는다는 정도의 소극적인 개념이 아니라, 온 마음과 뜻을 다해 적극적으로 하나님을 사랑하는 것이다. 이것이 제1계명을 지키는 데 있어서 핵심이다.

그렇다면 하나님을 온 마음과 뜻을 다해, 정성을 다해, 힘을 다해 사랑하기 위해서는 어떻게 해야 하는 것일까? 이에 대해서도 6장의 다음 구절이 계속 연결하여 설명한다. "오늘 내가 네게 명하는 이 말씀을 너는 마음에 새기고(신 6:6)." 이 부분이 우리말로는 '새기다'라는 타동사를 사용하여 '이 말씀을 너는 마음에 새겨라'라고 번역되었는데, 원문을 그대로 직역하면 '이 말씀이 너의 마음에 있게 하라'가 된다. 말씀이 우리 마음에 있게 될 때, 우리는 하나님을 사랑하게 되는 것이다. 이것은 곧 '말씀(율법)의 내면화'를 의미한다. 하나님을 사랑한다는 것은, 하나님의 말씀이 우리 마음속에 들어오는 것이다. 말씀(율법)이 우리 바깥에 있으면 지킬 수가 없다. 그 말씀이 우리의 마음에 있게 될 때에 우리가 그것을 지킬 수가 있게 된다는 것이다. 그러므로 하나님을 섬긴다는 것은 곧 하나님을 사랑하는 것이고, 하나님을 사랑하는 것은 곧 하나님의 말씀이 마음에 들어오는 것이다. 신명기 6장이 제시하는 이러한 '율법의 내면화'는 언약 신학에서 매우 중요한 주제이다. 말씀과 마음이 연결되는 이 패턴은 신명기 안에서 뿐 아니라 구약 성경 전체의 흐름에서 구원계시의 발전으로 매우 중요하게 드러나게 될 것이다.

일단 신명기 6장 맥락에서 계속 살펴보자. 6장 문맥은 말씀이 마음에 있게 하라는 명령을 말씀(율법) 교육이라는 방향으로 연결해 나간다. 말씀을 자녀에게 부지런히 가르치고, 집에 앉았을 때에든지 길을 갈 때에든지 누워있을 때에든지 일어날 때에든지 강론하라는 것이다(7절). 또한 말씀을 손목에 매어서 기호로 삼고, 미간에 붙여서 표로 삼고, 건물의 문설주에 기록하라고 명령한다(8-9절). 이 맥락에서 보다 더 중요한 것은 말씀이 마음에 있게 될 때 하나님만을 섬길 수가 있는 것이라는 4-6절의 원리라고 생각되므로 이를 기억하면서 이후 본문들에서 이 주제가 어떻게 펼쳐져 나가는지를 살펴야 하겠다.

우리는 여기서 언약신학 주제와 관련되어 10장 16절을 살필 필요가 있다. "그러므로 너희는 마음에 할례를 행하고 다시는 목을 곧게 하지 말라(신 10:16)." 마음에 할례를 행하라는 구절의 의미는 무엇일까? 할례는 육체에 즉 몸에 행하는 것인데, 이 구절은 마음에 할례를 행하라고 명령한다. 즉 내면에 자신이 하나님의 것이라는 언약의 표시를 내야 한다는 것이다. 이 구절은 신 6장에서 주어졌던 바 말씀이 마음에 있게 하라는 '율법의 내면화'의 다른 표현으로 이해된다. 그런데 이 구절에서 우리가 세밀하게 살펴야 하는 부분이 있으니, 곧 '율법의 내면화'를 행하는 주체가 누구인가 하는 문제이다. 이 문장의 주어는 '너희'이다. 이는 곧 사람이 율법 내면화의 주체라는 의미이다. 신학적 측면에서 표현하자면 이 문장은 '조건성'을 드러낸다. '너희'가 마음에 할례를 행해서, '너희'가 너희의 마음에 말씀을 두라는 뜻이다. 그러므로 신 10장 16절은 '조건성'의 표현이며, 조건성을 극명하게 드러내는 '시내산 언약'과 부합하는 구절이다. 이 구절은 추후 살펴볼 신 30장 6절과 서로 대비될 것이므로 기억해 두도록 하자.

신명기 12장에는 중앙 성소 규정이 나타난다. 가나안 땅에 들어가기 전까지는, 어떤 장소에서든 제단을 쌓고 하나님께 제사를 드리는 것이 가능했다. 아브라함도 가는 곳마다 제단을 쌓았고, 야곱도 벧엘에서 꿈속에서 환상을 본 후 일어나서 돌베개에 기름을 붓고 하나님께 제사를 드렸다. 그런데 신명기 12장은 이스라엘이 가나안 땅에 들어간 이후에는 제사의 방식이 달라져야 함을 선언한다. 하나님께서 정하신 특정 장소에서만 하나님께 제사를 드릴 수가 있다는 것이다. 따라서 이제는 하나님께서 허락하신 그 특정 장소가 아닌 다른 곳에서 제사를 드리면 우상숭배가 된다. 이렇게 '중앙 성소'가 존재하게 됨을 12장은 설명한다. 중앙 성소 규정이 새롭게 주어지는 이유로 가장 설득력있게 제시되는 설명은 가나안 땅에서의 우상숭배를 피하기 위함이라는 것이다. 가나안 땅에 들어가게 되면 곳곳에 우상 제단이 있을 것이며, 이스라엘의 열두 지파가 땅을 분배받아 흩어져 살게 될 것인데, 그 곳곳에 우상의 제단들과 눈에 보이는 상들을 섬기는 우상숭배의 유혹에 빠져들게 되기 쉬울 것이므로, 이스라엘 백성으로 하여금 아무 곳에서나 제사를 드릴 수 있도록 풀어놓으면, 우상숭배를 하게 될 가능성이 상당히 높아지는 것이다. 이런 이유에서 하나님의 법궤가 있는, 하나님이 정하신 그 특정 장소에서만 하나님께 제사를 드려야 한다는 제한을 걸어야 하는 것이다. 이를 중앙 성소 규정이라고 부르며, '눈에 보이는 아무 상이든지 만들지도 말고, 절하지도 섬기지도 말라'는 십계명 제2계명과 내용상 연관된다.

본문 상에서 살펴보자. 12장 10절에는 "너희가 요단을 건너 너희 하나님 여호와께서 너희에게 기업으로 주시는 땅에 거주하게 될 때 또는 여호와께서 너희에게 너희 주위의 모든 대적을 이기게 하시고 너희에게 안식을 주사 너희를 평안히 거주하게 하실 때에(신 12:10)"라고 기술한다. 여기서 '평안히 거주하게 하실 때에'는 곧 '가나안 땅 정복 후에'라는 이야기이다. 11절은 "너희는 너희의 하나님 여호와께서 자기 이름을 두시려고 택하실 그 곳으로 내가 명령하는 것을 모두 가지고 갈지니 곧 너희의 번제와 너희의 희생과 너희의 십일조와 너희 손의 거제와 너희가 여호와께서 원하시는 모든 아름다운 서원물을 가져가고(신 12:11)"라고 기술한다. 여호와께서 택하시는 곳에 가서 제사를 드려야 한다는 것이다. 13-14절에서도 동일한 설명이 이어진다. "너는 삼가서 네게 보이는 아무 곳에서나 번제를 드리지 말고 오직 너희의 한 지파 중에 여호와께서 택하실 그 곳에서 번제를 드리고 또 내가 네게 명령하는 모든 것을 거기서 행할지니라(신 12:13-14)." 아무 곳에서나 번제를 드리는 일은 가나안 땅에서는 허락되지 않기에, 이스라엘의 한 지파 가운데 하나님이 택하실 그곳에서 하나님이 이스라엘에게 명령하는 모든 것, 즉 제사 행위들을 행해야 한다는 것이다.

따라서 하나님께 드린다고 생각하고 드렸더라도 정한 장소가 아니라면 우상숭배가 되고 만다. 이후 사사기 17장에서 미가는 자신의 집에 신상을 만들어 놓고 레위인을 제사장으로 삼고서 여호와께서 자신에게 복을 주실 것이라고 했지만, 이것은 우상숭배였다. 열왕기상 13장에서 북왕국의 첫 번째 왕 여로보암이 행한 일도 마찬가지이다. 여로보암은 북이스라엘의 백성들이 남유다의 예루살렘 성전에 가서 제사에 참여하지 못하도록 자신의 왕국에서 최남단인 벧엘과 최북단인 단에 금송아지를 만든다. 여로보암이 금송아지를 만든 것은 이방 우상을 만든 것이 아니라 하나님의 형상을 만든 것이었을 것이나, 이 금송아지는 우상일 뿐이었다. 나중에는 사마리아에도 금송아지가 만들어 세워진다. 호세아서나 아모스서에서 사마리아의 금송아지 이야기가 반복해서 나오는 것은 이런 종류의 우상숭배의 죄를 지적하고 회개하라고 이야기하기 위함인 것이다. 이런 선지자들은 모두 신명기 12장에 나오는 중앙 성소 규정에 근거하여 백성들의 행위를 정죄하고 그러한 우상숭배 행위에서 돌아설 것을 요청한 것이다. 이러한 중앙성소의 중요성은 우리가 추후 살펴볼 다윗 언약에는 '한 곳을 주신다'는 규정으로 이어져 발전되어 나가게 된다. 이스라엘은 엘리 제사장이 있었던 실로(첫 번째 중앙성소)에서 다윗 언약을 통해 예루살렘(두 번째 중앙성소)으로 중앙성소가 이동하는 역사적 과정을 거치게 되며, 이 중앙성소는 궁극적으로 성전되시는 예수 그리스도의 오심을 통해 구원에 있어서의 예수 그리스도의 유일성을 보여주는 역할을 하게 된다. 이러한 모든 흐름은 창세기 2장을 설명할 때 언급한 바와 같이, 공간에 있어서 거룩의 구별이 더 자세히 이루어져서, 가나안 땅이 구별된 땅인데, 그 중에 예루살렘을 더 거룩히 구별하고, 그 중에 성전을 더 거룩히 구별하고, 지성소를 더 거룩히 구별하되, 모든 계시를 이루시는 예수 그리스도의 십자가 죽으심을 통해 지성소에서 계시가 성취된 후에는 공간의 구별이 없어지고 모든 공간이 구속의 은총을 받게 된다는 구원계시의 발전의 연속선상에 존재한다. 우리는 신명기의 내용 역시 구원계시의 점진적 발전 관점에서 이해해야 함을 알 수 있다.

이렇듯 6-26장은 십계명을 가나안 땅에서의 삶에 적용해 놓은 내용들이다. 이후 27-28장에는 축복과 저주가 설명된다. 즉 〈상벌 규정〉이 나오는 것이다. 27장은 이스라엘이 가나안 땅에 들어가면, 그리심 산에서 복을 선포하고 에발 산에서 저주를 선포하라고 미리 명령해두시는 내용을 담고 있다. 이어서 등장하는 28장은 시내산 언약의 복과 저주의 목록을 보여준다. 순종하면 복을 받게 되지만 불순종하면 저주를 받게 된다는 것이다. 신 28장은 모세 언약의 조건성 측면을 가장 잘 보여주는 본문이다. 구약의 독자들은 신 28장의 내용을 자세히 살펴 이해해야 한다. 이 본문은 '시내산 언약의 복과 저주'를 보여주고 있는데, 이 복의 목록들과 저주의 목록들, 특히 저주의 목록들을 28장 본문의 표현대로 소화하고 기억해 둘 필요가 있다. 왜냐하면 이 표현들이 신명기 이후 등장하는 구약 말씀들, 특히 역사서와 선지서에 매우 자주 사용되기 때문이다. 후대의 저자들이 시내산 언약이라는 언급 없이 신 28장의 표현들을 직접 사용하는 경우가 많기 때문에, 이런 복/저주가 언급되는 것을 읽게 될 때 그 신학적 바탕이 시내산 언약의 신학적 방향성임을 잘 이해할 수 있어야 한다. 역사서와 선지서에서는 특별히 신 28장의 저주를 많이 사용한다.

이제 목록들을 구체적으로 살펴보도록 하자. 28장은 1절부터 68절까지로 이루어져 있어 분량이 긴데, 1절부터 14절에 복의 목록이 나오고, 15절부터 68절이 저주의 목록이다. 복이 많이 나오면 좋겠지만, 사실상 저주의 내용이 훨씬 더 많다. 그러므로 우리는 복의 목록 뿐 아니라 특별히 구약 성경을 이해하기 위한 연구의 측면에서 저주 목록을 명확하게 이해하고 있어야 한다. 먼저 1-14절에 나오는 복의 내용을 보자. "네가 네 하나님 여호와의 말씀을 삼가 듣고 내가 오늘 네게 명령하는 그의 모든 명령을 지켜 행하면 네 하나님 여호와께서 너를 세계 모든 민족 위에 뛰어나게 하실 것이라 네가 네 하나님 여호와의 말씀을 청종하면 이 모든 복이 네게 임하며 네게 이르리니(1-2절)." 여기서 '말씀'은 5장의 십계명부터 시작하여 26장까지 나온 그 규례들의 전부를 의미하는 것이다. 지금까지 나온 그 율법을 순종하면 '이 모든 복'이 임한다고 기술하는데, 여기서 '이 모든 복'은 3절부터 14절에 설명할 복의 목록들을 가리킨다. 복의 내용을 보면, 성읍에서도 복을 받고, 들에서도 복을 받을 것이다(3절), 몸의 자녀도 복을 받고, 토지의 소산과 짐승의 새끼가 다 복을 받고(4절), 광주리와 떡 반죽 그릇이 복을 받을 것이며(5절), 들어와도 복을 받고 나가도 복을 받는다(6절)라고 설명한다. 삶의 모든 상황 가운데 복을 받는다는 것이다. 또한 '전쟁의 승리'가 약속된다. 적군들이 이스라엘 앞에서 패배할 것이며, 그들이 이스라엘을 치러 한꺼번에 들어 오지만 뿔뿔이 흩어져서 일곱 길로 도망할 것이다(7절). 이후 구약역사에서 '전쟁의 승리'는 시내산 언약의 '조건성'에 기초한 개념이 된다. 그러므로 이후 기록된 구약 성경에서 이스라엘이 전쟁에서 이겼다고 기록되어 있으면 그 승리는 율법에 순종한 결과로 해석해야 한다. 반대로 전쟁에서 졌다고 하면 그것은 군사 작전을 잘못 편 것이 아니라 율법에 불순종했기 때문에 시내산 언약의 저주의 결과로서 전쟁의 패배가 주어진 것이다. 이처럼 우리는 신 28장의 복과 저주의 맥락에서 구약을 읽어가게 된다.

이어지는 구절에서는 '네 창고와 네 손으로 하는 모든 일에 복'을 주시고, '네게 주시는 땅에서 네게 복을 주실 것'이며(8절), '너를 세워 자기의 성민이 되게' 하실 것이다(9절)고 언급한다. 율법에 순종하면 하나님의 성민, 즉 거룩한 백성이 되게 하신다는 것이다. 또한 11절에 이르면, '네 몸의 소생과 가축의 새끼와 토지의 소산을 많게' 하실 것이라고 말씀하신다. 번성하여 큰 민족을 이루게 하신다는 것이다. 이것은 물론 창조 명령, 노아 언약, 아브라함 언약이 이어지는 부분인데, 여기서는 조건성 맥락에서 설명되고 있다. 또한 하늘의 아름다운 보고를 여셔서 농사가 잘 되게 하실 것이다(12절)라고 하시는데 물질적인 축복을 의미한다. '네가 많은 민족에게 꾸어줄지라도 너는 꾸지 아니할 것'이고(12절), '너는 머리가 되고 꼬리가 되지 않게' 하실 것이며, '위에만 있고 아래에 있지 않게' 하실 것이다(13절). 열방의 민족들 가운데 이스라엘이 권세를 갖게 된다는 것으로, 아브라함 언약에서는 '복의 통로'였고 시내산 언약에서는 '제사장 나라'로 표현되었던 주제가 이렇게 연결되고 있음을 알 수 있다. 복의 목록은 14절에서 종료된다.

저주 목록은 15-68절에 기술된다. 이 부분이 구약 성경 연구에 있어서 중요하다. 15절은 "네가 만일 네 하나님 여호와의 말씀을 순종하지 아니하여 내가 오늘 네게 명령하는 그의 모든 명령과 규례를 지켜 행하지 아니하면 이 모든 저주가 네게 임하며 네게 이를 것이니(15절)"라고 기술하는데, '그의 모든 명령과 규례'란 당연히 5장부터 26장에 나오는 율법을 뜻하며, '이 모든 저주'란 16절부터 68절에 걸쳐 나오는 저주의 목록을 가리킨다. 이 저주 목록을 보면, 앞에 나왔던 1-14절의 복의 내용을 반대로 설명하는 대조 방식을 사용하고 있음을 발견하게 된다. 성읍에서도 저주를 받고, 들에서도 저주를 받으며(16절). 광주리와 떡 반죽 그릇이 저주를 받고(17절), 몸의 소생과 토지의 소산 모두가 저주를 받을 것이다(18절). 들어와도 저주를 받고 나가도 저주를 받을 것이다(19절). 앞에 나왔던 복이 이제 저주로 바뀐다.

20절부터는 여러 가지 세부 저주 목록들이 나온다. 이 내용들은 대부분 앞선 1-14절의 복에 대해서는 나오지 않았던 세세한 저주의 목록들이다. 그런데, 이 내용을 들어가기 전에 먼저 우리가 이해해야 할 신학적인 해석 기준이 있다. 이하에 나오는 저주의 목록들을 오늘날 신약 시대에도 여전히 시내산 언약 저주의 프레임으로 해석해서는 안 된다는 점이다. 이 단락에 여러 가지 질병 목록이 나오며, 자연 재해 목록이 나오는데, 그러한 질병이나 재해 현상이 우리 주변에 특히 교회 성도들 가운데서 발견되었을 때 이것을 시내산 저주의 프레임으로 해석해서는 안 된다. 말씀에 순종하지 않아서 율법에 의한 저주를 받았다는 관점에서 이해하거나 발언하면 안 된다. 왜냐하면 신명기 28장의 저주는 예수께서 십자가에서 대속의 죽음을 죽으심으로 말미암아 이미 성취되었기 때문이다. 예수 그리스도의 십자가 은혜로 말미암아 신약 시대의 성도들은 모든 언약의 저주로부터 해방되었다. 신명기 28장을 읽을 때 신약의 성도들은 우리가 율법의 저주로부터 해방되었음을 믿어야 한다. 이러한 정경적 이해 없이 신 28장을 구약 신명기 본문만의 맥락으로 이해하여 저주 목록에 있는 일이 주변 성도에게 일어나면 그 사람의 불순종의 결과로 저주받았다고 해석하면 안 된다. 이러한 태도는 예수께서 십자가에서 모든 저주를 대신 받으셨고, 우리 죄의 문제를 해결하셨고, 그 저주와 저주의 영향력으로부터 우리를 자유케 하셨다는 것을 믿지 않는 불신앙적 행위이다. 결코 그런 방향으로 본문을 해석하거나, 설교하거나, 적용해서는 안 된다. 예를 들면, 예수님을 믿은 후에도 해결되지 않는 '가계에 흐르는 저주'가 있다고 가르치는 이단적인 주장이 있을 수 있다. 그런 견해는 비성경적이며, 신 28장을 정경적으로 보지 못하여 오류를 범하는 해석이다. 예수 그리스도 안에 있는 자들은 율법의 모든 저주로부터 속량되어 해방되었다. 그렇기에 신약의 신자들에게 일어나는 모든 어려움과 고난은 하나님의 비밀하신 섭리 가운데 주어지는 사랑의 훈련이다. 저주나 대가 지불이 아닌 것이다. 물론 우리가 잘못할 때 하나님이 채찍질하실 수는 있다. 그런데 그것은 시내산 언약의 저주가 아니라, 주님께서 우리를 사랑하여 빚으시기 위해 주시는 훈련이다. 또 어떨 때는 우리가 다 알지 못하고 전혀 이해하지 못하는 고난, 하나님만 아시는 훈련이 있을 수도 있다. 그러므로, 이 저주의 목록을 율법에 불순종한 것에 대한 결과적 저주로 신약 시대 성도들에게 적용해서는 안 된다는 점을 우리는 분명히 해야 한다.

다만, 구약 시대에는 이 저주들은 율법에 대한 불순종 때문에 온 대가 지불이었다. 이 사실을 알고 있어야 이후 구약 성경에 이 저주 목록이 인용되거나 사용될 때 구약 당시 본문의 역사적 의미를 명확하게 이해하고 풀어낼 수가 있게 된다.

이제 그 목록을 상세히 살펴본다. 염병(21절), 폐병, 열병, 염증, 학질(22절)은 몸의 질병이다. 한재, 풍재, 썩는 재앙이 있을 것이며(22절), 하늘은 놋이 되고 땅은 철이 될 것이다(23절)라고 기록되었는데, 하늘이 놋이 되고 땅이

철이 된다는 것은 가뭄으로 인한 기근이 온다는 의미이므로, 이 표현들은 자연재해를 가리킨다. 또한 전쟁의 패배가 언급된다. "네가 그들을 치러 한 길로 나가서 그들 앞에서 일곱 길로 도망할 것"이라는 말씀이다(25절). 이것은 앞서 복의 목록에 나왔던 전쟁의 승리를 뒤집어서 표현한 것이다. 따라서 구약시대에 전쟁의 패배는 율법에 불순종한 대가로 이해해야 한다. 또한 이들은 "땅의 모든 나라 중에 흩어"질 것이다(25절). 이는 이스라엘 백성이 포로로 끌려갈 것을 의미한다. 포로생활은 율법 불순종의 결과이다. 26절을 보면, "네 시체가 공중의 모든 새와 땅의 짐승들의 밥이 될 것이나 그것들을 쫓아줄 자가 없을 것"이라고 기술되어 있다. 이 구절은 열왕기에서 왕조가 '왕조 멸망 공식'으로 등장하게 된다(왕상 14:11; 16:4; 21:24). 왕의 거듭된 불순종으로 인하여 마침내 선지자들이 왕조가 멸망할 것을 예언할 때, 이 내용을 인용한다. 선지자로부터 '너의 시체를 공중의 새와 땅의 짐승들이 먹을 것이다'라는 선언을 받는 그 왕조는 반드시 멸망하는 것이다. 이를 통해 볼 때, 왕조가 멸망하는 이유는 율법에 불순종했기에 시내산 언약의 저주를 받게 되기 때문이다. 28장 본문에는 또한 종기, 치질, 괴혈병, 피부병(27절), 미치는 것과 눈 머는 것과 정신병(28절) 등이 언급된다.

30절부터는 새로운 주제적 흐름이 나오는데, 마땅히 누려야 할 권리를 빼앗기게 된다' 혹은 '노력에 대한 결과를 누리지 못하게 된다'는 종류의 이야기들이 묶여서 나온다. 여자와 약혼하였으나 다른 사람에게 빼앗기게 되고, 집을 건축하였으나 거기에 거주하지 못하고, 포도원을 심었으나 그 열매를 따지 못하고(30절), 자기가 잡은 소를 먹지 못하고, 나귀를 빼앗기고, 양을 빼앗기고(31절), 자녀도 빼앗길 것이며(32절), 토지 소산과 수고로 얻은 것을 알지 못하는 민족이 와서 먹을 것이다(33절). 이러한 내용들은 이후 독자들로 하여금 사사 시대가 생각나게 한다. 기드온 이야기를 보면 밀 타작을 할 때 포도주 틀에 들어가서 숨어서 하게 된다(삿 6:11). 바로 이 율법에 대한 불순종으로 인한 저주가 적용된 경우이다. 28장 36절은 "여호와께서 너와 네가 세울 네 임금을 너와 네 조상들이 알지 못하던 나라로 끌어 가시리니"

라고 하여 이스라엘이 포로 생활을 하게 될 것을 기술한다. 또한 38절과 42절은 '네가 많은 종자를 들에 뿌릴지라도 메뚜기가 먹으므로 거둘 것이 적을 것'이라고 서술하는데, 메뚜기는 하나님께서 애굽에 내리셨던 열 재앙과 연결되는 주제로, 이 신명기 28장에 나오는 메뚜기가 추후 소선지서에서는 '여호와의 날' 개념으로 연결되어 나온다. 예를 들어 요엘서에서는 "팥중이가 남긴 것을 메뚜기가 먹고, 메뚜기가 남긴 것을 느치가 먹고, 느치가 남긴 것을 황충이 먹었도다(욜 1:4)"라는 언급이 이 '메뚜기'는 이방 군대를 의미하는 비유로도 쓰이게 된다(욜 1:5-6). 결국 이 메뚜기가 와서 열매들을 다 먹어버려, 포도나무가 시들고, 무화과나무가 마르고, 밭의 모든 나무가 다 시든다(욜 1:7-12). 이것은 그저 농사가 잘 되지 않았다는 정도의 의미를 넘어서서 이스라엘이 멸망할 것이라는 언약의 저주를 의미한다. 하박국서에 나타나는 '무화과 나무가 무성하지 못하며 포도나무에 열매가 없으며 감람나무에 소출이 없으며 밭에 먹을 것이 없으며 우리에 양이 없으며 외양간에 소가 없다(합 3:17)'는 상황 역시 언약의 저주가 임하여 하나님께서 유다 왕국을 멸망시키고 이스라엘을 다른 나라의 포로로 보내신다는 시내산 언약의 저주 성취를 뜻한다. 43절 이후에 또한 여러 저주 목록이 이어진다. "이방인은 점점 높아져서 네 위에 뛰어나고 너는 점점 낮아질 것이며(43절)", "그는 네게 꾸어줄지라도 너는 그에게 꾸어주지 못"하고, "그는 머리가 되고 너는 꼬리가 될 것(44절)"이다. 28장 1-14절에서 순종하면 주시기로 약속하신 모든 복이 이제는 뒤집히는 것이다.

61-62절에 보면, '또 이 율법책에 기록하지 아니한 모든 질병과 모든 재앙을 네가 멸망하기까지 여호와께서 네게 내리실 것이니 너희가 하늘의 별 같이 많을지라도 네 하나님 여호와의 말씀을 청종하지 아니하므로 남는 자가 얼마 되지 못할 것이라(신 28:61-62)'라고 기록한다. 이스라엘이 불순종하면, 신명기 28장에 기록하지 않은 다른 모든 질병까지 총동원하셔서 멸망하기까지 재앙을 내리실 것이어서, 이스라엘이 하늘의 별 같이 많을지라도 남는 자가 얼마 되지 못한다는 것이다. 여기서 '하늘의 별'은 아브라함 언약에

나왔던 표현이다. 아브라함으로 하여금 큰 민족을 이루게 하겠다고 하셨던 하나님의 약속이다. 지금 하나님은 아브라함 언약조차도 되돌리실 수 있다는 신학적 긴장이 담긴 언급을 하고 계신다. 하나님은 64절에서도 "여호와께서 너를 땅 이 끝에서 저 끝까지 만민 중에 흩으시리니 네가 그 곳에서 너와 네 조상들이 알지 못하던 목석 우상을 섬길 것이라"라고 말씀하신다. 이스라엘을 만민 중에 흩으신다는 것은 이들이 포로로 잡혀간다는 의미로서 역시 아브라함 언약을 되돌리실 수 있다는 뜻이다. 지금 하나님은 이스라엘이 율법에 불순종할 경우, 구속사를 되돌리실 수 있다고까지 강력하게 선언하시는 것이다. 그 결과가 어느 정도로 처참한지, 67절에서는 "네 마음의 두려움과 눈이 보는 것으로 말미암아 아침에는 이르기를 아하 저녁이 되었으면 좋겠다 할 것이요 저녁에는 이르기를 아하 아침이 되었으면 좋겠다 하리라"라고 말씀하신다. 시간에 저주가 충만하게 된다는 의미이다. 창조 사건 때 하나님께서 "저녁이 되며 아침이 되니 보시기에 좋았더라" 하시며 주셨던 그 선한 복까지도 즉 창조 질서의 선함까지도 되돌리실 수 있다는 말씀이다. 심지어 마지막 절인 68절은 "여호와께서 너를 배에 싣고 전에 네게 말씀하여 이르시기를 네가 다시는 그 길을 보지 아니하리라 하시던 그 길로 너를 애굽으로 끌어 가실 것"이라고 기록한다. 불순종의 결과 역출애굽이 일어난다는 것이다. 이렇듯 모든 것을 동원하여 이들을 멸망시키실 것이라는 내용까지가 28장의 이야기이다.

신명기 28장을 여기까지 읽게 되면, 시내산 언약은 조건성이 극대화된 언약이며 따라서 언약 관계 유지가 전적으로 사람에게 달려 있는 것이라는 판단을 내리게 되기 쉽다. '너희는 마음에 할례를 행하라'(신 10:16)는 시내산 언약의 신학적 방향성이 28장에서 극대화된 것으로 보게 될 가능성이 높은 것이다. 시내산 언약은 참으로 고대 근동 종주권 언약문서와 성격적으로 유사한 것으로 결론내리게 되기 쉽다. 그러나 이것은 신명기의 결론이 아니다. 하나님은 백성들이 시내산 언약의 조건성을 충족시키지 못할 것을 미리 아시고 시내산 언약 이후에 다른 언약 말씀을 허락해주셨다. 바로 뒤에 신

29-34장의 내용이 추가되어 있는 것이다. 우리는 이 부분을 '모압 언약'이라고 부른다. 신명기는 28장까지뿐 아니라 29-34장까지의 전체를 이해해야 한다. 시내산 언약 뿐 아니라 모압 언약까지 살펴야 모세 언약을 다 이해하는 것이 된다. 그 중에서도 29장, 30장, 32장의 내용이 중요한데, 우리는 특별히 29장과 30장을 중심으로 살펴보도록 하겠다.

3. 신명기 29-34장

29장에는 5장에서 우리가 이미 살펴본 시내산 언약 관계 설명에 상응하는 또 한 번의 언약 관계 설명이 나온다. 그리고 30장에는 그 언약에 대한 해설이 나온다. 그래서 우리는 먼저 29장을 살펴보아야 하는데, 시내산 언약을 재설명한 5장과 비교하면서 살펴야 한다. 신명기 29장 1절은 "호렙에서 이스라엘 자손과 세우신 언약 외에 여호와께서 모세에게 명령하여 모압 땅에서 그들과 세우신 언약의 말씀은 이러하니라"고 기술한다. 여기서 '호렙에서 이스라엘 자손과 세우신 언약'이란 호렙산 언약, 즉 시내산 언약이다. 이후 말씀은 시내산 언약 외에, 모압 땅에서 그들과 세우신 또 다른 언약의 말씀이라는 것이다. 2절에서 모세는 온 이스라엘을 소집하고 선언한다. "여호와께서 애굽 땅에서 너희의 목전에 바로와 그의 모든 신하와 그의 온 땅에 행하신 모든 일을 너희가 보았나니(2절) 곧 그 큰 시험과 이적과 큰 기사를 네 눈으로 보았느니라(3절) 그러나 깨닫는 마음과 보는 눈과 듣는 귀는 오늘 여호와께서 너희에게 주지 아니하셨느니라(4절)." 백성들이 출애굽의 역사를 눈으로 보았지만, 깨닫는 마음과 보는 눈과 듣는 귀는 오늘까지 얻지 못했다는 것인데, 이는 율법이 '내면화'되지 않았다는 것이다. 신명기 6장 5절에서 설명된 '말씀이 마음에 있게 되는 일'이나 신명기 10장 16절의 '너희는 마음에 할례를 행하라'는 명령은 이스라엘에게 아직 이루어지지 않았다는 것이다. 그렇다면 이후의 일은 어떻게 될 것인가? 이후 본문은 이러한 질문의 관점에서 이해되어야 한다.

10-13절을 보면, "오늘 너희... 다 너희의 하나님 여호와 앞에 서 있는 것은 네 하나님 여호와의 언약에 참여하며 또 네 하나님 여호와께서 오늘 네게 하시는 맹세에 참여하여... 친히 네 하나님이 되시려 함이니라"고 기술한다. 여호와의 언약에 참여하고 있다(12절)는 것은 이 장면이 언약을 세우는 중요한 시점을 묘사한다는 사실을 알려준다. 이 맥락에서 14-15절이 매우 중요하며, 5장과 비교해서 이해해야. 앞서 5장에서는 '이 (호렙산) 언약은 여호와께서 우리 조상들과 세우신 것이 아니요 오늘 여기 살아 있는 우리 곧 우리와 세우신 것'(신 5:2-3)이라고 언급되었다. 광야 제2세대에게 시내산 언약이 유효한 것이라는 의미였다. 그런데 29장에서는 "내가 이 언약과 맹세를 너희에게만 세우는 것이 아니라(14절) 오늘 우리 하나님 여호와 앞에서 우리와 함께 여기 서 있는 자와 오늘 우리와 함께 여기 있지 아니한 자에게까지이니(15절)"라고 기술한다. 모압 언약은 '너희' 즉 광야 제2세대와만 세우는 것이 아니라는 것이다. 언약의 대상이 또 있다는 것이다. 추가된 언약의 대상은 바로 '오늘 우리와 함께 여기 서 있지 아니한 자'이다. 이들에게도 언약을 세우시는 것이다. 이 '오늘 우리와 함께 여기 있지 아니한 자'는 후대 즉 2세대 이후의 후손들을 가리키는 것으로 이해되어야 한다. 따라서 모압 언약은 하나님께서 앞으로 될 일들을 내다보시면서 미래에 대한 대비책으로 주신 미래지향적 언약이다.

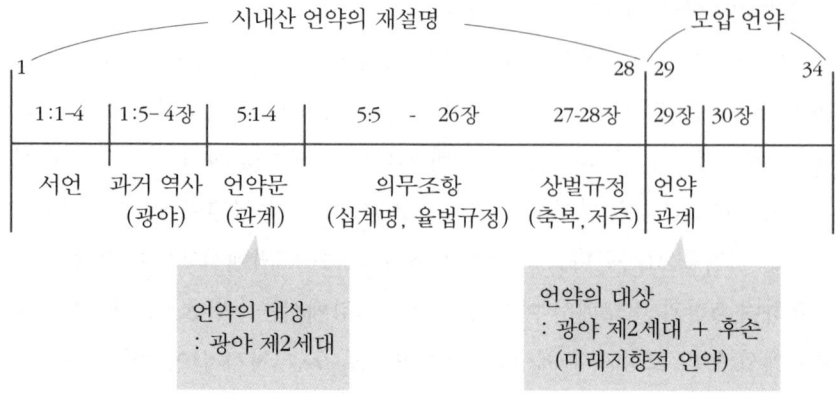

30장으로 가면, 모압 언약의 핵심적인 사안들이 설명된다. 특히 1-6절이 매우 중요하다.

> ¹ 내가 네게 진술한 모든 복과 저주가 네게 임하므로 네가 네 하나님 여호와께로부터 쫓겨간 모든 나라 가운데서 이 일이 마음에서 기억이 나거든
> ² 너와 네 자손이 네 하나님 여호와께로 돌아와 내가 오늘 네게 명령한 것을 온전히 따라 마음을 다하고 뜻을 다하여 여호와의 말씀을 청종하면
> ³ 네 하나님 여호와께서 마음을 돌이키시고 너를 긍휼히 여기사 포로에서 돌아오게 하시되 네 하나님 여호와께서 흩으신 그 모든 백성 중에서 너를 모으시리니
> ⁴ 네 쫓겨간 자들이 하늘 가에 있을지라도 네 하나님 여호와께서 거기서 너를 모으실 것이며 거기서부터 너를 이끄실 것이라
> ⁵ 네 하나님 여호와께서 너를 네 조상들이 차지한 땅으로 돌아오게 하사 네게 다시 그것을 차지하게 하실 것이며 여호와께서 또 네게 선을 행하사 너를 네 조상들보다 더 번성하게 하실 것이며
> ⁶ 네 하나님 여호와께서 네 마음과 네 자손의 마음에 할례를 베푸사 너로 마음을 다하며 뜻을 다하여 네 하나님 여호와를 사랑하게 하사 너로 생명을 얻게 하실 것이며

1절부터 살펴보자. '내가 네게 진술한 모든 복과 저주'란 당연히 27장과 28장의 내용을 가리킨다. 특히 28장의 복과 저주를 이야기하는 것이 분명하다. 그런데 1절은 '네 하나님 여호와께로부터 쫓겨간 모든 나라 가운데서 이 일이 마음에서 기억이 나거든'이라고 기술한다. 이스라엘이 불순종하여 저주를 받은 것이다. 시공간을 초월하여 계시는 하나님은 이스라엘이 멸망하여 포로로 끌려갈 것을 이미 알고 계셨다. 미래를 알고 계시기에, 그에 대한 대응책을 미리 기록해놓으신 것이다. 즉 불순종하여 시내산 언약의 저주를 받게 될 것에 대하여 그 저주로부터 회복되게 하시는 '회복의 방법'을 미리 기술해 놓으신 것이다. 그 회복의 방법은 무엇인가? 이 맥락에서 본문의 핵심 단어는 슈브(שוב) 동사이다. 이 동사는 '돌아오다(to return)'라는 뜻이다. 이것을 교리적으로 해석하여 사람이 주님께로 돌아간다는 의미로 보면 '회개' 행위로 이해하게 된다. 우리는 성경 본문을 보다 직접적으로 이해하기 위하여 직역으로 번역하여 '돌아오다'로 생각해보자. 이 '돌아오다'는 본문에 여러 번 등장한다. 너와 네 자손이 여호와께로 돌아오면(2절), 네 하나님 여호와께서도 마음을 돌이키셔서(3절), 너희를 조상들이 차지한 땅으로 돌아오게 하실 것이며(5절), 그래서 조상들보다도 더 번성하게 하신다는 것이다.

30장의 첫 번째 핵심 내용은 〈너희가 슈브(שוב)하면, 하나님도 슈브(שוב)하신다〉는 것이다. 너희가 돌아오면, 하나님도 돌아오신다는 것이다. 그래서 예전보다도 더 번성하게 하신다는 것이다. 시내산 언약을 설명하는 신 5-28장에는 '돌아오면 용서해주시고 회복시켜 주신다'는 슈브(שוב) 개념이 없다. 28장에는 오히려 '불순종하면 저주가 임한다'는 시스템적인 결과가 주어져 있다. 행위에 따라 결과가 나올 뿐이다. 복을 받든지 저주를 받든지 둘 중 하나이다. 그런데 지금 29장 이후에 새로운 길이 열리는 것이다. 이스라엘이 돌아오면 하나님도 돌이키신다는 것이다.

우리는 '회개하면 용서해주신다'는 표현을 신앙적 원리로 이해하면 안 된다. 죄를 지으면 벌을 받는 것이 원리이다. 그러므로, 죄를 지은 자가 돌아와 회개하면 하나님께서 용서해주신다는 것은 원리로서는 이해할 수 없는 놀라운 하나님의 은혜이다. 정경적으로 설명하면, 예수님께서 십자가에서 대신 죽으셔서 죄인이 받아야 할 저주를 대신 받으시고 저주를 해결하셨기 때문에 가능해진 것이며, 그래서 이는 사람이 감당할 수 없는 놀라운 은혜이다. 그러므로 우리는 교회에서 '회개하면 용서해주신다'라는 문장을 기계적인 공식처럼 가르쳐서는 안 된다. 예수님의 죽으심 없이는 있을 수 없는 놀라운 은혜라는 사실을 강조하고 또 강조해야 한다.

이렇게 '너희가 슈브(שוב)하면 하나님도 슈브(שוב)하신다'는 약속을 주신 것인데, 30장 6절이 이를 보충하여 발전시킨다. 이 구절은 앞서 보았던 10장 16절과 대조시켜 이해되어야 한다. 10장 16절은 '너희'가 마음에 할례를 행하라는 명령이었고, 시내산 언약의 '조건성'을 드러냈다. 그런데 30장 6절은 '네 하나님 여호와께서' 네 마음과 네 자손의 마음에 할례를 베푸실 것이라고 말한다. 마음에 할례를 행하시는 주체가 10장 16절의 '사람'이 아니라 이제는 '여호와'로 바뀌었다. 할례의 주체가 여호와이시다. 여호와께서 마음에 할례를 베푸실 것이다. 여호와께서 진치 말씀이 우리 안에 내면화되게 하실 것이다. 그래서 이로써 '너로 마음을 다하며 뜻을 다하여 네 하나님 여호와를 사랑하게 하사 너로 생명을 얻게 하실 것'이다. 말씀이 내면화되도록, 그래서 순종이 가능하도록 이제 하나님께서 친히 역사하신다는 것이다. 주어가 '너희'에서 '하나님'으로 바뀌었다.

신학적인 용어로 표현하자면, '너희가 슈브(שוב)하면 하나님도 슈브(שוב)하신다'는 30장의 첫 번째 내용 역시 매우 큰 은혜이지만 여전히 조건적인 측면이 있다. 사람이 먼저 돌아와야 하기 때문이다. 그런데 뒷부분에 나타난 내용 즉 '하나님께서 마음에 할례를 베푸신다'는 내용은 무조건성을 나타낸다. 하나님께서 하시는 것이다. 따라서 이 모압 언약은 '조건성'과 '무조건성'이 함께 들어 있는 언약 즉 조건성과 무조건성이 병존하여 연결되어 있는 언약이다. 이것이 '시내산 언약'에 보충적으로 주어진 '모압 언약'의 내용인 것이다. 왜냐하면, 백성들은 말씀에 순종하지 않을 것이었고, 하나님께서 모든 것을 아셨기 때문이다. 그렇기에 이들이 돌아오면 용서하시고 회복시켜 주시겠다는 것이다. 그렇기에 이들의 마음에 할례를 베풀어 주시겠다는 것이다. 그리하여 하나님의 주권적인 구원의 측면이 '시내산 언약'보다 훨씬 더 강조되어 있는 형태의 '모압 언약'이 주어진 것이다.

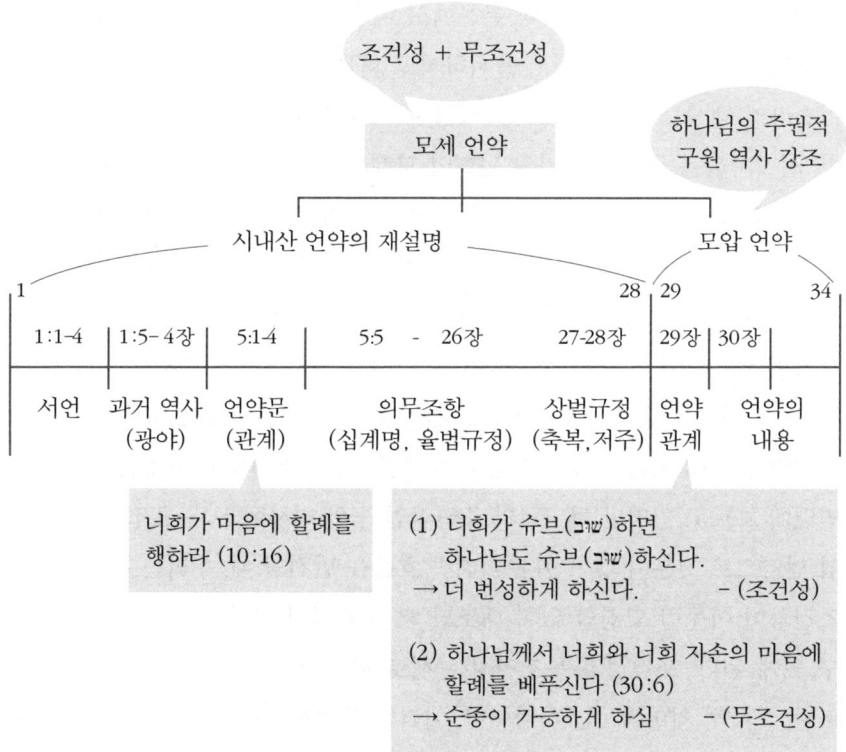

이제 모세 언약을 정리해보겠다. 모세 언약은 조건성인가, 무조건성인가? 모세 언약은 조건성이다. 이 조건성을 설명하는 시내산 언약이 모세 언약의 대부분을 차지하고 있다. 그런데, 조건성뿐 아니라 무조건성이 함께 들어있는 모압 언약이 뒤에 주어지면서 모세 언약을 완성한다. 조건성만으로는 모든 것을 이루기가 불가능하기 때문이다. 하나님이 하실 것이다. 사람이 못할 때, 하나님이 하실 것이다. 이 모압 언약이 추가되면서 모세 언약이 완성되는 것이다. 이 '마음의 할례' 이야기, 마음에 율법이 내면화되는 이야기는 나중에 예레미야의 '새 언약'에 이르러 조건성은 전혀 없이, 오롯이 무조건성으로만 표현될 것이다(렘 31:31-34). 이것은 본서의 마지막 부분인 새 언약 부분에서 다시 한번 설명하도록 하겠다.

또한 신 30장은 이후 구약 본문에서 매우 중요한 역할을 하게 된다. '회개하여 돌아오면 하나님께서 용서하시고 회복하신다'는 주제는 선지자들이 이스라엘 백성들을 향해 회개를 요청하는 가장 중요한 언약적 근거가 되었다. 선지자들은 구약 선지자의 원형인 모세를 근거로 말씀을 선포하게 되는데, 그 모세 언약의 절정에 해당하는 신 30장의 회개 요청이 선지자들의 메시지의 핵심을 이루게 되는 것이다. 또한 신 30장은 느헤미야 1장에 나타하는 느헤미야의 기도의 핵심 근거가 되기도 한다. 여러 가지 측면에서 신 30장의 내용은 이후의 구약 성경 본문을 이해하는데 매우 중요하다.

모세 언약은 출애굽기에서도 조건성을 띠었지만 여호와 하나님께서 끝내 언약을 이루시는 모습을 확인할 수 있었고, 신명기에서도 조건성이 기본 면면에 흐르고 있지만 하나님의 주권적인 구원 역사에 보다 초점을 맞춘 모압 언약으로 결론이 맺어진다. 이러한 흐름을 발견할 때, 우리는 무조건성과 조건성이 아무런 교집합 없이 대조만 되는 개념이 아니라는 사실을 이해할 수 있게 된다. 조건성과 무조건성은 서로 다른 개념으로 처음에 보일지 모르나, 궁극적 의미에서는 하나이다. 이러한 사실을 우리는 새 언약에서 보게 될 것이다. 다윗 언약에서 조건성과 무조건성은 조화를 이루게 되며, 새 언약에 이르러 궁극적인 통일성으로 들어가게 될 것이며, 예수 그리스도의 십자가 죽으심에서 통전적인 성취를 이루게 된다.

> **특별연구** 신명기 28:1-14에 나타난 복에 대한 연구

신명기 28:1-14의 본문을 구체적으로 살펴보도록 하자. 이 문단은 아래와 같은 구조로 구성되어 있다.

1-2절   율법을 지키라는 권고
3-6절   복에 대한 개괄적인 소개
7-13a절 여러 복들에 대한 구체적인 소개
        7절   전쟁 승리의 복
        8절   산업의 복
        9절   성민이 되게 하시는 복
        10절   여호와 앞에 뛰어나게 되는 복
        11-12절 풍성함의 복 (II)
        13a절   지도력의 복
13b-14절 삶의 길로서의 율법

이런 구조에서 알 수 있듯이, 본문의 핵심은 하나님의 율법에 순종할 때 얻게 되는 축복에 놓여져 있다. 본문의 내용을 차례로 살펴보도록 한다.

1) 율법을 지키라는 권고 (1-2절)

1-2절은 본문(1-14절)의 도입부이다. 하나님의 말씀을 듣고 지켜야 한다는 사실이 집중적으로 강조되고 있다. 1절 초반부의 히브리어 원문에 '삼가 듣고'로 번역된 원어를 보면 〈샤모아 티쉬마〉(שמע תשמע)로서 '부정사 절대형' + '정동사'의 구문으로 구성되어 있다. 이 히브리어 구문은 강조의 의미를 담고 있는데, '정녕 ~하다' 혹은 '반드시 ~하다'로 해석해야 한다. 1절이 하나님의 말씀을 '반드시 지켜야 한다'는 사실을 강조하고 있음을 알 수 있

다. 1절의 나머지 부분도 이런 강조의 의미를 담고 있다. '그의 모든 명령'이라는 표현은 이스라엘이 하나님의 율법 전체를 지켜야 함을 강조하고 있는 것이며, '모든 민족'에서 '모든'이 다시 사용됨으로써 하나님의 율법을 지킬 때 열방 전체 위에 뛰어나게 하실 것임을 강조하고 있다.

1절에서 '열방 위에 뛰어나게 된다'는 것은 열방을 다스리게 된다는 의미이다. 시내산 언약의 정체성 측면에서 생각해 본다면, 출애굽기 19:5-6에서 하나님은 이스라엘을 시내산 언약 백성으로 삼으시면서 '거룩한 백성'과 '제사장 나라'가 되게 하시겠다고 선언하셨다. 거룩한 백성이란 구별되어 하나님께 속했다는 의미이고, 제사장 나라란 열방에게 선한 영향력을 행사하여 하나님께로 돌아오게 만드는 도구가 된다는 의미이다. 아브라함 언약에서 열방을 향한 복의 통로가 되게 하신다는 말씀(창 12:3)이 시내산 언약에서 제사장 나라라는 개념으로 발전한 것이다. 이런 거시적인 계시의 흐름을 생각해 본다면, 오늘 1절의 말씀은 이스라엘 민족이 하나님의 말씀인 율법을 지켜 행할 때, 하나님께서 이스라엘 민족에게 부여하신 거룩한 백성, 제사장 나라의 사명을 감당하게 된다는 의미라고 해석할 수 있다. 하나님께서 28장을 통해 말씀하시는 복이란, 단순히 잘하면 잘한만큼 복을 주고 못하면 못한만큼 벌을 주겠다는 기계적인 보상시스템이 아님을 알 수 있는 대목이다. 율법을 지킬 때, 하나님의 백성답게 살게 되는 것이고, 그렇게 살게 될 때 하나님께서 주실 복들을 받아누리는 건강한 삶이 나타나게 된다는 의미이다.

2절은 이런 의미에서 3절 이후에 기술될 복들을 소개하는 역할을 한다. 하나님의 말씀을 청종하면 '이 모든 복이 네게 임하며 네게 이르리니'라고 기술한다. 이 문장에서 동사가 두 개 등장한다. '오다'라는 뜻의 〈보〉(בוא)와 '따라잡다, 붙잡다'라는 의미의 〈나사그〉(נשׂג) 동사이다. 원문을 직역하면 '이 모든 복들이 너를 향해 와서 너를 따라잡을 것이다'가 된다. 의역을 하면 '복들이 너를 좇아다닐 것이다' 정도가 된다. 율법을 행할 때 복을 얻게 된다는 것은 사람이 복을 따라다니는 것이 아니고, 오히려 복이 사람을 따라다닌다는 뜻이다. 이는 복 자체를 추구하는 삶이라기보다, 오히려 '하나님'을 추구하는 삶이고, 하나님께서 주신 거룩한 백성, 제사장 나라의 정체성을 추구하는 삶이고, 그렇게 살기 위해 율법을 지키는 삶이고, 그럴 때 복이 뒤따라오게 되는 삶이다. 이 때 '이 모든 복'이라고 기술된 부분에도 주목해야 하는데, '이 모든'이란 3절 이후에 기록된 것들을 가리키는 역할을 한다. 하나님의 백성으로서의 정체성을 지니고 살면, 하나님께서 주시는 언약의 복이 늘 함께 하게 되는데, 그 복들의 내용을 이제부터 소개하겠다는 의미이다.

2) 복에 대한 개괄적인 소개 (3-6절)

3-6절은 하나님이 주실 복에 대한 특징들을 소개하고 있다. 차례로 생각해 보기로 하자. 3절은 성읍에서도 복을 받고 들에서도 복을 받는다고 말한다. 여기서 성읍과 들판을 함께 언급하고 있는 것은 제유법(merism)이라고 부르는 기법인데, 전체의 일부가 되는 것 중 두 개를 언급함으로써 전체를 표현해 내는 방법이다. 성읍과 들에서 다 복을 받는다는 것은, 단순히 성과 들에서만 복을 받는다는 것이 아니고, 모든 지역에서 어디로 가든지 복을 받게 된다는 의미이다. 3절은 공간적 개념에 있어서 모든 공간이 복된 공간이 된다는 서술인 것이다. 4절은 몸의 자녀와 토지의 소산과 짐승의 새끼와 양의 새끼가 복을 받는다고 말한다. 이 구절에서 '자녀', '소산', '새끼'로 번역된 단어가 같은데 바로 〈페리〉(פְּרִי)라는 단어로, '열매'라는 뜻을 가졌다. 4절에서 언급된 내용들은 율법을 지키는 사람의 영역에 존재하는 모든 생물들의 후손들이 복을 받는다는 것이다. 3절이 공간성의 축복을 말한다면, 4절은 시간성의 측면을 말하면서 장차 나오게 될 후손들이 복을 받게 된다고 서술하고 있음을 알 수 있다. 5절은 광주리와 떡반죽 그릇이 복을 받는다고 말하는데, 이것은 생활에 필요한 음식을 만들고 담는데 사용되는 기구들이 복을 받는다는 표현으로, 사실상 하나님께서 인생의 모든 필요를 채워주

실 것임을 말하고 있다. 먹을 것을 공급하신다는 이 상징은 결국 먹을 것 뿐 아니라 입을 것과 그 외의 모든 것까지 하나님께서 채워주실 것임을 말하고 있음에 다름 아니다. 3절에서는 공간성에 대한 축복, 4절에서는 시간성에 대한 축복, 5절에서는 삶의 전반적인 필요에 대한 축복을 말씀하셨다. 이어서 나타나는 6절은 3-5절의 모든 내용들을 묶어서 다음과 같이 표현해 낸다: '들어와도 복을 받고 나가도 복을 받는다.' 여기서 '들어오다'의 원어는 〈보〉(בוא)이고, '나가다'의 원어는 〈야짜〉(יצא)이다. 이 중 〈보〉 동사는 2절에서 '복이 너에게 올 것이다'라는 표현에 쓰였던 동사이다. 복은 율법을 지키는 자에게 와서 그를 따라잡는다고 2절에서 말했는데, 이제 6절은 한 걸음을 더 나아가서 그 복은 율법을 지키는 자가 어디로 가든지 그를 따라다니게 될 것임을 확언하고 있다. 들어가더라도 복을 받고 나가도 복을 받는다는 것은, 사람이 들어가면 복도 들어가고 사람이 나가면 복도 나간다는 것으로서, 그 사람이 복과 함께 거하게 된다는 점을 강조하여 표현했다고 볼 수 있겠다.

3) 여러 복들에 대한 구체적인 소개 (7-13a절)

7절부터 13a절까지는 율법을 지키는 자가 받게 될 복들을 구체적으로 설명해 나간다. 앞서 3-6절이 설명해준 복의 특징들이 이제 매우 구체적인 상황들 가운데 상세하게 기술된다. 하나씩 생각해 보도록 하자.

① 전쟁 승리의 복 (7절)

7절은 율법을 지키면 대적과의 전쟁에서 승리하게 될 것을 약속한다. 대적들이 한 길로 들어왔다가 율법을 지키는 백성 앞에서 패하여 일곱 길로 도망하게 된다는 것이다. 여기서 '한 길'과 '일곱 길'의 대조가 나온다. '일곱'은 성경에서 완전수로 이해되는데, 단순한 숫자적 의미의 일곱이 아닌 '온전함과 풍성함'을 의미한다. 일곱 길로 도망한다는 것은, 왔던 길로조차 도망가지 못하고 뿔뿔이 흩어져서 대패를 당하게 될 것이라는 강조적 의미를 담고 있는 표현이다. 하나님의 율법을 지키면 크고도 완전한 승리를 경험하게 된다는 약속이다.

② 산업의 복 (8절)

8절은 율법을 지키는 자가 경영하는 모든 일에 복을 주실 것이라는 약속이다. 창고에 복을 주시고 손으로 하는 모든 일에 복을 주신다고 기술했는데, 여기서 '손으로 하는 모든 일'의 원어를 직역하면 '네 손을 보내는 모든 일'이 된다. 손이 가서 닿는 곳마다 하나님의 복이 임하게 된다는 뜻이다. '여호와께서 주시는 땅에서 복을 받게 된다'라고 기술하는데, 여기서 여호와께서 주시는 땅이란 이스라엘 백성들이 곧 들어가게 될 가나안 땅을 의미한다. 하나님의 땅에서 하나님의 복을 누린다는 것은 하나님의 구원계획이 온전히 이루어진다는 것으로서, 하나님의 나라를 구현해 나간다는 의미를 지닌다.

③ 성민이 되게 하시는 복 (9절)

9절은 율법을 지키는 자가 하나님의 거룩한 백성이 될 것이라고 약속한다. 개역개정에서 '성민'으로 번역된 원어는 〈암 카도쉬〉(קדוש עם)이다. '거룩한'이라고 번역되는 〈카도쉬〉의 기본적인 의미는 '구별됨'이다. 세상으로부터 구별되어 하나님께 속하게 된다는 의미이다. 원래 이 거룩함이라는 개념은 오로지 하나님께만 해당되는데, 이스라엘은 세상으로부터 불러낸 바되어 하나님께 속하게 되었다는 것이다. 즉 9절은 율법을 지키는 자는 하나님께 속한 존재가 된다는 의미이다. 여기서 조심해야 할 것은, 율법을 지켜서 거룩한 백성이 되는 것은 아니라는 점이다. 출 19:6은 이스라엘을 이미 거룩한 백성이라고 말했다. 즉 신 28:9는 율법을 지키는 자들은 자신들이 하나님의 거룩한 백성임을 만방 앞에 드러내게 된다는 뜻을 전달하고 있는 것이다.

④ 열방 앞에 뛰어나게 되는 복 (10절)

10절은 율법을 지키는 자가 열방 앞에 두려운 대상이 될 것이라고 약속한다. 열방은 율법을 지키는 언약백성을 보면서 그가 '여호와의 이름으로 불리는 것'을 보고 두려워 떨게 된다는 것이다. 여기서 여호와의 이름으로 불린다는 것은 여호와의 언약백성, 9절에서 말한대로 거룩한 백성이 된다는 것이다. 이름으로 불리는 것은 단순한 외적 호칭을 넘어서서 정체성과 그 정체성의 실천을 포함한 깊은 의미를 지닌다. 여호와의 이름으로 불리는 것은 그 여호와의 이름, 언약을 이루시는 하나님의 이름에 대해서 합당한 삶을 산다는 것을 뜻한다. 그렇게 살게 될 때, 열방은 언약백성을 두려워하며 하나님을 향해 경배하게 될 것이다.

⑤ 풍성함의 복 (11-12절)

11-12절은 8절에 이어 다시금 삶의 현장에 대한 복을 언급하는데, 그 핵심 개념은 '풍성함'이다. 개역개정이 11절에 '많게 하시며'라고 번역한 원어는 〈야타르 르토바〉(יתר לטובה)인데, '~이 선하게 될 정도로 남게 만든다'라고 직역할 수 있다. 율법을 지키는 자에게는, 그에게 주실 것들이 풍성히 넘쳐서 심지어 남아돌도록 하사 그에게 선하고 좋은 선물이 되도록 하신다는 의미이다. 모든 후손들과 생물들의 새끼들이 풍성하게 넘치게 만드신다는 것이다. 이러한 자손의 풍성함은 12절에서는 재물의 풍성함으로 이어진다. 하나님께서 하늘의 창고를 여시고 비를 주신다 하는데, 이것은 농사가 풍년이 든다는 의미이다. 또한 손으로 하는 모든 일에 복을 주셔서, 그 결과 많은 민족들에게 꾸어주지만 스스로 누군가에게 꾸지는 않는 삶의 안정감을 주신다는 것이다.

⑥ 지도력의 복 (13a절)

13a절은 율법을 지키는 자에게 지도자가 되는 복을 주신다고 약속하신다. 머리가 되고 꼬리가 되지 않으며, 위가 되고 아래가 되지 않는다는 것이

다. 이것은 율법을 지키는 자가 거룩한 백성이 되어 위에 계신 하나님께 속하였기 때문이다.

4) 삶의 길로서의 율법 (13b-14절)

13b-14절은 본 단락의 결론부로서, 말씀을 지키면 복을 받는다는 내용을 다시 설명한다. 이 내용은 도입부인 1-2절에 나왔던 것으로 이제 결론부에서 다시 반복되면서 전체 내용을 갈무리하는 역할을 한다. 이 구절은 율법을 지키는 삶을 두 가지로 다시금 표현하는데, 첫 번째는 '좌로나 우로나 치우치지 않는 삶'이다. 좌나 우로 치우치지 않는다는 것은 단순히 '균형잡힌 삶'을 말하는 것이 아니다. 이것은 바른 길을 가면서 그 바른 길에서 벗어나지 않는다는 말이다. 오직 여호와만을 섬기며 그분의 율법을 따르고 그런 길에서 벗어나지 않는 삶을 뜻한다. 두 번째는 '다른 신을 섬기지 않는 삶'인데, 이 표현 역시 여호와만을 섬기는 삶을 의미한다. 율법을 지키는 삶이란, 단순히 무언가를 지키고 지키지 않는 것을 넘어서서, 하나님께서 주신 언약백성의 정체성을 지키며 그 언약백성다운 삶을 살아가는 '삶의 길'이며, 그런 길로 걸어갈 때 그 길에 깃들어 있는 복들이 그 길을 걷는 자에게 실제로 임하게 되는 삶인 것이다.

제10장

다윗 언약:
사무엘서 맥락으로 이해한 다윗언약

우리는 이제 사무엘서를 통해 다윗 언약을 살피고자 한다. 역사서 12권 중 신학적으로 가장 중요한 책은 사무엘서이다. 왜냐하면 사무엘서에 '다윗 언약'이 기록되어 있기 때문이다. 지금까지 우리가 살펴온 언약 본문들은 다음과 같다: 창 1장의 창조 명령(문화 명령), 창 3장의 원복음, 창 6-9장의 노아 언약, 창 12장 이후의 아브라함 언약, 시내산 언약과 모압 언약을 아우르는 모세 언약(출애굽기-신명기). 이러한 계시와 언약을 통해 하나님 나라가 설명되며, 구속계시의 점진적 발전이 나타났다. 이제 우리는 앞서 살핀 내용들이 유기적으로 구성되어 있는 다윗언약을 살펴보게 된다.

1. 사무엘서의 구조

먼저 사무엘서의 전체 구조를 생각하는 것이 중요하다. 다윗 언약은 사무엘서의 구조 안에서 이해되어야 하기 때문이다. 사무엘서는 사무엘상과 사무엘하로 나누어진다. 사무엘상은 1장부터 31장까지, 사무엘하는 1장부터 24장까지로 이루어져 있다. 사무엘서 전체의 스토리를 볼 때, 우리는 '해석학적 서론'과 '해석학적 결론'이 있음을 발견한다. 사무엘서에서 해석의 렌즈 역할을 하는 것은 1장과 2장에 걸쳐 나오는 '한나 사건(Hannah Event)'이다. 사실 이 한나 사건은 사무엘서뿐만 아니라 이스라엘의 왕정 역사에 있어서도 매우 중요한 사건이다. 한나 사건은 이후 이스라엘 왕국의 통치 방식을 평가하는 가장 중요하고 기초적인 평가 기준이 되기 때문이다. 나중에 한나 사건은 사무엘서에서 여러 사건들과 연결되면서 더욱 깊어지고 다양한 양상으로 발전하게 되기에 매우 중요하다. 그런데 이 사무엘상 1-2장이 어떻게 되어 있는지를 보면, 1장은 내러티브로 되어 있고, 2장에는 시(poem)인 '한나의 노래'가 나온다(삼상 2:1-10). 구약 성경에는 동일한 사건을 서술하기 위해 내러티브와 시가 병행되어 배열된 경우들이 있다. 이렇게 내러티브와 시가 하나로 묶여서 제시되는 경우, 시의 내용이 무척 중요해진다. 물론 내러티브 자체에도 의미가 있지만, 많은 경우 시 본문이 내러티브에 기록된 사건에 의미를 부여하는 역할을 한다. 이렇게 내러티브와 시가 함께 묶여 있다는 것은 시와 내러티브를 함께 하나의 본문으로 읽어야 한다는 사실을 의미한다. 신학적 의미는 시에서 찾아지는 경우가 많은 것이다. 삼상 1-2장의 한나 사건이 내러티브와 시가 어우러져 하나의 통전적 의미를 전달하는 전형적인 예이다. 물론 이 본문 외에도 출 14-15장의 홍해 사건이 또 하나의 예가 될 수 있다. 출 14장에는 홍해를 건너는 내러티브가 나오고, 15장에는 하나님을 찬양하는 찬송시가 나온다. 그 찬송시가 홍해 사건이 일어나도록 역사하신 하나님에 대해 묘사하면서 14장의 홍해 사건에 대한 신학적 의미를 부여한다. 사사기 4-5장도 유사하다. 삿 4장에는 드보라와 바락의 이야기, 야엘이 시스라를 죽인 이야기 등 내러티브 사건이 서술된다. 이후 삿 5장에는 드보라와 바락의 노래가 나온다. 이 시가 삿 4장의 내러티브에 의미를 부여하고 있는 것이다. 이렇듯, 사무엘서의 '한나 사건'은 내러티브와 시로 구성된 1장과 2장이 통전적으로 연결되어 하나의 의미를 전달한다. 특별히 2장의 한나의 기도는 시로서 한나 사건의 신학적 의미를 밝혀 주는데, 바로 그 내용이 사무엘서 전체를 읽어나가는 해석의 렌즈가 된다.

사무엘서 앞부분의 한나 사건(한나 이벤트)이 해석의 렌즈로서 매우 중요한 부분이라면, 사무엘하 21-24장은 사무엘서 전체의 에필로그로 나타나며, 사무엘서의 해석학적 결론 역할을 한다. 사무엘 1-20장은 다윗의 통치와 관련된 일련의 사건들인 데 비해, 21-24장에 등장하는 이야기는 연대기적 순서로 서술되지 않은 별도의 내용이다. 여기에는 여러 에피소드 및 기록들 중심의 이야기가 동심원 구조(A-B-C-C′-B′-A′)로 기록되어 있다. 먼저 A와 A′를 살펴보면, 가장 처음에 등장하는 A(삼하 21:1-14)에는 사울 왕이 잘못해서 땅에 저주가 내려오는 사건이 나온다. 가장 끝에 등장하는 A′(삼하 24장)에는 다윗이 잘못해서 땅에 저주가 내려오는 인구조사 사건이 나오며, 이 사건은 제사를 드림으로써 종결된다. 이렇게 두 사건은 연결된다. B(삼하 21:15-22)와 B′(삼하 23:8-39)는 모두 다윗의 부하들 목록이다. 이 동심원 구조의 중심인 C와 C′에서 시 본문이 나오게 되는데 바로 '다윗의 노래'이다. 첫 번째 다윗의 노래(삼하 22장)는 다윗의 초반기 통치를 바탕으로 지어진 시이고, 두 번째 다윗의 노래(23장 1-7절)는 다윗이 노후에 죽기 전에 남긴 시이다. 그러므로 22장의 다윗의 노래와 23장의 다윗의 노래는 다윗의 인생 전체를 요약한다고 볼 수 있다. 앞서 살펴본 삼상 1-2장은 내러티브 1개와 시 1개로 구성되어 있었는데, 삼하 21-24장은 가장 바깥에 두 개의 내러티브가 있고, 그 바로 안쪽에 두 개의 용사 목록이 있고, 중심에는 두 개의 시가 있다. 사무엘서의 초두에 등장하는 한나의 이야기보다도 훨씬 더 정교한 형태로 되어 있는 것이다. 그러므로 우리는 삼하 21-24장을 사무엘서의 결어로 이해하게 되며, 그 중에서도 가장 마지막에 나온 다윗의 노래 두 개를 사무엘서를 닫아주는 '해석의 결론'이라고 보게 된다. 사실은 사무엘하 21-24장의 에필로그 전체가 해석의 결론인데, 그중에서도 가장 중요한 것이 내러티브와 용사 목록에 신학적 의미를 부여해주는 다윗의 노래인 것이다. 사무엘서의 구조를 이상의 내용을 바탕으로 정리하면, 사무엘서는 서론인 한나의 노래와 결론인 다윗의 노래가 두 개의 기둥으로서 전체를 떠받치고 있는 구조

로 형성되어 있다고 할 수 있다.[23]

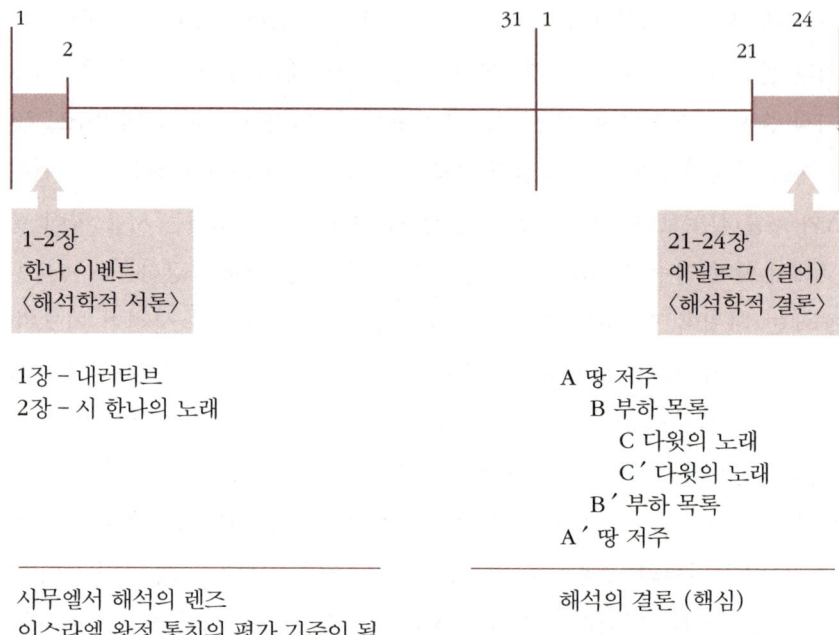

이렇게 '한나의 노래'와 '다윗의 노래'가 전체를 떠받치고 있는 구조를 형성하는 가운데, 삼하 7장 8-16절에 기록된 '다윗 언약'이 사무엘서 전체의 절정을 형성한다. 한나의 노래와 다윗의 노래가 각각 사무엘서의 서론과 결론이라면, 사무엘서가 제시하려는 신학적 핵심은 다윗 언약을 통해서 제시된다. 따라서 우리는 먼저 '한나의 노래'를 보고 그 흐름을 충분히 숙지한 상태에서 사무엘서를 읽어나가야 한다. 이것이 사무엘 본문이 우리를 인

---

[23] 사무엘서 전체에서 한나의 노래와 다윗의 노래가 서론과 결론으로 기능한다고 보는 견해에 대한 자세한 자료로는 다음을 보라. 김지찬, 『여호와의 날개 아래 약속의 땅을 향하여: 구약 역사서 이해 – 문예적 신학적 서론』(서울: 생명의 말씀사, 2016), 466-472. 필자는 사무엘서의 구조에 대하여 김지찬의 의견에 동의한다. 본서의 이후 논의들, 즉 한나의 노래 및 다윗의 노래에 대한 본문 해석 및 이 본문들이 사무엘서의 맥락에 있어서 어떻게 해석학적 서론 및 결론의 역할을 하게 되는지에 대한 설명은 온전히 필자의 연구 결과임을 밝힌다.

도하는 길을 따라가는 읽기 전략이다. 그렇게 사무엘서를 읽어나가다가 가장 중요한 '다윗 언약'이 나오면, 우리는 다윗 언약이 무엇인지에 대해 본문을 매우 주의깊에 살펴야 한다. 삼하 7장 이후 내용은 삼상 1-2장에서 주어졌던 한나의 노래와 더불어 삼하 7장의 다윗 언약 본문을 함께 고려하여 해석해야 한다. 그 후 삼하 21-24장에서 에필로그로 마무리가 된다. 그 에필로그 가운데 '다윗의 노래'는 사무엘서의 흐름을 따라 살펴온 바 '한나의 노래'와 '다윗 언약' 본문을 효과적으로 정리하면서 사무엘서의 신학적 결론을 선명하게 제시해줄 것이다. 이러한 전체 구조를 이해하면서 사무엘서 본문을 살펴보고자 한다.

2. 한나 사건 (삼상 1:1-2:10)

삼상 1-2장의 한나 사건을 살펴보자. 우리는 여기서 한나의 노래(2:1-10)에 조금 더 집중할 것이다. 사실 한나 이야기는 삼상 1-7장의 사무엘 내러티브에 속해 있다. 사무엘 내러티브는 '사무엘(집안)과 엘리(집안)의 대조 관계'를 통해 진행된다. 이 '사무엘과 엘리의 대조 관계'는 한나 이야기를 다루는 1장에서 '한나와 브닌나'라는 대조의 틀 속에서 형성되며, 이후 사무엘 집안과 엘리 집안의 대조로 발전하게 된다. 그리하여 사무엘서 전체를 통해 두 종류의 인물의 대조로 전개되게 된다. 이를 신학적 메시지로 표현하면 두 인물 이야기, 두 왕국 이야기, 두 도시 이야기 등으로 제시할 수도 있다. 이처럼 두 인물 또는 두 집안 또는 두 왕조의 대립이 사무엘서 내러티브에 계속 이어지며, 한나 사건은 그 기저를 형성한다.

삼상 1장의 내러티브는 "에브라임 산지 라마다임소빔에 에브라임 사람 엘가나라 하는 사람이 있었으니(삼상 1:1a)"로 시작된다. 에브라임 산지라는 언급은 독자들에게 긴장을 준다. 그 이유가 무엇일까? 히브리어 성경 순서에서 사무엘서 바로 앞에 있는 책은 사사기이다. 사사기의 에필로그(결어) 부분인 삿 17-21장에는 두 개의 사건이 등장한다. 첫 번째 사건은 미가의 집 사건(우상숭배 사건)이고, 두 번째는 레위인의 첩 사건(레위인의 첩이 강간당한 후 열 두 토막 내어 이스라엘 전역으로 보내진 사건)이다. 이 두 사건은 모두 에브라임 산지 이야기로 시작되었다. "에브라임 산지에 미가라 이름하는 사람이 있더니(삿 17:1)", "이스라엘에 왕이 없을 그 때에 에브라임 산지 구석에 거류하는 어떤 레위 사람이 유다 베들레헴에서 첩을 맞이하였더니(삿 19:1)". 사사기 후반부 의 이 두 가지 사건은 모두 범죄 사건이었을 뿐만 아니라 죄의 확장 이야기 를 다루고 있다. 첫 번째 범죄 사건에서는 미가 집의 우상숭배가 단 지파 전 체의 우상숭배로 번져 나갔고, 두 번째 범죄 사건에서는 한 가족이 범했던 성적인 범죄와 잔인한 살인 사건이 한 지파와 나아가 국가 전체에까지 확장 되었다. 그런데 히브리 성경 순서상 그 두 사건에 바로 어이지는 삼상 1장에 다시 에브라임 산지가 등장하면서 사무엘서를 시작하니, 독자들이 충격을 받게 될 수 있다. 이어서 살펴보면 그 에브라임에 살고 있던 엘가나에게는 두 아내가 있었다는 내용이 기술된다. 이 역시 바로 앞에 있는 사사기와 연 결하여 생각해보면 아내가 많았던 사람들이 하나님의 일들을 제대로 해낸 적이 없었기에 독자들에게 또한 긴장을 주게 된다. 이러한 내용들을 기초로 하여, 두 인물의 대립 구도가 등장한다. "그에게 두 아내가 있었으니 한 사 람의 이름은 한나요 한 사람의 이름은 브닌나라 브닌나에게는 자식이 있고 한나에게는 자식이 없었더라(삼상 1:2)." 한나와 브닌나의 대립 구도가 시작 된 것이다. 과연 이 집안의 이야기도 앞에 나온 사사기의 에필로그 이야기 들과 같이 범죄 이야기가 될 것인가에 독자들의 관심이 모아질 수 있다. 그 러나, 결과는 그렇지 않았다. 3절은 "이 사람이 매년 자기 성읍에서 나와서 실로에 올라가서 만군의 여호와께 예배하며 제사를 드렸는데(삼상 1:3a)"라 고 기술한다. 엘가나는 실로에서 주님께 예배를 드렸다. 이것은 하나님의 율 법 규정에 따른 순종의 행위였다. 앞서 살펴본 바 신 12장의 중앙성소 규정, 즉 이스라엘 민족이 가나안 땅에 들어가서 아무 곳에서나 제사를 드리지 말 고 정한 곳에서만 제사를 드릴 것을 명령한 규정을 엘가나는 잘 지킨 것이다. 이 한나의 가정은 법궤가 있는 실로에 올라가서 주님께 제사를 드렸으므로, 이 가정은 하나님의 율법 규정을 지키려고 노력하는 가정이었음을 알수 있다.

이후 삼상 1장 4절 이후의 한나 스토리의 내용에 대하여 자세히 설명하거나 분석하지는 않으려고 한다. 다만 우리는 여기서 한 구절을 언급할 필요가 있다. 한나가 괴로워서 하나님께 기도를 하는데(10-11절), 제사장 엘리는 이를 보고 그녀가 술 취한 줄로 오해하여 "네가 언제까지 취하여 있겠느냐 포도주를 끊으라"고 말한다(14절). 이에 대한 한나의 대답이 15절에 나타나는데, "한나가 대답하여 이르되 내 주여 그렇지 아니하니이다 나는 마음이 슬픈 여자라 포도주나 독주를 마신 것이 아니요 여호와 앞에 내 심정을 통한 것뿐이오니(삼상 1:15)."이다. 여기서 '마음이 슬픈 여자'라고 할 때 '슬프다'로 번역된 말은 히브리어로 카샤(קשה)라는 단어이다. 카샤(קשה)란 '굳다, 딱딱하다'라는 말이다. 마음이 굳어진 것이다. 한나의 상황에 비추어보건대 굳어진 마음이 어떤 것인지는 독자들이 충분히 상상할 수 있을 것이다. 브닌나에게는 핍박을 당하고 자신이 원하는 아들을 낳지 못하는 상황에서, 한나가 믿음의 반응을 해야 하지만 마음이 너무 어렵다는 것이다. 마음이 굳었다는 것이다. 그렇다면 이 굳은 마음을 어떻게 해야 할까? 15절에서 한나는 "여호와 앞에 내 심정을 통했다"고 말하는데, 여기서 '심정'이라고 번역된 원어는 네페쉬(נפש)로서, '영혼' 또는 '자기 자신'이라고 번역할 수 있다. [마음이 슬프다고 했을 때 '마음'으로 번역된 단어는 루아흐(רוח)이고, 여호와 앞에 심정을 통했다고 했을 때 '심정'으로 번역된 단어는 네페쉬(נפש)이다. 두 단어는 모두 한나 자신의 내면의 상태를 표현한 것이다.] 한나가 여호와 앞에 자신의 심정을 통한 것이라고 할 때 '통하다'라고 번역된 단어는 히브리어 동사 샤파크(שפך)로서 '쏟다'라는 뜻이다. 한나는 주님 앞에 자신의 마음을, 내면을, 전 인격을 쏟아낸 것이다.

삼상 1장의 한나 내러티브에서 한나가 마음을 쏟았다고 고백한 구절은 의미심장하다. 한나가 주님 앞에 드린 기도는 그저 어떤 목적을 달성해내기 위해 열심히 한 기도가 아니라, '마음(전 인격)을 쏟는 행위'였다. 고난 속에서 한나는 하나님 앞에 그 굳은 마음을, 즉 자신의 전 인격을 정직하게 내어놓는 기도를 드렸다. 상황이 어렵고 마음이 굳을 때, 그 마음을 주님께 쏟아내는 신앙의 태도가 바로 한나가 보여주는 믿음이다. 한나가 보여주는 이 '마음(전 인격)을 쏟아내는 기도'는 사무엘서의 매우 중요한 모티프들 가운데 하나로서, 앞으로 사무엘서의 내러티브 가운데 여러 주제들과 연결되어 발전될 것이다. 이 '마음을 쏟는 기도'라는 주제가 앞으로 이스라엘 왕정 역사 가운데, 시편의 이야기들 가운데, 또 선지자들이 하나님께 나아가 기도했던 내용들 가운데 계속해서 성경에 이어지는 것이다. 한나의 이 대답을 듣고서 엘리가 하나님께서 그녀의 간구를 허락하시기를 원한다며 평안히 가라고 하고(17절), 그 후 사무엘이 태어나게 된다(20절).

여기까지의 내용을 정리해보면, 1장에 '한나 대 브닌나'라는 대립구도가 나왔다. 한나는 이 대립 구도 안에서 '하나님께 마음을 쏟는 기도'를 드리기로 선택했다. 한나는 자신이 동원할 수 있는 모든 방법들을 가지고 브닌나와 싸울 수도 있었다. 그러나 결정적으로 중요한 것은 그런 인간적인 힘 겨루기가 아니라, 하나님과의 관계인 것이다. 하나님께 마음을 드리는 진정한 신앙의 행위가 있느냐가 한나와 브닌나의 차이점을 결정한다. 본문은 브닌나에 대해서는 자세히 묘사하지 않는다. 행위로만 볼 때 브닌나가 악한 행동들을 했다는 것은 알 수 있지만, 브닌나의 마음이 무엇인지 본문은 세세하게 알려주지 않는다. 그러나 본문은 한나의 자세를 매우 세밀하게 알려준다. 하나님은 하나님 앞에 '마음을 쏟는 기도'를 드린 한나에게 응답하셨고, 그녀를 통해 이스라엘의 왕정 역사가 시작되는 기초를 놓으셨다. 사무엘서 1장이 제시하는 해석학적 질문은 '마음을 주님께 드리고 있는가?'이다.

그렇다면 독자는 '한나 대 브닌나'의 대립 구도 속에 나타난 '주님께 마음을 쏟는 신앙의 행위'라는 주제가 삼상 2장의 한나의 노래 안에서 어떻게 발현되고 있는지를 살펴보아야 한다. 이제 삼상 2장 1-10절에 나타난 한나의 기도를 정리해 보자. "한나가 기도하여 이르되 내 마음이 여호와로 말미암아 즐거워하며 내 뿔이 여호와로 말미암아 높아졌으며 내 입이 내 원수들을 향하여 크게 열렸으니 이는 내가 주의 구원으로 말미암아 기뻐함이니이다(삼상 2:1)." 한나는 자신의 뿔이 여호와로 말미암아 높아져서 즐거워하고 있다. 여기서 '뿔이 높아졌다'는 표현을 잘 기억해두기를 바란다. '뿔을 높여주신다'는 것은 기본적으로 '하나님이 주신 사명을 감당한다'는 의미이다. '직분을 주신다'라는 의미 및 '높이 들어 쓰신다'는 함의를 지닐 수 있다. 한나의 기도를 여는 1절은 한나의 뿔이 여호와로 말미암아 높아졌다고 하는 개인 차원의 이야기로 시작된다. 그런데 이 주제는 기도의 마지막 절인 10절에 이르면 한나 개인의 뿔이 아닌 '기름부음 받은 자의 뿔을 높이신다'라는 구속역사 선상의 이야기로 발전하게 된다. 히브리시의 수미상관(inclusio) 기법을 사용하여, 한나 개인의 고백으로부터 이스라엘 역사 해석을 위한 기준을 발현시키는 시적 방법이 된다.

2절에서 한나는 여호와와 같이 거룩하신 이가 없고, 주밖에 다른 이가 없고, 우리 하나님 같은 반석도 없으시다고 고백한다. 즉 '여호와 중심성'이 제시된다. 하나님밖에 없다는 것이다. 1절과 연결하면 한나의 뿔을 이렇게 높이셔서 기뻐 찬양하게 하신 이는 오직 여호와이심을 고백하는 것이다. 이렇게 한나의 노래는 '한나의 뿔을 높이신 주님'을 찬양하는 데에서 한 걸음 더 나아가 '하나님밖에 없으시다'는 내용으로 발전한다.

'여호와 중심성'의 주제는 3절 이후 교만/겸손의 주제로 이어진다. 3절을 보자. "심히 교만한 말을 다시 하지 말 것이며 오만한 말을 너희의 입에서 내지 말지어다 여호와는 지식의 하나님이시라 행동을 달아 보시느니라(삼상 2:3)." 교만(오만)이라는 주제가 등장한다. 이 교만은 2절이 제시한 바 '여호와 중심성'을 테스트하는 기준이 된다. 여기서 '교만(오만)'은 무엇이고, 그 반대 개념인 '겸손'은 무엇일까? 여호와 중심성으로 판단하는 것이기에, 본문 맥락에서의 교만과 오만은 하나님 앞에서의 교만을 뜻하게 된다. '여호와 중심성'이 교만이라는 주제로 풀어져 설명되는 중인 것이다. 3절은 '여호와는 지식의 하나님이시라 행동을 달아 보시느니라'고 표현한다. '지식'은

'알다'라는 뜻의 야다(ידע) 동사에서 파생된 명사이다. 히브리어에서 '야다'는 통전적 지식을 의미한다. 주님은 우리의 행동을 다 아신다는 것이다. 우리가 교만한지, 겸손한지를 다 아신다는 것이다. 여기에 사실상 '교만'과 '겸손'의 대조가 나오고 있다. 여호와 중심성을 지켜가는 것은 '겸손'이고, 여호와 중심성을 지키지 못하는 것은 '교만'이다.

그렇다면, 우리의 행동을 달아보시는 하나님께서 실제 우리의 삶 속에 어떻게 일하시는 것일까? 교만한 자는 어떻게 하시고, 겸손한 자는 어떻게 하시는 것일까? 그것이 2장 4절부터 나타나면서 다음 주제로 이어지는데, 일련의 '인생 역전' 현상이 묘사된다. 다시 말해, 어휘의 정의(definition)를 파괴하면서 그 의미를 반전시키는 설명이 계속해서 나온다. 4절은 "용사의 활은 꺾이고 넘어진 자는 힘으로 띠를 띠도다(삼상 2:4)"라고 말한다. 활이 꺾이지 않는 사람이 바로 용사인데, 그 용사의 활이 꺾인다고 말한다. '넘어진 자는 힘으로 띠를 띠게 된다'고 설명한다. 연약한 자가 힘을 얻게 되어 용사를 이긴다는 것이다. 지금 나타나는 이 '인생 역전' 표현들은 2장의 흐름에서 이미 등장한 대립구조 형성을 돕고 있다. 5절의 내용도 모두 '인생 역전' 이야기이다. "풍족하던 자들은 양식을 위하여 품을 팔고 주리던 자들은 다시 주리지 아니하도다(삼상 2:5a)." 다음 구절을 주목할 필요가 있다. "전에 임신하지 못하던 자는 일곱을 낳았고 많은 자녀를 둔 자는 쇠약하도다(삼상 2:5b)." 이 구절은 임신하지 못했던 자와 많은 자녀를 두었던 자를 비교한다. 바로 한나와 브닌나의 이야기로 볼 수 있다. 지금 한나의 노래에서 '인생 역전'는 한나 자신이 경험한 개인 인생의 차원에서 묘사되고 있는 것이다. 이야기, 개인 차원의 이야기로 펼쳐지고 있는 것이다. 그렇지만 이 구절에서 한나의 자녀가 일곱 명이었다는 의미를 끌어내서는 안 된다. '임신하지 못하던 자는 일곱을 낳았고'라는 시적 표현이 한나의 이야기인 것은 맞지만, 이 묘사가 한나의 삶에 대한 역사적 기술은 아닌 것이 분명하다. 일곱은 완전수로서 풍성함을 뜻한다. 그러므로 이 구절의 의미는 하나님께서 임신하지 못했던 자에게 풍요롭게 채워 주시고, 많은 자녀를 둔 자는 가난하게 하신다는 것이다. 지금 '인생 역전' 이야기를 개인적 차원에서 묘사하는 정도인 것이다.

바로 다음 구절에서 이 주제는 더욱 상세하게 기술된다. "여호와는 죽이기도 하시고 살리기도 하시며 스올에 내리게도 하시고 거기에서 올리기도 하시는도다(6절). 여호와는 가난하게도 하시고 부하게도 하시며 낮추기도 하시고 높이기도 하시는도다(7절)." 죽이기도 하시고 살리기도 하신다는 것은 문예적인 대조 기법이다. 스올에 내리게도 하시고, 거기에서 올리기도 하신다는 것 역시 대조이다. 이때까지의 내용을 모두 연결해보면 어떻게 정리할 수 있겠는가? 하나님은 '교만한 자는 낮추시고 겸손한 자는 높이 들어 사용하신다'는 원리가 된다. 하나님 앞에서 교만한 자 즉 자신이 인생의 주인인 줄 아는 자는 아무리 현재 높은 지위에 있더라도 결국 하나님께서 낮추신다는 것이다. 그러나 하나님밖에 없음을 고백하는 겸손한 삶, 하나님을 왕이자 주인으로 모시는 삶을 살게 되면, 지금은 고난 중에서 어려움 속에 사는 낮은 사람이라도 하나님께서 높이 들어 사용하신다는 것이다. 한나의 노래는 이런 교만과 겸손의 대조를 인생 역전의 주제로 표현함으로써 여호와 중심성을 시로 계속 표현해 내고 있다.

이렇게 개인적 차원의 서술이 계속 이어지다가 2장 8-10절에서 공동체의 리더십 이야기로 주제가 급격히 발전되기 시작한다. 8절을 보자. "가난한 자를 진토에서 일으키시며 빈궁한 자를 거름더미에서 올리사 귀족들과 함께 앉게 하시며 영광의 자리를 차지하게 하시는도다(삼상 2:8a)." 가난한 자를 진토에서 일으키신다는 것과 빈궁한 자를 거름더미에서 올리신다는 것은 높이 드신다는 이야기이다. 이는 앞에서부터 이어지던 인생 역전 이야기이다. 그런데 여기에 '귀족들과 함께 앉게 하시며'라는 구절이 나온다. 사회적 지위가 위로 올라가게 하신다는 것이다. 영광의 자리를 차지하게 하신다는 것이다.

9절의 해석은 잠시 뒤에 추가하기로 하고, 10절을 먼저 살펴보자. "여호와를 대적하는 자는 산산이 깨어질 것이라 하늘에서 우레로 그들을 치시리로다 여호와께서 땅끝까지 심판을 내리시고 자기 왕에게 힘을 주시며 자기의 기름 부음을 받은 자의 뿔을 높이시리로다 하니라(삼상 2:10)." 여기서 여호와를 대적하는 자는 바로 교만한 자이다. 그런 교만한 자는 산산이 깨어진다는 것이다. 교만한 자는 우레로 치시고, 땅끝까지 심판을 내리신다는 것이다. 그 다음 표현이 중요하다. 여호와께서는 그의 '왕'에게 힘을 주신다는 것이다. 국가의 지도자인 왕 이야기가 나온다는 것은, 이제 한나의 노래가 더 이상 개인적 차원의 이야기가 아닌 언약 공동체 차원의 의미를 드러내고 있음을 보여준다. 10절 후반부에는 '기름 부음 받은 자'의 이야기가 나온다. '기름 부음 받은 자'는 마쉬아흐(משיח)로서, '기름 붓다'라는 뜻의 마샤흐(משח) 동사에서 나온 말이다. 이 때 '기름 부음 받은 자'는 누구일까? 종말론적 성취 개념으로서의 기름부음 받은 자는 당연히 예수님이시다. 예수께서 구약에 나오는 '기름 부음 받은 자'의 모든 것을 온전하게 최종적으로 성취하신다. 그런데, 아직 최종 성취이신 예수님이 오시기 전까지 계시가 점진적으로 발전해나가는 와중에 있는 구약적 맥락에서, '기름 부음 받은 자'는 기름을 부어 수여하는 세 종류의 직분(왕, 제사장, 선지자)을 가리키는 말로 이해된다. 사실상 한나의 노래 이후에 구약 성경 맥락에서 '기름 부음 받은 자'는 '왕'을 가리키는 전문적 용어로 사용된다. 히브리 시의 평행법을 고려할 때도, 10절 상반절에 나오는 '왕'과 하반절에 나오는 '기름 부음 받은 자'는 같은 의미라고 볼 수 있다. 그러므로 앞서 개인적 차원에서 '한나와 브닌나'의 대립 구도로 이어져 오던 메시지는 시의 후반부에 와서는 국가적 왕정 제도 차원의 이야기로 발전하여 '겸손한 왕과 교만한 왕'의 대립 구도를 형성하고 있는 것이다. 하나님께서 교만한 왕은 산산이 깨뜨리실 것이고, 하늘에서 우레로 치시고 땅끝까지 심판을 내리실 것이다(10절 상반절). 그러나 겸손한 왕에게는 힘을 주시며, 그의 뿔을 높이실 것이다(10절 하반절). 앞서 1절에서는 한나가 '내 뿔'이 높아졌다고 이야기했다. 그런데 한나의 노래 마지막에서는, 하나님께서 겸손한 왕의 뿔을 높이신다는 것이다. 하나님 앞에 마음을 쏟았던 한나의 겸손함의 기준은 앞으로 이스라엘 왕들에게 주어질 신앙적 태도로서의 기준이 될 것이다.

여기서 살펴보아야 할 것이 한 가지 더 있다. 한나의 노래가 이렇게 '겸손한 개인' 및 '겸손한 왕'을 어떻게 정의하고 있는가 하는 문제이다. 이 이슈가 2장 9절에 나타난다. "그가 그의 거룩한 자들의 발을 지키실 것이요 악인들을 흑암 중에서 잠잠하게 하시리니 힘으로는 이길 사람이 없음이로다 (삼상 2:9)." 여기서는 '거룩한 자들'과 '악인들'이 대조되고 있다. '악인들'은 개인이든 왕이든 '교만한 자들'일 것이고, '거룩한 자들'은 개인이든 왕이든 '겸손한 자들'일 것이다. 이렇게 대립 구조를 통해 '겸손한 자'와 '교만한 자'가 정의되는 것이다. 그런데 여기서 겸손한 자들에 해당하는 '거룩한 자들'은 히브리어로 하시딤(חֲסִידִים)이다. 이것은 형용사로서 하시드(חָסִיד)라는 말의 복수 형태이다. 이 단어의 명사형은 우리가 출 34장 해석에서 이미 살펴보았던 단어로, '인자' 또는 '인애'라는 뜻을 지닌 헤세드(חֶסֶד)이다. 이것은 약속을 반드시 이루시는 하나님의 언약적 성실성을 뜻하는 말이다. 따라서 하시드(חָסִיד)는 '인자한', '언약에 성실한'이라는 뜻이 되며, 이 형용사가 독립적 용법으로 사용되어 '인자한 자', '언약을 지키는 자'라는 뜻이 된 것이다. 이 단어의 복수형이 하시딤(חֲסִידִים)이며, 구약에서 '거룩한 자들'이라고 번역되기도 하고, '성도'라고 번역되기도 하고, '경건한 자들'이라고 번역되기도 한다. '신실한 자들', '약속을 지키는 자들'이라는 뜻이다. 다시 말해, 하나님의 인자하신 헤세드를 경험하여, 자신도 하나님과 이웃에게 언약의 성실함을 지키게 된 자들이다. 한나의 기도 맥락에서 보자면, 하나님의 인자하신 은혜를 경험하여, 지금 하나님을 왕으로 인정하게 된 자들이다. 하나님을 인생의 주인으로 인정하기 위해 한나처럼 그분 앞에의 굳은 마음을 쏟아내는 자들을 '인자한 자들', '성실한 자들'이라고 부르고 있는 것이다.

이제 한나의 노래를 전체적으로 되짚어 보자. 한나 대 브닌나라는 개인 버전의 이야기로부터 시작된 한나의 노래는 독자에게 매우 중요한 메시지를 전달한다. 하나님 앞에 겸손한 지도자가 될 것인가, 아니면 교만한 지도자가 될 것인가 하는 문제를 보여주는 것이다. 교만한 지도자는 악인이기에 주님은 그런 자를 사정없이 낮추실 것이다. 그러나 겸손한 지도자는 하나님이 높이 드셔서 뿔을 높이실 것이다. 그런데 이 겸손한 지도자들을 '언약에 신실한 자', '언약에 성실한 자'라는 뜻의 하시딤(חֲסִידִים)이라는 정체성을 지니고 있다.

여기서 앞으로 독자들이 사무엘서 및 이후의 구약 성경 본문을 나갈 때 주목해서 보아야 할 해석의 관점이 형성된다. 본문에 등장하게 될 인물들이 과연 하시딤(חֲסִידִים)인가의 여부이다. 다른 말로 하면, 이들이 하나님 앞에 교만한가 아니면 겸손한가의 여부이다. 다시 말해, 한나처럼 고난 속에서 하나님 앞에 마음을 쏟아내어 그분 앞에 겸손한 자가 되고 그 결과로 하나님의 인자하심의 은혜를 경험하여 더욱 하나님께 신실한 자가 되어가는 사람이 있을 것이며, 반대로 마음을 하나님께 쏟지 않아 더욱 더 교만한 길로 가서 하나님의 심판을 받는 사람이 있을 것이다. 이렇게 한나 이벤트는 1장의 한나 대 브닌나 이야기를 바탕으로 하여 2장에서 사무엘서 전체를 읽어나가는 해석의 렌즈를 제시해 주었다. 이러한 의미에서, 삼상 1-2장의 한나 사건이 보여주는 해석의 렌즈는 사무엘서를 포함하여 그 이후에 이어지는 이스라엘 왕정 역사에 대한 평가 기준이 되는 것이 분명하다.

3. 사무엘 vs 엘리

이제 한나의 기도가 그 이후 본문에 어떻게 적용되는지를 생각해 보자. 사무엘서의 첫 단락은 1-7장으로, 사무엘과 엘리의 대립 구도가 나타난다. 한나의 기도가 끝나고 난 2장 11절부터는 역사 내러티브를 기준으로 이야기가 이어지는데, 12절부터 엘리의 아들들 이야기가 먼저 나타난다. 엘리 가문과 사무엘의 대립 구도가 나타나기 시작하는 것이다. "엘리의 아들들은 행실이 나빠 여호와를 알지 못하더라(삼상 2:12)." '알다'라는 동사는 통전적 지식을 의미한다. 엘리의 아들들은 여호와 하나님을 경험하여 알지 못했고,

그분을 두려워하지 않았다. 여호와가 어떤 분이신지를 진실로 알지 못했다는 것이다. 그래서 이들은 제사로 드려지는 고기를 미리 꺼내는 등 여호와의 제사를 멸시했다. "이 소년들의 죄가 여호와 앞에 심히 큼은 그들이 여호와의 제사를 멸시함이었더라(삼상 2:17)." 여기까지가 엘리 집안의 이야기이다. 이어서 사무엘의 이야기가 나오기 시작한다. 어린 사무엘은 하나님을 섬겼으며(18절), 여호와 앞에서 자랐다고(21절) 소개되고 있다. 본격적으로 엘리와 사무엘의 대조가 시작되는 것이다.

이후의 본문에서도 계속해서 엘리와 사무엘의 이야기가 번갈아 나오면서, 대립 구조가 만들어져 나간다. 22-25절에는 아들들의 범죄를 제대로 책망하여 하나님의 통치권을 온전히 드러내지 않은 엘리의 이야기가 등장한다. 엘리는 아들들이 또 잘못된 일을 행하였음을 들었지만(22절), 행동을 달아 보시는 지식의 하나님 앞에 아들들의 범죄를 책망하고 마땅한 대가를 지불하게 하지 않았다. 꾸중을 듣기는 했지만 결국 엘리의 아들들 역시 자기 아버지의 말을 듣지 아니하였다. 반면 사무엘은 점점 자라매 여호와와 사람들에게 은총을 더욱 받았다(26절). 이렇게 계속해서 대립 구도가 형성되는 것을 볼 수 있다. 전체적인 이야기가 이러한 방식으로 계속 진행된다.

1-7장의 세부적인 내용 중에서, 거시적 흐름을 이해하기 위해, 하나님의 사람이 엘리에게 와서 하나님의 말씀을 전달하는 부분을 살피고자 한다. 핵심 내용은 30절에 나온다. "이제 나 여호와가 말하노니…나를 존중히 여기는 자를 내가 존중히 여기고 나를 멸시하는 자를 내가 경멸하리라(삼상 2:30b)." 이러한 하나님의 말씀은 사무엘서의 서론인 한나의 노래의 메시지와 결이 같다. 한나의 노래의 적용 및 발전이라고 해석할 수 있다. 하나님께서 한나의 노래대로 하시는 것이다. 엘리 가문이 하나님 앞에 교만했기 때문에 낮추겠다고 말씀하신 것이고(31-34절), 엘리 대신 다른 '충실한 제사장'을 일으키겠다고 하신 것이다(35절). 여기서 '충실하다'라는 말은 아만(אמן) 동사의 니팔 분사 형태이다. '진실로 그러하다, 진실하다'라는 뜻의 형용사 아멘(אמן)과 같은 어근을 가졌으며 '충실한'이라는 뜻이다. 따라서 하나님께

서 '충실한 제사장'을 일으키겠다고 하신 것은 '진실하고 신뢰할 수 있는 제사장'을 일으키겠다고 하신 것이다. 35절을 주목하여 보자. "내가 나를 위하여 충실한 제사장을 일으키리니 그 사람은 내 마음, 내 뜻대로 행할 것이라 내가 그를 위하여 견고한 집을 세우리니 그가 나의 기름 부음을 받은 자 앞에서 영구히 행하리라(삼상 2:35)." 맥락상 '기름 부음 받은 자'는 사실상 '왕'을 가리키는 것이다. 따라서 이 구절은 새로 나타나는 제사장을 통해 하나님께서 기름 부음 받은 자 즉 왕을 세우시겠다고 하는, 왕정 제도를 암시하는 본문이 되겠다. 이렇게 엘리와 사무엘이 대조되는 흐름이 계속 나타나고, 이때 기준으로 적용되는 것은 한나의 노래이다.

이후 4장부터 시작해 6장 정도까지는 법궤가 움직이는 이야기, 소위 법궤 내러티브(ark narrative)가 나타난다. 홉니와 비느하스가 법궤를 가지고 블레셋과의 전쟁에 나갔다가 법궤를 빼앗겼다. 이 사건은 하나님의 패배가 아니었다. 하나님께서 교만한 홉니와 비느하스와 엘리 가문은 낮추시고 범죄하는 이스라엘 백성들을 회복시키시기 위해 주권적으로 의도하신 일련의 과정이었다. 법궤가 돌아오기까지의 모든 과정을 통해 그 사실이 드러난다.

이러한 역사적 과정이 지난 후 사무엘이 이스라엘 백성을 다시 되돌리는 이야기가 7장에 나타난다. 사무엘은 이스라엘 백성들에게 "만일 너희가 전심으로 여호와께 돌아오려거든 이방 신들과 아스다롯을 너희 중에서 제거하고 너희 마음을 여호와께로 향하여 그만을 섬기라 그리하면 너희를 블레셋 사람의 손에서 건져내시리라(삼상 7:3)"라고 하며 회개를 요청한다. 이 장면이 미스바 집회까지 이어지는 것이다.

이 장면은 사실, 사사기에 나오는 사사 싸이클(cycle)과 연결 지어 생각해야 한다. 사사 싸이클이란, 이스라엘이 배도하면, 하나님께서 진노하셔서 열방을 데려오시고, 그래서 열방의 압제 가운데 들어가게 된 이스라엘이 견디다 못해 하나님께 부르짖으면, 구원자인 사사를 보내시고, 그러면 전쟁의 승리가 나타나고, 그 다음 몇 년 동안은 그 땅이 평온했다고 하는 평화 공식이 나오고, 사사가 죽으면 또다시 배교했다는 이야기로 넘어가는 문예적 양식이다. 그런데 사사기에 기록된 마지막 사사인 삼손의 이야기에 이르면, 삼손은 사사임에도 불구하고 자신이 패배하여 눈이 뽑히고 블레셋에게 끌려갔다가, 마지막에 죽음으로 기이한 승리를 거두게 된다. 그 다음 사사가 바로 이 사무엘서에 나오는 엘리이다. 엘리 역시 전쟁에서 패배하여 법궤까지 블레셋에게 넘어가게 된다. 두 경우 모두 블레셋과의 싸움 이야기이고, 이스라엘의 패배가 있었다. 그런데 블레셋에 대한 패배를 되돌려서 이스라엘을 회복시키는 사람이 바로 사무엘인 것이다.

그러므로 사사 싸이클의 관점에서 우리는 삼상 7장을 생각할 필요가 있다. 이 본문이 사사 싸이클의 전형적인 적용은 아니나, 거시적인 흐름에서 사사 싸이클의 적용이라고 할 수는 있겠다. 그후 사울이 왕이 되면서 왕정 제도가 나옴으로써 사사 싸이클은 종료된다. 6절에 '사무엘이 미스바에서 이스라엘 자손을 다스리니라'라는 표현이 나온다. 여기서 '다스리다'라는 동사가 샤파트(שפט) 동사이다. 이 동사가 중요한 것은, 이것이 '하나님의 직접적 통치권'을 뜻해온 동사이기 때문이다. 사사기에서 '사사(judge)'를 이 샤파트(שפט) 동사로 표현한다. 샤파트(שפט) 동사가 칼 능동분사 남성 단수 형태가 되면 '다스리는 자'라는 뜻의 쇼페트(שפט)가 되고, 이것을 '사사'로 번역하는 것이다. 이 '사사'는 '하나님의 직접적인 통치'를 의미한다. 사사직은 아들에게 물려주지 못한다. 또한 사사는 어떤 자격조건에 의해 부르심 받는 것이 아니라, 하나님께서 원하시는 사람을 택하셔서 원하시는 시점에 부르시고 사용하시는 것이다. 그러므로 하나님의 직접적 통치가 사사기의 중요한 핵심 주제 중 하나이다. 따라서 지금 여기서 '사무엘이 이스라엘 자손을 미스바에서 샤파트(שפט)했다'는 것은 사무엘이 사사 역할을 하고 있었다는 것이고, 사사기부터의 큰 흐름을 통해 보자면 '하나님의 직접적인 통치권'을 의미하는 것이다. 8장에 넘어가면 다스림을 뜻하는 동사가 급격하게 달라질 것이기 때문에 이 부분을 중요하게 살펴보아야 한다.

이 미스바 집회의 소식을 듣고 블레셋이 이스라엘을 치러 올라왔다(7절). 이에 이스라엘이 사무엘에게 여호와께 부르짖을 것을 요청하였고(8절), 그의 부르짖음에 하나님이 응답하셨다(9절). 그 결과 이스라엘은 블레셋에 대하여 승리를 거둔다(10-12절). 이렇듯 사사 싸이클과 완벽하게 들어맞지는 않지만 비슷한 종류의 어휘 및 개념들이 계속해서 나타나는 것을 알 수 있다. 13절은 "이에 블레셋 사람들이 굴복하여 다시는 이스라엘 지역 안에 들어오지 못하였으며 여호와의 손이 사무엘이 사는 날 동안에 블레셋 사람을 막으시매(삼상 7:13)"라고 기록하여, 사사 사무엘을 통하여 이스라엘이 블레셋에 대해 승리를 거두게 되었음을 알려준다. 사울로 인한 패배, 엘리 제사장 때의 패배를 이제 되돌린 것이다. 본문은 '여호와의 손이' 사무엘이 사는 날 동안 블레셋 사람을 막으셨다고 하여, 이 일을 하나님께서 하셨다는 것을 명확히 보여주고 있다. 14절은 "블레셋 사람들이 이스라엘에게서 빼앗았던 성읍이 에그론부터 가드까지 이스라엘에게 회복되니 이스라엘이 그 사방 지역을 블레셋 사람들의 손에서 도로 찾았고 또 이스라엘과 아모리 사람 사이에 평화가 있었더라(14절)"라고 기술하여, 사사 싸이클의 평화 공식과 완전히 같지는 않지만 유사한 표현을 보여주고 있다.

삼상 7장에는 샤파트(שפט) 동사가 계속해서 쓰인다. "사무엘이 사는 날 동안에 이스라엘을 다스렸으되(15절)"에도 샤파트(שפט) 동사가 쓰였다. 사무엘이 사사의 역할을 한 사실은 곧 하나님의 직접 통치를 의미했음을 알 수 있다. 16절과 17절에도 샤파트(שפט) 동사가 쓰였다. 사무엘은 마지막 사사로서 하나님의 직접적인 통치 즉 신적 통치 체제에서 이스라엘을 다스렸던 것이다.

이렇듯 삼상 1-7장은 사무엘과 엘리 가문의 대조를 보여준다. 이후 8장부터는 사사제도가 아닌 새로운 제도 즉 왕정제도가 수립되어 새로운 시대를 맞게 된다. 그리고 이런 새로운 시대에도 삼상 1-2장의 한나의 기도 메시지는 계속해서 해석학적 기초로 사용된다. 8-31장에서는 다윗과 사울이라는 두 인물이 대조된다. 세밀히 말하자면 8-15장에서는 사울이 혼자 나타나고, 16-31장에서는 사울과 다윗이 공존하면서 대립하는 구조가 나타난다. 8-15장을 보다 세밀하게 나누면 8-12장과 13-15장으로 구분할 수 있는데,

8-12장은 사울이 왕으로 등극하는 단락이고, 13-15장은 사울이 하나님 앞에 범죄하여 하나님으로부터 버림받게 되는 단락이다. 이중 8-12장의 사울의 등극 사건에서는 '이스라엘 왕정 제도의 신학적 의미'가 발견될 것이며, 이 의미를 통해 '한나의 노래'가 '왕정 제도'에 어떤 방식으로 적용되는지를 확인할 수 있을 것이다. 왕정제도의 신학적 의미는 이후 13-15장에 나오는 사울 왕의 범죄와 폐위 선언과 연관될 것이며 또한 사울과 다윗 사건 이야기를 이해하는 기초가 될 것이다.

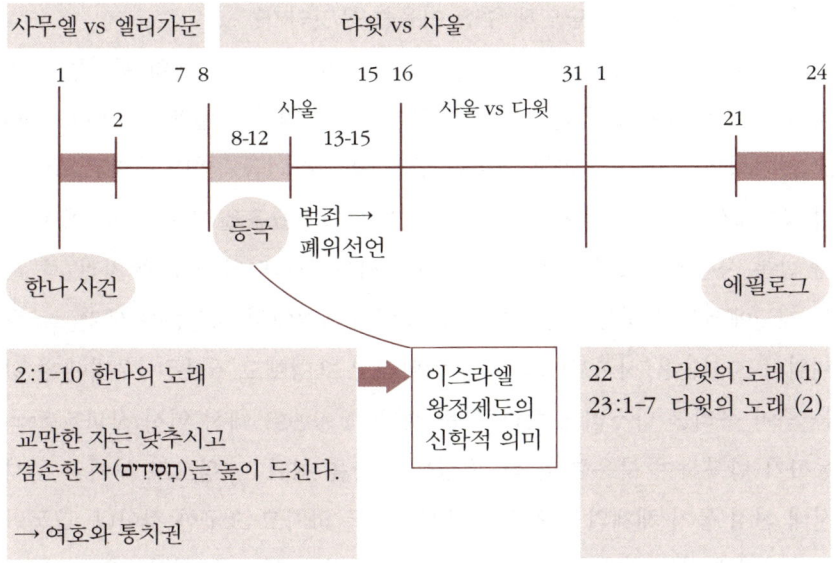

4. 이스라엘 왕정 제도의 의미 (8-15장)

이제 8장부터 12장까지 펼쳐지는 사울 왕의 등극 이야기를 살펴보자. 이제 사무엘의 시대가 막을 내리고, 새로운 시대가 열리게 된다. 8장 4절 이하의 본문이 중요하다. 사무엘의 아들들이 사사의 역할을 제대로 하지 못하자,

이스라엘의 장로들이 사무엘에게 가서 왕정 제도를 요구한다(4-5절). "그에게 이르되 보소서 당신은 늙고 당신의 아들들은 당신의 행위를 따르지 아니하니 모든 나라와 같이 우리에게 왕을 세워 우리를 다스리게 하소서 한지라(삼상 8:5)." 사무엘은 이것을 기뻐하지 않았다(6절). 하나님께서도 사무엘에게 "이는 그들이 너를 버림이 아니요 나를 버려 자기들의 왕이 되지 못하게 함이니라"고 부정적으로 평가하셨다(7절). 그러나 동시에 하나님은 "백성이 네게 한 말을 다 들으라(7절)"고 하시며, "그들을 다스릴 왕의 제도를 가르치라"고 하심으로 왕정제도를 승인하셨다. 여기서 왕정제도에 부정적인 모습이 있음에도 불구하고 승인해 주신 이유는 무엇인가?

5절에서 백성들은 "모든 나라와 같이 우리에게 왕을 세워 우리를 다스리게 하소서"라고 요구했다. 여기서 '왕'은 히브리어로 멜렉(מֶלֶךְ)이다. 그리고 여기서의 '다스리다'라는 단어는 앞서 여러번 언급되었던 샤파트(שפט)이다. 7장에서 사무엘이 사사로서 이스라엘을 다스렸음을 표현할 때, 이 단어가 반복 사용됨으로써 강조되었다. 이 동사는 하나님의 직접 통치권, 즉 사사 제도에서의 신정통치를 의미하는 것이다. 5절에서 백성들은 멜렉(מֶלֶךְ)을 세워서 자신들을 샤파트(שפט)하게 해달라고 요청했고, 6절은 "우리에게 왕을 주어 우리를 다스리게 하라 했을 때에(6절 상반절)"에서 역시 샤파트(שפט) 동사가 반복하여 사용한다. 즉, 백성들은 왕을 세워 그 왕으로 하여금 사사 시대 신정 통치 체제의 통치권을 행사하도록 하자고 요구한 것이다. 그동안 사사시대에 하나님께서 직접 백성들을 다스려 오셨는데, 백성들은 이제 그 하나님의 통치는 기억하지 않고, 왕의 통치만 기억하려고 한 것이었다. 즉 사사가 샤파트(שפט)하는 것이 아니라 왕이 샤파트(שפט)하기를 바란 것이다. 그렇게 되면 왕의 직위는 아들에서 아들로 세습될 것이고, 하나님의 통치가 아니라 인간 왕의 통치가 이루어질 것이었다. 이러한 '하나님 왕권이냐, 아니면 인간 왕권이냐'라는 백성들의 접근 구도 자체를 하나님은 받아들이지 않으셨다. 오히려 하나님께서 보시기에 합당한 새로운 방식의 왕정 제도를 제시하셨다.

그렇다면, 하나님께서 주시는 왕정 제도는 무엇인가? 하나님께서는 사무엘에게 명령하셔서 백성들에게 왕의 제도를 가르치게 하셨는데(9절), 이때 '제도'라는 말의 원어는 미쉬파트(משפט)이다. 이 단어는 샤파트(שפט)의 명사형으로서, '규례', '공의', '심판' 등 여러 가지로 번역할 수 있는 말이다. 그러므로 7장이 말하는 왕정 제도는 인간 왕이 다스리는 방식이 아니라, 하나님께서 다스리시는 방식을 의미한다. 다시 말해, 이스라엘 왕정 제도가 어떻게 운영되어야 하는지를 하나님은 알려주시고자 하셨던 것이다. 여기서 핵심이 되는 단어가 바로 '다스리다'라는 의미의 말라크(מלך) 동사이다. "그러므로 그들의 말을 듣되 너는 그들에게 엄히 경고하고 그들을 다스릴 왕의 제도를 가르치라(9절)"라고 하셨을 때 '다스리다'로 번역된 원어는 말라크(מלך) 동사이며, '왕'을 뜻한 멜레크와 어근이 같다. 백성들은 우리를 샤파트(שפט)할 왕을 달라고 했는데 여호와의 통치권이 인간 왕에게 넘어간다는 의미였다. 그런데 하나님은 지금 허락해주실 왕정 제도하에서 왕, 즉 멜렉(מלך)은 샤파트(שפט)하는 것이 아니라 말라크(מלך)할 뿐임을 명확히 하신 것이다. 말라크(מלך)는 멜렉(מלך)의 동사형이다(칼 완료 삼인칭 남성 단수 형태). 다시 말해 왕은 인간 왕으로서의 책무만 수행할 뿐이요, 실제로 샤파트(שפט) 하시는 분은 계속해서 하나님이실 것이라는 의미이다.

그러므로 이스라엘의 왕정 제도에서 궁극적인 왕은 여호와 하나님이시다. 사사 시대에서 왕정 시대로 전환이 된다 해도, 하나님께서 궁극적인 통치권을 가지고 계시다는 사실을 변하지 않는 것이다. 이 왕정 제도 하에서 왕은 하나님께 순종함으로써 다스리게(מלך)된다. 따라서 앞으로 이스라엘의 왕정 제도에서 독자들이 중요하게 보아야 하는 해석의 논점은 '왕이 하나님께 순종하느냐의 여부'이다. 즉 인간 왕이 하나님을 진정한 통치권자로 인정하느냐 하는 여부가 이스라엘 왕정 제도를 평가하는 기준이 된다. 이러한 기준은 물론 한나의 노래에서 제시된 원리가 적용, 발전된 것임이 분명하다. 앞으로 하나님께서 왕과 기름 부음 받은 자의 뿔을 높이실 텐데(삼상 2:10), 이들은 하시드(חסיד)여야 한다. 하나님 앞에서 언약에 성실한 자여야 한다는 것이다.

9장 이후에는 하나님께서 사울을 택하셔서 그를 왕으로 기름 부으시는 과정들이 나타난다. 사울은 처음에는 자신이 왕의 자격을 갖추지 못했다고 생각하는 겸손한 인물이었다. 그래서 삼상 10:22에 보면, 제비를 뽑아서 기스의 아들 사울이 뽑혔을 때 그가 도망가서 짐 보따리 사이에 숨은 것을 볼 수 있다. 이렇게 겸손했기 때문에 주님 앞에 세움을 받는 것이다. 한나의 노래의 메시지가 적용되었을 때, 사울은 겸손하여 왕으로 세워질 수 있는 자였다. 그런데 13-15장에 이르면 교만하여져서 왕의 자격을 상실하게 된다.

이스라엘의 왕정제도와 관련하여, 구약 언약신학에서 매우 중요한 의미가 있는 삼상 12장을 살필 필요가 있다. 12장에서는 사울 왕이 실제로 등극하는 장면이 나타난다. 이러한 맥락에서 사무엘이 '이스라엘 왕정 제도의 의미'에 대해 상세하게 해설하는 장면이 나온다. 특별히 왕의 역할이 무엇이고, 선지자의 역할이 무엇인지가 매우 분명하게 서술되고 있다.[24] 구약 신학의 흐름에서 이스라엘이 국가화된 이후 리더십의 양상을 살펴보자면, 이스라엘의 첫 번째 지도자는 모세였다. 모세에게는 구약의 3중 직분 즉 왕권과 선지자권과 제사장권 권한이 모두 주어져 있었다. 물론 이때 아직 왕은 없었지만, 정치적이고 행정적인 리더십의 의미에서 왕권이라고 이해할 수 있다. 이후 제사장권은 분립되어서 아론 계열의 제사장들에게 주어졌고, 왕권과 선지자권은 모세 이후의 지도자들에게 이어지게 된다. 즉 모세를 뒤이어 지도자가 된 여호수아, 그리고 사사시대의 사사들은 왕권과 선지자권을 동시에 가졌다. 그 사사 시대의 마지막 사사가 바로 사무엘이며, 삼상 12장에 이르러 왕권과 선지자권이 분립되는 것이다.

왕으로는 사울이 세워지고, 선지자로 사무엘이 세워진다. 그렇기에 앞으로 이스라엘 왕정 제도에서 왕의 역할은 무엇이고, 선지자의 역할은 무엇인

---

24 왕정제도의 시작 시점에서의 선지자 및 왕의 역할 및 의미에 대한 자세한 논의로는 다음을 보라: W. J. 둠브렐, 『언약과 창조: 구약 언약의 신학』, 최우성 역 (서울, 크리스찬, 2009), 213-220. 둠브렐은 필자와 같이 12장의 자세한 본문해석으로부터 논의를 끌어내지는 않았다.

지에 대한 명확한 규정이 삼상 12장에 주어지는 것이다.

12장 12-13절부터 보도록 하자. "너희가 암몬 자손의 왕 나하스가 너희를 치러 옴을 보고 너희의 하나님 여호와께서는 너희의 왕이 되심에도 불구하고 너희가 내게 이르기를 아니라 우리를 다스릴 왕이 있어야 하겠다 하였도다(12절) 이제 너희가 구한 왕, 너희가 택한 왕을 보라 여호와께서 너희 위에 왕을 세우셨느니라(13절)." 하나님이 왕이 되심에도 불구하고 이스라엘이 왕정 제도를 요구했다는 것이다. 그래서 하나님께서 왕정 제도를 주셨는데, 이 새로운 체제에서 왕의 역할이 무엇인지가 14절에 나타난다. "너희가 만일 여호와를 경외하여 그를 섬기며 그의 목소리를 듣고 여호와의 명령을 거역하지 아니하며 또 너희와 너희를 다스리는 왕이 너희의 하나님 여호와를 따르면 좋겠지마는(삼상 12:14)." 여기서 '-하면 좋겠지마는'라고 표현된 부분은 해도 되고, 안 해도 되고, 하면 좀 더 좋다는 식의 이야기가 아니다. 이렇게 해야 선한 것, 바른 것이라는 의미이다. 또한 '너희'는 백성을 가리키는 것이고, '목소리를 듣다'라는 표현은 숙어로서 '순종하다'라는 말이다. 14절의 의미는 백성들은 여호와께 순종해야 하며, 이러한 점은 사사 시대나 이제 시작되려 하는 왕정 시대에서나 동일하다는 데 있다. 백성 뿐 아니라, 인간 왕도 동일한 의무를 지닌다. 왕 역시 여호와께 순종해야 한다. 14절에 명확히 기록되어 있듯이, 백성을 다스리는 '왕'도 하나님 여호와를 따라야 선한 것이다. 그렇다면, 이스라엘 왕의 역할은 무엇인가? 왕의 역할은 직접적인 통치가 아니다. 하나님의 통치가 이 땅 가운데 구현되도록 하는 것, 여호와의 통치권을 인정하고 이를 실천하는 것이 이스라엘 왕의 역할인 것이다. 이스라엘의 왕정 제도에서는 하나님만 왕이시고, 인간 왕은 그 하나님을 섬기는 역할을 할 뿐이다.

23절에는 이 왕정 제도에서 선지자의 역할이 무엇인지에 대한 설명이 나타난다. 지금 왕권과 선지자권이 서로 분립되고 있다. 왕권을 사울에게 넘겨준 사무엘은 앞으로 이 왕정 제도 하에서 선지자로서 어떤 일을 맡게 되는 것인가? "나는 너희를 위하여 기도하기를 쉬는 죄를 여호와 앞에 결단코

범하지 아니하고 선하고 의로운 길을 너희에게 가르칠 것인즉(삼상 12:23)."
사무엘은 자신이 두 가지 일을 담당할 것을 말한다. 첫 번째, '너희'를 위하여 기도하기를 쉬는 죄를 범하지 않겠다는 것이다. 두 번째, 선하고 의로운 길을 '너희'에게 가르치겠다는 것이다. 이 두 가지를 정리하면 다음과 같이 이해할 수 있다. 선지자가 하는 일은 두 가지이다. 첫 번째는, 백성을 위하여 기도하는 것이다. 그런데 이것은 백성을 위한 기도이기도 하지만, 여기에는 백성의 대표인 왕을 위한 기도도 포함되어 있다. 두 번째는, 하나님의 말씀의 계시를 받아 그 교훈으로써 지도하는 것이다. 그런데 이것 역시 백성을 지도하는 것이기도 하지만, 동시에 왕을 지도하는 것이다. 따라서 이 내용은 왕인 사울에게도 해당이 되는 것이다. 여기서 우리는 이후의 이스라엘 역사에 있어서 '왕과 선지자의 관계'가 어떻게 설정되는지를 이해하게 된다. 왕은 선지자를 통해 선포되는 하나님께 순종해야 한다. 그렇게 할 때 왕이 여호와의 왕되심을 인정하게 된다. 특별히 선지자가 왕에게 찾아와서 하나님의 말씀(계시, 예언)을 선포할 때가 있게 될 것인데, 그 때의 순종 여부가 그 왕의 통치 기간에서 아주 결정적인 순간이 된다. 왕이 계시에 순종한다면, 여호와가 왕이시라고 인정하는 것이 된다. 하지만 왕이 불순종한다면, 왕이 스스로를 왕으로 여긴다는 의미가 된다. 다시 말해 하나님의 왕권을 부인하게 되는 것이다. 그래서 이후의 이스라엘 왕정 역사를 보면, 모든 왕들에게는 선지자가 보내지게 된다. 사울에게는 사무엘이 있었고, 다윗에게는 사무엘, 갓, 나단 선지자가 있게 된다. 그 이후에도 선지자들이 왕들에게 말씀을 전했다. 히스기야에게는 이사야 선지자가 있었고, 시드기야에게는 예레미야 선지자가 있었다. 선지자가 왕에게 하나님의 말씀을 전달하는 때가 '여호와 통치권'을 인정하가의 여부를 결정하게 되는 시점이 된다는 것을 우리는 이후 구약 본문들을 읽어갈 때 반드시 기억해야 한다.

지금까지 살펴본 삼상 8-12장에서 이스라엘은 인간 왕이 아니라 하나님이 통치하시는 나라라는 점이 분명해졌다. 이제 사울이 왕이 된 후의 사건들을 서술하는 13-15장을 살펴보자. 13장과 15장에는 사울의 두 가지 범죄 사건이 연달아 나타난다. 먼저 13장에 나오는 사울의 첫 번째 범죄는 무엇인가? 자신이 제사를 집행한 것이다. 사울은 끝까지 기다려서 사무엘이 제사를 집례하도록 해야 했으나, 사무엘을 기다리지 못하고 자신의 마음대로 제사를 드려 버린다. 이 때문에 하나님께서 사울을 책망하신다. 13-14절을 보라. "사무엘이 사울에게 이르되 왕이 망령되이 행하였도다 왕이 왕의 하나님 여호와께서 왕에게 내리신 명령을 지키지 아니하였도다 그리하였더라면 여호와께서 이스라엘 위에 왕의 나라를 영원히 세우셨을 것이거늘(13절) 지금은 왕의 나라가 길지 못할 것이라 여호와께서 왕에게 명령하신 바를 왕이 지키지 아니하였으므로 여호와께서 그의 마음에 맞는 사람을 구하여 여호와께서 그를 그의 백성의 지도자로 삼으셨느니라 하고(14절)." 여기서 '왕이 왕의 하나님 여호와께서 왕에게 내리신 명령을 지키지 아니하였도다'는 표현은 사울이 하나님의 명령에 불순종함으로써 하나님의 통치권을 멸시하였다는 뜻이다. 그렇기에 사울의 나라가 길지 못할 것이고, 하나님의 마음에 맞는 다른 사람을 구하여 백성의 지도자로 삼으실 것이라는 일차적인 경고가 나온다. 사울은 겨우 한 번 잘못했는데, 그 결과가 조금 과하게 여겨지지는 않는가? 물론 사울이 범죄했지만, 이렇게까지 바로 엄한 경고를 주시는 것에 대해 조금 의아한 생각이 들 수 있다.

그런데, 사울의 두 번째 범죄가 나오는 15장에서는 아예 폐위가 선언된다. 사울은 하나님께서 진멸하라고 명령하신 아말렉을 진멸하지 않았다. 그는 진멸해야 할 아말렉의 왕과 좋은 짐승들을 살렸다(9절). 이에 여호와의 말씀이 내려왔다(10절). "내가 사울을 왕으로 세운 것을 후회하노니 그가 돌이켜서 나를 따르지 아니하며 내 명령을 행하지 아니하였음이니라"(11절). 이 '후회하신다'라는 말은 하나님께서 이전에 하신 선택이 부족한 것이었다거나 사울이 범죄할 것을 미리 알지 못하셨다는 의미가 아니다. 이것은 '뜻의 방향을 다르게 한다,' '뜻을 돌이킨다,' '결정의 방향이 달라진다'라는 의미이다. 뜻을 다른 방향으로 하시겠다는 하나님의 말씀에 근심함으로 밤을 새워 하나님께 부르짖었던 사무엘은 사울을 찾아가 꾸짖는다. "사무엘이 이르되 왕이 스스로 작게 여길 그 때에 이스라엘 지파의 머리가 되지 아니하셨나이까 여호와께서 왕에게 기름을 부어 이스라엘 왕을 삼으시고(삼상 15:17)." 사울이 스스로 작게 여길 그 때에는 주님이 사울을 이스라엘의 머리로 삼으셨다는 것이다. 사울이 하나님의 왕권을 알고 있었기 때문에 왕으로 삼으셨다는 것이다. 이것이 한나의 노래이다. 그런데 지금 사울 왕이 아말렉 사건에 있어서 하나님의 말씀에 순종하지 않았다고 사무엘은 지적한다(18-19절).

그러자 사울이 변명을 한다. 자신은 진멸을 했으나, 백성이 하나님께 제사하려고 좋은 것들을 가져왔다는 것이다(20-21절). 백성과 제사를 이유로 핑계를 대면서 사울이 변명하자, 사무엘은 순종의 중요성을 강조한다. "사무엘이 이르되 여호와께서 번제와 다른 제사를 그의 목소리를 청종하는 것을 좋아하심 같이 좋아하시겠나이까 순종이 제사보다 낫고 듣는 것이 숫양의 기름보다 나으니(삼상 15:22)." '목소리를 청종'한다는 것 혹은 '듣는 것'은 숙어로서, '순종'한다는 의미이다. 따라서 '순종'이 제사보다 낫다, '순종'이 숫양의 기름보다 낫다는 말씀인 것이다. 이것은 사울이 제사를 핑계 삼았으나, 사실 이 문제의 핵심은 순종이라는 말씀이다. 하나님의 왕권을 인정하느냐의 문제라는 것이다. 그리하여 26절, 28절에 이르면 사울의 폐위가 선포된다. "사무엘이 사울에게 이르되 나는 왕과 함께 돌아가지 아니하리니 이는 왕이 여호와의 말씀을 버렸으므로 여호와께서 왕을 버려 이스라엘 왕이 되지 못하게 하셨음이니이다 하고(삼상 15:26)." "사무엘이 그에게 이르되 여호와께서 오늘 이스라엘 나라를 왕에게서 떼어 왕보다 나은 왕의 이웃에게 주셨나이다(삼상 15:28)."

이렇게 사울은 두 번의 범죄로 인하여 폐위 선언을 듣게 된다. 두 번의 범죄로 인하여 폐위 당하는 것은 합당한가? 나중에 삼하 10장 이하를 보면 다윗은 밧세바 사건을 저지르게 된다. 이때 다윗은 간음죄를 범했고, 살인까지 했다. 이런 다윗과 비교해보면 삼상 13-15장에서의 사울은 경미한 죄를 저지른 것이 아닌가? 사무엘을 기다리지 못하기는 했지만, 우상에게 제사를 드린 것도 아니고 하나님께 제사를 드린 것이었고, 죽이라는 사람을 살리기는 했지만, 죽여서는 안 되는 사람을 죽인 것은 아니었다고 생각할 수도 있다. 그런데 하나님께서는 사울의 작은 범죄로 인해서는 그를 폐위시키시고, 간음과 살인죄를 저지른 다윗은 왕위에서 끝까지 왕위에 있게 하신 것일까? 이런 문제에 대하여 답을 제시하는 것이 우리가 추구해야 하는 사무엘서 읽기의 의미이고, 다윗언약의 신학적 함의가 된다.

물론 우리가 지금 여기서 다윗 이야기를 할 수는 없다. 이후 텍스트의 흐름이 어떻게 흘러가는지를 아직 모르기 때문이다. 특별히 밧세바 사건이 일어나기 전에 나오는 사무엘하 7장의 다윗 언약의 내용을 우리가 아직 살펴보지 않았기 때문에, 다윗과의 비교에 대한 질문에는 아직 대답할 수가 없다. 그러나 15장까지의 흐름으로 볼 때, 사울의 폐위 선언이 나오는 것은 당연하다. 그 이유는 바로 한나의 노래이다. 한나의 노래로부터 이어져 나온 의미, 사무엘이 선포했던 이스라엘 왕정 제도의 의미, 즉 '여호와 통치권'이라는 주제가 여기에 적용된 것이다. 교만한 자는 하나님이 반드시 낮추신다. 하나님의 왕권을 인정하지 않으면 바로 퇴출되는 것이다. 사울은 하나님께 순종하지 않았기에, 그는 폐위되는 것이 당연했다. 이것이 사무엘서의 흐름이다. 즉, 조건성의 흐름인 것이다. 지금 '한나의 노래'라는 '선율'을 통해 여러 가지 역사적 사건들을 연주해나가는 중이다. 이 흐름이 이후 사무엘상 16장부터 31장까지 계속 이어진다.

5. 다윗 vs 사울 (16-31장)

16장부터 31장은 '사울과 다윗이 공존하고 있는 아주 특별한 시기'이다. 두 명의 기름 부음 받은 자가 공존하고 있기에 특별하다고 할 수 있다. 하나님께서 다윗에게 기름을 부으시는 것이 16장에 기록되어 있다. 다윗에게 기름을 부으셨으면, 사울을 죽이시든지 실제로 왕위에서 폐위시키시든지 하셔서 다윗이 바로 왕이 되도록 해주셔야 하는 것 아닌가? 그런데 다윗이 기름 부음을 받음에도 불구하고, 삼상 31장까지 사울이 계속해서 왕이다. 다윗은 오히려 쫓겨다니는 신세가 된다. 그렇게 하실 것이었다면 왜 16장에서 일찍 다윗에게 기름을 부으셨단 말인가? 다윗 입장에서는 차라리 31장에서 사울이 죽으면 그때 기름을 부으시는 편이 삶이 평안하고 낫지 않았을까? 하나님의 뜻과 계획은 어디에 있었는가?

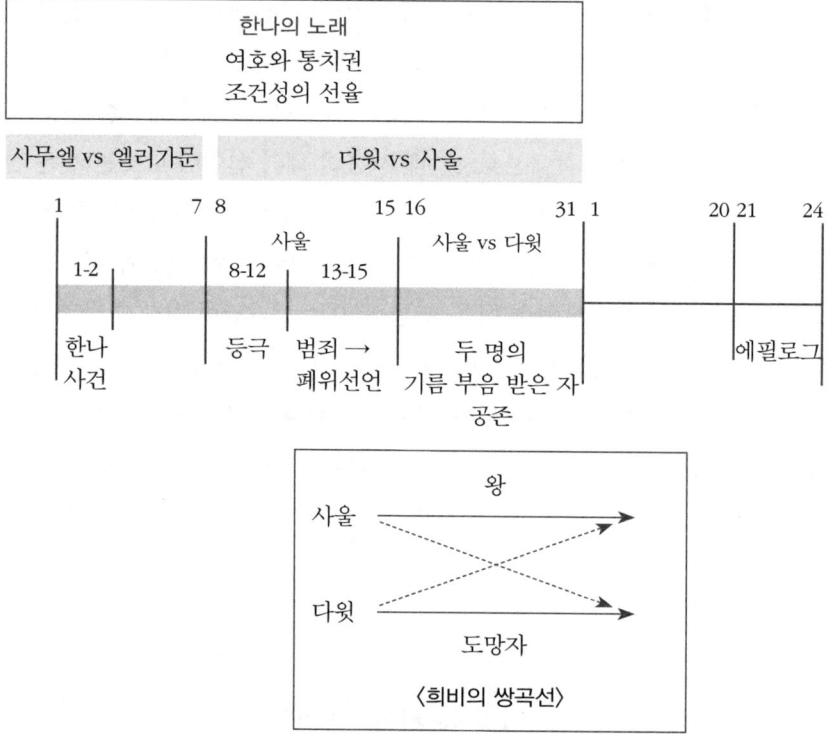

다윗의 마음이 훈련되었던 기간

  삼상 16-31장은 두 명의 기름 부음 받은 자가 공존하는 시기인데, 사울은 31장에서 죽기 전까지 왕으로 남고, 다윗은 기름 부음을 받았음에도 불구하고 계속해서 도망자로 살게 된다. 이러한 기간을 필자는 '희비의 쌍곡선'이라고 명명하고자 한다. 사울은 끝까지 왕으로 남고 다윗은 끝까지 도망자로 고생을 하지만, 사실은 이러한 스토리의 과정을 세세히 살펴보면, 다윗의 신앙은 계속해서 성장하는 모습을 보이는 반면 사울은 계속해서 신앙이 퇴보하는 모습을 보인다. 16장에서 사무엘이 다윗에게 기름을 붓는 장면이 나오는데, 이 사건이 16장 이후를 이해하게 하는 중요한 통찰을 제공한다.

16장에는 사무엘이 다윗에게 기름을 붓는 장면이 나온다. 사무엘이 이새의 아들들 중에 기름 부을 자가 누구인지를 보는 내용이다. 사무엘은 엘리압을 보고 여호와의 기름 부으실 자가 "과연 주님 앞에 있도다"라고 생각했다(6절). 사무엘은 그가 마음에 들었던 것이다. 그런데 하나님께서 엘리압이 아니라고 하셨다. 하나님은 사무엘에게 "그의 용모와 키를 보지 말라 내가 이미 그를 버렸노라"라고 하셨다. 하나님의 판단 기준은 사람의 마음이 어떠한가에 있었다. "내가 보는 것은 사람과 같지 아니하니 사람은 외모를 보거니와 나 여호와는 중심을 보느니라"(7절). '외모'로 번역된 원어는 '눈'이라는 뜻의 아인(עין)이고, '중심'으로 번역된 원어는 '마음'을 뜻하는 레바브(לֵבָב)이다. 레바브(לֵבָב) 혹은 레브(לֵב)는 '마음'을 의미하는데, 이 히브리어 단어는 단순히 감정을 뜻하는 것이 아니라 지정의를 포함하는 전인격을 의미한다. 따라서 7절은 '사람은 눈을 보거니와 나 여호와는 마음을 보신다'는 말씀이며, 결국 겉으로 드러나는 일부를 보는 것이 아니라 전인격을 보신다는 의미이다. 엘리압은 그 마음이 하나님께 합하지 않았다는 것이다. 이렇게 엘리압은 아니라고 하시고, 결국 이새의 일곱 아들들이 모두 불합격이 된다. 그래서 마지막으로 다윗을 데려오게 되는 것이다. 그렇다면 다윗에게 기름을 부을 때, 외모에 대한 이야기 대신 다윗의 마음에 대한 이야기가 나올 것으로 문맥상 예상이 된다. 그런데 16장 본문은 매우 놀랍게도 다윗의 외모에 대해서만 설명한다. "이에 사람을 보내어 그를 데려오매 그의 빛이 붉고 눈이 빼어나고 얼굴이 아름답더라 여호와께서 이르시되 이가 그니 일어나 기름을 부으라 하시는지라(12절)." 예상과 달리 '눈이 빼어났다'고 하는 문구를 통해 외모에 대한 설명이 나오고 있다. '얼굴이 아름다웠다'는 문구도 역시 외모에 대한 표현이다. 이 문구들은 무엇을 의미하는 것인가? 이 문맥에서 외모에 대한 묘사만 나타나고 다윗의 마음이 어떠한지는 나오지 않는 이유는 무엇인가?

이에 대하여 독자는 16-31장 전체를 통해 이 질문에 대한 답을 찾아가야 한다. 다윗이 왕이 되기까지 도망자로 살아야 했던 16-31장의 기간이 바로 하나님께서 다윗의 '마음을 보신' 기간이 되는 것이기 때문이다. 즉 이 기간을 통하여 하나님은 다윗의 마음을 훈련시키셨다. 그 훈련의 기준은 무엇인가? 당연히 한나의 노래이다. 하나님만이 왕이심을 훈련받아 다윗이 '하시드' 즉 신실한 자가 되게 하시는 과정이다. 물론 다윗은 기본적인 마음이 좋았지만, 그의 마음이 이 일련의 과정을 통해 하나님의 백성의 지도자로서 합당하게 되도록 하실 필요가 있었다. 삼하 7장에서 다윗 언약을 받는 사명자로 세워지게 하시기 위해 훈련이 필요했던 것이다.

다윗이 이렇게 기름 부음을 받은 후, 가장 첫 번째로 나오는 사건이 17장의 골리앗과의 전쟁이다. 이 골리앗과의 싸움에 대한 내러티브에서 해석의 포인트는 다윗의 마음이 어떠했는가에 있다고 볼 수 있다. 17장 45-47절을 보면, 다윗의 마음이 하나님께 가 있었다는 것을 알 수 있다. "다윗이 블레셋 사람에게 이르되 너는 칼과 창과 단창으로 내게 나아 오거니와 나는 만군의 여호와의 이름 곧 네가 모욕하는 이스라엘 군대의 하나님의 이름으로 네게 나아가노라"(45절). "오늘 여호와께서 너를 내 손에 넘기시리니…이스라엘에 하나님이 계신 줄 알게 하겠고"(46절). "…전쟁은 여호와께 속한 것인즉 그가 너희를 우리 손에 넘기시리라"(47절). 다윗의 마음은 '여호와가 왕이시다'라는 사실에 가 있다. 다윗이 이길 수 있었던 것은 물맷돌이라는 전쟁의 도구가 준비되었기 때문이 아니라, 하나님의 우주적 통치권을 인정하는 그의 마음 때문이었다.

이제 16-31장의 핵심적인 포인트를 몇 가지만 살펴보도록 하자. 다윗도 실수할 때가 있었다. 그런데 그때마다 다윗은 신앙적으로 바른 믿음의 선택을 하면서, 결국 신앙적인 상승곡선을 보여준다. 반면, 사울도 기회가 있었지만 그는 그때마다 사울은 잘못된 선택을 하면서 하강하는 모습을 보인다.

예를 들어, 삼상 22장을 보면 다윗이 도망자가 되어 모압으로 도망간다. 이스라엘의 기름 부음 받은 자가 이방에게 몸을 의탁한 것이다. 사울이 자신을 죽이려 하기 때문이기에, 인간적으로 생각하면 이해가 되고도 남는다. 그런데 그때 선지자 갓이 다윗에게 온다. 선지자가 왕에게 와서 말씀을 전하는 때가 왕의 인생에서 매우 중요함을 우리는 이미 언급한 바 있다. 그 시점이 바로 하나님이 왕이신가, 내가 왕인가를 고백하는 때가 되기 때문이다. 선지자 갓은 다윗에게 유다 땅으로 들어가라는 하나님의 말씀을 전한다(5절). 지금 상황에서 다윗이 유다 땅으로 돌아간다면, 기회만을 노리고 있는 사울에게 '나를 죽이십시오'하고 나타나는 것이나 마찬가지다. 그런데도 다윗은 유다 땅으로 돌아간다. 예상대로 사울은 다윗이 나타났다 함을 듣고 죽이려고 쫓아온다(22-23장). 이러한 위험을 감수하고, 다윗은 순종하였다. 자신이 죽을 수도 있다는 것을 알면서도, 여호와가 왕이심을 인정했던 것이다. 한나가 마음을 쏟아놓았던 것처럼, 사무엘이 그렇게 하나님을 섬겼던 것처럼 말이다. 결정적인 선택의 순간에, 다윗 역시 자신의 마음을 하나님께 드리고 이후의 일들을 하나님께 의지했다.

　사무엘상의 다윗 이야기에서 또 하나의 결정적인 포인트가 바로 24-26장에 나타난다. 이 세 장에서 사울과 다윗의 교차가 일어나는 부분이라고 생각한다. 24장과 26장에서 다윗은 사울을 죽일 기회가 있었는데 죽이지 않는다. 24장과 26장은 25장의 나발 사건을 에워싼 교차대구 혹은 샌드위치 형태를 형성하고 있다. 24장에서 다윗은 사울을 죽일 마음이 있어서 그렇게 하려다가 옷만 베고 죽이지 않았고, 26장에서는 사울을 죽일 생각이 아예 없었다. 다윗은 두 사건에서 모두 '여호와의 기름 부음 받은 자를 해하지 않겠다'는 의지를 표명한다(삼상 24:6; 26:9). 다윗은 여기에서 사울을 존중히 여기고 있는 것이 아니었다. 다윗은 여호와 하나님을 존중히 여기려 한 것이었다. 하나님은 이미 사울을 버리셨고 그래서 다윗을 택해 왕으로 삼으셨다. 다윗도 사울과 마찬가지로 기름 부음 받은 자이다. 그런데 사울은 기름부음 받은 다윗을 죽이려 하고 있고, 반대로 다윗은 사울이 기름부음 받은 자이기에 그의 생명에 손대지 않으려 하고 있다. 다윗은 지금 사울과 씨름하고 있는 것이 아니었다. 오히려 진정한 주권자이신 하나님과 씨름하고 있는 것이다. 인생을 온전히 주님께 의지하려는 싸움을 싸우고 있는 것이다. 눈앞의 문제를 넘어서서, 참 왕이신 하나님과 신앙의 씨름을 하고 있는 것이다.

24장과 26장의 이 사건 중간에 25장의 나발 사건 이야기가 등장한다. 나발이 다윗의 요청을 받아들이지 않자 다윗이 그를 죽이러 가고 있었는데, 나발의 아내인 아비가일이 이를 막아서면서 이야기하는 내용이 25장 26-31절에 나타난다. "내 주여 여호와께서 살아 계심을 두고 맹세하노니…내 주의 손으로 피를 흘려 친히 보복하시는 일을 여호와께서 막으셨으니…"(26절), "여호와께서 반드시 내 주를 위하여 든든한 집을 세우시리니 이는 내 주께서 여호와의 싸움을 싸우심이요…"(28절), "…내 주의 생명은 내 주의 하나님 여호와와 함께 생명 싸개 속에 싸였을 것이요…"(29절). 아비가일은 다윗에게 여호와께서 다윗을 지켜주실 것이므로, 다윗이 직접 나발을 죽일 필요가 없다는 사실을 깨우쳐 주었고, 다윗은 이후 여호와께서 나발을 죽이시는 것을 경험한다(38절). 다윗은 자신의 인생 가운데 왕으로 통치하시는 여호와를 경험하였다. 25장의 나발은 다윗에게 있어서 또 한 명의 '사울'이었다. 자신의 대적에게 자신이 어떻게 행해야 하는지를 나발 사건을 통해서 배우게 된 것이었다. 그래서 다윗은 26장에서 다윗이 '내가 하나님을 의뢰한다면 모든 것을 하나님께서 해결하실 것이다'라는 믿음을 가지고 처음부터 아예 사울을 죽이려 하지 않은 것이다. 24장에서는 죽이려 했다가 죽이지 않았으나, 25장의 사건을 경험한 후, 26장에서는 더 온전히 하나님을 의지하게 된 것이었다. 다윗은 인생에서 경험하는 여러 가지 일들을 통해 하나님께 마음을 드렸고, 그래서 신앙의 상승 곡선을 이어나갔다. 반면 사울은 다윗에게 미안하다고 하면서도 또 죽이려 하고, 잘못했다고 하면서도 또 죽이려 한다. 16-31장의 기본 해석의 원리는 '하나님께서는 마음을 보신다'는 것이다. 결정적인 순간에 왕이신 하나님께 자신의 삶을 맡기는 마음을 가졌는가가 중요한 것이다. 한나의 노래로 설명하자면, 하나님은 교만한 자는 낮추시고,

겸손한 자는 높이신다. 한나의 노래가 왕정제도의 통치 원리가 되고, 다윗의 인생에도 그대로 적용되고 있는 것이었다. 다윗은 이렇게 훈련받고 있었다.

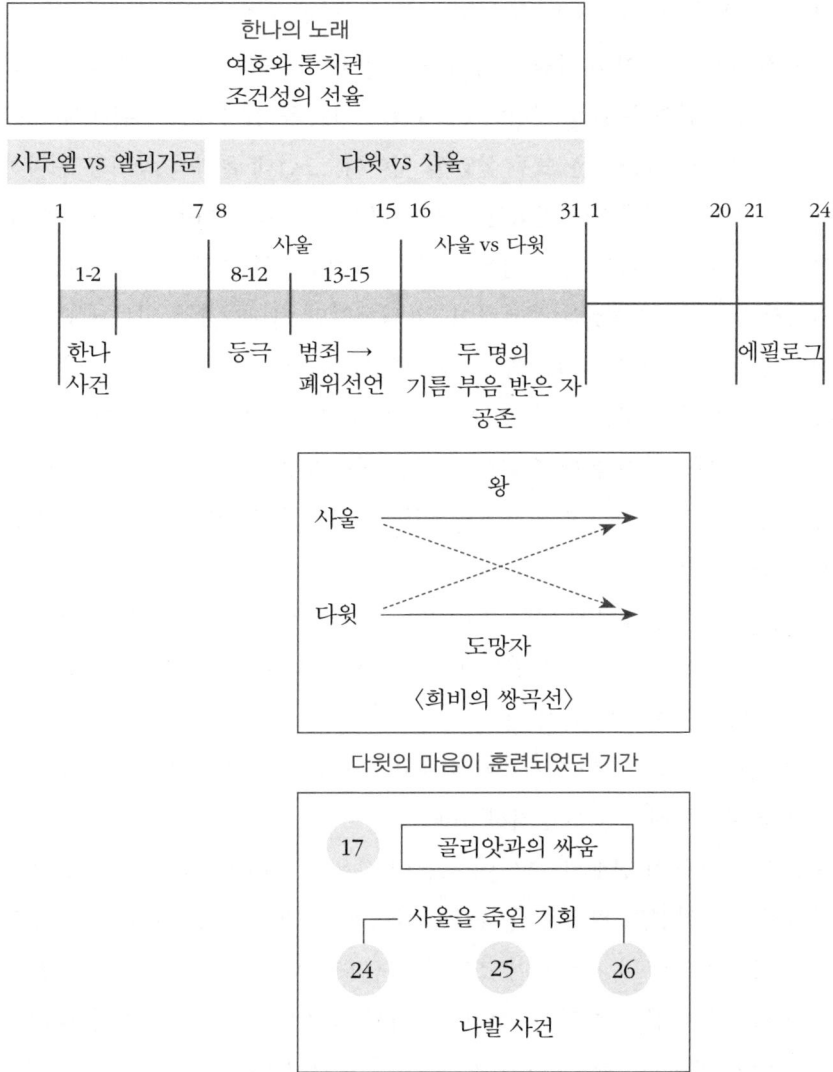

26장 이후에 다윗은 또 잘못한다. 사울이 두려워 무서워서 블레셋으로 도망을 간다(27장). 블레셋과 유다 사이에 전쟁도 일어나게 된다(28장). 이때 사울은 두려워서 신접한 여인을 찾아간다. 이것은 율법에 어긋나는 행동이다. 신접한 여인이 불러낸 존재가 진짜 사무엘인가 아닌가 하는 것보다 중요한 핵심은, 사울이 하나님의 명령을 어겼다는 점이다. 다윗에게 왕권을 넘기시는 하나님의 주권을 인정하고, 자신의 잘못을 인정하고 왕위에서 내려왔다면 사울과 아들들은 모두 살았을 것이다. 그런데 끝까지 왕위를 유지하고자 율법을 어겨가면서 신접한 여인을 찾아간 것이다. 다윗은 블레셋에 도망가서 잠시 믿음이 하강 곡선을 그리지만, 결정적인 순간에 다시 하나님을 의지하게 된다. 블레셋의 선봉장이 될 뻔했지만 하나님께서 피하게 해주셔서 전쟁에서 제외가 되었는데, 그때 아말렉 족속이 와서 시글락에 있던 다윗의 식솔들과 부하들의 가족들까지 모두 데려가는 일이 벌어진다. 백성들이 자녀들 때문에 마음이 슬퍼서 다윗을 죽이려고 했을 때, 다윗은 크게 다급하였으나 그의 하나님 여호와를 힘입고 용기를 얻었다(30장 6절). 다윗은 결정적인 순간에 또 하나님을 의지하고 순종하는 선택을 한 것이다. 그리하여 하나님의 말씀대로 아말렉 족속을 쫓아가 가족들을 모두 도로 찾아오고, 전리품을 얻어 이스라엘 사람들에게 선물로 보냄으로써 오히려 다윗의 입장과 지위가 높아지는 일이 일어난다.

정리하면, 지금까지는 한나의 노래와 사무엘이 말했던 왕정 제도의 신학적인 의미, 즉 하나님이 통치하신다는 '여호와 통치권'이라는 기준을 중심으로 모든 내용이 진행되었다. 이 흐름이 사울이 블레셋과의 전투에서 죽고, 다윗이 이스라엘의 왕으로 등극하는 내용까지 연결된다. 우리는 사무엘서가 한나의 노래부터 시작하여 조건성의 선율로 역사를 연주하고 있다는 사실을 기억해야 한다. 이러한 맥락에서 다윗 언약이 등장하는 것이며, 따라서 다윗 언약 본문인 삼하 7:8-16과 그 다윗 언약에 대한 노래인 삼하 22-23장 해석이 사무엘서에서 우리가 계속 살펴보아야 하는 부분이 된다.

6. 다윗 언약 (삼하 1-8장)

사무엘서는 신학적인 측면에서 볼 때 역사서에서 가장 중요한 책이다. 이는 사무엘서가 다윗 언약을 이야기하고 있기 때문이다. 다윗 언약을 이해하게 될 때, 그 이후의 역사책들 즉 열왕기, 역대기, 에스라-느헤미야, 에스더를 적절하게 이해될 수 있다. 이 다윗 언약의 내용과 신학적 함의는 그 이후 이스라엘 왕궁 역사에 있어서 가장 근간이 되는 약속이 되기 때문이다. 뿐만 아니다. 시편이 다루고 있는 핵심적인 신학의 근간도 바로 다윗 언약이다. 따라서 사무엘서의 다윗 언약을 충분히 이해해야 시편의 신학적 의미도 이해할 수 있다. 다윗 왕국에 대하여 주요한 선지서들이 말씀을 증거하고 있으므로(이사야, 예레미야, 에스겔 등), 선지서에서도 다윗 언약은 중요하다. 다윗 언약에 대한 이해는 구약 전반을 이해하는 데에 있어서 필수적이다.[25]

지금까지 다루었던 내용을 간단히 요약해보자. 사무엘서 전체의 서론은 사무엘상 1장과 2장에 나타나는 한나 사건이다. 결론은 사무엘하 21-24장에 동심원 구조로 나오는 에필로그이다. 그런데 이 에필로그의 한 가운데에 위치한 22장과 23장에 다윗의 노래 두 개가 쌍으로 나오며, 이 노래들이 사무엘서 전체의 해석학적 결론의 중심축이 된다. 이러한 큰 틀에서 사무엘서의 사건들은 전개된다. 사무엘상 1-7장은 사무엘 대 엘리의 대조였고, 8-31장은 다윗과 사울의 대조였다. 하나님께서 높이시는 자와 하나님께서 낮추시는 자의 대조인 것이다. 하나님께서 교만하면 낮추시고, 겸손하면 높이신다는 한나의 노래가 현재까지 계속 적용되어왔다고 설명했다. 특별히 사울이 왕으로 등극하는 8-12장의 핵심 내용은 '여호와 통치권'이었다. 이스라엘의 왕정 제도는 여호와가 통치하시는 제도라는 것이다. 따라서 참된 인간 왕은 여호와의 통치권에 순종하는 왕이라는 것을 알게 되었다. 13-15장에

---

25 다윗언약에 대한 신학적 설명을 위하여는 다음을 보라: 둠브렐, 『언약과 창조』, 228-232. 둠브렐은 다윗언약의 무조건성을 잘 이해하고 있으며, 아브라함 언약의 발전으로서의 다윗 언약의 성경을 명확하게 규명하고 있다.

서는 사울이 범죄하여 폐위 선언이 나왔고, 16-31장은 사울과 다윗의 대조 가운데 '희비의 쌍곡선'이 나타났다. 이러한 흐름을 통해서 우리는 한나의 노래가 '여호와 통치권'이라는 주제를 통해 사무엘서 전체와 이스라엘 왕정 역사를 이해하는 선율이 되었다는 점을 알 수 있었다. 이런 한나의 노래가 조건성의 선율이었다. 사람이 어떻게 하느냐에 달린 것이기 때문이다. 사람이 주님의 왕권을 인정하고 겸손하면 하나님이 그를 높이시고, 자신이 왕인줄 알고 교만하면 하나님이 그를 낮추시면서 하나님의 왕권을 드러내시는 것이었고, 이런 해석학적 관점으로 즉 한나의 노래의 선율로 이스라엘 왕정 역사를 사무엘상 1-31장이 연주하고 있다고 정리할 수 있다.

사무엘하 1-20장은 사울이 죽은 후의 다윗 이야기이다. 1-4장은 다윗이 헤브론에서 남유다의 왕으로서 통치한 내용이고, 5-20장은 온 이스라엘의 왕으로서 통치한 내용이며, 그 핵심은 7장 8-16절에 나오는 다윗 언약이다. 다윗 언약 내용의 중요성은 아무리 강조해도 지나치지 않다. 구약 언약신학을 정리하기 위해서는 사무엘하 7장 8-16절의 본문 표현 및 신학적 함의들을 충분히 숙지해야 한다.

사무엘하 5장에서는 다윗이 온 이스라엘의 왕이 되었고, 6장에서는 법궤를 예루살렘으로 모시고 올라왔다. 법궤까지 예루살렘에 모시고 나니, 7장에서 다윗은 성전을 지으려는 생각을 하게 된다. 사무엘하 7장의 본문에 대한 오해들이 널리 퍼져있을 수 있기에, 먼저 한 가지 짚어보아야 할 견해가 있다. 우리는 사무엘하 7장을 다윗이 성전을 지어 바치겠다고 했을 때, 하나님께서 다윗의 제안을 거절하셨다라고 이해하고 있는 경우를 보게 된다. 그 이유란 다름 아닌 '다윗의 손에 피가 가득했기 때문'이라는 것이다. 다윗은 사람을 많이 죽였기 때문에 성전을 건축할 수 없고, 대신 그의 아들 솔로몬으로 하여금 성전을 건축하게 한다는 견해이다. 그러나 매우 놀랍게도 실제 사무엘하 7장 본문에는 '성전'이라든가 '솔로몬'이라는 언급이 전혀 나타나지 않는다. 심지어 '다윗의 손에 피가 가득했다'는 표현도 없다. 다윗의 손에 피가 가득했다는 표현은 추후 역대상 22장 및 28장에 언급되는데, 역대상 22-29장은 다윗이 성전 건축을 위해 행정적, 재정적 준비를 하는 맥락을 보여주는 본문이다. 직접적인 언약이 계시로 주어진 본문이 아닌 것이다. 즉 다윗 언약이 무엇인지를 설명하는 기초적 본문인 사무엘하 7장에는 다윗의 손에 피가 가득하므로 솔로몬이 성전을 건축하게 된다는 내용이 전혀 없다. 더 정확히 표현하자면, 하나님은 성전을 건축하겠다는 다윗의 요청을 거절하신 것이 아니며, 오히려 다윗이 처음에 드렸던 요청보다 더 크고 놀라운 방식으로 계시를 내려주신 것이었다.

사무엘하 7장 1절은 이렇게 기록하고 있다. "여호와께서 주위의 모든 원수를 무찌르사 왕으로 궁에 평안히 살게 하신 때에(1절)." 다윗은 온 이스라엘을 다스리게 되었고, 여호와의 법궤도 예루살렘으로 모시고 왔다. 이제 건물로서의 성전을 건축할 수 있는 때가 되었다고 판단할 만한 때였다. 이런 시점에 다윗이 하나님께 기도를 드린 내용이 2절에 나타난다. "왕이 선지자 나단에게 이르되 볼지어다 나는 백향목 궁에 살거늘 하나님의 궤는 휘장 가운데에 있도다"(2절). 이 구절은 건물로서의 성전을 짓겠다는 의미이다. 성전이 없는 상황에서 여호와의 법궤를 회막에 모시고 있었기 때문이다. 다윗 자신이 좋은 백향목 궁궐에 살고 있는 점을 생각하니, 여호와의 법궤를 모실 수 있는 건물로서의 성전을 짓고 싶은 마음이 들었던 것이다. 이에 대하여 하나님께서 답변하신 내용이 다윗 언약이다. 먼저 '다윗 언약'의 핵심에 대해서 정리한 후에 본문으로 들어가도록 하자. 다윗 언약의 핵심 단어는 '집'(house)이라는 뜻의 바이트(בית)이다. 많은 경우 우리는 이 단어를 건물 개념으로만 이해하는데서 그치는데, 실제로 다윗 언약에서 이 '집'은 '왕국,' '나라,' 즉 '왕조' 개념을 의미한다. 그래서 다윗 언약의 핵심은 '하나님께서 다윗에게 집을 주셔서 그 다윗의 집이 하나님의 집을 건축하게 된다'는 데 있다. 다윗은 하나님께 성전을 지어드리고 싶다고 말씀드렸다. 건물로서의 하나님의 '집'을 이야기한 것이다. 그런데 하나님은 다윗이 하나님의 집을 짓는 것이 아니라, '다윗의 집'이 짓는 것이라고 말씀을 하셨다. 이를 위해 다윗에게 집을, 즉 바이트(בית)를 주겠다고 하신 것이다. "가서 내 종 다윗에게 말하기를 여호와께서 이와 같이 말씀하시되 네가 나를 위하여 내가 살 집을 건축하겠느냐?"(5절) "여호와가 또 네게 이르노니 여호와가 너를 위하여 집을 짓고"(11절). 다윗 언약에 대한 기초적 의미는 '집'의 뜻을 이해하는 데서 발견된다. 하나님께서 다윗에게 주신다고 한 '집'은 다윗이 살 수 있는 건물로서의 집이 아니었다. 2절에서 보았듯이 다윗은 이미 백향목 궁궐에 살고 있었다. 하나님께서 다윗에게 주시겠다고 말씀하신 '집'은 다윗의 후손이 다윗을 이어 왕이 되는 시스템 즉 다윗 왕조이다. '나라' 개념인 것이다.

우리는 고대 사회에서 왕이 자기 아들에게 왕위를 세습하는 것이 당연하게 이루어졌을 것이므로 다윗에게도 당연히 그런 일이 자연스럽게 주어졌을 것이라고 생각해서는 안 된다. 우리가 사무엘서 첫 부분부터 보아 왔듯이, 이스라엘의 왕정 제도는 일반 나라의 왕정 제도가 아니라 하나님께서 통치하시는 특별한 종류의 왕정 제도였기 때문이다. 모세 이후 이스라엘 역사에서 아버지가 아들에게 사사 지위나 왕의 지위를 물려준 적이 없었다. 엘리도 그렇게 하지 못했고, 사무엘도 그렇게 하지 못했고, 사울도 그렇게 하지 못했다. 그저 하나님께서 원하시면, 하나님이 원하시는 그 사람을 직접 세우시는 것이다. 원칙은 무엇인가? 한나의 노래이다. '교만하면 낮추시고, 겸손하면 높이신다'는 이 원칙이 계속 적용되어 온 것이다. 다윗도 자신의 눈으로 똑똑히 보았다. 훌륭한 인물이었던 사울의 아들 요나단도 아버지 사울로부터 왕위를 물려받지 못했다. 조금이라도 주님 앞에 교만하면, 하나님께서는 사울을 쳐내셨듯이 바로 쳐내시는 것이다. 그렇기에 다윗 자신의 왕권이 아들에게로 이어질 것은 아직 생각할 수 없는 일이었다. 그런데 지금 하나님께서 다윗에게 '집'을 주시겠다고, 즉 '왕조'를 주시겠다고 약속해주시는 것이다.

다윗 언약의 핵심은 이렇게 다윗의 집(בַּיִת)이 하나님의 집(בַּיִת)을 건축하게 된다는 것이다. 다윗에게 집 즉 왕조를 주셔서 그 다윗의 집이 하나님의 집을 건축한다는 것이다. 이때 하나님의 '집'의 개념은 '나라,' '왕국,' '왕조'

개념이다. 물론 건물로서의 '성전' 개념도 포함되어 있겠지만, 궁극적인 핵심 개념은 '나라' 개념, '왕조' 개념이다. 다윗이 건축할 하나님의 집이란 건물로서의 성전 뿐 아니라 궁극적인 하나님 나라이다.[26] 하나님은 다윗 왕조를 통해 하나님의 나라를 완성하시겠다고 말씀하신 것이며, 이는 창세기 1장부터 우리가 살펴온 바 하나님의 구속사가 지향하는 목표이다. 정경적으로는 다윗 왕조의 후손으로 오시는 예수 그리스도를 통해 하나님의 나라가 완성될 것을 내다보고 있는 것이다.

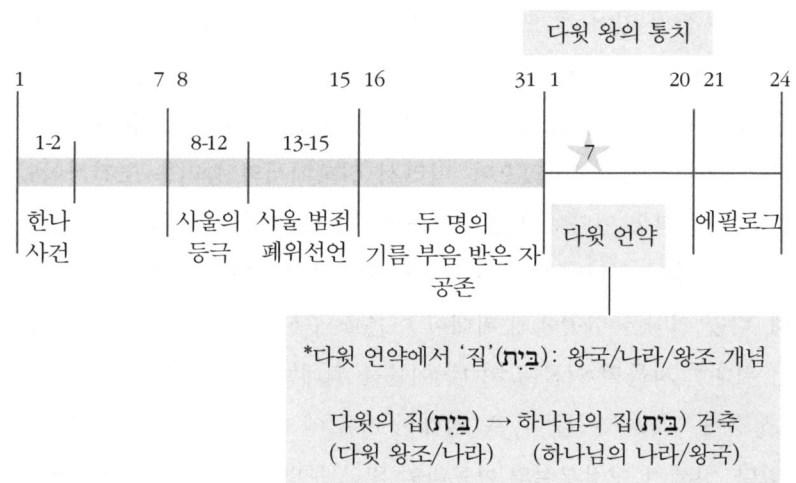

그렇다면 다윗 언약의 구체적인 내용들이 무엇인지 본문을 통해 살펴보자. 첫째, 다윗언약은 왕권 곧 통치권과 관련된 언약이다. "그러므로 이제 내

---

[26] 리히터는 다윗의 '집'은 왕조를 가리키고, 하나님의 '집'은 성전을 가리킨다고 본다. 언어유희가 작동하고 있다고 해석한 것이다. 샌드라 리히터, 『에덴에서 새 에덴까지』, 윤석인 역 (서울: 부흥과개혁사, 2013), 304-305. 필자는 하나님의 '집' 역시 문맥상 하나님의 왕국을 가리킬 수 있다고 본다. 근접성취로는 물론 건물로서의 하나님의 집인 성전을 의미하는 것이었겠으나, 정경적 맥락에서 이 하나님의 집은 구약 성경 처음부터 흘러온 하나님 나라 개념을 뜻하며, 추후 예수 그리스도로 인해 완성될 하나님의 집 곧 하나님의 나라를 의미한다. '바이트'라는 어휘 사용에 담겨진 함축적 의미가 구원계시의 발전 선상에서 구약 처음부터 신약에게로 유기적, 점진적으로 발전해 나가는 예로 이해할 수 있는 것이다.

종 다윗에게 이와 같이 말하라 만군의 여호와께서 이와 같이 말씀하시기를 내가 너를 목장 곧 양을 따르는 데에서 데려다가 내 백성 이스라엘의 주권자로 삼고"(8절). 하나님께서 다윗을 하나님의 백성 이스라엘의 '주권자'로 삼겠다고 말씀하신 것이다. 이것은 '왕권, 통치권'을 뜻한다. 즉 다윗 언약은 통치권, 왕권에 대한 이야기이다. 따라서 우리는 '왕', 왕의 동의어인 '기름 부음 받은 자', 또 이스라엘에서 통치권자를 의미한 '목자'와 같은 단어들이 다윗 언약과 연관된 어휘들임을 기억해야 한다.[27]

둘째, 다윗 언약은 전쟁에서의 승리를 보장한다. "네가 가는 모든 곳에서 내가 너와 함께 있어 네 모든 원수를 네 앞에서 멸하였은즉"(9절 상반절). 신명기 28장에서 우리는 시내산 언약이 조건적인 의미에서 전쟁의 승리와 패배를 말했다는 사실을 보았다. 순종하면 전쟁에서 승리하고, 불순종하면 전쟁에서 패배한다는 것이었으며, 따라서 전쟁에서의 승리는 조건적이었다. 그런데 이제 다윗 언약에서는 그러한 조건성의 표현이 등장하지 않는다. 아무런 조건 없이 하나님께서 다윗에게 전쟁의 승리를 약속해 주신 것이다.

셋째, 다윗 언약은 다윗에게 위대한 이름을 주신다는 약속을 포함한다. "땅에서 위대한 자들의 이름 같이 네 이름을 위대하게 만들어 주리라"(9절 하반절). 성경에 '위대한 이름' 혹은 '창대한 이름'에 대한 약속을 받은 사람이 두 명 있다. 창세기 12장 2절의 아브라함 및 사무엘하 7장 9절의 다윗이다. 아브라함 언약과 다윗 언약이 구속사의 큰 맥락이라는 점을 고려할 때, 마태복음 1장의 예수 그리스도의 족보가 '아브라함과 다윗의 자손 예수 그리스도의 계보'로 명명된 것은 매우 자연스럽다.

넷째, 다윗 언약은 특정한 장소와 관련되며, 그 장소에는 평화가 보장된다. "내가 또 내 백성 이스라엘을 위하여 한 곳을 정하여 그를 심고 그를 거주하게 하고 다시 옮기지 못하게 하며 악한 종류로 전과 같이 그들을 해하

---

[27] 사무엘하 5장 2절을 보면 하나님께서 다윗을 이스라엘의 '주권자'로 삼으신다고 할 때 '목자'라는 단어가 병행되어 기술되고 있다. 이후 구약 성경에서 '이스라엘의 목자'는 다윗 계열의 왕 및 지도자급에 있는 사람들을 가리키게 된다.

지 못하게 하여(10절) 전에 내가 사사에게 명령하여 내 백성 이스라엘을 다스리던 때와 같지 아니하게 하고 너를 모든 원수에게서 벗어나 편히 쉬게 하리라"(11절 상반절). 하나님께서는 이스라엘을 위하여 '한 곳'을 정하여 그를 심겠다고 하셨다. 이는 한 장소를 주시겠다는 의미이며, 이 장소에는 열방의 침입이 없을 것이라는 뜻이다. 이 약속은 과거에 존재했던 사사 싸이클이 더 이상 유효하지 않을 것이라는 선포이다. 사사기 싸이클이란 언약백성이 배도하면 열방을 보내셔서 압제하게 하시고, 언약 백성이 부르짖으면 비로소 사사를 보내사 구원하시는 것이었다. 그런데 이제부터는 열방을 데리고 와서 언약 백성을 압제하는 일이 다윗에게 주신 한 장소에서는 더 이상 없을 것이라고 약속하신 것이다. 사사기의 싸이클은 철저히 시내산 언약에 근거한 것이다. 불순종하면 열방이 와서 압제한다는 것이기 때문이다. 그런데 지금 다윗 언약은 시내산 언약의 조건성을 훌쩍 뛰어넘어 무조건성의 성격을 선명하게 드러내고 있다.

하나님께서 다윗과 이스라엘에게 약속해주신 이 '한 곳'은 어디일까? 일차적 성취와 최종 성취(종말론적 성취)를 구분하여 이해해 보자. 일차적 성취는 당연히 예루살렘 성(동의어: 시온, 성산, 주께서 계신 곳, 기타 등등)이다. 하나님은 다윗에게 예루살렘을 주셨다. 한 장소에 대한 주제는 신명기 12장의 중앙 성소 규정으로부터 비롯된다. 이스라엘 백성들이 가나안 땅에 들어가면 아무 곳에서나 제사를 드릴 수 없고 하나님께서 정하신 한 곳에서만 제사를 드려야 한다는 것이 중앙 성소 규정의 핵심이다. 그래서 이스라엘 백성들은 법궤가 있는 곳에서만 예배를 드려야 했다. 첫 번째 중앙 성소는 실로였으나, 엘리 당시에 법궤를 블레셋에게 빼앗겼었다. 이제 다윗 이후에는 예루살렘이 하나님이 정하신 중앙 성소가 되는 것이다. 나중에 분열 왕국 시대에 이르면, 예루살렘 성전 이외의 다른 곳에서는 아무리 제단을 쌓고 하나님께 제사를 드린다 할지라도 모두 우상 숭배로 규정된다. 그 이유는 신명기 12장의 중앙 성소 규정과 사무엘하 7장의 다윗 언약이다. 다윗성인 예루살렘에 있는 성전만이 중앙 성소인 것이다. 그렇다면 종말론적 성취라는 관점에서 이 '한 곳'은 어디일까? 신약에 가면 하나님께서 주신 한 장소는 '교회'가 된다. 그리고 그 장소는 '새 예루살렘'이라고 표현된다.

다섯째, 다윗 언약의 핵심은 다윗의 집이 여호와의 집을 건축한다는 것이다. 11절 하반절부터는 그 내용이 본격적으로 소개된다. 11절 끝부분부터 13절까지를 한 번 살펴보자. "여호와가 또 네게 이르노니 여호와가 너를 위하여 집을 짓고(11절 하반절)…네 수한이 차서 네 조상들과 함께 누울 때에 내가 네 몸에서 날 네 씨를 네 뒤에 세워 그의 나라를 견고하게 하리라(12절)…그는 내 이름을 위하여 집을 건축할 것이요 나는 그의 나라 왕위를 영원히 견고하게 하리라"(13절). 하나님께서 다윗을 위하여 집을 지어주신다고 하셨다. 여기서 물론 집은 왕조 개념이다. 그런데, 그 왕조가 나오게 되려면 후손이 필요하다. 그래서 씨를 주시고 그의 나라를 견고하게 해주겠다고 약속하시는 것이다. 그리고 그 다윗의 씨가 하나님의 이름을 위하여 집을 건축한다는 말씀이다. 중요 주제들을 정리해보자. 하나님께서 다윗에게 '집'을 주시겠다고 하셨다. 이 집은 왕국 개념, 왕조 개념이다. 그런데 이 '다윗의 집'이 있으려면 무엇이 있어야 하는가? 다윗의 씨가 있어야 한다. 여기서 '씨'라고 번역된 원어는 '씨'라고 번역할 수도 있고 '후손'으로도 번역할 수 있는 쩨라(זֶרַע)이다. 쩨라(זֶרַע)는 원복음에서의 여자의 후손, 아브라함 언약에서의 아브라함의 후손, 다윗 언약에서의 다윗의 후손를 표현하기 위해 사용된 어휘이며, 추후 신약에서 예수님께로 연결된다. 언약 신학에서 매우 중요한 단어이다. 이렇게 하나님께서 다윗에게 씨를 주셔서 집을 주시는데, 이 다윗의 집이 바로 '하나님의 집'을 건축하게 된다. 이때 하나님의 집 역시 건물로서의 성전 개념을 포함하기는 하지만 궁극적으로는 왕국, 왕조 개념이다. 이것이 11절 하반절부터 13절까지의 내용이다.

그렇다면 이 '다윗의 후손'은 누구일까? 일차적인 성취와 궁극적인 성취로 나누어 생각해보자. 가장 근접한 성취는 다윗의 씨로서 예루살렘 왕이 된 사람, 솔로몬이다. 그러나 궁극적인 성취는 다윗의 후손으로 오시는 예수 그리스도가 되실 것이다. 그렇다면, 다윗의 후손이 건축하게 되는 '하나님의 집'은 무엇을 가리키는가? 근접 성취로는 솔로몬이 건물 성전(동의어: 성소, 주의 집, 주의 뜰, 주의 장막 등)을 건축하게 된다. 이것이 일차적 성취로서의 하나님의 집이다. 그런데 이것이 끝이 아니다. 궁극적인 성취로서 성전으로 오신 분이신 예수 그리스도께서 오셔서 이 땅에서 하나님의 왕국을 세우시는 것이며, 그 하나님의 집이 바로 교회이다. 예수께서 머리가 되시는 그의 몸된 교회가 나오는 것이다.

지금까지 우리는 다윗 언약의 핵심적인 내용들을 살펴보았다. 사무엘하 7장 13절 하반절부터는 이 다윗 언약의 성격에 대한 설명들이 나타난다. 그 핵심은 '영원성'과 '무조건성'이다. 다윗 언약은 영원하며, 결코 깨지지 않는다는 것이다. 다윗 언약은 인간이 하기에 달려 있는 조건적인 언약인 시내산 언약과는 다르다는 것이다. 다윗 언약의 특성은 세 가지로 본문에 나타나는데 그 특성은 모두 영원성을 설명하기 위해서 주어진다. "나는 그의 나라 왕위를 영원히 견고하게 하리라"(13절). 다윗의 후손의 나라 왕위를 영원히 견고하게 하신다는 것이다. 이 영원성을 설명하기 위해 본문은 첫째, 하나님과 다윗의 후손을 부자 관계로 표현한다. "나는 그에게 아버지가 되고 그는 내게 아들이 되리니(14절 상반절)." 둘째, 다윗의 후손에게 징계를 주신다. "그가 만일 죄를 범하면 내가 사람의 매와 인생의 채찍으로 징계하려니와"(14절 하반절). 셋째, 다윗의 후손에게서는 인자하심을 거두시지 않는다. "내가 네 앞에서 물러나게 한 사울에게서 내 은총을 빼앗은 것처럼 그에게서 빼앗지는 아니하리라"(15절). 이 내용들을 하나씩 좀 더 상세히 살펴보자.

첫 번째, '부자 관계'이다. 하나님은 아버지가 되시고, 다윗의 후손(זֶרַע)은 하나님의 아들이 된다는 의미이다. 이러한 부자 관계는 다윗 언약 이전의 사무엘서 내용과 큰 차이를 드러낸다. 하나님과 이스라엘의 왕 사이는 군신 관계였다. 하나님이 통치자이시고, 왕은 하나님을 섬기는 종이었다. 그러므로 한나의 노래가 조건성의 선율로서 적용되고 있던 것이다. 교만하면 반드시 낮추셨다. 그런데 지금 다윗 언약은 완전히 다른 선율을 등장시킨다. 부자 관계란, 버리지 못한다는 것이다. 아들이 잘못해도 아버지와의 관계가 끊어지거나 내쳐지지 않는다는 뜻이다. 그래서 부자 관계는 영원성을 설명하는 구절이 된다. 이 부자관계라는 주제의 일차적인 성취와 종말론적 성취를 보자. 두 경우에서 아버지는 모두 변함없이 하나님이시다. 그렇다면 '아들'의 일차적 성취은 누구인가? 솔로몬이다. 이것은 명목상의 이해 정도에 머무는 부분적 성취로서, 솔로몬이 정말로 하나님의 아들로 신성을 가졌다는 의미는 아니다. 그런데 신약 성경에서는 진정으로 성부 하나님의 아들이신 성자 예수님께서 오신다. 제2위 하나님이신 성자로서 하나님과 동일 본질이시면서 동시에 온전한 사람으로 성육신하신 분이시며, 진실로 인성과 신성을 모두 온전히 가지신 참 아들이시다. 다윗 언약에서의 '하나님의 아들'은 성자 예수 그리스도에게서 궁극적으로 완성되는 것이다.

두 번째, 언약의 영원성의 '징계'로 설명된다. 징계는 여기서 부정적인 함의를 지니지 않았다. 오히려 매우 긍정적인 의미를 지니고 있다. 징계하신다는 것은 죽이거나 버리지 않는다는 뜻이기 때문이다. 오히려 징계한다는 것은 양육하여 반드시 사용하신다는 의미이다. '다윗의 후손'이 '하나님의 나라'를 완성하는 일을 반드시 해내도록 양육하고 훈련시키는 것이며, 잘못할 때에 고쳐서 사용하신다는 의미이다. 다윗의 집을 통해 반드시 언약을 이루시고야 말겠다는 하나님의 약속인 것이다.

세 번째, 영원성은 하나님의 언약적 성품을 통해 묘사된다. 바로 '은총'이라고 번역된 헤세드(חֶסֶד)이다. 15절에서 보았듯이, 하나님께서 사울에게서는 하나님의 은총을 빼앗으셨지만 다윗의 자손에게서는 빼앗지 않으시겠다고 말씀하셨다. 이때 '은총'이라고 번역된 말은 원어로 헤세드(חֶסֶד)이다. '은총'보다는 '인자' 혹은 '인애'로 번역하는 것이 시편 이후와 통일성을 잘 드러내게 될 것인데, 개역개정에서는 '은총'이라고 번역했다. 헤세드(חֶסֶד) 즉 '인자'는 언약적 성실성을 뜻한다. 인자는 언약을 반드시 지켜내는 인격적 성품이며, 그렇기에 지정의를 모두 포함하는 개념이다. 포기하지 않으시며 끝까지 이루시는 성실하신 사랑, 의지적인 사랑이 '인자'이다. 그렇다면 다윗 언약에 이 '인자'가 나온다는 것은 무엇을 뜻할까? 바로 다윗 언약이 반드시 성취됨을 뜻한다. 사람이 잘못하더라도 하나님께서는 반드시 이루신다는 것이다. 이전에는 한나의 노래 관점이 적용되어 인간이 잘못하면 내치셨지만, 이제는 부자 관계를 맺으시고, 징계하셔서라도 반드시 이루신다는 것이다. 이전까지의 맥락은 시내산 언약적인 조건성이었다. 그런데, 이제부터는 다르다. 다윗의 후손은 교만하거나 잘못할지라도 하나님께서 버리지 않으시겠다는 것이다. 다윗의 집을 통해 하나님의 집을 건축하게 한다는 약속이 반드시 이루어질 것임을 '은총'이라는 단어를 통해 여기서 선언하신 것이다. 따라서 다윗 언약의 가장 중요한 신학적 측면은 하나님께서 반드시 이루신다는 '무조건성'이 된다.

다윗 언약의 기초적 내용들

1) 왕권, 통치권 - 왕/기름 부음 받은 자/목자
2) 전쟁에서의 승리 → 위대한 이름
3) 한 곳 - 일차적 성취: 예루살렘/시온/성산/주께서 계신 곳
   - 종말론적 성취: 교회 → 새 예루살렘

다윗 언약의 핵심적 내용들

1) 다윗에게 집(나라/왕국)을 주시겠다
2) 다윗의 씨(후손) - 일차적 성취: 솔로몬
   - 궁극적 성취: 예수 그리스도
3) 다윗의 집이 하나님의 집(나라/왕국)을 건축하게 된다
   - 일차적 성취: 성전/성소/주의 집/주의 뜰/주의 장막
   - 궁극적 성취: 예수 그리스도 → 교회

다윗 언약의 특성 - 영원성, 무조건성

1) 부자 관계
   아버지 - 하나님
   아들 - 일차적 성취: 솔로몬
      - 궁극적 성취: 예수님 → 교회
2) 징계
3) 은총 (헤세드 חֶסֶד 인자)

우리는 사무엘서의 흐름에서 조건성을 뜻하는 '한나의 노래'의 선율을

가지고 역사가 연주된 것을 지켜보아 왔다. 그런데 지금 두 번째 선율, 새로운 역사 이해의 선율이 등장하였다. 바로 '다윗 언약'이다. 그 다윗 언약의 가장 큰 특징은 한나의 노래와 반대되는 무조건성이다. 잘못해도 버리지 않고, 양육하고 빚으셔서 반드시 사용하시겠다고 하나님이 선언하신 것이다. 그러므로 사무엘서의 거시적 흐름에서 한나의 노래(조건성)는 역사의 첫 번째 선율이 되고 다윗 언약(무조건성)은 사무엘하 7장에서 새롭게 등장하는 두 번째 선율이 되는 것이다. 그렇다면 지금부터는 한나의 노래인가, 아니면 다윗 언약인가? 지금부터는 조건성인가, 무조건성인가? 이것이 사무엘하 7장 이후 이스라엘 왕정 역사를 이해하는 새로운 '해석의 렌즈'이다. 필자는 이것을 〈언약의 이중주 선율〉로 표현하고 싶다. 이중주는 비록 두 개의 악기로 연주되지만 하나의 음악 작품이다. 이러한 의미에서 한나의 노래와 다윗 언약은 하나이다. 지금부터는 조건성과 무조건성이 하모니를 이루어서 유기적으로 함께 역사 사건들을 연주해 나가게 된다. 그렇다면 어떤 방식으로 이 두 선율이 같이 연주되는 것인가?

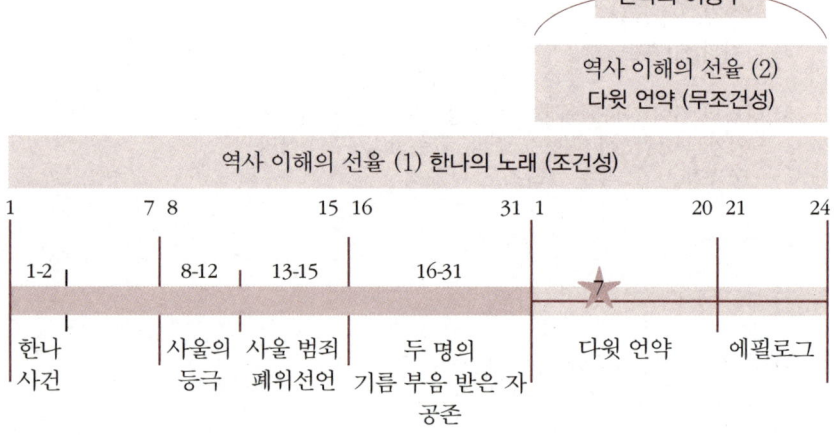

다윗 언약 주제에 한 가지가 간단히 추가되어야 한다. 사무엘하 8장은

'다윗이 어디로 가든지 여호와께서 이기게 하셨더라(14절 하반절)'라고 기록한다. 다윗이 전쟁에서 계속 이겼다는 것인데, 이는 7장 다윗 언약에서 약속된 '전쟁의 승리'의 성취이다. 8장에 나오는 전쟁의 승리 이야기는 다윗 언약이 이루어져 가고 있었음을 보여주는 의미가 있다. 바로 이런 맥락에서 8장 15절을 보면 "다윗이 온 이스라엘을 다스려 다윗이 모든 백성에게 정의와 공의를 행할새"라는 구절이 언급된다. 이 때 정의와 공의는 쩨다카(צְדָקָה)와 미쉬파트(מִשְׁפָּט)이다. '정의와 공의'가 다윗 언약과 연결된 개념이 되는 것이다. 이 정의와 공의라는 주제는 우리가 이미 아브라함 언약에서 자세히 다루었다. 창세기 18장 소돔과 고모라 사건 때, 하나님께서 아브라함을 통하여 정의와 공의를 행하게 하려고 그를 택하셨다는 내용이 있었다. 그 내용이 다윗 언약에도 나오는 것이다. 결국 '정의와 공의'는 언약적 통치의 원리와 그 결과이다. 하나님 나라가 임하여 이루어질 때 반드시 나타나는 결론적인 열매이자 언약의 지도자가 가지고 실천해야 하는 통치의 중요한 원리인 것이다.

지금까지 설명한 모든 내용들을 합하여 '다윗 언약 주제 패키지'로 이해하면 좋다. 다윗 언약의 주제들을 본문의 표현대로 이해해 놓으면 이후 구약 본문을 읽는데 큰 도움이 된다. 특히 시편은 다윗 언약 주제를 부가적 설명 없이 언급하는데, 이런 경우 그 언급은 다윗 언약을 가리키고 있음을 우리는 바로 알 수 있어야 한다. 예를 들어, "우리에게 향하신 여호와의 인자하심이 크시고 여호와의 진실하심이 영원함이로다 할렐루야"(시 117:2)에서 '인자하심'은 다윗 언약의 영원성의 세 번째 설명에 나왔었다. 시편 117편 2절은 하나님께서 다윗의 집을 반드시 사용하신다는 사실을 '인자와 진실'이라는 어휘로 표현하고 있는 것이다. 정경적으로 보면 예수 그리스도를 통해 하나님의 사랑이 우리에게 주어졌다는 의미가 된다. 또 다른 예로, 시편 63편 3절의 "주의 인자하심이 생명보다 나으므로 내 입술이 주를 찬양할 것이라"를 들 수 있다. 주님의 인자가 생명보다 낫고 소중하다. 주님의 인자하심이 우리의 생명을 보존해주시는 하나님의 언약적 성실성이기 때문이다.

이렇듯 시편에서 하나님의 '인자하심'을 언급할 때 독자들은 그 어휘가 다윗 언약에 나온 헤세드(חֶסֶד)를 의미함을 바로 이해할 수 있어야 한다.

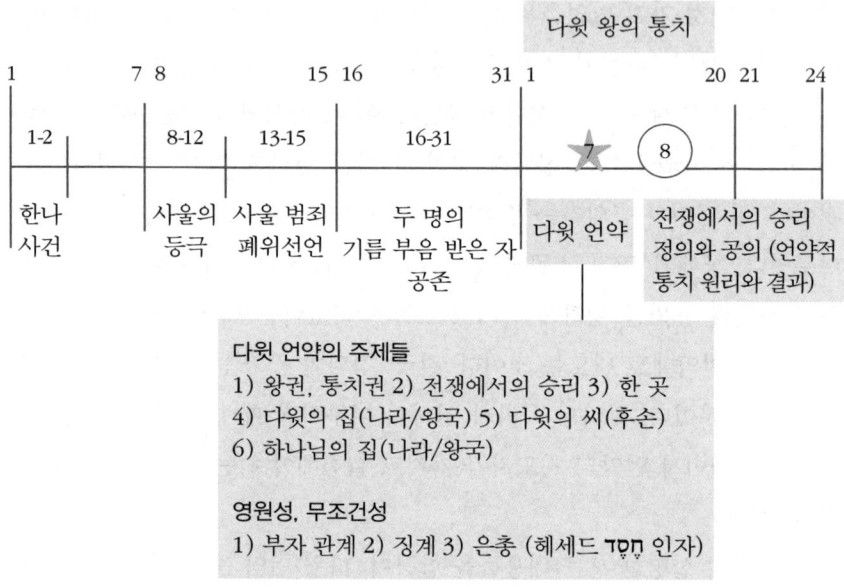

7. 언약 이중주 선율의 적용 (삼하 9-20장)

다윗언약이 주어진 이후의 사무엘서의 본문은 언약의 이중주의 관점에서 이해되어야 한다. 즉 한나의 노래와 다윗의 노래, 조건성과 무조건성의 선율이 함께 연주되는 통전적인 이야기가 전개되는 것이다. 다윗이 자신의 왕의 임무를 온전하게 잘 수행하고 있을 때는 좋겠으나, 만약 다윗이 범죄하게 될 경우, 다윗의 후손이 죄를 짓게 될 경우, 그러한 사건들은 어떻게 해석되어야 하는가? 다시 말해, 하나님께서는 다윗이 잘못하면 한나의 노래의 조건성의 선율을 연주하실 것인가 아니면 다윗 언약의 무조건성의 선율을 연주하실 것인가? 그리고 다윗은 자신이 잘못했을 때 한나의 조건성의 선율을 연주할 것인가 아니면 다윗 언약의 무조건성의 선율을 연주할 것인가? 다윗이 잘못하면 하나님은 용서해주실 것인가 아니면 사울을 쫓아내셨듯이 쫓아내실 것인가? 다윗은 자신이 잘못했을 때 주님 앞에 진정으로 회개할 것인가 아니면 무조건성의 약속을 받았다는 것을 근거로 진정한 회개없이 용서를 당당히 요구할 것인가?

사무엘하 9장에는 므비보셋 이야기가 나온다. 여기서 다윗은 요나단의 아들인 므비보셋에게 헤세드(חֶסֶד), 은총을 베푼다. "다윗이 그에게 이르되 무서워하지 말라 내가 반드시 네 아버지 요나단으로 말미암아 네게 은총을 베풀리라"(7절 상반절). 요나단과 언약을 맺은 다윗이 언약적 사랑의 관점에서 므비보셋을 보는 이유는 하나님께로부터 받은 은혜를 다른 이들에게 베푸는 사람으로 살아가기 위함이다. 앞서 한나의 노래에서 우리가 하시드(חָסִיד)라는 어휘를 살펴보았다. 이제 다윗이 하시드(חָסִיד)의 삶을 살아내고 있는 것이다. 하나님의 크신 헤세드(חֶסֶד)를 받은 그는 이제 하나님께 언약적 성실성을 지키고 또한 사람들에게도 헤세드(חֶסֶד)를 베푸는 삶을 살아간다. 이것이 다윗이 9장에서 므비보셋에게 은총을 베푸는 이유이다. 이 부분에서는 한나의 노래 선율 및 다윗 언약의 선율이 충돌하지 않는다.

그런데 11장과 12장에 들어가면 흐름이 달라진다. 다윗은 밧세바 사건을 통해 간음죄 및 살인죄를 범한다. 앞서 사울 왕은 사무엘상 13장, 15장에서 두 번 잘못해서 폐위 선언을 당했다. 교만하여 범죄하자 하나님이 그를 낮추시고 왕위를 폐하셨다. 이에 비교하자면 밧세바 사건을 통해 다윗은 훨씬 더 극악무도한 만행을 저질렀다. 그런데 12장에서 나단이 다윗에게 와서 '당신이 그 사람이다'라고 다윗의 범죄사실을 폭로했을 때 하나님은 다윗의 왕위를 폐하겠다고 말씀하지 않으셨다. 다만 칼이 다윗의 집에서 떠나지 않을 것이고(10절), 백주에 다윗의 아내들과 다른 이가 동침할 것이고(11절), 다윗과 밧세바 사이에서 낳은 아이가 죽을 것이라고 말씀하셨다(14절). 왜 이 정도밖에 이야기하지 않으시는가? 다윗을 죽이시고, 밧세바를 죽이시고, 그 사이에서 태어난 아기까지 죽이시고, 다윗의 집이 진멸되도록 하셨어야 맞는 것 아닌가? 즉 사울에게 하셨던 대로 한나의 노래의 조건성의 선율이 연주되게 하셨어야 하는 것 아닌가? 그런데 하나님은 지금 다윗 언약의 선율을 연주하고 계시다. 주님의 인자를 약속하셨기에 결코 다윗을 버리지 않으시겠다는 의지를 보이신다. 하나님의 놀라우신 은혜가 나타나고 있는 것이다.

물론 다윗은 아이가 죽는 아픔을 겪고, 칼이 다윗의 집을 떠나지 않을 것이라는 말씀을 받게 되는데 이는 추후 암논 사건과 압살롬 사건으로 이어진다. 그런데 이러한 추후 사건들에 대해서 오해하면 안 된다. 암논 사건과 압살롬 사건을 '하나님은 죄는 용서하시지만 대가는 끝까지 물으신다'라는 방향으로 해석하는 경우가 있다. 대가를 지불하게 하는 것은 곧 죄를 용서하지 않는 것이다. 지금 다윗과 밧세바와 아이까지 모두 죽이셔야 마땅했는데, 칼이 집을 떠나지 않으리라고 말씀하신 것은 다윗에게 은혜를 베푸셔서, 다윗과 밧세바를 살려주시고 아이만 데려가신다는 의미가 되기에, 다윗에게 은혜를 베푸시는 것이 된다. 이것은 우리가 다윗언약에서 보았던 바 영원성 약속의 두 번째 표현인 '징계'이다. 곧 다윗 왕조에 대한 양육이다. 버리시지는 않으며, 징계를 통해서 변화시키셔서 끝내 사용하시는 것이다. 아이를 데려가시는 것은 아프지만, 그래도 다윗에게 다음 기회를 주시는 것이기에 하나님의 언약적인 사랑의 실현이다.

다윗은 여호와의 인자하심을 통해 자신이 용서받을 것을 알았다. 그래서 그는 고백했다. "내가 여호와께 죄를 범하였노라"(13절). 사실 한나의 노래 관점이 전부 다라면, 이런 고백은 죄를 인정하는 것이 되어 심판 곧 죽음으로 마무리되고 말 것이었다. 그러나 다윗은 하나님의 언약적 사랑인 인자함을 자신이 받았음을 알고 있었기에, 죄를 인정할 수 있었다. 은혜를 받았기에 진정으로 회개할 수 있었던 것이다. 사무엘상 15장에서 사울은 죄를 범했다는 말을 입으로 하기는 했지만 진정으로 회개하지는 않았고 오히려 변명으로 일관했다. 그러나 다윗은 죄를 인정하였다. 다윗은 하나님께서 자신에게 언약적 사랑을 베푸시는 것을 곧 다윗 언약의 선율을 연주하고 계시는 것을 알고 있었기에 죄를 인정하고 죄를 회개할 용기를 낼 수 있었다. 다윗 자신은 지금 한나의 선율을 연주하고 있다. 조건성의 선율을 연주하고 있다. '주님만이 왕이십니다. 주님이 나의 생명을 가져가실 수 있고, 그것이 합당합니다. 제 인생 주님 앞에 다 내어놓습니다. 주님 뜻대로 처리하십시오. 당신이 왕이십니다'라고, 한나의 노래 선율을 연주하였다.

정리하면, 밧세바 사건에서 하나님께서는 다윗 언약의 선율(무조건성의 선율, 은혜의 선율)을 연주하시고, 그 은혜를 깨닫고 안 다윗은 한나의 노래의 선율(겸손의 선율, 조건성의 선율, 순종하겠다는 선율)을 연주한다. 이것이 이중주이다. 은혜를 아는 자는 하나님을 인정하는 삶을 살아가게 되는 것이다. 헤세드(חֶסֶד)의 그 풍성한 은혜를 얻은 사람은 새로운 삶을 살게 되는 것이다. 하나님께 대하여 지킬 것을 지키고, 사람들에게도 신실한 하시드(חסיד)로서의 삶을 살게 되는 것이다.

이러한 하나님과 다윗의 언약적 관계에서 이후의 일들이 진행된다. 다윗이 금식하며 기도하지만, 아이가 죽는다. 그러다가 아이가 죽은 것을 알게 되자, 다윗은 오히려 일어나서 음식을 먹고 다시 왕의 직무를 수행하기 시작한다. 평범한 부모라면 아이가 죽으면 하나님을 원망하고 큰 슬픔에 빠질 것이다. 그러나 다윗은 오히려 그때부터 음식을 먹고 왕의 직무를 다시 수행했다. 슬프지 않아서일까? 너무나 슬펐을 것이다. 그런데 다윗은 하나님이 무엇을 행하고 계신지 알고 있었다. 주님께서 이렇게 행하심은 자신을 징계하시고 새롭게 시작하게 하시려는 은혜, 곧 자신을 죽이셔야 마땅함에도 불구하고 살려주고 계시는 하나님의 놀라우신 언약적 은혜라는 것을 알고 있었다. 그 크신 인자하심의 사랑을 알기 때문에 포기할 수가 없었고, 아이 때문에 마음은 너무 아프지만 하나님의 사랑을 붙잡고 자리에서 일어난 것이다. 이후 다윗과 밧세바가 아이를 다시 낳게 되었을 때 하나님은 그 아이의 이름을 '여디디야'라 하셨다. 이 아이가 하나님의 사랑을 받는다는 아이임을 말씀하신 것이다. 하나님은 다윗을 끝까지 사랑하시겠다고 약속하셨다. 그리고 그에 대해 다윗이 순종으로 반응하자, 주님은 더 귀한 은혜를 주신 것이다.

밧세바 사건 이후에도 다윗에게는 암논 사건, 압살롬 사건 등 힘겨운 일들이 계속해서 일어났다. 이때도 하나님은 다윗 언약의 무조건성의 선율을 계속 연주하셨고, 다윗은 계속해서 한나의 노래의 조건성의 선율을 연주했다. 다윗이 압살롬에게 쫓겨서 도망갈 때를 보면(사무엘하 15장), 사독이 법궤를 메고 따라오겠다고 하니 다윗은 법궤를 예루살렘으로 다시 모시고 가서 거기 있으라 명령한다. 법궤를 이용하지 않겠다는 것이다. "만일 내가 여호와 앞에서 은혜를 입으면 도로 나를 인도하사 내게 그 궤와 그 계신 데를 보이시리라(25절 하반절)…그러나 그가 이와 같이 말씀하시기를 내가 너를 기뻐하지 아니한다 하시면 종이 여기 있사오니 선히 여기시는 대로 내게 행하시옵소서 하리라"(26절). 다윗 자신이 왕이 아니고 여호와가 왕이시니, 자신의 인생이 그분의 손에 있음을 고백한 것이다. 그래서 또한 하나님의 언약적 사랑이 그에게 크게 임하게 된다. 그러한 하나님의 사랑을 알고 또한 믿기에 다윗도 더욱 신실하게 행할 수 있게 된다. 사울의 친족인 베냐민 지파 출신 시므이가 와서 돌을 던지며 저주할 때, 그를 죽이겠다는 부하에게 다윗은 대답한다. "그가 저주하는 것은 여호와께서 그에게 다윗을 저주하라 하심이니 네가 어찌 그리하였으냐 할 자가 누구겠느냐"(10절 하반절).

우리는 사무엘상 16-31장을 다윗과 사울 간의 희비의 쌍곡선 스토리로 이해한 바 있다. 다윗은 실수가 있었지만 한나의 노래의 겸손의 선율로 훈련받으며 계속 그의 신앙과 인생이 상승 곡선을 그렸다고 했다. 다윗 언약을 받은 이후 이 한나의 노래의 선율은 다윗에게 있어서 오히려 더 깊어졌다. 하나님만이 왕이시라고 고백하는, 자신의 인생을 하나님의 손에 온전히 맡기는 겸손함이 다윗 안에 더욱 깊어지게 된 것이다. 다윗이라는 사람이 온전했기 때문이 아니라, 주님의 헤세드(חֶסֶד)를 알았기 때문이다. 무조건성의 은혜를 받은 사람은 그 은혜에 감격하여 하나님 앞에 더 겸손하게 순종하게 되기에, 결국 무조건성이 조건성을 충족시키는 방향으로 영향을 주게 된다는 사실을 다윗 내러티브는 우리에게 보여주고 있다.

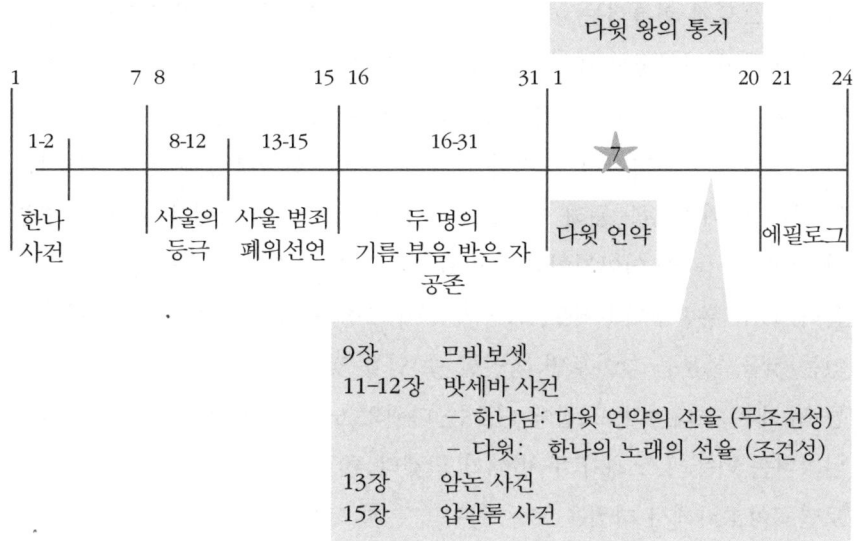

8. 다윗의 노래 (삼하 22장)

우리는 이제 사무엘서의 에필로그인 사무엘하 21-24장을 살펴보아야 한다. 이 단락은 동심원 구조로 이루어져 있다. A-B-C-C′-B′-A′의 구조로 되어 있다. A(삼하 21:1-14)에는 사울 왕이 잘못해서 땅에 저주가 내려오는 사건이 나온다. 가장 끝에 등장하는 A′(삼하 24장)에는 다윗이 잘못해서 땅에 저주가 내려오는 인구조사 사건이 나오며, 이 사건은 제사를 드림으로써 종결된다. B(삼하 21:15-22)와 B′(삼하 23:8-39)는 모두 다윗의 부하들 목록이다. 이 동심원 구조의 중심인 C와 C′에서 시 본문이 나오게 되는데 바로 '다윗의 노래'이다. 첫 번째 다윗의 노래(삼하 22장)는 다윗의 초반기 통치를 바탕으로 지어진 시이고, 두 번째 다윗의 노래(23장 1-7절)는 다윗이 노후에 죽기에 부른 노래이다.

가장 처음에 나오는 A와 가장 끝에 있는 A′는 모두 땅에 저주가 내려온 일이다. 그런데 A는 사울 왕의 잘못 때문에 저주가 내려와서 하나님께 제사를 드림으로써 회복되는 이야기이다. 그리고 A′는 다윗이 인구조사 사건에서 잘못하여 전염병이 내려오고, 역시 제사를 드려서 회복이 되는 이야기이다. A와 A′는 기름 부음 받은 자들, 왕들의 잘못들을 기술하고 있는 것이다. 사람이 얼마나 연약한지, 심지어는 다윗 왕조차 얼마나 쉽게 흔들리는지를 두 개의 에피소드를 통해 에필로그가 보여주고 있는 것이다. 다윗이 훌륭한 것이 아니라는 이야기이다. B와 B′에는 다윗의 부하 장수들의 목록이 나온다. 21장 후반부의 B에도, 24장의 B′에도 장수들의 목록이 길게 나타나고 있는 것을 본문을 찾아보면 확인할 수 있을 것이다. 핵심은 C와 C′에 나오는 두 개의 노래이다. 22장에 나오는 다윗의 노래가 첫 번째, 23장 1-7절에 나타나는 다윗의 노래가 두 번째가 되겠다. 첫 번째 노래의 표지(22장 1절)를 보면, "여호와께서 다윗을 모든 원수의 손과 사울의 손에서 구원하신 그 날에" 지은 노래라는 이야기로 시작하고 있다. 그러므로 첫 번째 다윗의 노래는 다윗의 인생 초기에 만들어진 것이다. 그런데 23장 1절을 보면, "이는 다윗의 마지막 말이라"고 기록하고 있다. 두 번째 다윗의 노래는 다윗의 노년기에 부른 노래인 것이다. 그러므로 C와 C′는 다윗의 인생 전체를 보여주고 있다고 할 수 있다.

사무엘서의 에필로그인 21-24장은 전체적 맥락에서 인간 왕이 얼마나 부족한 존재인지, 그래서 얼마나 하나님의 저주를 사기 쉬운 존재인지를 보여주고 있다. 그런데 그 중심 부분에 위치한 다윗의 노래는 해석학적 결론으로서의 의미를 제공한다. 사무엘하 22장의 다윗의 노래은 사실상 사무엘서 전체의 요약판이자 결론이고, 사무엘서 전체의 신학적 의미를 포괄적으로 표현해 내고 있다. 먼저 사무엘하 22장의 큰 구조를 살펴보자.

사무엘하 22장은 크게 세 부분으로 나누어진다.

문단 I   전쟁의 용사이신 하나님이 다윗을 구원하시다(1-20절)
문단 II   언약적 성실성을 실천하는 다윗(21-28절)
문단 III   전쟁의 용사인 다윗이 열방을 통치하다(29-51절)

문단 I(1-20절)과 문단 II(29-51절)는 상응하고 있기 때문에 먼저 살펴보고, 그 후에 문단 II를 고찰하도록 한다. 문단 I에서 다윗은 고난에 빠져 있다. 그래서 고난당하는 다윗을 구원하시려고 하나님께서 전쟁의 용사로 등장하신다. 그런데 문단 III에서는 다윗 자신이 전쟁의 용사로 등장한다. 문단에서는 하나님이 전쟁을 하시고, 문단III에서는 다윗이 전쟁을 하는 것이다. 그 결과, 문단III에서 다윗은 열방을 통치하게 된다. 그래서 문단과 문단III의 관계를 통해 우리는 '하나님께서 다윗에게 전쟁권을 위탁하신 것'을 알 수 있다. 하나님께서 다윗에게 전쟁하는 능력을 주신 것이다. 이러한 '전쟁의 승리'는 앞서 살핀 바와 같이 사무엘하 7장 다윗 언약의 주제이다. 하나님이 다윗을 전쟁에서 승리하게 하시겠다고 말씀하셨었다. 따라서 문단과 문단 III에 등장한 바 하나님이 다윗에게 전쟁권을 위탁하셔서 열방을 다스리게 하시는 그림은 다윗 언약의 성취이다.

본문 구절을 확인해 보자. 22장 1절은 "여호와께서 다윗을 모든 원수의 손과 사울의 손에서 구원하신 그 날에 다윗이 이 노래의 말씀으로 여호와께 아뢰어"(1절)라고 표현한다. 이 노래는 다윗의 인생 초창기에 작성되었다. 5절부터는 다윗의 상황이 자세히 묘사된다. "사망의 물결이 나를 에우고 불의의 창수가 나를 두렵게 하였으며(5절) 스올의 줄이 나를 두르고 사망의 올무가 내게 이르렀도다(6절)." 다윗은 고난을 당하고 있기에 하나님께 부르짖는다. "내가 환난 중에서 여호와께 아뢰며 나의 하나님께 아뢰었더니 그가 그의 성전에서 내 소리를 들으심이여 나의 부르짖음이 그의 귀에 들렸도다"(7절). 이렇게 다윗이 노래는 고난 중에 도움을 요청하는 탄식시로 시작되고 있다. 다윗의 부르짖음을 하나님이 들으신 하나님께서 전쟁의 용사로 다윗을 도우러 나오신다. 그래서 하나님께서 임재하시는 신현 현상이 나타나기 시작한다. "이에 땅이 진동하고 떨며 하늘의 기초가 요동하고 흔들렸으니 그의 진노로 말미암음이로다(8절)…그의 코에서 연기가 오르고 입에서 불이 나와 사름이여 그 불에 숯이 피었도다(9절)…그가 또 하늘을 드리우고 강림하시니 그의 발 아래는 어두캄캄하였도다(10절)." 14-15절 중 특히

15절이 추후에 다른 구절과 연결되므로 기억해두어야 한다. "여호와께서 하늘에서 우렛소리를 내시며 지존하신 자가 음성을 내심이여(14절) 화살을 날려 그들을 흩으시며 번개로 무찌르셨도다(15절)." 여기서 화살을 날리셨다는 표현은 하나님께서 번개를 내리신 사실을 비유로 표현한 것이다. 이렇게 하나님이 다윗을 구원해내신다. 다윗은 하나님께서 자신을 원수들에게서 건져내셨다고 고백한다. "그가 위에서 손을 내미사 나를 붙드심이여 많은 물에서 나를 건져내셨도다(17절)." 문단 I에서 다윗은 고난을 당하고 있었는데, 하나님께서 전쟁의 용사로 나타나셔서 그를 구원해 내셨다.

3문단(29-51절)을 보면, 문단과는 내용의 방향성이 매우 달라진다는 사실을 알게 된다. "내가 주를 의뢰하고 적진으로 달리며 내 하나님을 의지하고 성벽을 뛰어넘나이다(30절)." 다윗이 이번에는 스스로 움직이고 있다. 뿐만 아니라, "(하나님이) 나의 발로 암사슴 발 같게 하시며 나를 나의 높은 곳에 세우시며(34절)." 다윗의 발을 암사슴 발 같게 하셨다는 것은 다윗이 아주 신속하게 움직이는 전쟁의 능력을 가지게 되었다는 의미이다. 이제 나오는 35절을 앞서 나온 15절과 비교해야 한다. "(하나님이) 내 손을 가르쳐 싸우게 하시니 내 팔이 놋 활을 당기도다(35절)." 앞서 15절에서 화살을 쏘신 분, 곧 하늘에서 번개를 내리치신 분은 하나님이셨다. 그런데 이번에는 다윗이 직접 화살을 쏘고 있다. 이것이 어떻게 가능한가? 하나님께서 다윗의 손을 가르쳐주셨기 때문이다. 하나님께서 그에게 전쟁의 능력을 부여하셨다는 것이다. 그래서 다윗의 승리가 계속 언급된다. "내가 그들을 무찔러 진멸시켰더니 그들이 내 발 아래에 엎드러지고 능히 일어나지 못하였나이다(39절)." 이런 일이 가능한 것은 역시 하나님께서 다윗에게 전쟁권을 주셨기 때문이다. "이는 주께서 내게 전쟁하게 하려고 능력으로 내게 띠 띠우사 일어나 나를 치는 자를 내게 굴복하게 하셨사오며(40절) 주께서 또 내 원수들이 등을 내게로 향하게 하시고 내게 나를 미워하는 자를 끊어 버리게 하셨음이니이다(41절)."

그 결과, 다윗은 열방을 통치하게 된다. "주께서 또 나를 내 백성의 다툼에서 건지시고 나를 보전하사 모든 민족의 으뜸으로 삼으셨으니 내가 알지 못하는 백성이 나를 섬기리이다(44절)." 다윗을 모든 민족의 으뜸으로 삼으셨다는 것은, 다윗으로 하여금 열방을 다스리게 하셨다는 의미이다. 다윗이 알지 못하는 백성이란 이방 백성을 의미할 것이기에, 이 구절은 이방인들이 다윗을 섬기게 됨을 뜻한다. 이방인들이 다윗에게 굴복하게 되었고(45절), 이방인들이 쇠약하여 떨며 나오게 되었다(46절). 이러므로 다윗은 모든 민족 중에서 주님을 찬양하게 되었다(50절).

22장의 마지막 구절인 51절에는 우리가 앞서 살펴보았던 다윗 언약 주제 패키지가 나온다. 이래서 앞의 내용이 정리되어 있어야 뒷부분 내용이 이해된다는 것이다. "여호와께서 그의 왕에게 큰 구원을 주시며 <u>기름 부음 받은 자</u>에게 <u>인자</u>를 베푸심이여 <u>영원하도록</u> <u>다윗</u>과 그 <u>후손</u>에게로다 하였더라(51절)." 이 구절의 모든 내용들은 직접적으로 사무엘하 7장 8-16절의 내용을 가리키고 있다. 여호와께서 '왕'에게 큰 구원을 주시고 '기름 부음 받은 자'에게 인자를 베푸신다고 되어 있는데, 왕, 기름 부음 받은 자, 목자 등의 표현들은 통치권자를 설명하는 어휘들이다. 또한 여기서 기름 부음 받은 자에게 베푸시는 '인자'는 사무엘하 7장에서 '은총'으로 번역되어 있었던 헤세드(חֶסֶד)이다. 언약을 반드시 이루시는 하나님의 언약적 성실성을 의미한다. 이 구절의 '영원하도록'은 다윗 언약의 영원성을 보여준다. 또한 인자가 다윗과 그 '후손', 즉 쩨라(זֶרַע)에게 영원하다고 되어 있다. 모두 사무엘하 7장에 언급되었던 다윗 언약 주제들이다. 22장 51절은 '하나님께서 이렇게 다윗으로 하여금 전쟁에서 승리하게 하시고 열방을 다스리게 하신 것은 다윗 언약을 성취시켜 주신 것이다'라는 사실을 선명하게 제시하고 있다.

이제 문단I과 문단III의 상응 관계를 정리해보자. 문단I에서는 하나님이 전쟁의 용사이셨는데, 전쟁권을 다윗에게 위탁하신 결과 문단III에서는 다윗이 직접 전쟁의 용사가 되어 열방을 다스린다. 이러한 내용은 다윗 언약을 표현한 것이며, 조건성이 들어가 있지 않은 것이므로 다윗 언약의 무조건성을 반영하고 있다 할 수 있겠다. 전쟁의 승리는 다윗 언약의 요소이기 때문이며, 또한 마지막 구절인 51절에서 다윗 언약 주제 패키지가 언급됨으로써 22장의 흐름 전체가 다윗 언약을 이루기 위해 하나님께서 행하신 역사인 이야기임이 명확하게 드러나기 때문이다. 하나님은 다윗 언약에 약속하신 헤세드(חֶסֶד) 때문에 무조건적인 역사를 행하고 계신다.

그런데 문단II(21-28절)는 매우 특별하다. 왜냐하면 문단II는 언약의 조건성을 상당히 드러내고 있기 때문이다. 다윗 언약의 무조건적인 선율을 연주하는 문단과 문단III 사이에서 문단II는 조건성적인 표현들을 반복적으로 제시한다. 21절은 "여호와께서 내 공의를 따라 상 주시며 내 손의 깨끗함을 따라 갚으셨으니(21절)"라고 표현하는데, 언약의 조건성을 분명히 드러내고 있다. 사람이 하나님 앞에 행한대로 갚으신다는 의미이기 때문이다. "이는 내가 여호와의 도를 지키고 악을 행함으로 내 하나님을 떠나지 아니하였으며(22절) 그의 모든 법도를 내 앞에 두고 그의 규례를 버리지 아니하였음이로다(23절) 내가 또 그의 앞에 완전하여 스스로 지켜 죄악을 피하였나니(24절) 그러므로 여호와께서 내 공의대로, 그의 눈앞에서 내 깨끗한 대로 내게 갚으셨도다(25절)." 다윗 자신이 행한대로 하나님께서 갚으셨다는 것으로 조건성을 표현하고 있음이 분명하다. 26절부터 더욱 명확하게 조건성이 서술된다. "자비한 자에게는 주의 자비하심을 나타내시며 완전한 자에게는 주의 완전하심을 보이시며(26절) 깨끗한 자에게는 주의 깨끗하심을 보이시며 사악한 자에게는 주의 거스르심을 보이시리이다(27절)." 26절에서 '자비'로 번역된 어휘는 명사 헤세드(חֶסֶד)와 어근이 같다. 다윗이 헤세드를 실천했기 때문에 주님께서 '그에게 헤세드를 베푸셨다는 것이다. 이후 구절들도 동일한 방향성을 드러낸다. 완전한 자에게는 주의 완전하심을 보이시고, 깨끗한 자에게는 주의 깨끗하심을 보이시지만, 사악한 자에게는 주의 거스르심을 보이신다는 구절들은 모두 조건성적인 표현들이며, 한나의 노래와 매우 비슷하기도 하다. 28절에는 한나의 노래의 요약판이 등장한다. "주께서 곤고한 백성은 구원하시고 교만한 자를 살피사 낮추시리이다(28절)." '겸손한 자는 높이시고, 교만한 자는 낮추신다'는 것은 다름 아닌 한나의 노래의 핵심 메시지이다. 그렇다면 우리는 이러한 문단II를 어떻게 해석해야 하는가? 사무엘하 22장은 다윗 언약 이야기인가, 한나의 노래 이야기인가?

사무엘하 22장의 핵심은 한나의 노래가 아니라 다윗 언약이다. 문단과 문단II의 전체 흐름이 다윗 언약을 이야기하고 있고 결론에는 다윗 언약 패키지까지 나오고 있기 때문이다. 그렇기에, 문단II는 다윗 언약의 무조건성이라는 22장 전체의 거시적 구조를 기초로 해석되어야 한다. 그렇다면 해석의 결과는 무엇인가? 하나님이 베푸신 크신 은혜를 받은 사람은 문단II(21-28절)의 내용을 고백하게 된다는 것이다. 바로 한나의 노래의 고백이며, 조건성을 인정하는 고백이다. '자격이 없습니다. 제가 한 대로 주님이 갚으셔야 맞습니다'라고 말하게 된다는 것이다. 그러나 이때 전제되는 맥락은 22장 전체의 다윗언약의 무조건성이다. '그럼에도 불구하고 하나님이 크신 은혜를 베푸셨다'는 의미이다. 따라서 문단II(21-28절)는 '주님, 제가 이 은혜를 받았으매, 저는 더욱 겸손의 노래를 부르겠습니다. 더욱 순종의 노래를 부르겠습니다. 제가 한 대로 주님께서 저에게 갚으시는 것이 맞습니다. 제가 잘못하면 주님이 저를 벌하시는 것이 맞습니다'라는 고백이 되는 것이다. 하나님의 헤세드(חֶסֶד)를 받은 사람은 더욱 겸손히 하나님께 엎드리게 되고, 그런 자에게 하나님의 헤세드는 더욱 크고 깊게 임하게 된다. 즉, 무조건성과 조건성이 22장 전체의 흐름을 통해 하나의 통합된 작품으로 즉 언약의 이중주로 연주되고 있는 것이다.

그러므로 사무엘하 22장은 언약의 이중주를 보여준다고 할 수 있다. 다윗 언약의 이중주인 것이다. 우리가 사무엘서 전체를 통해 본 것과 같이 역사 이해의 첫 번째 선율인 '한나의 노래'와 두 번째 선율인 '다윗의 노래'가 22장에서 같이 연주된다. 조건성과 무조건성이 통전성을 이루어서 함께 연주된다는 사실을 사무엘서의 에필로그 중 가장 핵심이 되는 사무엘하 22장이 보여주고 있다.

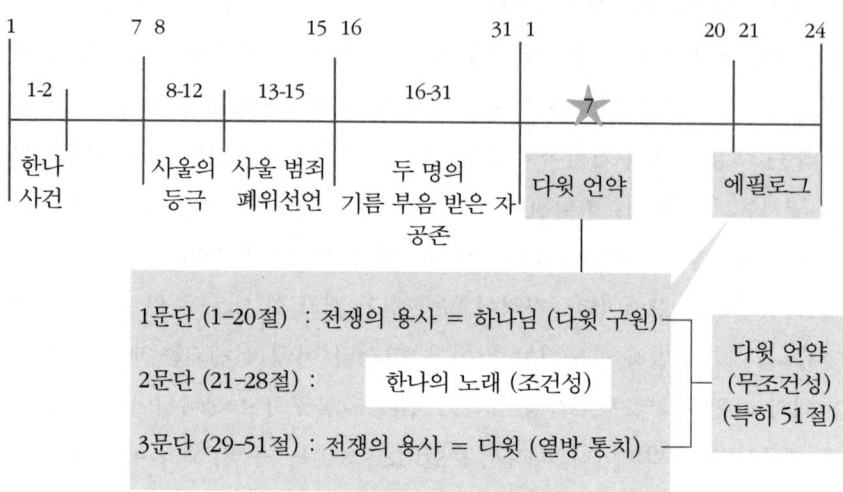

정리하면, 다윗 언약의 특징은 무조건성이다. 모든 것은 하나님의 주권적 역사이며, 하나님의 은혜이다. 그리고 그 은혜를 받은 사람은 조건성을 드러내는 한나의 노래를 부르게 된다. 겸손하게 섬기게 되고, 하나님만 왕으로 섬기게 되는 것이다. 이렇듯 삼하 22장은 사무엘서 전체의 내용을 하나의 노래로 잘 요약해서 보여주고 있다.

제11장

새 언약: 예레미야서

이제 예레미야서에 나타난 새 언약에 대해 살펴보자. 구약 성경에서 새 언약은 크게 세 부분으로 나뉘어 설명된다. 새 언약의 가장 기본적인 틀은 예레미야서에서 제시된다. 그리고 예레미야의 새 언약을 더 발전시킨 책들이 에스겔 및 소선지서이다. 따라서 '새 언약'을 정리하려 하면, 기초적으로 예레미야서를 살펴보아야 하며, 그후 에스겔과 소선지서까지 정리해야 한다. 이 중 우리는 예레미야서에 나타난 새 언약을 본문 중심으로 고찰하고자 한다.

예레미야서를 이해하기 위해서는 그 역사적 배경을 고려해야 한다. 예레미야 1장 1-3절에 역사적 배경이 구체적으로 제시되어 있다.

> ¹ 베냐민 땅 아나돗의 제사장들 중 힐기야의 아들 예레미야의 말이라
> ² 아몬의 아들 유다 왕 요시야가 다스린 지 십삼 년에 여호와의 말씀이 예레미야에게 임하였고
> ³ 요시야의 아들 유다의 왕 여호야김 시대부터 요시야의 아들 유다의 왕 시드기야의 십일년 말까지 곧 오월에 예루살렘이 사로잡혀 가기까지 임하니라

요시야 제13년부터 시작하여 시드기야 제11년 말에 예루살렘이 함락될 때까지 예레미야에게 하나님의 말씀이 임했음을 알 수 있다. 요시야는 개혁을 단행했던 왕이었다. 그는 기원전 640년부터 609년까지 상당한 기간을 다스렸지만, 마지막에 하나님의 말씀을 따르지 않고 므깃도 전투에 나갔다가 죽임을 당했고, 그의 죽음 이후로 남유다의 왕들이 계속 세워졌다가 폐하여지는 일들이 반복되면서 유다 왕국이 멸망을 향해 급속하게 쇠락해 간다. 요시야의 다음 왕인 여호아하스는 609년에 왕이 되었다가 애굽으로 끌려갔다. 그후 여호야김이 즉위하여 608년부터 597년까지 다스리게 된다. 이때 예레미야에서 중요한 것이 여호야김 제4년 곧 605년이다. 이때 일어난 사건이 바벨론 1차 침공이며, 이때 포로로 끌려간 사람들 중에 다니엘과 세 친구들이 있었다. 이 시점에 예레미야는 '바벨론 70년 포로기간'을 예언했고, 이로부터 70년 후인 536년 고레스 칙령이 반포되면서 포로공동체 백성들이 예루살렘으로 돌아와 성전을 건축할 수 있게 된다. 여호야김의 뒤를 이은 여호야긴은 597년에 왕이 되었다가 바로 바벨론에 포로로 끌려갔다. 이때가 바벨론의 2차 침공이며, 이때 포로로 끌려간 사람들 가운데 에스겔이 있다. 여호야긴은 597년에 끌려가 36년 정도를 감옥에 있다가 560년에 감옥에서 풀려나게 되는데, 그 내용이 예레미야서 52장의 가장 마지막에 나타난다. 마지막 왕 시드기야는 597년에 왕이 되었고 586년에 바벨론이 3차로 침공하여 유다가 멸망하였다.

1장 2절에서 예레미야가 요시야 제13년부터 말씀을 증거하기 시작했다고 했으므로, 선지자 예레미야는 627년 정도부터 586년까지의 긴 기간 동안 예언을 한 것으로 보아야 한다. 이 예레미야의 예언들은 여호야김 4년, 즉 바벨론의 1차 침공 때부터 집중적으로 등장하게 되는 것이다. 이런 점에서 예레미야는 이스라엘 왕국 역사 중 가장 어려운 시대에 살았던 선지자라고 할 수 있다. 나라가 멸망할 것이라는 예언을 했어야 했고, 실제로 나라가 멸망하는 것을 지켜 봐야 했기 때문이다. 다른 선지자들의 경우, 멸망을 예고한 선지자는 있었으나, 언약 백성이 멸망하는 것을 직접 목도한 선지자는 예레미야와 에스겔 두 명뿐이다. 예레미야는 유다 땅에서 그것을 목도했고, 에스겔은 597년에 바벨론에 포로로 끌려갔다가 그곳에서 586년에 예루살렘이 멸망했다는 소식을 전해 듣게 되었다. 예레미야와 에스겔은 그들은 너무나 강력한 충격을 경험했기에 예루살렘의 멸망이라는 주제로 깊이 들어가 절절하고 강력한 예언들을 쏟아냈다.

〈예레미야의 역사적 배경〉

요시야	BC 640-609	
여호아하스	609-애굽으로	
여호야김	608-597	—— (제4년) (605년) (1차 침공)
여호야긴	597-바벨론으로	—— (2차 침공)
시드기야	597-586	—— (586년) (3차 침공) (멸망)

예레미야서가 다루는 주제는 바로 '언약'이다. 시내산 언약과 다윗 언약의 관계를 다루어, 결국 '새 언약'까지 이르게 된다. 먼저 예레미야서의 구조를 살피도록 한다. 예레미야서는 기본적으로 1-25장, 26-45장, 46-51장, 그리고 52장으로 나눌 수 있다. 1-25장은 조금 더 세밀하게 나누면 1장을 따로 떼어서 1장과 2-25장으로 볼 수 있다.

1장은 예레미야서 전체의 서론으로 예레미야서 전체의 해석의 렌즈를 전달해준다. 동시에 1장은 예레미야의 소명을 알려주는 소명장이다. 예레미야가 어떤 소명을 받았는지가 서술되어 있는데, 그 소명이 곧 예레미야 전체에 대한 해석의 렌즈 역할을 담당하게 된다. 예레미야서의 마지막인 52장은 전체의 결론인데, 예루살렘의 함락과 멸망 이야기가 서술되어 있고, 52장 말미에 여호야긴 석방 사건이 기술되어 있는데, 그 내용이 예레미야 1장 곧 해석학적 서론과 어떻게 연결되는지를 보아야 한다. 이 둘의 상응 관계까지 살펴보아야 예레미야서 전체를 이해할 수 있다.

2-25장에는 다양한 이야기들이 나타나는데, 거시적으로 보아 '심판 예

언'으로 이해할 수 있다. 여러 심판의 예언들의 모음집으로 볼 수 있는 것이다. 26-45장은 역사 기록들의 모음, 즉 역사 내러티브에 해당되는데, 이 안에 '새 언약' 본문이 주어진다(30-33장). 46-51장은 열방에 대한 메시지 즉 열방 신탁이다.

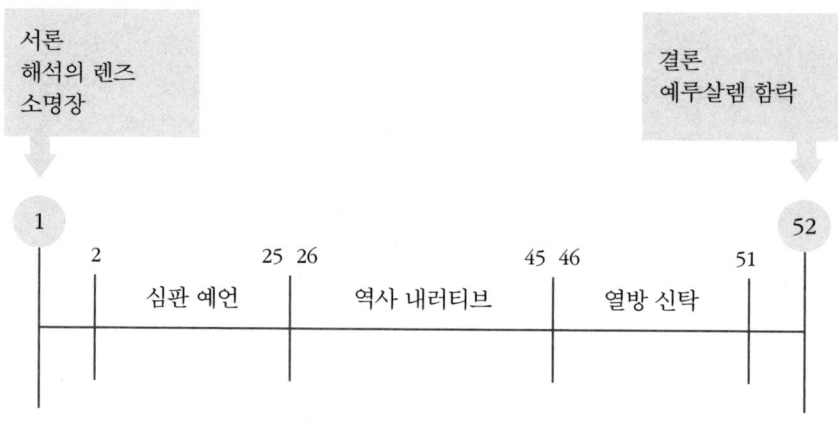

1. 예레미야의 소명 (1장): 해석의 렌즈

먼저 서론이자 소명장인 1장에서 어떤 해석의 렌즈가 주어지고 있는지를 보도록 하자. 여호와의 말씀이 예레미야에게 임하여(4절), "내가 너를 모태에 짓기 전에 너를 알았고 네가 배에서 나오기 전에 너를 성별하였고 너를 여러 나라의 선지자로 세웠노라"고 말씀하셨다(렘 1:5). 하나님께서 예레미야를 열방의 선지자로 세우셨다는 것이다. 예레미야는 남유다에 대한 선지자로만 세워진 것이 아니라, 열방의 선지자로 세워졌다. 나중에 나오는 70년 포로기간 예언도 유다뿐 아니라 열방 전체에게 주어지는 예언이다. 그렇다면, 이런 예레미야에게 주신 소명의 핵심 내용은 무엇인가? 10절에 기술되어 있다. "보라 내가 오늘 너를 여러 나라와 여러 왕국 위에 세워 네가 그것들을 뽑고 파괴하며 파멸하고 넘어뜨리며 건설하고 심게 하였느니라"(렘

1:10).' 여기서 '그것들'이란 여러 나라와 여러 왕국, 즉 열방들을 가리키는데 유다 왕국이 당연히 포함된다. 이러한 민족들에게 하나님께서 어떻게 행하실지가 설명되어 있는데, 두 가지로 나눌 수 있다. 첫 번째, 민족들을 뽑고 파괴하며 파멸하고 넘어뜨린다는 것이다. 두 번째, 민족들을 건설하고 심는다는 것이다. 즉 '심판이 먼저 오고, 그 다음에 회복과 구원이 온다'는 것이다. 이 메시지가 예레미야서 전체에서 계속해서 성취되어져 나가는 패턴이다. 예레미야서가 제시하는 해석의 렌즈는 유다를 포함한 민족들에게 하나님께서 심판을 내리신 후에 회복을 주신다는 것이다.

이 해석의 렌즈를 가지고 유다에 대한 심판 예언에 먼저 들어가게 된다. 2장부터 45장까지는 모두 남유다, 즉 언약 백성에 대한 심판 예언이다. 이중 우리가 언약신학적 맥락에서 주요하게 고찰할 부분은 2장, 4장, 7장, 11장, 그리고 25장인데, 모두 언약에 관련된 내용을 제시하고 있다.

2. 심판 예언 (2-25장)

2장 시내산 언약

예레미야의 새언약을 이해하기 위해서는 2장부터 등장하는 시내산 언약에 대한 내용들을 이해할 필요가 있다. 1장에서 제시된 바 '심판해서 깨뜨리고, 그 이후에 회복시킨다'는 구도가 어디로 적용되고 있는지, 그 적용의 방향과 대상을 보려 하는 것이다. 2장 2절부터 살펴보자. "가서 예루살렘의 귀에 외칠지니라 여호와께서 이와 같이 말씀하시기를 내가 너를 위하여 네 청년 때의 인애와 네 신혼 때의 사랑을 기억하노니 곧 씨 뿌리지 못하는 땅, 그 광야에서 나를 따랐음이니라"(렘 2:2). 청년 때의 '인애'는 언약적 성실성을 말하는 것이며, 신혼 때의 '사랑' 역시 언약적 사랑을 말하는 것이다. 이스라엘이 한때 언약적 사랑에 충실했다는 것이다. 그것이 언제인가? '씨 뿌리지 못하는 땅, 그 광야에서'이다. 광야 생활이 언제인가? 가나안 땅에 들어오기 전, 출애굽을 한 다음이다. 출애굽 당시를 이야기하시는 것이다. 출애굽 때 맺었던 언약적 사랑을 이야기하시는 것이다. 출애굽 때 맺었던 언약이 무엇인가? 모세 언약, 곧 시내산 언약이다. 지금 예레미야 2장이 제시하고 있는 언약은 시내산 언약인 것이다.

이어서 3절을 보자. "이스라엘은 여호와를 위한 성물 곧 그의 소산 중 첫 열매이니 그를 삼키는 자면 모두 벌을 받아 재앙이 그들에게 닥치리라 여호와의 말씀이니라(렘 2:3)." 이스라엘이 '여호와를 위한 성물 곧 그의 소산 중 첫 열매'라는 표현 또한 시내산 언약을 가리킨다. 출애굽기 19장 5절에서 우리는 '거룩한 백성, 제사장 나라'의 의미를 본 바 있다. 이스라엘이 열방 중에 하나님의 첫 열매라는 것은 제사장 나라인 이스라엘로 인하여 열방들도 하나님께로 돌아오게 된다는 의미이다. 예레미야 2장은 시내산 언약을 언급하고 있음이 분명하다.

4장 회개 요청

이후 예레미야는 계속하여 회개를 요청한다. '돌아오라'고 회개를 요청하는 것이다. '돌아오면 용서해주신다'는 주제는 우리가 신명기 30장 즉 모압 언약에서 고찰한 바 있다. 그러므로 예레미야서는 계속해서 모세 언약을 말하고 있음을 알 수 있다. 4장에는 이러한 모세 언약적인 표현이 계속 등장한다. "여호와께서 이르시되 이스라엘아 네가 돌아오려거든 내게로 돌아오라 네가 만일 나의 목전에서 가증한 것을 버리고 네가 흔들리지 아니하며 진실과 정의와 공의로 여호와의 삶을 두고 맹세하면 나라들이 나로 말미암아 스스로 복을 빌며 나로 말미암아 자랑하리라(렘 4:1-2)." 모세 언약을 기초로 '내게로 돌아오라'고 명령하시며 '진실과 정의와 공의로' 행하라고 말씀하신다. 이어서 하나님은 "유다인과 예루살렘 주민들아 너희는 스스로 할례를 행하여 너희 마음 가죽을 베고 나 여호와께 속하라 그리하지 아니하면 너희 악행으로 말미암아 나의 분노가 불 같이 일어나 사르리니 그것을 끌 자가 없으리라(렘 4:4)"고 말씀하시는데, 마음에 할례를 행하라는 구절은 신명기 10장 16절에 나왔던 바 시내산 언약적인 표현이다. 이상의 내용을 보았을 때 지금 모세 언약을 기초로 하여 회개하고 돌아오라고 요청하심이 분명한 것이다.

7장 성전 설교

7장에는 '성전 설교'라는 예레미야의 설교가 등장한다. 이 성전 설교의 핵심은 예루살렘이 멸망할 것이며 성전이 파괴될 것이라는 데 있다. 거룩한 성전이 바벨론에 의해서 무너지게 된다는 것은 쉽사리 입에 담을 수 있는 예언이 아니었다. 이유가 무엇일까? 바로 다윗 언약 때문이었다. 하나님께서는 사무엘하 7장을 통해 다윗 언약이 영원할 것이라고 말씀하셨다. 징계는 있지만 버리지는 않으신다는 굳건한 약속이 주어져 있었기에, 예루살렘은 결코 열방에게 패배할 수가 없는 것이었다. 그런데, 예레미야는 그 예루살렘이 무너질 것이라고 선포했다. 당시 청중들이 듣기에는 그가 다윗 언약의 유효성에 의문을 제기한 것처럼 들렸을 것이었다.

본문을 살펴보자. '여호와의 집 문에 서서' 말씀을 선포하라는 명령을 예레미야는 들었다(렘 7:1-2). 그 선포의 내용은 이러하다. "여호와께 예배하려 이 문으로 들어가는 유다 사람들아 여호와의 말씀을 들으라 만군의 여호와 이스라엘의 하나님께서 이와 같이 말씀하시되 너희 길과 행위를 바르게 하라 그리하면 내가 너희로 이 곳에 살게 하리라"(렘 7:2-3). '너희 길과 행위를 바르게 하라'는 것은 곧 '돌아오라'는 것이다. 그래야 '너희로 이 곳에 살게' 하신다는 것이다. '이 곳'은 예루살렘 성전이다. 예레미야가 지금 그 앞에 서서 설교를 하고 있는 것이다.

이어서 성전 설교의 핵심이 나온다. "너희는 이것이 여호와의 성전이라, 여호와의 성전이라, 여호와의 성전이라 하는 거짓말을 믿지 말라"(렘 7:4). 이것이 여호와의 성전이라 하는 말이 왜 거짓말인가? 그 이유는 이 성전이 곧 여호와의 성전이 되지 않을 것이기 때문이다. 다시 말해 예루살렘과 성전이 함락될 것이기 때문이다. 멸망의 이유는 유다 백성들이 시내산 언약의 조건성을 충족시키지 못하고 율법에 불순종했기 때문이다. 5-7절을 보면, "너희가 길과 행위를 바르게 하여 이웃들 사이에 정의를 행하면"(5절), "이방인과 고아와 과부를 압제하지 아니하고, 무죄한 자의 피를 이 곳에서 흘리지 아니하면, 다른 이방 신들을 섬기지 아니하면"(6절), 안식의 땅으로 주신 가나안 땅에서 살 것이라고 말씀하신다(7절). 그런데 백성들은 계명을 지키지 않는다. 도둑질하고, 살인하고, 간음하고, 거짓 맹세하고, 우상을 섬기면서(9절), 십계명을 지키지 않는다. 율법대로 살지를 않는 것이다. 그 결과가 12절에 기록되어 있다. "너희는 내가 처음으로 내 이름을 둔 처소 실로에 가서 내 백성 이스라엘의 악에 대하여 내가 어떻게 행하였는지를 보라"(렘 7:12).' 이 구절은 신명기 12장을 해설할 때 언급한 중앙 성소 규정과 연결된다. 첫 번째 중앙성소는 실로였다. 그런데, 하나님은 그 실로를 훼파시키셨다. 이스라엘은 블레셋과의 전쟁에 법궤를 들고 나갔으나 패배했고, 법궤는 실로에서 떠났다. 첫 번째 성소는 무너지고 말았던 것이다. 두 번째 중앙 성소는 예루살렘이다. 다윗 언약에서 '한 처소를 주신다'고 하신 약속에 따라 다윗성 예루살렘에 중앙 성소가 주어진 것이다. 그런데 예루살렘에는 다윗 언약이 주어져 있기에 실로와는 다르다. 다윗 언약은 영원성이 보장된 언약이기 때문에 예루살렘은 결코 멸망하지 않을 것이었다. 그런데 예레미야는 그런 예루살렘도 하나님이 버리실 것이라고 예언한 것이다. "그러므로 내가 실로에 행함 같이 너희가 신뢰하는 바 내 이름으로 일컬음을 받는 이 집 곧 너희와 너희 조상들에게 준 이 곳에 행하겠고"(14절), "내가 너희 모든 형제 곧 에브라임 온 자손을 쫓아낸 것 같이 내 앞에서 너희를 쫓아내리라 하셨다"(15절). 실로에 행하신 것과 동일한 일을 예루살렘 성전에 행하실 것이며, 722년에 앗수르에 의해 멸망당한 북왕국처럼 남왕국 유다도 쫓아내실 것이라고 지금 예레미야는 예언하는 것이다.

이 성전 설교의 핵심적 특징은 무엇인가? 율법을 불순종하면 저주가 임한다는 시내산 언약의 조건성을 기준으로 삼아 예루살렘이 멸망한다고 선포함으로써 다윗 언약이 실패로 돌아갈 것이라고 선포한 것이다. 다시 말하자면, '시내산 언약의 조건성을 근거로 다윗 언약의 무조건성을 무효화' 시켜버린 것처럼 보인다. 그러니 당시의 이스라엘 사람들은 이러한 예레미야의 예언을 받아들일 수 없었다. 다윗언약을 경시하는 것처럼 들렸기 때문이다. 다윗 언약의 영원성을 믿지 않는 예레미야의 예언을 받아들일 수 없을 뿐 아니라, 그런 선언을 하는 예레미야를 핍박하고 죽이고자 하는 마음을 품게 된 것이다. 이렇듯 예레미야서 7장의 성전 설교는 '시내산 언약과 다윗 언약이 충돌하는 모양새'를 만들어 내고 있다. 이것이 하나님께서 예레미야에게 주신 예언인 것이다. 예루살렘은 멸망할 것이다. 그렇기에 예레미야서의 초반부를 읽을 때 독자들은 '그렇다면 다윗 언약은 어떻게 되는가?'라는 질문을 던지게 된다. '시내산 언약에 근거하여 다윗 언약의 파기를 선언하는 것이 신학적으로 가능한가?'라는 질문이다. 이 질문을 따라가면서 예레미야서를 읽어야 한다.

11장 언약 파기 선언

이러한 시내산 언약과 다윗 언약의 충돌이라는 맥락에서 11장과 25장에 '멸망 선언'이 나온다. 11장에서는 '언약 파기 선언'이 나타난다. "너희는 이 언약의 말을 듣고 유다인과 예루살렘 주민에게 말하라 그들에게 이르기를 이스라엘의 하나님 여호와께서 이와 같이 말씀하시되 이 언약의 말을 따르지 않는 자는 저주를 받을 것이니라"(렘 11:2-3)' 여기서 따르지 않으면 저주를 받게 되는 '언약의 말'의 무슨 언약을 가리키는지가 4절에 바로 밝혀진다. "너희 조상들을 쇠풀무 애굽에서 이끌어내던 날에 그들에게 명령한 것"(렘 11:4)으로 그 언약은 시내산 언약이다. "너희는 내 목소리를 순종하고 나의 모든 명령을 따라 행하라 그리하면 너희는 내 백성이 되겠고 나는 너희의 하나님이 되리라"(렘 11:4)고 말씀하셨던 언약인데, '내 백성', '너희의 하나님'은 시내산에서 나왔던 언약 공식적 표현이다(출 6:7). 9-11절에 내려가 보면, '시내산 언약 파기 선언'이 나타난다. "…그들이 내 말 듣기를 거절한 자기들의 선조의 죄악으로 돌아가서 다른 신들을 따라 섬겼은즉 이스라엘 집과 유다 집이 내가 그들의 조상들과 맺은 언약을 깨뜨렸도다 그러므로 나 여호와가 이와 같이 말하노라 보라 내가 재앙을 그들에게 내리리니 그들이 피할 수 없을 것이라"(렘 11:9-11). 예레미야는 시내산 언약이 파기되었고, 그 결과 엄중한 언약적 심판이 유다 백성들에게 임하게 될 것을 예고한다. 시내산 언약이 파기되었기에, 다윗 언약도 더 이상 유효하지 않게 되었음을 선언하는 것처럼 들린다. 정말로 그러한가? 시내산 언약이 파기되면, 하나님께서 영원토록 지키신다고 말씀하신 다윗 언약도 무너지게 되는 것인가?

25장 칠십 년 예언

25장에 가면 바벨론이 70년 동안 다스릴 것이라는 예언이 나온다. "이 모든 땅이 폐허가 되어 놀랄 일이 될 것이며 이 민족들은 칠십 년 동안 바벨론의 왕을 섬기리라"(렘 25:11). 25장 1절을 보면 이 예언이 주어진 시기가 느부갓네살 원년, 즉 여호야김 제4년(기원전 605년)임을 알 수 있다. 바벨론의 1차 침공 때이다. 이때 예레미야는 유다가 바벨론에 의해 멸망을 당할 것과 칠십 년 동안 그 밑에서 섬기게 될 것을 예언한 것이다. 그런데 칠십 년이 끝나면 바벨론 왕과 그의 나라와 갈대아인의 땅을 그 죄악으로 말미암아 벌하여 영원히 폐허가 되게 하실 것이고 그때 해방의 선언이 나오게 된다고 예언하였다(렘 25:12).

이러한 내용이 1장부터 25장 즉 예레미야 전반부의 내용이다. 이 예언들의 핵심에는 소위 시내산 언약(조건성)과 다윗 언약(무조건성)의 충돌이 자리잡고 있다. '언약적 의무를 지키지 않았으므로 시내산 언약이 깨졌고, 그러므로 다윗 언약도 지켜질 수가 없다'는 논리가 예레미야서 초반부 심판 예언들이 전하는 메시지이다. 그렇다면 우리는 이것을 어떻게 해석해 나가야 하는 것일까? 하나님께서는 다윗 언약을 영원히 지켜내실 것이라고 약속하셨는데 말이다. 이 질문에 대한 대답은 26장 이후에 나오는 새 언약 부분에서 발견될 것이다. 사실 1장에서 우리가 이미 발견했던 예레미야서 해석의 렌즈에 해결책의 실마리가 이미 주어져 있다. 1장 10절에서 심판이 먼저 오고 그후 회복이 온다고 했다. 따라서 예레미야 전반부에 '언약 파기 선언'이 먼저 오는 것이다. 그러나 그 파기 사건은 종말론적 파기가 아니다. 왜냐하면 회복이 따라오기 때문이다. 뽑고 파멸시키신 것처럼, 심고 다시 세우시는 언약의 회복이 나타나게 될 것이다. 새언약이 등장하여 시내산 언약과 다윗 언약의 충돌을 해소시키고, 이 두 언약이 함께 공존할 수 있도록 새로운 방향성을 제시할 것이다. 이것이 새 언약의 핵심적인 내용이다.

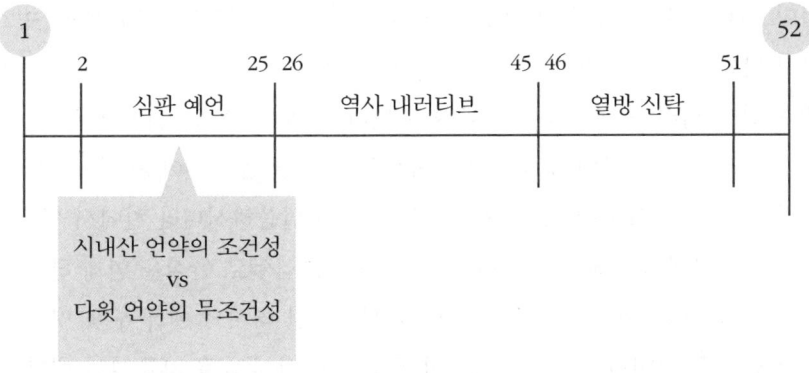

3. 역사 내러티브 (26-45장)

26장부터 45장에는 상당히 많은 역사 내러티브 서술이 등장한다. 구조를 나누자면, 먼저 26-29장은 역사 내러티브 서술로서 '참 선지자와 거짓 선지자의 대결 구도'를 보여준다. 예루살렘이 멸망하지 않을 것이라고 예언한 거짓 선지자들이 있었다. 이들은 예레미야를 거짓 선지자로 몰았지만, 예레미야는 참 선지자였다. 이러한 거짓 선지자와 참 선지자의 대결 구도가 26-29장의 주요한 흐름이다. 30-33장에는 우리가 집중적으로 살펴보려고 하는 '새 언약'이 나온다. 이후 34-45장은 역사 내러티브 서술이 다시 시작된다. 34-36장에는 멸망 직전 사건들이 나오고, 37-39장에는 예루살렘 멸망 당시의 이야기가 나오고, 40-45장은 멸망 직후의 이야기가 기록되어 있다. 이 모든 사건들은 30-33장에 기록되고 있는 '새 언약'을 중심으로 이해되어야 한다.

31장 새 언약 (1): 시내산 언약의 회복

새 언약의 핵심 본문인 31장과 33장을 살펴보자. 31장에서는 회복의 예언이 시작된다. 31장 초반부에는 북왕국의 회복 이야기가 나타난다. "여호와의 말씀이니라 그 때에 내가 이스라엘 모든 종족의 하나님이 되고 그들은 내 백성이 되리라"(렘 31:1). '내 백성이 된다'는 것은 출애굽기 6장 7절에 처음 주어졌고 이후 구약 성경에서 계속해서 시내산 언약 관계를 의미하며 사용된 언약 공식 표현이다. "여호와께서 이같이 말씀하시니라 칼에서 벗어난 백성이 광야에서 은혜를 입었나니 곧 내가 이스라엘로 안식을 얻게 하러 갈 때에라"(렘 31:2). 광야에서 은혜를 입었다는 표현 역시 출애굽 후에 맺은 시내산 언약을 의미한다. "처녀 이스라엘아 내가 다시 너를 세우리니 네가 세움을 입을 것이요 네가 다시 소고를 들고 즐거워하는 자들과 함께 춤추며 나오리라"(렘 31:4).' 1장 10절에서 남유다와 열방을 뽑고 넘어뜨리고, 그 다음에 심고 세운다고 하셨는데, 그 하반절에 예고된 대로 회복이 이제 시작되는 것이다. 그 회복의 대상은 북왕국이다. 5절의 '사마리아 산들', 6절의 '에브라임 산' 등의 표현에서 이를 알 수 있다. 북왕국을 회복시키신다는 메시지는 22절까지 나타난다.

23절 이후에는 남유다 왕국의 회복이 예언되는데, 이 본문이 본격적인 새 언약을 선언한다.

> 23 만군의 여호와 이스라엘의 하나님께서 이와 같이 말씀하시니라
> 내가 그 사로잡힌 자를 돌아오게 할 때에
> 그들이 유다 땅과 그 성읍들에서 다시 이 말을 쓰리니
> 곧 의로운 처소여, 거룩한 산이여, 여호와께서 네게 복 주시기를 원하노라
> 할 것이며
> (…)
> 27 여호와의 말씀이니라
> 보라 내가 사람의 씨와 짐승의 씨를 이스라엘 집과 유다 집에 뿌릴 날이
> 이르리니
> 28 깨어서 그들을 뿌리 뽑으며 무너뜨리며 전복하며 멸망시키며 괴롭게 하던
> 것과 같이
> 내가 깨어서 그들을 세우며 심으리라 여호와의 말씀이니라

유다 땅이 회복된다는 내용이 23절 이후로 계속되다가, 28절에는 1장 10절에서 언급되었던 문구가 거의 그대로 다시 사용된다. '뿌리 뽑으며 무너뜨리며 전복하며 멸망시키며 괴롭게 하는 것' 즉 심판은 이미 완료되었고, 이제는 하나님께서 깨어서 그들을 세우며 심으시는 일 즉 회복과 구원이 온다는 예언이다. 다시 말해, 언약이 파기되었으나, 이제는 그 언약이 새롭게 회복된다는 의미이다.

그렇다면 회복은 어떻게 가능한가? 이 부분에 신학적으로 해결되어야 할 숙제가 있다. 앞서 시내산 언약이 그 조건성으로 인해 깨졌었기 때문이다. 백성들이 율법에 불순종했기 때문에 언약이 깨졌던 것이었다. 그렇다면 이번에 언약을 회복하신다해도 또 백성들이 율법에 불순종하고 말씀을 지키지 않으면 또 다시 언약이 파기되고 말 것 아닌가? 백성들이 불순종할 것이 예상된다면, 언약을 갱신하는 것은 어떤 의미가 있는가? 등등의 의문이

드는 것이다. 그러므로 이번에는 하나님께서 이에 대하여 어떤 계시를 주시는지 '새 언약'의 핵심적인 내용을 자세히 살펴보아야 한다.

31장 31절부터 34절이 바로 '새 언약' 본문이다.

새 언약 〈예레미야 31장 31-34절〉

³¹ 여호와의 말씀이니라

보라 날이 이르리니 내가 이스라엘 집과 유다 집에 새 언약을 맺으리라

³² 이 언약은 내가 그들의 조상들의 손을 잡고 애굽 땅에서 인도하여 내던 날에

맺은 것과 같지 아니할 것은

내가 그들의 남편이 되었어도 그들이 내 언약을 깨뜨렸음이라

여호와의 말씀이니라

³³ 그러나 그 날 후에 내가 이스라엘 집과 맺을 언약을 이러하니

곧 내가 나의 법을 그들의 속에 두며 그들의 마음에 기록하여

나는 그들의 하나님이 되고 그들은 내 백성이 될 것이라 여호와의 말씀이

니라

³⁴ 그들이 다시는 각기 이웃과 형제를 가리켜 이르기를

너는 여호와를 알라 하지 아니하리니

이는 작은 자로부터 큰 자까지 다 나를 알기 때문이라

내가 그들의 악행을 사하고 다시는 그 죄를 기억하지 아니하리라

여호와의 말씀이니라

먼저 하나님께서 새 언약을 맺으실 것이 선포된다(31절). 이 새 언약은 이스라엘의 조상들을 애굽 땅에서 인도하여 내던 날에 맺은 것, 즉 시내산 언약과 같지 않다(32절). 그렇다면 새 언약의 어떤 점이 시내산 언약과 다른 것인가? 시내산 언약은 하나님께서 그들의 남편이 되셨음에도 불구하고 그들이 깨뜨린 언약이다. 다시 말해 시내산 언약은 파기가 가능한 형태를 지니고 있었다. 이는 시내산 언약은 쌍방성을 가졌다는 점에서 분명하다.

그런데 새 언약은 다르다. "내가 나의 법을 그들의 속에 두며 그들의 마음에 기록하여 나는 그들의 하나님이 되고 그들은 내 백성이 될 것이라"(33절).' 하나님께서 여호와의 율법을 그들의 속에 두신다는 것이다. 말씀을 속에 둔다는 구절을 이해하기 위해서는 신명기의 맥락을 다시 한번 기억해볼 필요가 있다. 신명기 6장 6-9절의 쉐마 본문은 '말씀이 너희 마음에 있게 하라'고 명령하였다. 이 말씀이 신명기 10장 16절에서는 '너희가 마음에 할례를 행하라'라고 표현되었다. 사람이 스스로 마음에 할례를 행하는 것이니 시내산 언약의 조건성을 표현한 것이었다. 이후 30장 6절에서는 '하나님께서 너희 마음에 할례를 행하실 것이라'고 표현되어, 할례의 주체가 하나님이심이 표현되었다. 그러므로 모압 언약은 조건성과 무조건성이 함께 들어 있음을 기억해야 함을 알 수 있었다. 이 때 조건성은 '너희가 먼저 슈브(שוב)해야 하나님도 슈브(שוב)하실 것이다'라는 내용이었고, 무조건성은 '하나님께서 너희 마음에 할례를 행하여 주신다'는 것이었다.

그런데 이 '마음의 할례' 이야기가 지금 시내산 언약, 모압 언약을 거쳐서 새 언약으로 이어져 계시의 발전을 보여주고 있는 것이다. '마음에 하나님의 율법을 기록하시는 일'의 주체는 누구이신가? 바로 하나님이시다. 그래서 '그들의 하나님'이 되시고, 그들은 '내 백성'이 될 것이라고 말씀하시는 것이다(33절). 이 부분에서 새 언약이 지니는 신학적 특징인 무조건성이 매우 선명하게 드러난다. 또한 다시는 이웃과 형제를 가리켜 '여호와를 알라'고 말할 필요조차 없게 될 것이다. 왜냐하면 작은 자로부터 큰 자까지 이미 다 여호와 하나님을 알 것이기 때문이다(34절). 이렇게 "새 언약" 본문은 언약 공식에 해당하는 세 가지(-의 하나님, -의 백성, 여호와이신 줄을 안다)를 총동원하여 '언약 관계 회복'을 이야기하고 있는 것이다.

정리해보자. 31장의 핵심 내용은 무엇인가? 하나님께서 백성들의 마음에, 우리의 마음에 율법을 기록하신다는 것이다. 율법을 기록한다는 것은 마음의 할례를 뜻하고, 율법의 말씀의 내면화를 뜻한다.[28] 하나님께서 이렇게 하심으로써 우리가 율법을 순종하는 것이 가능해지는 것이다. 달리 말하면 이것은 〈하나님의 주권적 역사로 인하여 시내산 언약의 조건성이 충족된다〉는 뜻이다. 왜 조건성이 충족되는 것인가? 백성들이 순종할 수 있게 되기 때문이다. 순종하지 못해서 시내산 언약이 깨지고, 그것으로 인해 다윗 언약도 깨질 것이라고 했던 것이 예레미야서의 초반부 내용인데, 이제는 하나님께서 마음에 율법을 친히 기록해 주신 결과 사람이 율법을 지킬 수 있게 되기 때문에, 하나님의 주권적 역사로 인하여 시내산 언약의 조건성이 충족되는 것이다. 따라서 예레미야 31장은 '시내산 언약의 회복'을 말하는 것이며, 그것이 가능한 이유는 '하나님의 주권적 구원 역사'인 것이다.

우리는 예레미야서의 새 언약이 31장의 시내산 언약 이야기로만 끝나지 않고 33장에서 다윗 언약이 회복되고 성취된다고 이야기하는 것을 보아야 한다. 그런데 그 전에 31장에서 한 가지를 더 살펴야 한다. 하나님께서 자신의 주권적인 역사로 시내산 언약의 조건성을 충족시킨다고 하시는 새 언약에 대하여 '하나님의 주권성'을 더 선명하게 보이시려고 '창조 언약'을 새 언약의 근거로 제시하신다는 점이다. 31장 35절부터를 보자. "여호와께서 이와 같이 말씀하셨느니라 그는 해를 낮의 빛으로 주셨고 달과 별들을 밤의 빛으로 정하였고 바다를 뒤흔들어 그 파도로 소리치게 하나니 그의 이름은 만군의 여호와니라(35절) 이 법도가 내 앞에서 폐할진대 이스라엘 자손도 내 앞에서 끊어져 영원히 나라가 되지 못하리라 여호와의 말씀이니라"(36절). 사람의 마음에 말씀을 기록해 주신 그분은 해를 낮의 빛으로 주셨고, 달과

---

[28] 예레미야서에 기술된 새 언약에 있어서의 율법의 기능에 대한 논의로는 다음을 보라: 둠브렐, 『언약과 창조』, 274-278. 둠브렐은 구약 언약에 있어서 율법 순종에 대한 조건성이 궁극적이었다고 보지는 않는다. 시내산 언약에서도 새 언약에서도 이런 점은 동일하다고 해석한다. 필자는 둠브렐과는 다르게 해석한다. 새 언약에는 이전 언약들이 모두 함께 통합되어 이전 언약들에 나타났던 조건성과 무조건성들이 함께 성취된다고 생각한다. 구원계시의 발전은 매우 다양하게 표현되는 언약들 가운데 연속성이 명확히 드러난다고 보는 관점이며, 따라서 각 계시들의 특성을 존중하면서도 그들 간의 연속성을 파악해야 한다고 보는 것이다.

별들을 밤의 빛으로 정하신 분이시다. 이것은 창조 사건이다. 이 창조의 원리가 폐하여진다면 이스라엘 자손도 하나님 앞에 끊어져 영원히 나라가 되지 못하리라는 말씀은, 결국 창조의 법도가 영원히 폐하지 않으므로 이스라엘 자손은 하나님 앞에 영원히 설 것이라는 의미이다. 창조 언약이 성취되므로, 시내산 언약도 영원히 성취된다는 것이다. 이것이 계속하여 반복, 강조된다. "여호와께서 이와 같이 말씀하시니라 위에 있는 하늘을 측량할 수 있으며 밑에 있는 땅의 기초를 탐지할 수 있다면 내가 이스라엘 자손이 행한 모든 일로 말미암아 그들을 다 버리리라 여호와의 말씀이니라"(37절). 사람은 하늘을 측량할 수 없고, 땅의 기초를 탐지할 수 없다. 창조는 하나님만이 하실 수 있는 일이기 때문이다. 그러므로 창조주이신 하나님이 하시니, 그들은 버림당하지 않는다는 것이다. 창조의 능력을 지니신 여호와께서 주권적으로 역사하셔서, 그 주권의 능력으로 사람의 마음에 율법을 기록하여 내면화하실 것이므로, 사람이 율법을 지킬 수 있게 되어, 시내산 언약의 조건성이 만족될 것이므로, 새 언약은 반드시 지켜지게 될 것이다.

33장 새 언약 (2): 다윗 언약의 회복

31장에서 설명된 '시내산 언약을 충족시키는 새 언약'은 33장에서 '다윗 언약의 회복'으로 이어진다. "일을 행하시는 여호와, 그것을 만들며 성취하시는 여호와, 그의 이름을 여호와라 하는 이가 이와 같이 이르시도다"(렘 33:2). 먼저 언약 신명인 '여호와'가 반복되고 있다. 언약을 반드시 이루시는 하나님, 시내산 언약도 다윗 언약도 이루시는 하나님이 강조된다. 3절은 "너는 내게 부르짖으라 내가 네게 응답하겠고 네가 알지 못하는 크고 은밀한 일을 네게 보이리라"고 명령한다. 여기서 '알지 못하는 크고 은밀한 일'이 무엇일까? 이 일은 이제 33장에서 설명할 주제인 '다윗 언약의 회복'다. 이 일 너무 크고, 너무 신비스러워서 백성들이, 아직 다 깨닫지 못하고 있다는 것이다. 예레미야가 이 예언을 한 시점은 그가 시위대 뜰에 갇혀 있을 때였다(1절). 예루살렘 멸망 직전의 시점이었다. 예레미야는 계속 예루살렘이 멸망할 것이라고 외쳐 왔고, 백성들이 그것을 듣고 예레미야를 죽이려고 했었다. 그런데 지금 상황은 어떠한가? 이제 예루살렘이 곧 멸망할 것을 백성들도 다 알고 있는 상황이다. 그런데 이때 예레미야가 회복이 올 것을 외친다. 멸망 직전에, 회복될 것을 외치고 있는 것이다. 이것이 바로 '알지 못하는 크고 은밀한 일'이다.

이하의 구절들이 '알지 못하는 크고 은밀한 일'이 무엇인지를 계속해서 설명한다. "그러나 보라 내가 이 성읍을 치료하며 고쳐 낫게 하고 평안과 진실이 풍성함을 그들에게 나타낼 것이며"(렘 33:6). 여기서 '이 성읍'이란 예루살렘이다. 다윗 언약에서 약속된 바 무너지지 않는 하나님의 성읍이다. 그 약속을 따라, 하나님께서는 이 예루살렘을 치료하며 고쳐서 낫게 하시고, 평안과 진실이 풍성함을 나타내실 것이며(6절), 포로를 돌아오게 하실 것이고, 처음과 같이 세우실 것이다(7절). 그래서 이 예루살렘은 열방 앞에서 하나님의 기쁜 이름이 될 것이며, 찬송과 영광이 될 것이다(9절). 이 모든 일들은 '다윗 언약의 성취'를 말하고 있다. 이것이 3절이 말한 '크고 은밀한 일'이다.

33장이 다윗 언약의 회복을 예고한다는 사실은 15절에 가면 더욱 명백해진다. "그 날 그 때에 내가 다윗에게서 한 공의로운 가지가 나게 하리니 그가 이 땅에 정의와 공의를 실행할 것이라"(렘 33:15). '정의와 공의'는 우리가 다윗 언약을 설명하면서 살펴본 바와 같이 사무엘하 8장 15절에 주어진 다윗 언약 주제 패키지 중 하나이다. 그 날에 유다가 구원을 받겠고, 예루살렘이 안전히 살 것이며, 이 성 예루살렘은 '여호와는 우리의 의'라는 이름을 얻을 것이다(16절). 어휘들과 구절들은 모두 다윗 언약 회복을 말하고 있다. 17절에도 계속해서 다윗 언약의 회복이 나타난다. "여호와께서 이와 같이 말씀하시니라 이스라엘 집의 왕위에 앉을 사람이 다윗에게 영원히 끊어지지 아니할 것이며 내 앞에서 번제를 드리며 소제를 사르며 다른 제사를 항상 드릴 레위 사람 제사장들도 끊어지지 아니하리라 하시니라"(렘 33:17-18).' 이 다윗 언약의 회복이 어떻게 일어나는 것인가? 이것 역시 하나님의 주권적인 구원 역사로 주어지는 것이다. 하나님이 보여주시는 크고 비밀한 일인 것이다.

정리하자면, 33장에서 제시되는 다윗언약의 회복은 31장의 시내산 언약의 조건성 충족으로 이루어지는 새 언약의 연장선상에 있다. 하나님의 주권적 역사로 사람이 율법에 순종하게 되어 시내산 언약이 회복된 새 언약이 나오는데, 그 새 언약의 결과 다윗 언약이 풍성하고도 온전하게 성취되어지는 것이다.

33장 후반부에서 하나님은 이 다윗 언약의 회복과 성취에 대한 근거로서 '창조 언약'을 또 한 번 근거로 제시하신다. 31장에서 시내산 언약의 조건성이 충족된다는 것을 말씀하실 때 창조 언약을 근거로 제시하셨는데, 33장에서 다윗 언약이 회복된다는 말씀을 하실 때 역시 창조 언약을 근거로 제시하시는 것이다. "여호와께서 이와 같이 말씀하시니라 너희가 능히 낮에 대한 나의 언약과 밤에 대한 나의 언약을 깨뜨려 주야로 그 때를 잃게 할 수 있을진대 내 종 다윗에게 세운 나의 언약도 깨뜨려 그에게 그의 자리에 앉아 다스릴 아들이 없게 할 수 있겠으며 내가 나를 섬기는 레위인 제사장에게 세운 언약도 파할 수 있으리라"(렘 33:20-21). 여기에 낮과 밤에 대해 하나님이 '언약'을 세우셨다는 표현이 나오고 있다. 창세기 본문에는 창조 사건이 언약이라는 말이 없지만, 이런 후대의 본문에 창조 언약이었음이 드러나 있다. 이 창조 사건을 깨뜨려서 주야로 그 때를 잃게 할 수 있다면 다윗에게 주신 하나님의 언약도 깨뜨릴 수 있을 것이라는 말씀은, 창조 언약이 유효하기 때문에 다윗 언약도 유효하다는 말씀이다. 왜냐하면 창조 언약을 주신 분이 하나님이신데, 다윗 언약도 그 하나님이 주신 것이기 때문이다. 동일한 내용이 25-26절에도 다시 한 번 기술된다. "내가 주야와 맺은 언약이 없다든지 천지의 법칙을 내가 정하지 아니하였다면(25절) 야곱과 내 종 다윗의 자손을 버리고 다시는 다윗의 자손 중에서 아브라함과 이삭과 야곱의 자손을 다스릴 자를 택하지 아니하리라"(26절).

다윗 언약이 왜 회복되는 것인가? 시내산 언약의 조건성이 충족되었기 때문이다. 예레미야 전반부에서는 시내산 언약의 조건성이 충족되지 않았기 때문에 다윗 언약도 설 수 없음을 말했었다. 그런데 이제 새 언약으로 인하여 시내산 언약의 조건성이 충족되었다. 그러므로 다윗 언약도 회복되고 성취되는 것이다. 이것이 어떻게 가능한가? 사람의 행함으로 되는 것이 아니며, 오직 하나님의 행하심으로 된다. 창조의 능력으로, 하나님이 하신 것이다. 따라서 앞에 나온 모든 언약들이 그 안에 모여 수렴하며 통전적으로 성취되는 언약이 바로 새 언약이다. 새 언약 안에서 창조 언약과 시내산 언약과 다윗 언약이 함께 성취된다.

이상의 내용을 다음과 같이 표현할 수 있겠다. 예레미야에서 발견되는 새 언약의 신학적 기술은 다음과 같다: '하나님께서 하시므로 사람이 할 수 있게 된다.' 이것이 새 언약이다. 이 표현에서 뒷부분만 언급하여 '사람이 해야 한다'고 하면 시내산 언약의 조건성이 된다. 반대로 앞부분만 언급하여 '하나님께서 하신다'고만 하면 다윗 언약 같은 무조건성이 된다. 그런데 새 언약은 이 두 가지를 하나로 묶어 제시한다. 하나님께서 하셔서, 사람에게 능력을 주시는 것이다. 변화시키시고, 말씀을 주시고, 그리고 율법을 우리 마음에 기록해 주신다. 하나님께서 하시므로 사람이 할 수 있게 되는 것이다. 누가 하는 것인가? 하나님이 하시는 것이다. 우리는 못한다. 그러나 하나님이 하시므로, 그 결과로 사람이 할 수 있게 되는 것이다. 그러므로 새 언약으로 정리한 '무조건성'은 '하나님의 주권과 능력으로서 인간의 조건성을 충족시킨다'는 의미이다. '조건성'은 사람이 충족시키는 것이 아니라, 하나님께서 충족시키시는 것이다. 사람은 충족시키지 못한다. 그런데 하나님께서 충족시키셔서, 사람이 그것을 충족시킬 수 있게 되는 것이다. 바로 이것이 구약 시대 언약의 가장 발전된 형태로 드러나는 '새 언약'이다.

34-52장 역사 내러티브, 열방예언, 예루살렘 멸망

이 새 언약의 내용들이 나오고 나서 34장부터 45장까지는 역사 서술이 나온다. 새 언약의 예언은 주어졌으나, 역사적 시점은 아직 예루살렘 멸망 직전이므로, 새 언약의 성취는 아직 오지 않은 상태이다. 아직까지는 시내산 언약의 조건성이 적용되고 있는 것이다. 백성들은 멸망 직전에도, 멸망 당시에도, 멸망 이후에도 계속해서 불순종한다. 하나님이 애굽으로 가지 말라고 하시는데도, 애굽으로 가면 살 수 있을 줄 알고 예레미야까지 끌고 애굽으로 간다. 그래서 예레미야는 애굽에 가서 죽임을 당하는 마지막을 맞이하게 되는 것이다. 그러나 예레미야는 보고 있었다. 칠십 년이 지나면, 새 언약이 온다는 것을. '하나님이 하시므로 우리가 할 수 있게 될 것이다'라는 것을, 예레미야는 내다보고 있었던 것이다.

예레미야 46-51장은 열방신탁이다. 지금까지의 신학적 시각이 열방에게 다시 적용된다. 52장에서는 전반부에 예루살렘의 함락 이야기가 기록된다. 후반부에는 주전 560년 여호야긴 석방 사건이 기록되어 있다. 여호야긴 왕은 기원전 597년에 바벨론에 포로로 끌려 갔다가 36년 후 주전 560년에 감옥에서 놓인다. 진정한 민족의 해방은 기원전 536년에 고레스 칙령에서 이루어지게 될 것이므로, 여호야긴의 석방은 포로기의 중간 시점에 발생한 사건이다. 그런데 이 시점에 여호야긴이 석방되어서 왕의 지위를 회복한 것이다. 나라가 회복되어 실제로 왕이 된 것은 아니나, 감옥에서 벗어나서 왕의 대우를 받았다는 것을 기록하는 것이다.

예레미야서의 가장 마지막에 이 이야기를 기록한 것은 무슨 뜻일까? 이는 '다윗 언약 회복에 대한 예고' 즉 '새 언약 성취의 예고'이다. 다윗의 나라를 다시 회복시키실 것이라는 강력한 암시가 560년에 주어지고 있는 것이며, '새 언약의 성취가 다가온다'는 선언인 것이다. 1장에서 '심판이 지나 회복이 온다'고 말씀했었는데, 지금 52장에서 '심판은 왔다. 그리고 회복도 반드시 온다!'고 선언하고 있는 것이다. 모두 누구로 인함인가? 주권적으로 역사하시고 이루시는 하나님으로 인한 것이다.

```
서론:                                          결론: 예루살렘 함락
심판이 오고,                                    + 다윗 언약 회복 예고
그 후에 회복이 온다                              (새 언약의 성취 예고)
      │                                              │
      ▼                                              ▼
    (1)      2          25 26          45 46       51  (52)
     ├───────┼───────────┼──────────────┼───────────┼───┤
             │ 심판 예언  │  역사 내러티브 │  열방 신탁  │
                 ▲              ▲
                 │              │
         시내산 언약의 조건성      30-33장 새 언약
              vs
         다윗 언약의 무조건성    시내산 언약의 조건성 충족
                                → 다윗 언약의 회복

                                (모두 창조 언약을 근거로 함)
                                (하나님의 주권적 구원 역사)
```

부 록

부록 1

개혁주의 관점에서 본 '안식' 개념과 주일성수 [29]

I. 들어가며

우리가 살아가는 21세기의 한국사회에서 개혁주의 관점의 주일성수를 논하는 것이 이제 매우 중요한 일이 되었다. 주일성수라는 개념이 매우 약화된 시대를 살고 있기 때문이다. 얼마 전까지만 해도 주일을 지키고자 하는 각고의 노력을 기울였던 목회의 현장이 이제는 상당히 변하여 주일을 지키는 것이 주일예배에 참석하는 것 정도로 여겨지는 경우가 많음은 주지의 사실이다. 이러한 시대에 우리 개혁주의 교회가 어떻게 주일성수를 해야 할 것인지를 더 진지하게 고민하고 실천하는 일이 반드시 필요하다. 그렇다면 우리는 이 문제에 어떻게 접근해야 할까? 필자는 본고를 통하여 성경신학적 관점에서 본 안식일과 주일의 개념에 대해서 고찰하고자 한다. 특별히 구약성경에 나타난 '안식'의 개념에 대해서 살펴보고, 그러한 '안식'의 개념이 '안식일'의 개념으로 어떻게 이어졌고, 그 '안식일'의 개념이 '안식년'과 '희

---

[29] 부록 1은 기존에 출간된 논문 전체를 인용한 것이다. 김희석, "개혁주의 관점에서 본 안식 개념과 주일성수," 「신학지남」 315 (2015): 9-30.

년'의 개념을 거쳐서 신약에서 어떻게 완성되고 성취되는지를 고찰하고자 한다. 이런 과정을 통해 신약교회가 지켜온 '주일'의 개념을 정리한 후에, 이러한 성경적 주일 개념이 우리의 현장에 어떻게 적용될 수 있을지를 간략하게 논하고자 한다.

II. 본론

'주일'의 개념 정리를 위해서는 먼저 구약에 나타난 '안식일'의 개념 정리가 필요하다. 그리고 '안식일'의 개념을 이해하기 위해서는 안식일 제도 자체가 규정되기 이전의 '안식' 개념에 대한 정리가 필요하다. 이를 위해 창세기 2장에 나타나는 안식 개념에 대해서 먼저 살펴보도록 하자.

1. 창세기 2:1-3에 나타난 '안식' 개념

1.1. 번역

성경에서 안식 개념이 처음 나타나는 본문은 바로 창세기 2:1-3이다. 주일과 안식일에 대한 논의를 위해서는 이 본문에 나타난 안식 개념을 이해하는 것이 가장 먼저 이루어져야 한다. 해당본문은 다음과 같다.[30] 독자의 편의를 위해 주요한 히브리어 원문에는 음영표기를 하고, 이에 상응하는 한글 번역에는 밑줄을 표기했다.

¹ וַיְכֻלּוּ הַשָּׁמַיִם וְהָאָרֶץ וְכָל־צְבָאָם
² וַיְכַל אֱלֹהִים בַּיּוֹם הַשְּׁבִיעִי מְלַאכְתּוֹ אֲשֶׁר עָשָׂה

---

[30] 본고에서 인용하는 구약원문은 BHS(Biblia Hebraica Stuttgartensia)에서 사용하는 레닌그라드 사본(Leningrad Codex)이며, 한글성경은 필자의 사역임을 밝힌다.

וַיִּשְׁבֹּת בַּיּוֹם הַשְּׁבִיעִי מִכָּל־מְלַאכְתּוֹ אֲשֶׁר עָשָׂה

3 וַיְבָרֶךְ אֱלֹהִים אֶת־יוֹם הַשְּׁבִיעִי וַיְקַדֵּשׁ אֹתוֹ

כִּי בוֹ שָׁבַת מִכָּל־מְלַאכְתּוֹ אֲשֶׁר־בָּרָא אֱלֹהִים לַעֲשׂוֹת פ

창 2:1-3

¹ 모든 천지와 만물이 <u>완성되었다</u>.

² 하나님이 그가 하시던 모든 일을 일곱째 날에 <u>완성하시고</u>
그가 하시던 모든 일로부터 일곱째 날에 <u>멈추셨다</u>.

³ 하나님이 그 일곱째 날을 복되게 하사 거룩하게 하셨으니
이는 하나님이 그가 창조하시며 만드시던 모든 일로부터
그 날에 <u>멈추셨기</u> 때문이었다.

1.2. 창세기 1:1-2:3의 맥락

본문은 하나님의 창조 행위를 서술하는 내용으로 구성되어 있다. 맨 처음의 창조행위로부터 시작하여 6일째까지의 창조를 차례로 서술하는데(1:1-31), 그 중에 인간의 창조에 대하여 집중적으로 설명한다(1:26-30). 인간을 하나님의 형상으로 그리고 하나님의 모양을 따라 창조하신 내용이 강조되고 있다. 이 모든 일이 이루어진 후에 하나님께서 보시니 심히 좋았더라(1:31)라고 기록한다. 이러한 창 1장의 창조기사는 1장만으로 이해되어서는 안 되며, 2:1-3과 함께 해석되어야 한다. 왜냐하면, 창세기 전체의 구조를 살폈을 때, 창 1:1-2:3이 분명한 하나의 단락을 형성하기 때문이다.[31] 그렇다면, 2:1-3에 나타난 안식 개념은 1:1-31에 나타난 창조기사를 바탕으로 하여 이해되

---

[31] 창세기는 1개의 서론(1:1-2:3) 및 10개의 계보(톨레돗: תוֹלְדוֹת)로 구성되어 있다. 10개의 톨레돗이란 천지의 계보(2:4-4:26), 아담의 계보 (5:1-6:8), 노아의 족보(6:9-9:29), 셈과 함과 야벳의 족보(10:1-11:9), 셈의 족보(11:10-26), 데라의 족보(11:27-25:11), 이스마엘의 족보(25:12-18), 이삭의 족보(25:19-35:29), 에서의 족보(36:1-43), 야곱의 족보(37:1-50:26)이다. 즉, 창세기 전체의 구조로 보았을 때 천지창조에 대한 기사의 문예적 단락구분은 1:1-31이 아닌 1:1-2:3이 되어야 한다.

어야 함을 알 수 있다. 다시 말해, 2:1-3에 나타난 하나님의 안식하심은 6일 동안의 모든 창조행위를 마치시고 '보시기에 심히 좋았더라'라고 기록될 정도로 기뻐하시고 만족해하신 하나님의 창조의 온전함을 바탕으로 해석되어야 한다는 것이다. 2일째를 제외한 모든 날의 창조에 대하여 '하나님의 보시기에 좋았더라'라고 7번이나 기록하였는데(1:4, 10, 12, 18, 21, 25, 31), 특별히 7일째에는 동물의 창조에 대해서 '좋았더라'라고 기록하시고(1:25) 인간의 창조에 대해서는 '심히 좋았더라'라고 기록하셨다(1:31). 창세기 1장의 창조 기록은 창조역사에 대한 사실적인 기록일 뿐만 아니라, 그러한 창조행위에 대한 하나님의 만족하심도 함께 서술하고 있다는 사실을 우리는 기억해야 한다.

1.3. 창세기 2:1-3에 나타난 안식 개념

이러한 창세기 1장의 맥락은 창 2:1-3으로 계속해서 이어진다. 절별로 그 내용을 살펴보도록 하자.

1절
모든 천지와 만물이 <u>완성되었다</u>.

1절은 '모든 천지와 만물이 완성되었다'고 기록하면서 창세기 1장의 내용을 요약한다. 여기서 중요한 점은, 모든 천지와 만물이 '완성되었다'라고 표현했다는 점이다. '완성되다'라고 번역된 히브리 원어는 '카라'(כלה)동사인데, 이 동사의 기본적인 개념은 '어떤 과정을 완성하다'라는 것이다. 긍정적인 의미와 부정적인 의미가 다 존재하는데, 긍정적인 의미는 어떤 과정을 계속하여 충만하게 만들어 완성한다는 것이고, 부정적인 의미는 무엇인가를 소비하거나 사용하여 전부 없어질 때까지 계속한다는 것이다.[32] 창 2:1은

---

32 John N. Oswalt, "כלה" *TWOT* 1:439-40.

이런 '카라' 동사의 의미가 긍정적으로 사용된 경우라고 보아야 한다. 창 1장에서 6일 동안의 창조과정을 계속하신 여호와께서 마침내 인간을 창조하시고 모든 창조행위의 과정을 '완성'하신 것이기 때문이다. 그동안 개역한글, 개역개정, 바른성경 등 본 교단에서 창 2:1을 번역할 때 '마치시니'라고 번역한 것은, 틀린 번역은 아니지만, 부족한 면이 있음을 알 수 있다. '마치시다'라는 표현은 '완료'의 의미는 포함되지만 '완성'의 의미를 온전하게 드러내지는 못한 것이다. 창 2:1의 해석에 있어서의 핵심은 하나님께서 창조행위를 '완성'하셔서 더 이상 추가될 것이 없었다는 점을 지적하는데 있다는 사실에 주목해야 한다.

2절
하나님이 그가 하시던 모든 일을 일곱째 날에 완성하시고
그가 하시던 모든 일로부터 일곱째 날에 멈추셨다.

2절은 1절의 '완성하셨다'는 말을 좀 더 부연하여 설명하고 있다. 이를 위해서 '카라' 동사를 다시 사용하는데, '그가 하시던 모든 일을 일곱째 날에 완성하시고'라고 기록한다. 여기서 우리는 '카라' 동사가 다시 반복되어 사용된다는 점에 주목할 필요가 있다. 1절은 '완성하셨다'라는 기초적인 사실을 표현했다면, 2절은 그 '완성하셨다'는 사실이 제 7일째에 일어난 사실이라는 점을 추가하여 설명하고 있다는 점이다. 여기서 우리는 한 가지 질문을 던지게 된다. 하나님께서는 1일부터 6일째까지 창조행위를 하셨지만, 제 7일째에는 아무 것도 창조하시지 않으셨다. 그렇다면 제 7일에 완성하셨다는 말은 어떤 의미를 지니고 있는 것일까? 바로 그 부분이 2절 후반부에 계속 다루어지고 있다. 상반절에서 7일째에 완성하셨다는 것은, 하반절에 표현된 바에 따르면, 7일째에 그동안 하시던 모든 '일들로부터' '멈추셨다'는 뜻이다. 하반절에 나온 '일들로부터'에 해당하는 히브리 원어는 '미콜 므라크토'(מִכָּל־מְלַאכְתּוֹ)인데, '~로부터'를 뜻하는 '민'(מִן)과 '모든'을 뜻

하는 '콜'(כָּל)과 '그의 일'을 뜻하는 '므라크토'(מִלַּאכְתּוֹ)로 구성되어 있다. 즉 '그의 모든 일들로부터'로 번역해야 한다. 즉 하반절은 하나님께서 그의 일들로부터 멈추셨다는 것을 의미하고 있는 것이다. 이에 반하여, 상반절에서 '완성하셨다'고 한 표현은, 하반절의 '그의 일들로부터'가 아닌, '그의 일들을'이라는 표현과 함께 사용되고 있다. 상반절은 '민'이나 '콜' 없이 '므라크도'(מְלַאכְתּוֹ)만 사용하고 있는 것이다. 정리하면, 상반절은 하나님께서 그의 하시던 일들'을' 완성하셨고, 하반절은 하나님께서 그의 하시던 일들'로부터' 멈추셨다고 말하고 있음이다. 따라서 상반절의 '7일째에 그의 일들을 완성하셨다'는 것은 하반절에서 '7일째에 그의 일들로부터 멈추셨다'라는 말로 부연설명되고 있음을 알 수 있다. 제 7일에 하나님께서 창조를 완성하셨다는 것은, 무슨 일을 더 하셨다는 의미가 아니라, 그 일들로부터 '멈추셨다'는 것임을 알 수 있는 대목이다.

이제 우리는 2절에 나타난 중요한 단어인 '샤바트'(שׁבת) 동사를 생각해야 하는 지점에 이르렀다. 이 단어는 '안식일'을 뜻하는 명사인 '샤바트'(שַׁבָּת)와 같은 어근을 가졌다고 생각되기에, 우리의 안식일 이해에 결정적인 근거를 제공해주게 된다.[33] 물론, 안식일을 뜻하는 명사 '샤바트'가 동사 '샤바트'와 연결되어 있는지에 대하여 여러 학술적 의견이 있지만, 필자는 구약성경에서 이 두 단어는 분명히 서로 연결되어 있다고 생각한다. 그리고 명사 '샤바트' 즉 안식일 제도가 등장하기 전에 동사 '샤바트'가 창세기 1-2장의 창조기사에서 사용되고 있다는 사실이 매우 중요하다고 판단한다. 다시 말해, '안식일' 개념으로 창 2:2의 '샤바트' 동사를 이해해서는 안 된다. 많은 경우, 출애굽기부터 등장하는 안식일 개념을 그냥 '일들로부터 쉬는 것' 즉 '일하지 않는 것'으로 규정하는 것을 보게 되는데, 이런 이해는 바람직하지 않다. 우리는 성경 순서상 먼저 기록되어 있는 창 2:1-3에 나타

---

[33] 안식일이라는 명사 '샤바트'와 동사 '샤바트'의 관계에 대한 자세한 서술로는 김의원, "성경신학적 관점에서 본 안식일 개념," 「신학지남」 통권 276호 (2003), 9-54, 특별히 14-15를 참고하라.

난 동사 '샤바트'의 개념을 먼저 이해할 필요가 있는 것이다. 그런 후에 출애굽기 이후에 나타나는 명사 '샤바트' 즉 안식일 개념을 논할 수 있다.

그렇다면, 창 2:2에 사용된 동사 '샤바트'는 어떤 의미를 지니고 있는가? 이 동사의 기본적인 의미는 '멈추다'라는 것이다.[34] 필자는 이 단어를 '쉬다'라거나 '안식하다'라고 번역하는 것은 적절하지 않다고 생각한다. 왜냐하면, 한국어 개념에서 '쉬다'라고 번역하면, 육체의 피곤함과 노쇠함으로 인해서 쉰다는 의미로 이해되기 쉽기 때문이다.[35] 2절의 의미는 하나님께서 7일동안의 창조행위로 인하여 피곤하셔서 쉬신다는 것이 아니다. 하나님께서 '샤바트' 즉 '멈추신' 이유는, 1절과 2절 상반절에서 반복된 '완성하심' 때문이었다. 1절과 2절에 반복된 '카라' 동사의 의미를 생각해보면 이는 매우 분명하여 진다. 하나님께서 그가 하시던 일들로부터 '멈추신' 이유는 그가 하시던 모든 일들이 제 7일에 와서 '완성'되었기 때문인 것이다. 창조 행위에 더 이상 추가하실 것이 없었고, 만들기 원하셨던 대로 모든 것이 성취되었기 때문이다. 하나님의 멈추심은 더 이상 창조하실 것이 없었기 때문에 멈추신 것임을 알 수 있다.

이상의 2절 상반절과 하반절에 대한 내용을 정리해보면, 하나님은 제 7일에 모든 것을 완성하셨는데, 그 날에 무엇을 창조하신 것은 아니었고, 완성하셨다는 것은 그동안 하시던 일들이 다 이루어졌기에 제 7일에는 창조행위를 멈추셨다는 뜻이다. 따라서 '안식일'을 표현하는 명사 '샤바트'(שַׁבָּת)가 창 2:1-3의 동사 '샤바트'(שׁבת)의 신학적 의미에 기초해서 사용된 것이라면, 그것은 그냥 단순한 육체적 노동의 쉼을 말하는 것이 결코 아니며, 오히려 '하나님의 계획이 완성되었다'는 의미에서 사용된 것임을 우리는 알 수 있게 된다.

---

[34] John N. Oswalt, "שׁבת" *NIDOTTE* 4:41.
[35] 물론 한국어 동사 '쉬다'에도 '멈추다' 개념이 들어가 있지만, 육체적 쉼을 가리키는 경우가 더 많기 때문에, '멈추다'라고 번역하는 것이 더 정확할 것이다.

3절

하나님이 그 일곱째 날을 복되게 하사 거룩하게 하셨으니
이는 하나님이 그가 창조하시며 만드시던 모든 일로부터
그 날에 멈추셨기 때문이었다.

3절에서는, 하나님께서 일을 멈추신 제 7일을 복주시고 거룩하게 하셨다는 설명이 나온다. 여기서 우리는 성경에서 가장 처음 등장하는 '거룩'의 의미와 '복'의 의미를 알게 되는데, 본 논고의 지면의 한계로 인해 이 문제는 다루지 못하겠고, 1-3절의 맥락에서 3절이 의미하는 바를 생각해 보기로 한다.[36] 여기서 제 7일을 구별하여 거룩하셨고 복을 주셨다는 것은, 제 7일이 앞선 1-6일과는 다르게 구별된다는 의미를 지닌다.[37] 그렇다면, 여기서 말하는 제 7일을 십계명에 등장하는 '안식일'과 같은 개념으로 볼 수 있을 것인가? 그렇지 않다. 물론 창 2:1-3에서 말하는 제 7일이 출애굽기에서 처음 등장하는 안식일로서의 제 7일과 연결되기는 하지만, 차이점 역시 분명히 존재한다. 창 2:1-3에서 말하는 제 7일은 '매주 반복되는 일곱 번째 날'이라는 의미가 아니라, '1-6일과 구별되는 7번째 날'이라는 더 넓은 의미를 지닌다. 다시 말해, 창 2:1-3에서 말하는 제 7일이란, 앞으로 매주 반복될 어떤 정기적인 날을 의미하지 않는다는 것이다. 이런 사실은 창 1:1-2:3의 맥락을 생각해보면 쉽게 발견할 수 있다. 하나님께서는 6일동안 세계를 창조하셨고, 이러한 창조행위는 더 이상 반복되지 않을 것이다. 제 7일이 1~6일과 구별된 것은, 바로 하나님께서 1~6에 행하신 창조행위를 '완성하셨기에' 더 추가할 것이 없었기 때문이다. 바로 앞 구절인 창 2:2에서 밝히신 것처럼, 하

---

36 개혁주의 신학의 관점에서 본 구약성경의 '거룩함' 즉 '구별'의 문제에 대해서는 필자의 다음 글을 참조하라: 김희석, "구약의 관점에서 본 언약신학의 회고와 전망: '구별'의 예를 중심으로," 「신학지남」 제 80권 2집 (2013): 42-71.
37 이에 대한 보다 자세한 논의로는 다음을 보라: W. A. 밴게메렌, 『구원계시의 발전사 I』, 안병호·김의원 역 (서울; 성경읽기사, 1993), 51-53.

나님의 창조행위는 온전하게 성취되었고, 그리하여 더 창조하실 것이 없었기에, 하나님은 그 모든 창조하시던 일로부터 멈추셨고, 그래서 그런 의미에서 제 7일은 1~6일로부터 구별된 다른 날이 된 것이다. 이런 사실은 창 2:3의 하반절에서 밝히 드러나 있다. 하나님께서 제 7일을 거룩하게 하시고 복을 주신 이유는 바로 '그가 창조하시며 만드시던 모든 일로부터 그 날에 멈추셨기 때문'이었던 것이다. 따라서, 창 2:1-3이 장차 하나님께서 이스라엘 백성들에게 주실 안식일 규정의 원초적인 근거가 되기는 하지만, 창 2:1-3에 나타난 '제 7일'의 개념이 안식일 개념과 등가(等價)가 아니라는 점은 매우 분명하다. 창세기 2:1-3에서 묘사된 창조의 완성이 계속 유지되었다고 가정해 본다면, 그 당시의 제 8일, 제 9일은 제 1일이나 제 2일처럼 창조의 반복이 일어나는 날, 즉 아직 '완성됨'의 개념이 성취되지 않았던 날의 반복이 아니었을 것이다. 제 7일이 구별되었다는 것은 하나님의 창조가 완성되었기 때문이었고, 정기적인 반복으로 그 날이 지켜져야 하는 것은 아니었다.

이상의 논의를 통해 우리는 창 2:1-3에 나타난 '안식' 개념이 단순한 육체적 쉼의 개념이 아니며, 하나님께서 모든 창조계획을 성취하신 '완성'의 개념이며, 제 7일이란 정기적으로 돌아오는 안식일 개념이 아니었음을 살펴보았다. 이제는 이러한 '샤바트' 동사의 개념이 이후의 역사과정 속에 어떻게 발전해나가는지를 살펴보아야 한다.

2. 안식일 제도

창 2:1-3에 나타난 '샤바트' 동사의 개념, 즉 창조계획의 완성으로서의 '안식' 개념은 창 3장에 이르러서 파괴되고 만다. 아담과 하와가 하나님의 명령에 불순종하여 선악을 알게 하는 나무의 열매를 취해서 먹고 타락하게 되었기 때문이다. 하나님께서 창 1-2장에서 창조하시고 기뻐하시고 성취하셨던 모든 계획은 무너지고 뒤틀리게 되었다. 그런데, 하나님께서는 그러한 피조세계에 대하여 궁극적인 심판을 내리시지 않고, 오히려 구원의 약속을 주신다. 창 3:15에서 여자의 후손이 와서 뱀의 머리를 상하게 하리라고 약속하심으로써, 장차 임할 구원자를 기다리는 믿음으로 살아가도록 하신 것이다. 이후로 창 3:15에 언급된 여자의 후손으로, 정확히 표현하면 장차 오실 종말론적 여자의 후손이신 예수를 예표하고 상징하는 존재들로, 구약의 인물들의 역사가 펼쳐져 간다. 이것이 바로 창 2:4 이후에 등장하는 10개의 족보(톨레돗)이다. 다시 말해, 아담, 노아, 아브라함, 이삭, 야곱에 걸쳐 내려가는 구약의 가계도가 바로 종말론적 여자의 후손을 통해 내려가는 구원사의 계보인 것이다. 그렇다면, 이 구원사의 계보의 최종 목적은 무엇인가? 바로 창 1-2장에서 묘사한 하나님의 왕국을 회복하는 것이다. 하나님께서 보시기에 심히 좋았더라고 말씀하셨고, 그 일들이 모두 '완성되었던' 그 나라를 회복하시기 위함이다. 다시 말해, 창 3장 이후의 구약과 신약의 역사는 모두 창 1-2장에서 우리가 이제까지 살펴보았던 '안식' 개념의 회복을 위한 것이라고 정의내릴 수 있는 것이다. 이러나 구원역사의 계보가 야곱의 12아들들에게까지 이르게 되면, 이제 하나님의 구원계보는 아브라함이나 이삭, 야곱과 같은 한 사람으로만 이어지는 것이 아니라, 야곱의 12아들 모두를 포함하는 이스라엘 민족으로 확대되게 된다. 하나님은 이 이스라엘 민족을 애굽으로부터 나오게 하셔서 가나안 땅에 들어가게 하시고, 그 이스라엘을 통해서 하나님의 왕국을 회복시키는 일을 감당하게 하셨다. 물론 이러한 하나님의 계획은 장차 예수 그리스도를 통해서 진정으로 성취될 것이지만, 구약의 이스라엘이 신약의 예수와 그의 몸된 교회를 예표하고 있음은 분명하다. 이를 통해 우리는 이스라엘 민족이 감당해야 할 사명은 창 1-2장에 나타난 '안식'의 회복이라는 것을 알 수 있다.

그러므로 이스라엘 민족이 하나님께로부터 수여받았던 십계명 중의 안식일을 지키라는 계명은 이러한 '안식'의 회복을 위한 것임을 우리는 또한 알게 된다.[38] 이제 출애굽기 20장에 나타나는 제 4계명의 내용을 생각해 보

---

[38] 다음을 참고하라: 메리데스 클라인, 『하나님 나라의 서막: 언약적 세계관을 위한 창세기적 토

도록 하자. 출 20:8-11의 한글번역 및 11절의 원문은 다음과 같다.

출 20:8-11

⁸ 안식일을 기억하여 거룩하게 지키라
⁹ 엿새 동안은 힘써 너의 모든 일을 행할 것이나
¹⁰ 일곱째 날은 네 하나님 여호와의 안식일인즉 너나 네 아들이나 네 딸이나
네 남종이나 네 여종이나 네 가축이나 네 문안에 머무는 객이라도
아무 일도 하지 말라
¹¹ 이는 엿새 동안에 나 여호와가 하늘과 땅과 바다와 그 가운데 있는
모든 것을 만들고 일곱째 날에 쉬었기 때문이다. 그러므로 나 여호와가
안식일을 복되게 하여 그 날을 거룩하게 하였느니라

¹¹ כִּי שֵׁשֶׁת־יָמִים עָשָׂה יְהוָה אֶת־הַשָּׁמַיִם וְאֶת־הָאָרֶץ אֶת־הַיָּם וְאֶת־כָּל־אֲשֶׁר־בָּם
וַיָּנַח בַּיּוֹם הַשְּׁבִיעִי עַל־כֵּן בֵּרַךְ יְהוָה אֶת־יוֹם הַשַּׁבָּת וַיְקַדְּשֵׁהוּ

안식일에 대한 규정을 설명하시는 본문에서 우리는 그 안식일을 지켜야 하는 이유가 창 1:1-2:3의 본문과 명확하게 연결되어 있는 것을 보게 된다. 안식일을 지켜야 하는 이유는 다름 아닌 하나님께서 6일 동안 천지 만물을 창조하시고 7일째에 멈추셨기 때문이라는 것이다. 창 2:1-3의 안식 개념과 출 20장의 안식일 개념이 직접적으로 연결되는 부분이다. 그런데 창 2:1-3과 비교했을 때 한 가지 독특한 점이 드러난다. 창 2:2-3에서 '멈추다'로 사용된 '샤바트' 동사가 더 이상 등장하지 않고, 대신 쉼이라는 개념으로 '누아흐'(נוח) 동사가 사용되고 있고, 창 2:1-2의 '샤바트' 동사는 출 20:11에서 '안식일'을 뜻하는 '샤바트'(שׁבָּת)라는 명사로 바뀌어 등장하고 있

대』, 김구원 역 (서울; P&R, 2007), 62-67.

다는 사실이다. 정확히 번역하면, '샤바트' 동사는 출 20:11에서 '그 안식의 날'(יוֹם הַשַּׁבָּת)을 지키라는 명령으로 바뀐 것이다. 즉, 출 20:11은 창 2:1-3에 나타나는 '안식' 개념을 '안식일' 개념으로 재정의하고 있음을 알 수 있다. 안식일을 지켜야 하는 이유는, 안식의 회복을 위함이다. 창 1-2장에서 이루어졌던 안식, 즉 하나님의 계획의 완성됨은, 창 3장 이후로 완전히 깨어졌다. 그런데, 이제 하나님은 그 안식을 이제 이스라엘 백성을 통해 회복하려고 하시는 것이다.

그런데, 여기서 우리는 이 '안식일' 개념이 '안식'과 연결되면서도 다른 면이 있음을 기억해야 한다. 안식일이란, 창 2:1-3의 안식 개념과는 달리, 제 7일이 정기적으로 반복되는 절기적인 개념이다. 이러한 정기적인 절기임을 강조하기 위해서 '그 안식의 날'(יוֹם הַשַּׁבָּת)이라는 표현을 사용하였다. 왜 차이점이 생겨난 것일까? 그것은 바로 창 3장에서 안식 개념이 깨어졌기 때문이다. 이제 이스라엘이 안식일을 지켜야 하는 이유는, '그들을 통해 안식이 회복될 것을 믿음으로 고백한다'는 의미를 지니고 있는 것이다. 다시 말해, 안식일이란, '장차 경험하게 될 종말론적 안식의 회복을 믿음으로 미리 경험하는 날'이다. 이스라엘 백성들은, 마치 그들이 창 1-2장으로, 에덴동산으로 되돌아간 것처럼, 안식일에 그렇게 살도록 명령받은 것이다. 왜냐하면, 그들을 통해서 창 1-2장의 하나님 왕국이 회복될 것이기 때문이다. 십계명은, 한 편으로는 고대 근동의 가나안 지역의 맥락 속에서 하나님의 나라를 만들어간다는 의미가 있는 반면, 또 다른 한 편으로는, 시간을 뛰어넘어 일어날 하나님 나라의 종말론적 회복과 완성을 내다보고 있는 것이다.

안식일 계명 즉 제 4계명이 지니고 있는 이런 구속사적인 의미는 신명기 5장에서 십계명의 가르침이 재반복되는 장면에서 더욱 뚜렷하게 드러난다. 신 5:15에서는 안식일을 지켜야 한다는 제 4계명의 근거를 설명하는데, 출 20:11에서 설명한 근거와 그 내용이 사뭇 다르다. 한글 번역과 원문은 다음과 같다.

신 5:15

너는 기억하라 네가 애굽 땅에서 종이 되었었는데 네 하나님 여호와가 강한 손과 편 팔로 거기서 너를 인도하여 내었으니, 그러므로 네 하나님 여호와가 네게 명령하여 <u>안식일</u>을 지키라 하느니라

¹⁵ וְזָכַרְתָּ כִּי־עֶבֶד הָיִיתָ בְּאֶרֶץ מִצְרַיִם וַיֹּצִאֲךָ יְהוָה אֱלֹהֶיךָ מִשָּׁם בְּיָד חֲזָקָה וּבִזְרֹעַ נְטוּיָה עַל־כֵּן צִוְּךָ יְהוָה אֱלֹהֶיךָ לַעֲשׂוֹת אֶת־יוֹם הַשַּׁבָּת

신 5:15에서는 '샤바트' 동사나 '누아흐' 동사가 전혀 나타나지 않고 오직 '안식일' 즉 '그 안식의 날'(יוֹם הַשַּׁבָּת)만이 등장한다. 즉 출 20:11에서보다 창 2:1-3과의 연결고리가 좀 더 약화된 것이다. 이 구절에서 안식일을 지켜야 하는 이유는 출애굽 사건이다. 여호와께서 이스라엘 백성들을 애굽에서 나오게 하셨기 때문에 안식일을 지켜야 한다는 것이다. 이 말씀은 무슨 뜻일까? 출 20:11에서 창조 사건을 근거로 안식일을 지키라고 한 명령은 쉽게 이해되지만, 신 5:15에서 출애굽 사건을 근거로 안식일을 지키라고 하신 것은 언뜻 보면 그 이유가 불분명해 보인다. 그러나 지금까지 우리가 살펴온 내용을 기억한다면 그 의미를 파악할 수가 있다. 안식일 규정은 창 1-2장에 나온 안식 개념의 종말론적 회복을 믿음으로 바라보면서 미리 경험하는 날이다. 이런 안식의 회복이 바로 구속의 역사이며, 그러한 구속 역사의 가장 중요한 시점이, 신명기 당대의 백성들에게 있어서는 바로 출애굽 사건이었다. 따라서 신 5:15에서 출애굽이 안식일 규정을 지키는 근거가 되는 까닭은 바로 출애굽 사건이 안식을 회복하는 사건이기 때문이었다. 이스라엘 백성들은 안식일을 지키면서 한편으로는 창조기사 속에 드러난 하나님의 왕국의 회복을 소망해야 하며, 동시에 그 종말론적 안식의 회복을 이루어야 하는 존재들이 바로 자신임을 출애굽 사건의 기억을 통해서 자각해야 했던 것이다. 안식일은 이처럼 창조사건과 구속사건이 함께 연결되는 안식의 회복

을 뜻하는 절기였던 것이다.

지금까지 살펴본 내용이 구약의 맥락에서 의미하는 것이 무엇일까? 두 가지로 정리할 수 있을 것이다. 첫째는, 출애굽 이후로 나타나는 안식일 제도는 구약 전체의 맥락에 있어서 항구적인 의미를 지니는 제도가 아닌 임시적 제도였다는 점이다. 안식일은 하나님께서 처음부터 제정하신 제도가 아니고, 처음에 있었던 안식이 깨어졌기에 그 안식을 회복하기 위해서 임시적으로 설정해두신 제도이다. 장차 종말론적인 안식의 회복이 일어날 때에 제7일로서 지키는 절기로서의 안식일 제도는 종결될 것이었다. 둘째, 안식일의 핵심 개념이 육체적 노동의 쉼에 있는 것은 아니었다는 점이다. 물론 육체적인 노동을 멈추는 것이 요구되었으나, 그것은 안식일 개념이 현실로 드러나는 구체적인 결과였지, 안식일 사상의 핵심 개념은 아니었다. 이러한 사실은 안식일 규정과 연결되는 안식년과 희년 규정에서 잘 알 수 있다. 레위기 25장에는 안식년 규정과 희년 규정이 설명되어 있다. 안식년은 노동 자체의 금지 정도가 아닌 땅 사용 금지였고, 희년은 땅 사용을 금지할 뿐 아니라 땅이 원래 분배되었던 가족에게로 회귀하게 되고 사람도 원래의 자유인 상태로 회귀하게 되도록 규정하고 있다. 이러한 안식년과 희년 규정이 함의하고 있는 것은 분명히 노동의 금지 수준이 언급 정도를 넘어서서, 창세기 1-2장의 안식의 회복임이 분명하다. 이스라엘 백성이 살아가게 되는 가나안 땅이 마치 에덴동산과 같이 하나님의 안식이 충만하게 누려지는 땅이 되게 하라는 의미가 숨어 있는 것이다. 이스라엘 백성들은 이렇듯 안식과 관련한 절기들을 지키면서 하나님의 왕국의 안식이 종말론적으로 회복될 것을 믿음으로 받아들이며 그 안식을 자신의 삶 속에 실천해 나가야 했다.

3. 안식일의 완성과 성취

이러한 안식일 규정은 구약의 역사와 중간기 역사를 거쳐 신약으로 이어지게 된다.³⁹ 신약 성경에 오게 되면 예수께서 안식일에 여러 기적을 행하신 것과 안식일의 의미에 대해서 바리새인들과 논쟁을 하신 장면들을 보게 된다. 그 주요한 예로는 마 12:1-14; 막 2:23-3:6; 눅 6:1-11; 13:10-17; 14:1-6; 요 5:1-18 등을 거론할 수 있다. 예수께서는 안식일에 무조건 일을 금하는 것으로만 이해하지 않으셨고, 예수 자신께서 안식일의 주인이라고 선언하시고, 안식일이 사람을 위해 있는 것이 아니라고 사람이 안식일을 위해서 있다고 가르치셨다. 이런 가르침은 구약에서 말하는 안식일의 개념에 반하는 것도 아니고, 구약의 안식일 개념을 뛰어넘는 새로운 가르침인 것도 아니다. 예수께서 가르치신 안식일의 개념은 위에서 우리가 계속 살펴본 구약 성경의 안식일 개념과 일치한다. 안식일은 물론 노동을 금하는 날이지만, 노동 금지 그 자체를 위한 것이 아니었고, 하나님의 왕국에 편만하였던 태초의 안식 즉 하나님의 계획이 완성되고 그분의 뜻이 이루어지는 평강이 충만한 나라를 회복하기 위한 날이었다. 따라서 예수께서 안식일에 행하신 일들과 안식일에 대해서 가르치신 내용은 정확하게 그러한 구약의 가르침과 맥을 같이하고 있었다. 안식일 규정 자체보다 그러한 안식을 이루시고 회복하시는 성삼위 하나님께서 안식일의 주인이신 것이었고, 안식일 규정 자체에 사람의 삶이 매여서는 안 되며 그 안식일을 통해서 사람의 삶이 하나님 나라에 합당한 삶으로 회복되는 일이 있어야 한다고 말씀하신 것이었다.

우리는 이제 안식일에 대한 예수의 가르침에서 한 걸음 더 나아가, 예수께서 안식일 제도를 성취하신 것을 살펴보아야 한다. 이미 살펴본 바와 같이 안식일 제도는 항구적인 제도가 아닌 임시적인 제도였고, 그 목적은 창 1-2장에서 드러났던 안식의 종말론적 회복이었으므로, 우리는 그러한 안식의 회복이 예수 그리스도의 십자가 죽음과 부활을 통하여 성취되었다고 고백하게 된다. 우리가 믿는 기독교 신앙 특별히 개혁주의 신앙은 창세기로부

---

39 안식일에 대한 강조는 구약 전반에 걸쳐 나타나고 있다. 느 10:31; 13:15-22; 사 56:2,4; 58:13; 렘 17:21-27; 겔 20:12-24을 참고하라. 신구약 중간시대에 안식일에 대한 강조가 나타난 경우로는 1마카비 2:29-41을 참고하라.

터 시작된 모든 구속역사는 예수 그리스도 사건에서 완성되었다고 고백한다. 따라서 예수 그리스도의 십자가 죽음과 부활 사건을 통해서 구약의 안식일 제도는 '완성'되고 '종결'되었다고 보게 된다. 임시적인 제도였던 안식일 제도는 이제 그 역할을 다한 것이며, 일주일 중 하루를 지키는 의미에서의 구약의 안식일 제도는 더 이상 그런 의미로 지켜질 근거를 잃게 되었다. 이제는 일주일 중의 하루인 제 7일만이 다른 날과 구별되는 거룩한 날이 아니며, 모든 시간 즉 일주일의 모든 요일과 하루하루의 모든 시간이 하나님께 속한 거룩한 시간이 된 것이다. 이런 이유 때문에 신약성경은 안식일을 특별한 날로 지키지 않아도 됨을 말하고 있다. 바울은 롬 4:15에서 날을 지키는 문제는 각자의 마음으로 확정하라고 했고 골 2:16에서는 절기를 지키는 문제로 논쟁하지 말라고 가르쳤다. 더 이상 절기로서 제 7일을 지키는 것은 신약성경의 가르침에도 맞지 않으며 구약과 신약을 아울러 구속사의 흐름을 고려할 때도 맞지 않다.

그러므로, 구약시대의 안식을 신약시대에도 지켜야 한다는 주장은 설득력이 전혀 없다. 구약의 안식일 제도를 지금도 지켜야 한다고 주장하는 것은 예수 그리스도 사건 이전으로 다시 돌아가자는 주장에 다름 아니며, 결국 예수님으로 인해 완성되고 성취된 하나님의 나라와 구속의 역사를 빛바래게 만드는 것이 될 수밖에 없다. 구약의 안식일 제도는 종결되었고, 더 이상 제 7일로서의 요일 준수는 신약교회가 지키지 않아도 되는, 정확히 말하면 지킬 수 없는 제도가 되었다.

4. 신약교회의 주일 성수: 이미와 아직 사이에서

그렇다면, 신약교회의 주일 성수 문제를 우리는 어떻게 이해해야 하는가? 다시 말해, 구약의 안식일이 종결된 것이라면, 우리는 그 안식일의 의미를 우리가 그동안 지켜온 주일과 연결시켜 어떻게 이해해야 할까?

우리는 구속사를 이해하는 '이미와 아직'(Already but not yet)의 관점에서 주일 문제를 이해해야 한다. 모든 구속사는 예수 그리스도의 초림 사건 즉 십자가와 부활 사건에서 '이미' 성취되었다. 시간을 초월하여 역사를 주관하시는 하나님의 관점에서 보았을 때, 예수님의 부활로 인하여 모든 구속사는 완성되었다. 따라서, 창 2:1-3이 묘사한 안식은 예수님의 초림으로 인해 완성된 것이다. 그러나, 시간의 흐름이라는 제약 속에서 살아가는 우리 인간의 관점에서 볼 때에, 구속사는 장차 예수께서 재림하실 종말에 이루어질 미래의 사건이며 그런 의미에서 '아직' 이루어지지 않은 사건이다. 창 2:1-3이 묘사하는 안식은 예수님의 재림으로 인해 장차 완성될 내용인 것이다. 신약성경은 하나님의 나라에 대해 이러한 '이미'와 '아직'의 간격을 잘 유지할 것을 우리에게 가르치고 있다. 그래서 이 땅에서 우리가 살아갈 동안, 아직 그 나라를 다 이루지 못하였지만 이미 그 나라를 다 이룬 것과 같은 믿음으로 살아갈 것을 명령하고 있는 것이다. 다시 말해, 장차 이루어질 '종말론적 안식의 회복을 믿음으로 누리면서 살아갈 것'을 말하고 있음에 다름 아니다. 이것은 이미 우리가 살펴본 구약 시대의 '안식일' 제도의 의미와 매우 유사함을 알 수 있다. 따라서, 신약교회의 성도들은 구약시대의 안식일 제도를 '제도적 의미'에서 지켜야 하는 것은 아니지만, 종말론적 안식의 회복을 바라보는 의미에서는 '유비적으로' 지킬 필요가 있다. 즉 일주일의 모든 요일이 안식이 충만하게 회복된 날이지만, 예수께서 다시 오실 그 날이 올 때까지는, 구약시대에 안식일을 지킨 예를 좋은 유비적인 모델로 받아서, 일주일에 적어도 하루는 함께 모여 예배드리고 말씀을 배우고 기도하며 하나님의 나라로서 일주일의 모든 시간을 살아갈 수 있도록 훈련해야 할 것이다. 만약, 이러한 '이미와 아직 사이'의 간극을 인지하지 못하고 구약의 안식일 제도는 완성되었으므로 더 이상 절기를 아무 것도 지키지 않아도 된다고 주장하면, 현대의 교회는 예배의 모임 자체가 급속하게 약화될 것이며, 오히려 율법폐기론적 주장으로 치우치게 될 것이다. 구약성경에서 가르친 율법은 예수 그리스도에 의해서 모두 성취되었으므로 종결된 것이나, 그 율법이 가르치는 삶의 의미와 그런 의미에서의 율법은 그리스도인의 삶에서 순종되어야 하고 열매맺어야 하는 것이다. 하나님 나라의 완성을 계속 이루어나가야 하는 신약교회의 삶에 있어서 일주일 중 적어도 하루를 안식일의 유비를 따라 최선을 다해 지키는 것은 꼭 필요한 부분이라고 할 수 있겠다.

그렇다면 우리는 일주일 중에 어떤 날을 지켜야 할까? 그것은 '어떤 요일인가'와 관련된 '요일'의 문제가 아니라 '언제 안식이 이루어졌는가'와 관련된 '완성'의 문제이다. 창 1-2장에서 제 7일이 선택된 것은 제 7일에 하나님의 창조가 완성되었기 때문이었다. 그렇다면 신약에서 하루를 지킨다면 어떤 날을 지켜야 할 것인가? 역시 안식의 회복이 완성된 날이어야 할 것이다. 신약이 알려주는 안식이 회복된 날은 예수께서 죽음의 권세를 이기고 부활하신 안식 후 첫날, 즉 일주일의 제 1일인 일요일이다. 우리는 그 날을 안식의 회복이 완성된 날로 기억하면서 '주의 날'로 즉 '주일'로 지키는 것이다. 우리가 제 1일을 '주일성수'로 지키는 것은, 제 1일인 일요일을 지킨다는 의미에서가 결코 아니며, 오직 예수께서 안식을 완성하신 '부활의 날'을 지킨다는 의미에서이다. 신약성경에서는 이렇게 안식 후 첫날에 모임을 가졌던 기록들이 나타나며(행 20:7; 고전 16:1-2), 이러한 신약교회의 기록은 우리가 이제까지 살펴본 안식의 회복을 위한 안식일과 주일에 대한 이해와 그 맥락을 정확히 같이하고 있다고 할 수 있다.

III. 한국사회에서의 주일 성수에 대한 제안

이제 우리는 마지막으로 이러한 우리의 주일 성수 논의가 21세기의 한국교회에 어떻게 적용될 수 있을까? 첫째, 우리는 주일성수에 대한 극단적인 오해들을 피하려고 노력해야 한다. 위에서 언급한 것처럼, 구약시대의 안식일 즉 제 7일을 지키는 제도를 회복하자는 주장을 받아들이면 안 될 것이다. 구약의 안식일 제도는 이미 종결되었기 때문이다. 또한, 주일을 지킬 때 율법주의적인 태도로 노동의 금지만을 논하면서 그 기준으로 다른 사람을 정죄하는 방향으로 지켜서도 안 될 것이다. 구약의 안식일 제도의 근원적인 의미는 노동의 금지 자체에 있는 것이 아니라 안식의 회복에 있었기 때문이며, 예수께서도 노동의 금지만으로 모든 것을 규정하려고 한 자들의 태도를 비판하셨기 때문이다. 또한, 정반대 극단으로, 율법폐기론적 주장을 펼치면서, 주일성수를 하지 않아도 된다고 말하는 주장 역시 받아들여서는 안 될 것이다. 안식일 제도는 완성되었고 종결되었지만, 우리는 아직 이미와 아직의 간극 사이에 있기 때문에, 적어도 하루는 구약의 안식일 제도의 유비를 따라 함께 모이기를 힘쓰는 것이 필요하기 때문이다. 그러므로, 우리는 이제 신약교회의 일원으로서, 하나님 나라의 종말론적 완성을 바라보면서, 예수 그리스도의 죽으심과 부활을 기억하면서, 주일에는 교회에서 예배드리고 교회의 일에 동참하기를 힘써야 할 것이며, 주중에는 하나님께서 성도 각자에게 주신 삶의 자리에서 살되 마치 주일을 지키는 것처럼 마음과 정성을 다해 하나님 나라를 확장시켜 나갈 수 있도록 해야 할 것이다.

둘째, 우리 한국교회는 주일을 잘 성수할 수 있도록, 실천적인 노력과 연구에 더욱 힘써 나가야 할 것이다. 주일성수의 의미와 방향성은 앞에서 논한 바와 같이 '안식의 회복'에 있다. 따라서 우리는 그런 의미가 더 잘 이루어질 수 있도록 현대 사회에서 어떻게 주일을 지켜나가야 할 것인지를 깊이 논의해야 한다. 우리가 살아가는 현대사회는 성경당시의 사회와 크게 다르며, 심지어는 우리 한국의 초대교회의 성도들이 살았던 사회 및 20세기 후반의 사회와도 많이 다르다. 만약 우리가 주일을 성수하기 위해서 사회의 인프라가 되는 시스템들, 예를 들면 교통 시스템이나 전기 시스템 같은 것들을 주일에 모두 휴지시키자고 주장하자면, 그런 주장은 설득력을 갖기 어려울 것이다. 전면적인 노동의 금지를 주장하기에는 너무 다양화되고 복잡해진 사회가 되었다. 반면, 지금의 한국교회는 주일성수에 힘쓰자는 목소리를 내기는커녕, 주일을 잘 지키지 않아도 상관없다는 식의 방향성이 많이 나타나고 있기도 하다. 주일 1부 예배만 드리고 나면 주일의 나머지는 어떻게 해도 관계없는 것으로 생각하는 사람들이 있기도 하며, 주일 예배를 드리지 않아도 양심의 가책조차 받지 않는 경우들이 나타나기도 한다. 주일성수가 '예배 참석'이라는 의미로 축소되어져버린 느낌조차 든다. 이런 현상은 주일을 지키는 올바른 태도는 아닐 것이다. 하나님의 왕국의 안식을 회복하기 위해서 힘쓰고 애써 최선을 다하는 태도로 주일을 지켜야 함이 옳다고 본다. 이것이 우리 한국교회 특히 개혁주의 교회에서 주일을 잘 지키기 위해서 연구하고 노력해야 하는 부분일 것이다. 변해버린 현대사회의 현장에서, 예수 그리스도의 죽으심과 부활을 기념하며, 모든 요일을 하나님의 날로 지키면서, 동시에 주일을 하나님의 안식을 회복하기 위한 날로 더욱 잘 지키기 위해서, 어떤 실천적인 지침을 교단의 교회들과 성도들에게 제공할 수 있을 것인지, 교단의 지도자들과 신학자들은 깊이 있는 연구를 해나가야 할 것이다. 그리고 그런 지침과 방향성 속에서 각 개교회의 목회자들은 자기 지역과 성도들의 특성에 맞추어 주일을 잘 성수할 수 있도록 또한 그 주일성수를 통해 일주일의 삶을 하나님의 백성으로 더욱 아름답게 살아갈 수 있도록 각 교회의 성도들을 지도할 수 있는 구체적인 실천 방향성들을 모색해 나가야 할 것이다.

　주일성수는 우리가 신앙의 선조들로부터 물려받은 아름다운 유산이며, 하나님께서 구약과 신약을 통해 우리에게 알려주신 이미와 아직의 간극을 유지하기 위한 복된 지침이다. 이러한 주일성수를 더욱 성경적으로 또한 효과적으로 지켜나가기 위해 노력할 때, 우리를 통하여 하나님의 왕국이 종말론적인 완성으로 더욱 가까이 나아가게 될 것이다.

부록 2

구약의 관점에서 본 언약신학의 회고와 전망: '구별'의 예를 중심으로[40]

I. 언약신학의 회고와 전망

1. 서구의 언약신학에 대한 회고

개혁주의 구약신학의 전통에서 언약신학은 매우 중요한 역할을 해 왔다. 언약신학은 칼빈의 사상에서 잘 드러나고 있고,[41] 쯔빙글리에 의해서 본격적으로 제시된 이후 불링거, 우르시누스, 올레비아누스, 코케이우스, 윗시우스 등의 신학자들에 의해서 발전되면서 개혁주의 신학의 확고한 성경이해 관점으로 자리잡았다.[42] 특별히 구 프린스턴 전통의 학자들은 언약신학을 발전시키면서, '구원계시의 점진적 발전'(progress of redemptive revelation)이라는 관점에서 구약과 신약의 관계를 이해해 왔다. 구원계시의 발전을 살피며

---

[40] 부록 2는 기존에 출간된 논문 전체를 인용한 것이다. 김희석 "구약의 관점에 본 언약신학의 회고와 전망: 구별의 예를 중심으로," 「신학지남」 315 (2013): 42-82.
[41] 피터 A. 릴백, 『칼빈의 언약사상』, 원종천 역 (서울: 기독교문서선교회, 1983).
[42] 김재성, 『개혁신학의 정수』 (서울: 이레서원, 2003), 181-242; 서요한, 『언약사상사』 (서울: 기독교문서선교회, 1994), 63-88.

구약의 본문을 연구한 학자들로 우리는 워필드,[43] 보스,[44] 로벗슨,[45] 클라인[46], 밴게메렌[47] 등을 들 수 있을 것이다. 특별히 1920년대 히타이트 조약들이 성경학계에 알려지게 된 이후 구약성경의 언약에 대한 관심은 한층 고조되었다.[48] 예를 들면, 신명기 전체의 구조가 고대근동의 종주권언약 문서와 유사한 형태를 띠고 있다는 사실은 이제 신명기 연구의 기초적인 출발점이 되고 있다고 해도 과언이 아닐 것이다.

본고에서는 구 프린스턴 전통을 따라 구원계시의 발전이라는 이해 아래 언약신학의 연구를 해 온 학자들 중 몇 명에 대해 간략하게 살펴보도록 한다. 먼저 워필드에 대해 생각해 보자. 필자는 이미 "B. B. Warfield의 구원계시 발전사 관점 연구"라는 제목의 논문을 통해 워필드의 언약신학 관점에 대하여 평가를 시도한 바 있다.[49] 특별히 구약에 나타난 메시아와 하나님의 영에 대하여 고찰한 내용을 중심으로 살펴보았는데, 그 평가는 다음과 같았다. 첫째, 워필드는 구약에서 신약으로 흘러가는 전체의 흐름 가운데서 신구약의 통일성을 강조하려 하였다. 둘째, 워필드는 통일성은 많이 강조한 반면, 계시가 어떻게 '점진적으로' 발전하고 있는지에 대해서 구체적으로 예

---

[43] 구원계시의 발전에 대한 워필드의 기본적인 이해가 잘 드러난 글로는 다음을 보라: B. B. Warfield, "The Divine Messiah in the Old Testament," in *Christology and Criticism* (The Works of Benjamin B. Warfield vol. 3; Grand Rapids: Baker, 1991), 3-49; idem, "The Spirit of God in the Old Testament," in *Biblical and Theological Studies*, ed. Samuel G. Craig (Philadelphia: The Presbyterian and Reformed Publishing Company, 1952), 127-156.
[44] 게르할더스 보스, 『성경신학』, 이승구 역 (서울: 기독교문서선교회, 1985).
[45] 팔머 로벗슨, 『계약신학과 그리스도』, 김의원 역 (서울: 기독교문서선교회, 1989).
[46] 메리데스 G. 클라인, 『하나님 나라의 서막: 언약적 세계관을 위한 창세기적 토대』, 김구원 역 (서울: P&R), 2007; idem, 『하나님 나라의 도래: 창세기에서 요한계시록까지 모형들을 통한 하나님 나라의 구속사적 연구』, 이수영 역 (서울: P&R), 2010.
[47] W. A. 밴게메렌, 『구원계시의 발전사(I)』, 안병호·김의원 역 (서울: 성경읽기사, 1993).
[48] 고대근동 조약문에 대한 국내의 연구로는 다음 책을 보라: 김영진, 『조약과 언약: 고대근동의 국제조약과 구약성서의 언약 연구』 (서울: 한들출판사), 2005.
[49] 김희석, "B. B. Warfield의 구원계시 발전사 관점 연구: 구약에 나타난 메시아와 성령에 대한 고찰을 중심으로," 「교회와 문화」 제 29호 (2012년), 53-76.

증을 들지는 못했다. 셋째, 계시가 점진적으로 발전하는 방향성 안에서 여러 주제가 통합적으로 연결되어 발전한다는 점을 충분히 고려하지는 못하였다.[50] 예를 들면, 워필드는 히브리서의 메시아 시편에 대한 해석에 대해 설명하면서 실제로 히브리서의 해석이 구약의 해석과 같은 것임을 보여주려는 변증적인 의도를 뚜렷이 드러냈다. 우리는 워필드의 입장에 충분히 공감하며, 이러한 해석학적 태도를 계속 발전시켜 나가야 한다. 그러나 '통일성'만 강조해서는 안 되고, 한 걸음 더 나아가, '점진적 발전'이 구약의 흐름 안에서 일어나고 있음을 실제적인 본문 분석을 통하여 보일 수 있어야 할 것이다.[51]

워필드의 연구는 게르할더스 보스에 이르러 성경신학적 측면에서 구약과 신약을 아우르는 언약신학 연구로 꽃피우게 된다. 보스의 연구는 구약에서 신약에 이르기까지의 역사적 흐름을 따라 언약신학의 주제가 어떻게 발전되는지를 실제로 탐구하였다. 예를 들면, 모세 시대의 계시에서 보스의 주요 탐구의 대상은 다음과 같았다: ① 애굽으로부터의 구원에서 구성된 모세 조직의 실제적 기반, ② 조직화된 이스라엘과의 언약 체결, ③ 조직의 일반적 성격-신정통치, ④ 십계명, ⑤ 의식법-그 상징적 모형론적 성경, 신의 임재, 희생과 정결의식이란 세 요소.[52] 이어서 보스는 선지 시대의 계시의 주요한 연구 주제로는 ① 여호와의 성품과 속성, ② 여호와의 이스라엘 사이의 유대, ③ 유대의 결렬: 이스라엘의 죄, ④ 심판과 회복: 선지적 종말론을 꼽았다. 여기서 알 수 있는 것은, 보스의 주요한 연구주제는, 성경의 각 시대의 계시에 따라, 그 시대에 주요하게 등장한 주제들이었다는 점이다. 즉 구원계시의 발전이라는 큰 흐름을 보여주면서 각 시대, 성경의 각 부분이 그 큰 흐름에서 어떤 주제들을 제시하고 있는지를 살펴본 것이다. 이러한 보스의 연구는 언약신학의 이해에 있어서 매우 결정적인 진보를 이루었다고 평

---

50 김희석, "B. B. Warfield," 69-71.
51 김희석, "B. B. Warfield," 72-75.
52 보스, 『성경신학』, 127-203.

가되어야 한다. 워필드는 계시의 '통일성'을 강조하였고, 보스는 이에서 한 걸음 더 나아가 '점진성'이 성경 본문에 어떻게 등장하는지를 보여주려는 실제적인 노력을 시작했기 때문이다.[53]

보스 이후의 성경신학자들은 워필드와 보스의 이해를 기초로 하여, 구원 계시의 발전이 실제로 본문에 어떻게 나타나고 있는지 더 구체적이고 세부적인 연구로 들어가려고 하였다. 그 예가 클라인, 밴게메렌, 호튼 등이다. 클라인의 경우, 창세기를 통하여 언약의 기초가 어떻게 계획되고 실행되는가를 살폈고,[54] 이어 성경 전체의 흐름 안에서 '하나님의 산'이라는 공간적 주제를 가지고 구원계시의 점진적 발전을 연구하였다.[55] '하나님의 산'에 대한 연구에서 클라인은 공간적인 측면 뿐 아니라, 이 공간과 연결되어 시간적, 또한 공동체적 측면의 여러 연구들을 함께 살펴보았다. 그러나, 클라인의 연구는 보스의 연구보다 구원계시 발전의 점진적 측면에 대해 더 많이 고찰하기는 하였으나, 역시 성경 전체의 흐름을 거시적인 측면에서 조망하였을 뿐, 그 주제들이 실제로 본문을 통하여 어떻게 전개되어 갔는지를 구체적으로 접근하지는 못했다. 그의 창세기 연구는 본문을 매우 자세히 연구하였지만, 창세기의 주제들이 구약의 흐름을 따라 어떻게 발전해나갔는지를 구체적, 세부적으로 모두 추적해가지는 못하였다.

마이클 호튼은 개혁주의적 언약신학의 전통을 따르고는 있으나, 워필드가 강조했던 통일성의 측면에서는 너무 멀리 가고 말았다. 그는 구약의 언약들을 조건적 언약과 무조건적 언약으로 양분하는 실수를 범하고 만 것이다. 그에 의하면, 아브라함 언약이나 다윗 언약은 고대근동의 왕이 하사하는 언약이어서 무조건적인 반면, 시내산 언약은 종주권 언약의 형태를 띠고

---

[53] 게르할더스 보스의 공헌에 관한 간략한 평가를 위해서는 다음을 보라: 김재성, 『개혁신학의 전망』 (서울: 이레서원, 2004), 275-297.
[54] 클라인, 『하나님 나라의 서막』.
[55] 클라인, 『하나님 나라의 도래』.

있기 때문에 조건적이라는 것이다.[56] 이러한 개념은 아브라함 언약, 시내산 언약, 다윗 언약 등 모든 언약에 조건성과 무조건성이 어느 정도 서로 상호 보완적인 측면으로 얽혀 있다는 점을 이해하지 못한 것이다. 이것은 호튼이 조직신학자로서 구원계시 발전의 '점진성'을 고려하지 못했을 뿐 아니라, 특별히 구약본문에 나타나는 언약 발전의 다양한 측면을 논의하지 못한 약점에 기인하고 있다고 생각된다.

2. 국내의 언약신학 연구에 대한 회고

한국 내에서도 여러 학자들이 언약신학을 연구해 왔다. 박윤선의 성경이해는 언약적 사상에 깊이 뿌리내리고 있었다.[57] 이후 보수적인 장로교단의 학자들이 계속 언약신학에 관심을 기울여 왔다. 구약신학의 경우를 보면, 김정우, 김의원, 성주진의 연구 등을 들 수 있다. 김의원은 출애굽기에 나타난 모세언약, 그리고 선지서에 나타난 언약신학, 예레미야의 새 언약, 구약에서의 안식일 개념 등에 대하여 연구하였다.[58] 그의 연구는 언약신학의 발전사에서 각 단계의 언약들에 대하여 집중적으로 조명한 것임을 알 수 있다.

성주진은 언약신학적 이해에 기초하여 신명기에 나타난 다양한 주제에 접근하였다. 예를 들면, '기억과 망각,' '율법과 은혜,' '하나님의 거룩한 백성,' '축복과 저주,' '이스라엘과 이방' 등을 주제적으로 접근하였다. 성주진

---

[56] 마이클 호튼, 『언약신학』, 백금산 역 (서울: 부흥과 개혁사, 2009), 35-71.
[57] 성주진, "정암 박윤선과 개혁주의 언약사상-구약신학의 관점에서," 「신학정론」 30/2 (2012): 383-432; 최승락, "정암 박윤선과 개혁주의 언약사상-신약신학의 관점에서," 「신학정론」 30/2 (2012): 433-464; 문병호, "정암 박윤선과 개혁주의 언약사상-조직신학의 관점에서," 「신학정론」 30/2 (2012): 465-494.
[58] 김의원, "예레미야 31:31-34에 나타난 새 계약의 새로운 면 연구(I)," 「신학지남」 51/3 (1984): 7-44; idem, "예레미야 31:31-34에 나타난 새 계약의 새로운 면 연구(II)," 「신학지남」 51/4 (1984): 7-57; "모세언약에 나타난 이스라엘의 축복:내 보물, 제사장 나라, 거룩한 민족(출 19:3-8)," 「신학지남」 241 (1994): 77-97; idem, "선지서에 나타난 언약신학 연구," 「신학지남」 253 (1997): 50-85; idem, "성경신학적 관점에서 본 안식일 개념," 「신학지남」 276 (2003): 9-54.

의 연구는 신명기 안에 나타나는 언약신학의 주제들에 대해서 다루었다는 유익한 점이 있는데, 그 연구범위가 신명기 자체로 제한되어 있었기 때문에 언약신학의 주제들이 구원계시의 점진적인 발전을 어떻게 드러내는지에 대한 통시적인 흐름을 구약성경 전반적인 측면에서 설명하지는 않았다.[59]

언약의 '발전적' 측면을 고려한 연구는 김정우의 시편 89편 연구에서 발견된다.[60] 그는 시편 89편을 주해하고 분석한 후, 그 언약신학적 가치에 대한 해석을 모색하였는데, 특별히 언약의 조건성과 무조건성 사이에서 절대적 구별보다는 '유동적 구별'이 필요하다고 주장하면서 '율법의 기능'이 적절한 기준을 제시한다고 보았다. 이런 그의 언약에 대한 이해는 시편 89편의 본문 분석에 적용되었는데, 다윗언약의 성격과 그에 대한 본문연구로서 가치가 높다고 평가된다. 김정우는 또한 언약신학적 관점에서 여러 기타 연구들을 하였는데, 그 예로서는 구약율법과 신약윤리 간의 연속성과 불연속성에 대한 연구 등이 있다.[61]

즉, 국내의 언약신학적 연구를 되돌아볼 때, 김의원은 각 언약의 단계를 다루었고, 성주진은 언약신학을 신명기 전체에서 주제적으로 다루었고, 김정우는 언약신학의 이해를 시편 89편의 본문에 적용시켰다. 김정우의 연구는 조건성과 무조건성의 관계가 다윗언약에 어떻게 드러났는가를 살피는 언약의 발전적 측면을 고려했다는 면에서 매우 기여도가 높다고 할 수 있다. 그러나 이 모든 연구는, 언약신학의 주제가 한 본문에 어떻게 드러났는지를 주로 살폈기에, 구약성경 전체에 걸쳐 어떤 특수한 한 주제가 어떻게 언약의 발전의 흐름상에서 전개, 수정, 변화, 통합하여 유기적으로 발전해나가는지를 구체적으로 살펴보지는 못하였다. 워필드의 연구에서 필자가 이미 지적했던 한계가, 비록 김정우의 연구에서는 많이 극복되려는 시도가 보이기는 했지만, 아직도 우리 언약신학 연구의 한계로 남아 있는 것이다. 총

---

59 성주진, 『사랑의 마그나카르타: 신명기의 언약신학』 (수원: 합동신학대학원출판부, 2005).
60 김정우, 『시편 89편: 그 문학과 신학』 (서울: 총신대학출판부, 1990), 134-185.
61 김정우, "구약율법과 신약윤리의 연속성과 불연속성," 「신학지남」 227 (1991): 9-42.

신의 경우, 그동안 구약학의 연구를 돌아보고 미래를 내다보는 현 시점에 있어서, 언약의 다양성과 통일성을 함께 연구해나가는 구체적인 본문연구가 더욱 필요한 시점이라고 할 수 있겠다.[62]

3. 구약신학에 있어서 언약신학에 대한 전망

게하르드 하젤은 구약과 신약을 연결해 나가는 정경적 연구에 있어서 단일한 중심주제는 존재하지 않기 때문에, "복합적 방법"을 추구해야 한다고 주장하였다. 그가 말한 복합적 방법이란, "모형론을 신중하게 사용하며, 약속-성취의 틀을 이용하고, 구속사 방법론을 아주 조심스럽게 사용하는 것"이다.[63] 즉 구원사의 흐름의 시각을 사용하되, 단일한 방법론을 사용하지 말아야 한다는 조심스런 경고를 우리에게 주고 있는 것이다. 이러한 하젤의 이해는, 구원계시의 발전을 연구함에 있어서 지나치게 통일성을 강조하는 데 있어서 나타날 수 있는 위험에 대해 우려한 것이라고 생각된다.

필자의 스승이며 구원계시의 점진적 발전을 연구해온 밴게메렌은 최근 발표한 글에서 구약성경의 해석을 위해서는 거미줄처럼 복잡한 주제들의 상호연결성을 인식해야 한다고 지적하였다. 이것은 한 주제가 단편적으로 통시적인 관점에서 이해될 수 없기에, 그 주제가 다른 주제들과 어떻게 연관되어 있는지를 살피는 통전적인 성경이해가 필요함을 역설한 것이다. 이러한 그의 관점은 구원사의 발전 및 언약신학의 이해에 있어서 주제들의 상호관련성을 통하여 신학적 패턴들이 등장하며, 그 패턴들이 서로 어울림을 통해서 발전해 감을 통찰력있게 지적한 것이라 볼 수 있다.[64]

---

[62] 지난날의 총신의 구약학 연구 및 미래에 대한 조망으로는 다음의 글들을 참고하라: 김지찬, "총신 구약학 형성의 토대: 신학지남 초창기 역사(1918-1940)을 중심으로," 「신학지남」 제 291호 (2007): 92-135; 김정우, "21세기 총신 구약학의 정체성과 통전적 융합을 위한 모색," 「신학지남」 295 (2008): 7-24.
[63] 게하르드 하젤, 『구약신학: 현대 논쟁의 기본 이슈들』, 김정우 역 (서울: 엠마오, 1993), 220.
[64] Willem A. VanGemeren, "Our Missional God: Redemptive-Historical Preaching and the

한 주제에 대하여 구원계시의 흐름에서 여러 본문들의 유기적인 측면에 주목한 최근의 의미있는 연구로 보다(Mark J. Boda)의 연구를 들 수 있다. 웨스트민스터 신학교에서 신학의 기초를 다진 그는 최근 출판된 저술을 통하여 구약성경에 나타난 죄와 죄에 대한 해결책(sin and its remedy)에 대한 연구를 발표하였다.[65] 그는 히브리 성경의 삼분법을 따라서, 오경에 나타난 죄와 죄에 대한 해결, 선지서에 나타난 죄와 죄에 대한 해결, 그리고 성문서에 나타난 죄와 죄에 대한 해결을 차례로 살폈다. 여호와 하나님의 중요한 성품인 사랑과 공의가 각 시대와 각 본문에 죄에 대하여 어떻게 설명되어 있는지를 추척해 나갔기에, 매우 유익한 통찰력들을 제공하고 있다고 평가된다. 다만 보다의 연구에서 아쉬운 점은, 신약과의 연결점을 고려하지 않았다는 것이다. 이것은 보다가 자신의 연구 서문에서 연구의 제한점으로 이미 밝힌 부분이기는 하나, 필자가 보기에는 매우 아쉽다. 물론 신약으로 연결하는 것은 막대한 분량의 연구를 필요로 할 것이지만, 앞으로 그의 연구가 계속되어 이 부분에서의 결론이 도출되기를 기대해 본다.

구원계시는 '점진적'으로 발전하는 것이기에, 거시적인 측면에서 '통일성'을 분명히 갖고 있기는 하지만, 미시적인 측면을 고찰할 때는 '다양성'이 발견될 수밖에 없다. 그 '다양성'은 서로 떨어져있는 '상이성'이 아니라, 서로 유기적으로 연결되어 '복잡성' 속에서 '통합적'으로 발전해나가는 양상을 보인다. 따라서 언약신학은 앞으로 이러한 '구체적인 측면'들에 대한 본문연구에 더욱 집중해야 할 것으로 생각된다. 본문 연구를 하면서, 어떤 구체적인 주제가 성경의 흐름에 어떻게 등장하고 있으며, 시대와 언약의 각 국면에 그 주제가 어떻게 반영되며, 그 주제가 다른 주제들과 어떤 깊이와 넓이의 상호관련성을 형성하며 언약의 거시적인 흐름을 발전시켜 나가는지

Missio Dei," in Living Waters from Ancient Springs: Essays in Honor of Cornelius Van Dam, ed. Jason Van Vliet (Eugene: Pickwick, 2011), 196-217.

[65] Makr J. Boda, *A Severe Mercy: Sin and Its Remedy in the Old Testament*, Siphrut 1 (Winona Lake: Eisenbrauns, 2009).

에 주목해야 하는 것이다. 이렇게 되면, 보스를 비롯하여 과거의 언약신학자들이 연구해놓은 큰 그림을 더욱 구체화해 나가면서, 예수 그리스도를 향해 발전해 나가는 구약의 계시들을 더욱 확실하게 이해할 수 있게 될 것이다.

II. 구약 성경에 나타난 '구별'의 주제[66]

지금까지 살펴본 언약신학의 전망에 따라, 구약성경 안에서 하나의 주제를 '계시의 점진적 발전'이라는 측면에서 다루어 봄으로써 언약신학의 전망에 대한 가능성을 타진하려고 한다. 필자가 본고에서 선택한 주제는 '구별'이라는 주제이다. 구별이란, 아마 독자들에게 상당히 낯선 표현일지 모르나, 아래의 설명에서 나타나는 것처럼, 이 구별의 주제는 구원계시의 발전을 추적해 나갈 때 언약의 여러 측면에서 매우 본질적으로 나타나는 중요한 성경적 개념이다. 이 구별이라는 주제가 성경에 어떻게 나타나는지 설명해 보도록 하자. 여기서 유의할 것은 '구별'의 주제가 각 구속사의 단계에서 천편일률적으로 나타나지 않고, 매우 유기적이고 복잡하고 다양한 모습으로 여러 주제들과 얽혀서 등장한다는 점이다. 본 연구는 앞으로 이런 점들에 대한 세밀한 본문연구들을 다 제시하기 보다는, 이런 연구가 앞으로 깊이 이루어져야 한다는 것을 보이기 위해서, 그 주요한 흐름을 제시하려고 한다.

---

66 이 '구별'이라는 주제는, 죽산강좌를 주최한 개혁신학센터로부터 가능하면 '차별법'에 대해 다루어달라는 부탁을 받고서 고민하면서 선택한 주제이다. 차별의 주제를 다루면서도 어느 정도 넓은 범위의 합의를 끌어낼 수 있는 언약신학적 요소를 연구주제로 삼기 위해서 구약성경이 드러내는 '구별'을 생각해 본 것이다. 여기서 '차별'이란 불공정성을 내포한 개념으로 이해하며, 구별이란 불공정성을 반드시 의미하지 않는다. 본고에서 구별이란 어떤 대상들 사이를 어떠한 기준과 목적에 의해 구별하는 것을 뜻한다.

1. '구별'의 사전적 의미

성경에서 구별은 '거룩'에 대한 개념과 연관되어 나타난다. 사실, '거룩'은 '구별'보다는 더 협의의 개념이라 할 수 있다. 본고의 한계상, 거룩에 대하여 모든 언약적 고찰을 다 다룰 수는 없기에, '구별'이라는 주제와 연관되는 면에서만 '거룩'을 살펴봄으로써, '구별'에 대한 우리의 연구에 도움을 받으려 한다. 구약성경에서 '거룩'에 해당되는 원어는 קדש이다. 이 단어의 히브리 어원은 명확히 밝혀져 있지는 않으나, 대개는 קד라는 두자음 어원에서 비롯된 '분리됨, 구별됨'의 뜻을 가지고 있는 것으로 여겨지고 있다.[67] 즉, 어떤 공유되거나 공통된 상태에서 따로 떼어 분리되고 구별됨을 의미한다고 볼 수 있는 것이다.[68] 구약성경에서 유사한 의미로 사용된 단어들은 בדל, עבר, נזר, רום, חרם, חנך 등이 있다.[69] 이런 구별됨이라는 의미로서의 거룩은 구약성경 안에서는 철저하게 이스라엘의 하나님 여호와로부터 시작되고 그 여호와에게 귀결된다.[70] 즉 거룩함이란 원래부터 인간의 속성이 아닌 여호와 하나님의 속성인 것이다. 창조주이시고 전능자이신 여호와 하나님은, 피조물로부터 구별되시는 거룩한 존재이시다.

2. 구약성경 본문에서의 '구별'의 의미

그렇다면 이러한 여호와 하나님의 구별되심, 즉 거룩하심은 과연 성경에서 어떻게 드러나고 있을까? 특별히 구원계시가 진전됨에 따라 이 구별의 주제가 어떻게 드러나게 될까? 우리는 성경에서 이 '구별'의 주제가 시간, 공간, 그리고 인간을 포함한 생물들에게 적용되는 것을 볼 수 있게 된다.

---

[67] H. Ringgern, "קדש" TDOT XII: 521-545.
[68] Jacob Milgrom, "Holy, Holiness, OT," NIDB 2:850-858.
[69] David P. Wright, "Holiness," ABD 3:237-249.
[70] Milgrom, "Holy, Holiness, OT," 850.

구약성경 안에서 이 세 측면이 어떻게 설명되고 있는지를 살펴보도록 하자. 이러한 거룩은, 하나님께서 거룩하심으로 인하여, 피조세계에 속한 것들 중에서 하나님께로 '구별'된 것들이 있었다. 먼저 타락 이전의 시점을 고찰한 후, 타락 이후를 살펴보도록 하자.[71]

2.1. 타락 이전 시점

타락 이전에 나타난 거룩은, 구속사의 시작 이전 시점에서 나타난 구별이라는데 의미가 있다.

먼저 시간적 측면, 공간적 측면, 생물(인간)의 측면에서 생각해 보자.

1) 시간적 측면

하나님께서는 6일에 걸쳐 피조세계를 창조하시고, 제 7일에 안식하셨다. 그리고 그 일곱째 날을 복되게 하사 거룩하게 하셨다(창 1:3). 즉 제 7일은 1-6일로부터 구별된 것이었다. 여기서 거룩이란 어떤 의미일까? 왜 여호와께서는 7일을 구별하신 것일까? 그 이유가 창 2:2-3에 설명되어 있다.

창 2:2-3(사역)[72]

2 하나님이 그가 하시던 일을 일곱째 날에 마치시고(כלה) 그가 하시던 모든 일로부터 일곱째 날에 안식하시니라(שבת)

3 하나님이 그 일곱째 날을 복되게 하사(brk) 거룩하게 하셨으니(קדש) 이는 하나님이 그 창조하시며 만드시던 모든 일로부터 그 날에 안식하셨음이니라(שבת).

---

71 본고의 이하 연구에서 설명할 본문연구는, 주해라기보다는 본문에 대한 설명이라고 해야 할 것이다. 한 본문에 대하여 깊은 주해와 신학적 해석을 하기보다, 그 주제들이 구약성경 전체를 통해 어떻게 발전되어 가는지를 추적해보는 주제 연구임을 밝혀 둔다.

72 창 2:2-3은 개역개정의 번역이 원문을 적절히 반영하지 못한 점이 있다고 여겨져서 필자의 사역을 사용하였다. 이후 본고에서 인용된 성경본문은 개역개정판인 것을 밝혀둔다.

하나님께서 제 7일을 거룩하게 구별하신 것은 하나님께서 1-6일에 하시던 모든 일을 마치시고 안식하셨기 때문이었다. 즉 거룩함의 의미는 창조의 '완성'과 연결되어 있다. 1-6일에는 창조가 진행 중이었으므로 거룩의 상태에 이르지 못하였는데, 6일에 인간을 창조하심으로써 창조의 과정이 완성되자, 제 7일을 구별하여 거룩하다 하신 것이다. 다시 말해, 하나님은 제 7일을 1-6일의 시간으로부터 구별하셔서, 복되고 거룩한 구별된 시간으로 따로 지정하셨다. 제 7일은, 피조세계가 완성되었기에, 1-6일과는 구별되는 날이었다. 7일의 구별됨은 '완성'의 의미에서의 구별이었다.[73]

2) 공간적 측면

그렇다면 타락 이전에는 어떤 공간적 구별이 있었을까? 창 1-2장에 קדש 라는 단어가 직접적으로 등장하지는 않는다. 즉, '거룩'이라는 개념이 직접적으로 등장하지는 않지만, '구별'의 주제는 분명하게 등장한다. 첫째, 하나님께서는 공간적으로 특별한 한 장소를 선택하셨는데, 바로 에덴동산이었다. 인간으로 하여금 전 피조세계의 공간을 무대로 활동하게 하실 수 있었음에도 불구하고, 하나님은 에덴동산이라는 특정한 장소가 아담이 활약하는 무대가 되게 하셨다. 1장에서 하나님의 형상과 모양대로 창조되어 세상을 '다스리라'는 명령을 받은 대리통치자로 부름을 받은 인간은(창 1:26-28), 이제 하나님의 대리 통치자로 에덴동산을 다스리게 된 것이다. 에덴동산은 일반적인 피조세계와는 구별된 장소였다. 그런데 여기서 구별은, 위에서 살펴본 시간의 구별, 즉 제 7일이 1-6일과 구별되는 것과는 의미가 조금 다르다. 제 7일이 구별된 것은 1-6일 다 지난 이후 '완성되었다'의 의미로서 구별된 것이었는데, 에덴동산은 그 에덴동산으로부터 강물이 흘러나와 세상

---

[73] 밴게메렌은 제 7일을 안식일로 지정하신 것은 "종말론적 차원"을 열어주는 사건이었다고 평가한다. 밴게메렌, 『구원계시의 발전사(I)』, 54; 클라인, 『하나님 나라의 서막』, 116-122; 윌리엄 J. 덤브렐, 『언약신학과 종말론』, 장세훈 역 (서울: 기독교문서선교회, 2000), 32-33; 로벗슨, 『계약신학과 그리스도』, 78.

을 적시는 '근원'으로서의 기능을 갖고 있기 때문이다.

창 2:10
강에 에덴에서 흘러 나와 동산을 적시고 거기서부터 갈라져 네 근원이 되었으니

즉 에덴동산은 피조세계의 근원이며 중심으로서 기능했다고 볼 수 있다. 아담이 하나님께 순종하여 행위언약을 만족시켰다면, 에덴동산 역시 제 7일처럼 '완성'의 의미를 지니게 될 수 있을 것이었다.[74]

다른 한편 에덴동산 안에서도 구별된 공간이 있었다. 바로 선악을 알게 하는 나무였다. 아담은 에덴동산의 모든 실과를 먹을 수 있도록 허락을 받았으나, 선악을 알게 하는 나무의 열매는 먹을 수 없었다. 왜냐하면 하나님께서 그 나무를 아담으로부터 구별하셨기 때문이었다.

창 2:9b, 17
2:9b 동산 가운데에는 생명 나무와 선악을 알게 하는 나무도 있더라
2:17 선악을 알게 하는 나무의 열매를 먹지 말라 네가 먹는 날에는 반드시 죽으리라 하시니라

선악을 알게 하는 나무에 대한 구별은, 피조세계로부터 에덴동산이 구별된 것과는 다른 차원의 구별이었다. 에덴동산이 피조세계에 대하여 근원됨의 의미로 구별되었다면, 선악을 알게 하는 나무는 절대적 접근금지의 의미로 구별되었다. 즉, 창 2장에 나타난 공간에 대한 구별은 두 가지 다른 측면이 있는 것이다. 첫째는, 에덴동산이 피조세계의 근원이라는 '근원됨'의 구

---

[74] 밴게메렌은 에덴동산을 "'회복된 세계'의 원형"이라고 명명하며, 덤브렐은 에덴동산을 하나님의 '성소'로 본다. 밴게메렌, 『구원계시의 발전사(I)』, 75; 덤브렐, 『언약신학과 종말론』, 35-36,.

별이 있었고, 둘째로는 선악을 알게 하는 나무가 절대적 '구별'의 공간이 되었다. 이 두 가지 측면의 구별에서 우리가 알 수 있는 것은, 에덴동산은 나머지 피조세계의 공간과 선악을 알게 하는 나무와의 '중간 지대'를 형성하고 있었다는 점이다. 만약 에덴동산의 중간에 선악을 알게 하는 나무와 함께 있었던 생명나무를 포함시켜 생각한다면, 에덴동산은, 그 중심에 있었던 두 나무와 전 피조세계의 '연결고리'였던 것이다.

3) 생물(인간포함)의 측면

여기서 우리는 창세기 1장의 문화명령을 다루어야 한다. 하나님께서는 피조세계를 창조하시되 그 중에 인간을 특별하게 구별된 존재로 창조하셨다. 이것이 창세기 1장 26-28절의 소위 문화명령에 잘 드러나 있는데, 그 핵심은 인간이 하나님의 형상과 모양을 따라 창조되었기에 세상을 다스리게 된다는 것이다.

> 창 1:26
> 하나님이 이르시되 우리의 형상을 따라 우리의 모양대로 우리가 사람을 만들고 그들로 바다의 물고기와 하늘의 새와 가축과 온 땅과 땅에 기는 모든 것을 다스리게 하자 하시고

즉, 인간은 다른 피조물들과는 '구별'되었다. 왜냐하면, 다른 피조물들과 달리, 인간은 하나님의 형상과 모양을 따라 지으심 받았기 때문이다. 여기서의 구별은 '하나님의 형상'으로서의 구별됨이다. 이 구별됨은 매우 의미심장한 결과를 낳았는데, 인간이 마치 하나님과 같이, 하나님의 대리통치자로서, 다른 모든 피조물을 다스리게 된 것이었다.[75] 즉, 인간은 피조물과 하나

---

[75] 클라인, 『하나님 나라의 서막』, 134-136; 덤브렐, 『언약신학과 종말론』, 26-29.

님과의 '중간존재' 즉 '연결고리'였음을 알 수 있다.[76]

지금까지의 논의를 요약하면, 타락 이전의 시점에서는 시간적으로는 제 7일이 구별되었고, 공간적으로는 에덴동산이 구별되었고, 피조생물 중에서는 인간이 구별되었다. 구별된 인간이, 구별된 에덴동산에서, 구별된 선악을 알게 하는 나무의 열매를 먹지 않는다면, 시간적으로 구별된 제 7일은 계속 안식의 충만함을 유지하게 될 것이며, 하나님 나라는 종말론적인 완성을 성취하게 될 것이었다.[77]

2.2. 타락의 결과

이제 우리는 창세기 3장을 통해, 인간의 타락으로 인해 시간적 구별, 공간적 구별, 생물(인간포함)의 구별이 어떻게 달라졌는가를 간략히 고찰해야 한다. 핵심을 표현하자면, 이런 구별은 모두 사라지고 말았다. 첫째, 시간적 구별의 시각에서 보면, 안식이 충만했던 제 7일의 시간은, 더 이상 의미가 없어졌다. 왜냐하면, 하나님께서 만드신 피조세계가 죄로 오염되어, 안식이 사라지고 말았기 때문이다. 더 이상 '하나님이 보시기에 좋았더라'라고 말할 수 없는 시간이 되고 말았다. 창 3:14-19에 나타나듯이, 뱀과 하와와 아담 모두 하나님의 저주를 받았고, 땅도 하나님의 저주를 받은 것이기에, 이제 안식의 시간은 더 이상 존재할 수 없게 되었다. 둘째, 공간적 구별의 시각에서 보자면, 에덴동산은 더 이상 생명의 강물을 흘려주는 피조세계의 근원이 아니었다. 타락으로 말미암아, 에덴동산과 피조세계의 관계는 끊어졌다. 사람이 에덴동산으로 돌아가지 못하도록 길이 막혔다. 특별히, 그 중심에 있는 생명나무로 가는 길이 봉쇄되고 말았다. 셋째, 특별히 구별된 존재였던 인간 역시 그 구별성을 잃어버렸다. 온 피조세계와 똑같이 죄에 물든 존재가 되고 말았던 것이다. 그리하여 영원한 죽음과 파멸 앞에 놓여진, 심판의

---

[76] 덤브렐은 에덴동산에서의 인간의 역할을 '제사장적' 기능으로 본다. 덤브렐, 『언약신학과 종말론』, 36.
[77] 클라인, 『하나님 나라의 서막』, 139-145.

대상으로 전락하였다.[78]

2.3. 타락 이후의 시점

이렇듯 시간적 구별, 공간적 구별, 피조생물 안에서의 구별 모두가 타락으로 인해 의미를 상실하였는데, 하나님께서는 바로 그 시점에서 구속의 역사를 시작하셨다. 이 구속역사는 원시복음이라고 불리는 창 3:15에서 시작된다.

> 창 3:15
> 내가 너로 여자와 원수가 되게 하고 네 후손도 여자의 후손과 원수가 되게 하리니 여자의 후손은 네 머리를 상하게 할 것이요 너는 그의 발꿈치를 상하게 할 것이니라 하시고

이 구절에서 우리는 '구별됨'에 대한 새로운 약속을 발견하게 되는데, 그 구별됨은 '구별된 새로운 인간의 도래'에 대한 약속이었다. 인간은 더 이상 피조물과 구별된 존재가 아니게 되어 버렸고, 그래서 뱀에게조차 이길 수 없는 존재가 되었고, 그가 다스렸던 땅에 의존하여야 식물을 먹을 수 있게 되었는데, '여자의 후손'이 나타나서 뱀에게 결정적인 승리를 거둘 것이라는 약속이 새롭게 주어진 것이다.[79] 즉 뱀의 유혹으로 인해 타락이 들어왔지만, 그 타락을 되돌리고 피조세계를 회복할 수 있는 한 존재가 온다는 약속이 주어진 것이다. 이 여자의 후손은 인간 중의 특별한 존재, '구별된 존재'라고 할 수 있을 것이다. 이런 구별된 존재에 대한 약속은 이후 노아 언약, 아브라함 언약, 시내산 언약, 모압언약, 다윗언약을 거쳐 새언약에 이르기까지 다양한 언약의 과정 속에서 다양한 주제로 펼쳐지게 된다. 그 내용을 간

---

[78] 클라인, 『하나님 나라의 서막』, 180-183.
[79] 보스, 『성경신학』, 57-61; 클라인, 『하나님 나라의 서막』, 197-209.

략히 살펴보도록 하자.

1) 시간적 측면

여자의 후손이 와서 타락한 피조세계를 회복한다는 약속은 시간적 측면에서는 '안식'과 관련된 절기들에 대한 계명에 잘 드러나 있다. 안식일, 유월절/칠칠절/초막절 등의 절기들, 안식년, 희년 규례 등이 그 경우들인데, 그 절기들은 일반적인 시간들로부터 '구별된' 특별한 시간들을 뜻했다. 여기서는 안식일에 대해서 생각해 보자. 안식일이 주어진 이유는 출 20:8-11에서는 여호와께서 6일동안 세상을 창조하시고 7일에 안식하셨기 때문이라고 언급하는데, 신 5:14-15에서는 여호와께서 이스라엘을 출애굽시켰기 때문이라고 말한다. 즉 안식일을 지켜야 하는 이유가 출애굽기에서는 '창조의 완성'으로 설명되지만 신명기에서는 '구속의 시작'으로 설명되고 있는 것이다. 다시 말해, 안식일을 지키는 것은 단순한 쉼을 위해서가 아니라, 창 2:1-3에서 설명되었던 '완성'으로서의 안식이 회복되어야 하기 때문이다. 즉 창조 때의 안식이 회복될 것임을 보여주는 날이, 다시 말해 안식의 종말론적 회복을 보여주는 '구별된' 날이 바로 안식일이다. 아직 안식은 회복되지 않았지만, 그 안식을 향한 구속이 출애굽사건으로 시작되었기에, 일주일 중 하루를 안식일로 지키면서, 그 안식이 장차 회복될 것을 믿음으로 바라보게 하신 것이다. 이런 의미에서, 안식일은 '중간 단계'이다. 장차 종말론적 안식이 회복되면, 이 구별된 시간으로서 1주일에 하루만 지키는 안식일 제도는 폐지될 것이며, 모든 시간은 종말론적 안식을 누리게 될 것이다.[80]

안식일과 연결하여 생각할 수 있는 이스라엘의 절기들, 안식년 규정, 희년 규정 역시 기본적으로 종말론적 안식의 성취를 내다보는 안식일의 의미를 기초로 하여 이해되어야 할 것이다. 그러므로 구속역사에 있어서 시간적 '구별'은 장차 이루어질 시간의 구속을 향해 나아가는 중간 단계이며, 구속

---

[80] 보스, 『성경신학』, 158-161; 밴게메렌, 『구원계시의 발전사(I)』, 198-200.

역사의 흐름에서 점진적으로 발전해 나가게 된다. 이 안식일과 절기에 대한 구약의 여러 본문들에 대한 연구를 통해, 시간의 구속이 구약의 다른 주제들과 어떻게 연결되어 있는지를 살펴보는 것이 필요하다.[81] 오경에 나타난 안식일/절기, 역사서에 나타난 안식일/절기, 시가서에 나타난 안식일/절기, 선지서에 나타난 안식일/절기를 각각 연구하고, 그 통전적 관계를 유기적인 관점에서 살펴보아야 할 것이다.

2) 공간적 측면

원시복음에서 약속된 여자의 후손은, 구약의 계시 안에서 항상 '장소'와 연결되어 있었다. 노아 언약은 '방주'라는 장소를 통하여 나타났다. 구별된 장소였던 방주를 통하여 하나님의 약속을 받은 가족이 보호되고, 새로운 시대의 기회를 얻은 것이다. 그후 아브라함 언약에 이르게 되면, '구별된 장소'는 언약의 매우 중요한 측면으로 부각되게 된다. 바로 '가나안 땅'에 대한 약속이다.

창 12:1

여호와께서 아브람에게 이르시되 너는 너의 고향과 친척과 아버지의 집을 떠나 내가 네가 보여줄 땅으로 가라

---

[81] 여기서 잠시 시간의 구속에 대한 잘못된 견해를 예를 들자면, 신약 시대에서도 구약의 안식일 규정을 지켜야 한다는 주장을 들 수 있을 것이다. 신약 시대에는 예수 그리스도의 십자가 부활 사건으로 말미암아 종말론적인 안식의 회복이 이루어졌기 때문에, 안식일 규정을 지킬 필요가 없어지는 것인데, 신약시대에서도 구약의 안식일을 율법규례로 지켜야 한다고 주장한다면, 그것은 구원계시의 발전적 측면을 이해하지 못한 것이 된다. 물론 신약시대도 예수님의 초림과 재림 사이에 존재하기에, 즉 이미와 아직의 간극 안에 살고 있기에, 구약의 안식일 제도를 유비적으로 받아들여, 또한 초대교회의 전통을 따라, 예수께서 부활하신 날을 예배하는 날로 정하여 지켜오고 있다. 그러나, 이런 주일성수는 구약의 규정을 율법적으로 기계적으로 지키는 것이 아니며, 구원계시의 발전적인 측면을 고려하면서, 모든 날이 안식의 성취가 이루어진 날임을 기억하면서, 장차 오실 예수님을 기대하는 종말론적 소망에서 자발적으로 지켜나가는 것임을 명심해야 할 것이다.

땅에 대한 약속은 아브라함 언약 본문 안에서 점진적으로 발전해 간다. 창 12:6에서는 가나안 땅을 주시겠다고 하셨고, 창 13:14에서는 동서남북의 땅을, 창 15:18에서는 애굽강에서부터 유브라데까지의 땅을 주겠다고 약속하셨다.

그러므로, 아브라함 언약에서의 땅은, '구별된 장소'로서의 기능을 가진다. 그 땅은 다른 족속이 아닌 약속의 계보인 아브라함 가족에서 배타적으로 속하게 된다. 그런데, 이 땅은 그냥 단순한 물질적인 땅이 아니라, 앞서 언급했던 '안식'이 충만한 땅인 것이 오경 전체를 통해서 드러난다. 이것은 시간적 구별인 안식일 개념을 기초로 한 '안식년' 규정과 '희년' 규정에서 알 수 있는데, 여호와께서는 그 땅 역시 시간과 마찬가지로 '안식'을 목표로 하고 있음을 말씀하신다.[82]

> 레 25:4
> 일곱째 해에는 그 땅이 쉬어 안식하게 할지니 여호와께 대한 안식이라

즉, 약속의 땅인 가나안은 안식의 회복을 위한, 즉 구원을 위한, 중간통로요 연결고리이다. 가나안 땅은 마치 창 2장에서 여호와께서 모든 공간으로부터 에덴동산을 그 근원으로 삼으셨던 것과 같은 역할을 한다. 가나안 땅에 안식이 충만해짐으로써, 모든 공간에 안식이 회복되어 구속이 이루어지게 되는, '중간존재로서 구별된' 공간인 것이다.

그런데, 가나안 땅이라는 공간 안에는, 보다 더 구별된 공간이 있었다. 이것은 마치 창 2장에서 에덴동산의 중심에 따로 더 구별된 공간(생명나무, 선악을 알게 하는 나무)이 있었던 것과 같다. 신명기 12장에는 소위 '중앙성소법'이라 불리는 특수한 율법규정이 나타나는데, 가나안 땅에 들어간 후에는 하나님께서 말씀하시는 한 장소에서만 하나님께 예배할 수 있다는 규정이었

---

[82] 덤브렐, 『언약신학과 종말론』, 70-73.

다. 예배장소란, 하나님의 법궤가 있는 곳으로서, 하나님의 임재가 있는 장소를 의미하는 것이므로, 이 중앙성소 규정이란, 가나안 땅 안에 여호와께서 임재하시는 특별히 '구별된' 공간이 있게 될 것임을 뜻했다.

신 12:13-14

13 너는 삼가서 네게 보이는 아무 곳에서나 번제를 드리지 말고
14 오직 너희의 한 지파 중에서 여호와께서 택하실 그곳에서 번제를 드리고 또 내가 네가 명령하는 모든 것을 거기서 행할지니라

이 택하실 한 곳이란, 처음에는 '실로'였고, 그 이후에는 '예루살렘'이 될 것이었다. 그런데, 이러한 택하신 장소 안에는 또한 '더 구별된 공간'이 있었는데, 그것이 바로 법궤가 거하는 성막/성전이었고, 그 성막/성전 안에는 '더욱 구별된 공간'이 있었는데, 그것은 바로 성소였고, 성소 안에서는 '가장 지극히 거룩하게 구별된 공간'이 있었는데, 바로 지성소였다. 지성소 안에는 대제사장이 일년에 하루 즉 대속죄일에만 들어갈 수 있었는데, 이 사실은 지성소가 얼마가 지극히 구별된 공간이었는가를 알려준다(레 16장 참조).

즉, 이스라엘의 구속사에 있어서 구별된 공간은 가나안 땅-실로/예루살렘-성전/성막-성소-지성소로 이어지는, 단계적으로 더욱 구별되어지는 공간의 계층으로 나타나게 된다. 이러한 단계적 공간의 구별은 창 2장의 에덴동산의 모습을 더 구체화해 나간 것으로서, 장차 회복될 피조세계의 공간에 대한 모형론적 의미를 우리에게 제공해 준다고 할 수 있다. 성막/성전을 통하여 예루살렘과 가나안 땅을 회복시키고, 가나안 땅을 회복함을 통하여, 온 피조세계의 공간을 회복하게 하는 것이다.

우리는 여기서 이러한 공간의 회복이 단순한 공간회복의 주제만으로 이루어져 있지 않다는 사실을 분명히 인식해야 한다.[83] 땅에 대한 내용은, 안

---

[83] 예를 들면, 덤브렐은 성막과 안식일이 한 실재의 다른 두 측면이라고 설명하며, 클라인은 가나

식일/안식년/희년 규정에서 본 것처럼, 시간적 구별을 통한 시간의 구속이라는 주제와 밀접하게 연결되어 있고, 본고의 이후 부분에서 살펴볼 것처럼 택함받은 구원의 통로인 아브라함의 후예들/이스라엘 민족의 기능과 밀접하게 연결되어 있다. 그러므로, 공간의 구속을 위한 중간통로인 가나안/성전/지성소 등의 공간들을 이해함에 있어서, 우리는 오경, 역사서, 시가서, 선지서의 발전을 살펴보면서, 이 주제들이 구속사의 다른 주제들과 어떻게 연결되는지 통전적이고도 유기적인 관점에서 살펴보아야 할 것이다.[84]

3) 생물(인간포함)의 측면

이제는 '여자의 후손'이라는 문구 자체에 집중해 보자. 여자의 후손의 약속은 창 5장에서 아담의 계보로 이어져 내려가게 되며, 이후 노아와 아브라함을 거쳐, 야곱의 후예인 12아들들에 이르러 민족으로 발전해 나가게 된다. 아브라함 언약에서 이 후손이 이루게 될 나라에 대하여 매우 자세히 예언하고 있는 것을 알 수 있다. 창 12:3에서는 아브라함을 통하여 모든 민족이 복을 얻을 것임을 말씀하시는데, 창 22:17-18에 이르게 되면 아브라함의 씨가 크게 번성하여, 그 씨로 이루어진 민족을 통해 천하 만민이 복을 얻게 될 것이라고 약속이 발전하게 된다.

창 12:3

…땅의 모든 민족이 너로 말미암아 복을 얻을 것이라 하신지라

안은 안식일적 모형을 다양하게 제시함을 설명한다. 덤브렐, 『언약신학과 종말론』, 64-65; 클라인, 『하나님 나라의 도래』, 71.

[84] 이런 공간의 구속이라는 관점에서 볼 때, 우리가 유의해야 하는 해석의 오류는 소위 장소적 의미의 예루살렘이 회복되어야 한다는 Back-to-Jerusalem 운동에서 잘 드러난다. 예루살렘은 구속사의 종착역이 아니라, 구속역사의 시작점 및 중간통로임을 기억해야 한다. 종말론적 의미에서 예루살렘은 확장되어 온 세계가 되어야 한다. 이것이 사도행전 1:8에서 예수께서 예루살렘-유대-사마리아-땅끝의 순서로 말씀하신 의미일 것이다.

창 22:17-18

¹⁷ 내가 네게 큰 복을 주고 네 씨가 크게 번성하여 하늘의 별과 같고 바닷가의 모래와 같게 하리니 네 씨가 그 대적의 성문을 얻으리라
¹⁸ 또 네 씨로 말미암아 천하 만민이 복을 받으리니…

이 말씀대로, 아브라함의 후손들은 큰 민족을 이루어 모세의 인도 하에 출애굽하게 되는데, 시내산 언약 체결의 장면에 이르러 이 후손들의 정체성이 '거룩한 백성'과 '제사장 나라'임을 알게 된다.

출 19:5-6

⁵ 세계가 다 내게 속하였나니 너희가 내 말을 잘 듣고 내 언약을 지키면 너희는 모든 민족 중에서 내 소유가 되겠고
⁶ 너희가 내게 대하여 제사장 나라가 되며 거룩한 백성이 되리라…

즉, 이스라엘 백성은 열방 가운데 '구별되어' 하나님께 특별히 속한 백성이 되는 것이었다. 거룩한 백성이란, 하나님께 속한 구별됨을 뜻한다. 반면 제사장 나라란, 이방나라들을 하나님께로 회복하게 만드는 제사장의 역할을 한다는 것이기에, 세상을 향한 구속의 방향성을 가지게 됨을 의미한다. 그러므로 우리는 여기서 이스라엘 민족의 정체성이 온 피조세계에 존재하는 사람들, 곧 이방나라를 포함하여 온 열방을 구원하시는 '중간통로,' '연결고리'임을 알게 된다.[85] 이는 안식일이 시간의 구속을 위한 중간도구이며, 가나안 땅/예루살렘/성전/지성소가 공간의 구속을 위한 점층적인 중간적 도구임과 같음이 분명하다. 이스라엘은 자기 자신의 구원이나 스스로의 영광을 위해서 부름 받은 것이 아니었다. 그들은 창 3:15의 여자의 후손에 대한 약속을 이어받은 자들로서, 창 1-2장에 충만했던 안식을 회복시켜 온 민

---

[85] Cf. 밴게메렌, 『구원계시의 발전사(I)』, 92-96; 덤브렐, 『언약신학과 종말론』, 61-62.

족들을 하나님 앞으로 회복시키기 위한 도구로 부름을 받았던 것이다.

이러한 이스라엘 민족의 정체성은 그 이후 구원사와 언약의 발전 단계들에서 다양하게 나타나게 된다. 시내산 언약에서 그들은 율법을 지켜야 한다는 명령을 받게 되는데, 역사의 흐름 가운데 그들은 율법을 거의 잘 지키지 못하는 불순종의 모습을 보인다. 그러한 발전 단계를 통하여 다윗언약과 새 언약까지 발전해 나가게 되는데, 이 모든 과정을 통해 여호와 하나님께서는 이스라엘 백성들에 대한 언약을 이루어 가시려는 주권적인 역사와 노력을 보이시게 된다. 또한 그 과정 가운데 이스라엘 민족에 대한 많은 주제들이 연결되어 나타나게 된다. 예를 들어, 이스라엘의 리더십으로서 왕, 제사장, 선지자라는 삼중직이 나타나며, 왕권, 제사장권, 선지자권과 연결된 여러 주제들이 함께 등장하게 된다.[86]

여기서 제사장에 대한 것을 간략히 생각해 보면, 이스라엘 민족이 '제사장 나라'인데, 그 이스라엘 나라 안에 또한 그들을 위한 '제사장 지파'가 있었다. 바로 레위지파이다. 이스라엘 지파들 안에 '구별'이 존재하고 있었던 것이다. 뿐만 아니라, 그 레위지파에는 '제사장 가문'이 존재하였고, 그 제사장 가문에는 '대제사장'이라는 구별된 직책이 존재하였다. 즉, 열방-이스라엘-레위지파-제사장가문-대제사장이라는 점층적, 단계적인 구별체계가 존재했던 것을 알 수 있다. 공간적 구속이 단계적으로 나타났던 것과 매우 유사하다고 할 수 있겠다. 대제사장으로 인해, 제사장으로 인해, 이스라엘이 제사장 나라로 유지될 수 있었고, 이스라엘을 통해서 열방을 회복할 수 있게 되는 거시적인 그림이 드러나는 것이다.

그러므로 우리는 이스라엘이라는 민족의 역할을 이해함에 있어서, 이스라엘의 정체성과 연결되어 나타나는 많은 언약적 주제들이 어떻게 다양성과 복잡성을 가지고 발전해 나가는지 통전적이고도 유기적인 이해를 가지

---

86 Cf. 덤브렐, 『언약신학과 종말론』, 94-95.

기 위해서 노력하면서 성경을 연구해 나가야 할 것이다.[87]

4) 구별의 주제가 가지는 함의

우리가 지금까지 살펴본 것처럼, 구별 및 거룩이라는 구약의 개념은 그 근본에 '창조의 회복'이라는 구원의 주제와 깊이 연결되어 있다. 창세기 3장의 타락으로 인해 죄로 오염된 피조세계를 다시금 하나님의 나라로 회복시키기 위해서, 구속역사 가운데 '구별'이라는 개념이 쓰이게 된 것이다. 이것을 정리해 보면 다음 두 가지 명제로 표현할 수 있겠다. 첫째, 타락으로 인해서 구별이 생겼는데, 그 구별은 거룩하신 하나님과 죄에 물든 피조세계와의 구별이었다. 피조세계는 심판의 대상일 뿐이었고, 그런 의미에서 구별이란 저주와 멸망을 뜻했다. 둘째, 그러나 하나님께서는 피조세계를 다시금 회복시켜 구원하시기 원하셨고, 그래서 인간들 중에 '여자의 후손'이라는 구별된 대상이 등장할 것임을 예고하셨다. 그 여자의 후손이라는 구별된 개념이 발전해 나가면서 시간적 구별, 공간적 구별, 인간/민족적 구별이라는 구별의 개념들이 등장했다. 즉 구속사에 있어서 구별은, 하나님의 은혜의 약속으로 인하여, '구원을 위한 중간도구'로 쓰임받기 위해 구별된 것이라는 중요한 신학적 함의를 갖게 된 것이다. 그러므로 구약성경을 읽어나가면서 어떤 구체적인 '구별됨'에 대한 장면을 보게 될 때, 이러한 거시적인 관점에서의 구별 즉 회복의 목적을 위한 구별이라는 의미를 잊지 말아야 할 것이다. 또한 그 세부적인 주제들이 어떻게 구별이라는 거시적 주제와 연결되어 거미줄과 같이 복잡하고 다양한 유기적 계시의 발전을 이루어내는지에 주목해야 할 것이다.

---

[87] 이러한 이스라엘의 이해에 있어서 역시, 혈통 이스라엘의 구원이 구속역사의 최종 목적이라고 생각하는 세대주의적 관점은 오류를 드러낸다고 볼 수 있겠다. 언약신학은 혈통 이스라엘은 영적 이스라엘인 교회로 대체되었고, 예수를 통한 구원을 믿음으로 고백하는 혈통 이스라엘 자손들이 교회에 포함된다고 이해한다.

3. 신약으로의 연결

성경신학을 함에 있어서, 구약의 주제가 신약의 예수 그리스도 사건에서 성취, 완성된다는 것은 가장 중요한 명제이며 진리이다. 다만 본고의 지면의 한계로 인하여, 신약과의 연결을 자세히 다루지는 못할 것이다. 그러나 본고의 방향성이 신약과 어떻게 연결되는지를 간략하게나마 언급한다면 다음과 같다. 구약성경에 나타난 구별은 '회복을 지향하는 중간단계'이기에, 신약성경에 와서는 언약의 종말론적 '성취'로 인하여 '회복'이 일어났기 때문에, 구별된 개념들의 '중간단계적인 성격'이 완전히 폐지되었다. 즉, 이스라엘과 이방의 구별이 무너지게 되어 한 신약교회를 형성하게 되었고, 제 7일 하루를 지키는 안식일 개념이 폐지되어 모든 시간에 안식이 충만하게 되었으며, 지역적 의미로서의 성전/예루살렘 중심성이 폐지되어 모든 공간이 하나님 나라로서의 이해되게 되었다. 따라서 구약의 제도적인 의미에서의 구별의 개념은 더 이상 우리들에게 유효하지 않다.

다만, 신약시대의 성도들인 우리들은 예수 그리스도의 초림과 재림 사이에서 '이미와 아직'의 긴장 가운데 살고 있으므로, 우리들에게도 아직 유비적 의미에서의 '구별'로서 남아있는 개념들이 있다는 점은 분명히 인식해야 한다. 예를 들어, 우리 신약교회는 믿지 않는 불신자들을 위한 '제사장 나라'로 구별되어 믿지 않는 자들을 위한 복음의 통로의 역할을 하게 되었고(벧전 2:9), 모든 시간이 구속된 시간이지만 예수님의 부활을 기념하는 제 1일을 구별된 의미의 주일로 지키고 있고, 모든 공간이 구속된 공간이지만 함께 모여서 예배드리는 공동체로서의 공간 개념을 아직도 유지하며 특별한 장소를 정하여 신자들의 모임을 갖고 있다. 이러한 구별들은 종말론적 의미에서 볼 때 앞으로 종말의 날에 완전히 폐지될 것이다. 그러므로 우리가 사역의 현장에서 이런 구별된 개념들을 실제를 대하게 될 때, 우리는 그 '구별'의 목적이 '구별된 존재' 자체에 있지 않음을 유의해야 한다. 왜냐하면 '구별됨'은 종말론적 구원의 성취, 즉 '회복'을 위한 중간도구이지, 그 자체로서 중요한 것이 아니기 때문이다. 제사장 나라로서의 신약교회의 구별은 불신자의 회심을 위한 전도의 도구로서 의미가 있는 것이며, 주일을 특별하게 구별하여 예배의 날로 정한 것은 일주일의 모든 날들을 거룩하게 살기 위한 도구로서 의미가 있는 것이며, 한 공간에 모여서 예배를 드리는 것은 흩어져서 모든 공간을 거룩하게 하기 위한 도구임을 기억해야 할 것이다. 그러므로 성경과 우리의 삶에 관계된 모든 '구별'의 주제를 대하게 될 때, 우리는 그 구별이 결국 하나님 나라의 회복과 완성을 위한 것이라는 구속사적 관점에서 모든 문제들을 이해하고 실천해야 할 것이다.

4. 차별금지법에 대한 적용

성경해석에 있어서 성경과 교회는 다함께 중요한 역할을 감당한다. 심상법은 성경해석에 관한 그의 논문에서 교회와 성경의 역할에 대해서 제안하기를, 교회가 "성경의 진리를 사수하고 보호하는" 역할을 해야 하며 또한 성경은 "교회를 지속적으로 개혁하는" 역할을 하기에, 그 둘은 "상호관계 속에서 나선적인 운동"을 해야 한다고 하였는데, 이는 성경해석에 있어서의 성경내용과 교회의 적용간의 상호관계를 잘 표현하였다고 생각된다.[88] 이런 의미에서, 우리가 본고를 통해서 논의한 '구별'의 주제를 우리 한국교회의 현실에 바르고도 지혜롭게 적용하는 것은 매우 중요할 것이다. 최근 우리 사회의 현장에서 차별금지법안의 시행으로 인하여 기독교계의 심한 반발이 있었고, 이 법안을 제의한 국회의원들이 법안발의를 철회하는 일이 일어나게 되었다.[89] 이 차별금지법안에 대해 기독교계에서 가장 문제가 되었던 부분은 '성적 지향'이 다르다는 이유로 차별되어서는 안 된다는 것이었는데,

---

[88] 심상법, "성경해석에 있어서 교회와 성경과 비평의 역할-성경해석 역사에 비추어서," 「신약연구」 6/2 (2007): 441.

[89] 〈http://www.hani.co.kr/arti/society/society_general/583900.html〉, 2013년 4월 25일 오후 10:15에 접속.

결국 핵심은 동성애에 대한 것이었다.

본고에서 동성애의 문제를 민주사회의 법제도 가운데 어떻게 다루어야 할 것인지에 대하여 모든 측면-성경적 논증, 교리적 함의, 목회적 중요성, 사회적 함의, 법적 함의 등-을 논의하는 것은 지면의 한계상 어려울 것이다. 다만, 본고에서 다룬 '구별'에 대한 언약신학적 논증에 의하여 간단히 필자의 생각을 표명할 수는 있을 것이다. 동성애는 분명히 성경에서 죄로 정죄하고 있는 행위이다. 레 18:22를 읽어보면, 동성애가 가증한 죄임이 분명히 밝혀져 있다.

레 18:22

너는 여자와 동침함 같이 남자와 동침하지 말라 이는 가증한 일이니라

레위기 18장은 제 7계명을 어기는 많은 경우를 묶어서 설명하고 있는 본문으로,[90] 가족 및 근친간의 성행위를 금지하고 있고, 동물과의 성행위를 금지하고 있는 등의 규례가 나타나며, 특별히 이러한 일들로 인하여 '땅이 더러워질 것'임을 분명히 언급하고 있다.[91] 키우치가 잘 지적한 바와 같이, 22

---

[90] Jacob Milgrom, Leviticus 17-22, AB 3A (New York: Doubleday, 2000), 1514.

[91] 고든 웬함, 하틀리, 키우치는 18장의 규정들이 가나안의 이방의 규례들을 멀리하라는 의미로 보며, 이것은 이스라엘이 하나님의 거룩한 백성으로서 주변의 가나안 백성들과 구별되어야 하기 때문으로 보았다. '구별'의 주제가 동성애를 금지한 명령에 있어서 중심주제인 것을 알 수 있다. 웬함은 또한 24-30절에서 땅을 의인화하고 있음이 특별하다고 해석했다. Gordon J. Wenham, *Leviticus*, NICOT (Grand Rapids: Eerdmans, 1979), 248-261; 존 E. 하틀리, 『레위기』, 김경열 역 (서울: 솔로몬, 2005), 604-605; Nobuyoshi Kiuch, *Leviticus*, AOTC 3 (Nottingham: Intervarsity, 2007), 328-330. 이런 견해에 반대하여, 밀그롬은 18장에 나타난 성문제에 대한 규정들은 모두 이스라엘의 가족들이 안정적으로 번식(procreate)하기 위한 규정이라고 설명하면서, 18장 22절의 동성애 행위 금지 문제는 아이를 입양하면 해결될 수 있는 것이었는데 당시 고대사회에서 입양제도가 없었기 때문에 동성애가 금지되었다고 설명한다. 발렌타인도 18장이 이스라엘의 번식을 목적으로 하고 있고, 본문의 독자는 남성뿐이었다는 등의 이유로, 18:22의 동성애가 심판의 대상이나 차별의 대상으로 여겨져서는 안 된다고 주장한다. Milgrom, *Leviticus*, 1568-1569; Samuel E. Balentine, *Leviticus*, Interpretation (Louisville: Westminster John Knox, 2002), 159. 필자는 웬함, 하틀리, 키우치의 견해를 지지한다. 왜냐하면, 그들의의 견해가 24절 이하에 나타나는 가나안 땅의 안식, 그 땅에서 쫓겨나게 될 위험에 대한 경고 등을 적절히

절 하반절에서 '가중한 일'로 번역된 원문은 חוֹעֵבָה인데, 이 단어는 26절, 27절, 29절, 30절에 4번이나 반복해서 나타나고 있다.[92] 22절과 24-30절에 긴밀히 연결되어 있음을 알 수 있다.

레 18:24-25, 28-29

[24] 너희는 이 모든 일로 스스로 더럽히지 말라 내가 너희 앞에서 쫓아내는 족속들이 이 모든 일로 말미암아 더러워졌고

[25] 그 땅도 더러워졌으므로 내가 그 악으로 말미암아 벌하고 그 땅도 스스로 그 주민을 토하여 내느니라

[28] 너희도 더럽히면 그 땅이 너희가 있기 전 주민을 토함 같이 너희를 토할까 하노라

[29] 이 가중한 모든 일을 행하는 자는 그 백성 중에서 끊어지리라

즉, 안식의 회복을 위한 중간 단계인 땅이 동성애로 인하여 더러워지게 됨을 명시적으로 언급한 것이다.[93] 그러므로 동성애가 죄이며 구속사에 있어서 우리가 결코 인정할 수 없다는 점은 더 이상 논쟁의 여지가 없는 명확한 성경적 진리이다. 신약성경 역시 동성애를 정죄하고 있다(롬 1:25). 이런 의미에서 동성애를 이성애와 '구별'하는 것이 '차별'이며 '불공정'하다는 견해는, 우리가 받아들일 수 없는 비성경적 견해이다.[94]

본고에서 계속 살펴본 것처럼, 성경이 무엇인가를 구약성경에서 구별하

설명할 수 있는 반면, 밀그롬과 발렌타인의 견해는 그렇지 못하기 때문이다.

[92] Kiuch, *Leviticus*, 339.

[93] 키우치는 18장에서 금지된 내용들이 10-15장에서 부정한 것으로 묘사된 내용들과 질적으로 큰 차이가 있다고 보았다. 왜냐하면, 18장에서 금지된 것들은 24-30절에서 땅의 안식을 해치는 것으로 이해되고 있기 때문이다. Kiuch, *Leviticus*, 341.

[94] 이상원은 레 18:22의 규정이 구약성경에서 의식법에 속한 것이 아니라 도덕법에 속한 것이기에 모든 그리스도인들에게 적용되는 초월적 규범임을 말하였다. 이상원, 『기독교윤리학: 개혁주의적 관점에서 본 이론과 실제』 (서울: 총신대학교출판부, 2010), 278-280.

고 신약성경에서 폐지한 것은, 그 자체가 잘못되어 구별한 것인 아니라, '회복의 중간단계'로서 일정기간 구별한 것이다. 이스라엘과 이방이 구별되었던 것은, 나중에 이스라엘과 이방을 똑같이 대하기 위해서가 아니라, 이방도 이스라엘처럼 하나님을 섬기게 되도록, 즉 그들을 '회복'하기 위함이었다. 신약에 이르러 이스라엘과 이방의 구별이 폐지된 것은, 이방도 무조건 똑같이 받아준 '차별철폐' 개념이 아니었고, 이방이 예수님을 믿고 회개하여 하나님께로 돌아오게 된 '회복'의 사건이었다.

그렇다면 우리는 동성애에 대해 어떤 관점을 가져야 할까? 동성애와 이성애를 똑같이 대하는 의미에서의 '차별철폐'는 우리가 받아들일 수 없다. 왜냐하면, 구별의 선을 무너뜨린다는 것은, 단순한 공평의 문제가 아닌, 회개와 회복과 구원의 문제이기 때문이다. 성경은 아무리 잘못한 사람이라도 회개하고 돌이키면 용서받고 회복된다고 말한다. 따라서 우리가 동성애를 대할 때는, 그것을 '회복'의 대상으로 여겨야 한다. 동성애는 죄이며, 우리는 동성애자들이 돌이켜 하나님의 구원의 진리로 돌아와, 성경이 말하는 건강한 남녀관계의 원리를 따르도록 해야 한다. 이것이 진정한 '구별철폐'이다. 이것이 언약신학적 관점에서 우리가 이 문제를 바라보아야 할 명확한 관점이다.

그런데, 여기서 우리는 한 가지를 더 생각해야 한다. '구별'은 '회복'을 위한 것이기에, 동성애 문제에 있어서, 우리는 단순히 '정죄'로만 끝나서는 안된다. 우리 신약교회는 세상을 구원하기 위한 제사장나라로 중간도구로 부름받았다. 죄인들을 품고, 그들에게 복음을 전하여, 회개하게 하여, 하나님께로 회복시켜야 하는 사명을 받았다. 그렇다면 우리가 죄악된 세상을 어떻게 대하여야 할 것인가? 죄를 죄로 인정하며 정죄하는 것은 당연하지만, 그것으로 그쳐서는 안 된다. 그 죄를 범한 자들을 정죄하기만 한다면, 그들을 하나님께로 회복시킬 수는 없을 것이다. 그들에게 다가가서, 사랑으로 그들을 품고, 복음을 전하여, 그들이 죄를 회개하고 돌이킬 수 있도록 돕고 섬겨야 한다. 이것이 '제사장 나라'의 역할이며, '종말론적 안식의 회복'을 향해 나아가는 구원의 통로로서 우리가 해야 할 일이다. 따라서 우리는 동성애가 죄라는 성경적 진리를 명확히 지켜내면서도, 동성애자들에게 사랑을 베풀고 긍휼을 베풀어 그들에게 복음을 전할 수 있는 길이 열리도록 힘써야 한다. 이렇게 하기 위해 어떤 법안이 어떻게 입안되어야 할지에 대한 실천적인 문제는 본고에서는 다루지 못할 것이다. 하지만, 그러한 사회적이고 정치적인 실천영역에 있어서, 우리는 단순하게 동성애 정죄문제만을 핵심으로 생각하는데 그쳐서는 안 되고, 한 걸음 더 나아가, 예수님께서 죄인들에게 먼저 다가서서 사랑으로 품으셔서 그들이 회개하고 돌아오게 하신 것처럼, 동성애자들이 예수님께 돌아올 수 있도록 노력하는 길을 모색하여야 할 것이다.[95] 예수님은 세상을 정죄하시기만 한 것이 아니라, 그 세상을 위하여 죽으시고, 그들을 품으시고, 그들을 위해 희생하셔서, 그들을 구원하셨다. 우리가 동성애를 대하는 핵심은, 어떻게 해서든 동성애를 정죄하여 '우리는 그들과 다른 구별된 존재다'라는 사실을 만천하에 드러내는 것이 아니다. 핵심은, 어떻게 해서든 동성애자들에게 복음의 진리를 증거하여 그들이 예수님께로 돌아서며 성경적 남녀관계로 돌아서게 만드는 것이다. 이것이 '구별된 존재'로서 우리가 해야 하는 일이다.

III. 결론

우리는 지금까지 언약신학 연구에 대한 회고와 전망을 살펴보았고, 그 전망의 한 예로서 구약성경의 '구별' 개념을 다루어 보았다. 최근 신약신학에서 바울에 대한 '새관점' 문제가 화두로 떠오르고 있다.[96] 필자가 생각하

---

95 이상원은 동성애를 지원하는 입법은 제정되어서는 안 된다는 반대의견을 명확히 밝히는 동시에, 동성애자들이 이성애로 되돌아올 수 있도록 사랑으로 설득하고 제도적인 노력을 기울여야 한다고 본다. 이상원, 『기독교윤리학』, 289-290.
96 새관점 학파에 대한 비평적 고찰을 위해서는 다음의 글을 참고하라: 한천설, "'새 관점' 학파의

기에는, 새관점이 언급하고 있는 구약언약 사상의 평가는 그리 정당한 것 같지는 않다. 왜냐하면 구약언약에는 매우 다양한 언약의 측면들(원시복음, 노아 언약, 아브라함 언약, 모세 언약, 다윗언약, 새언약 등)이 존재하며, 그 각 측면들에서 여러 주제들이 복합적/통합적으로 연결되어 유기적으로 발전해 나가고 있는데, 새관점 학파에서는 이러한 구약의 다양하고 복잡한 측면들을 깊이 살피기보다는 매우 단순화하여 일부분만을 집중적으로 조명하고 있다고 판단되기 때문이다. 그러므로 구약의 언약신학은, 구약신학 자체의 발전뿐 아니라 구약과 신약을 망라한 성경신학의 성숙과 발전을 위해, 더 많은 연구가 필요하다고 생각된다. 이를 위해 우리는 언약신학의 여러 주제들이 각자 측면에서 어떻게 설명되고 있는지 그 다양하고 복잡한 양상들을 본문 중심으로 구체적으로 살펴나가야 할 것이다. 본고는 그러한 노력의 기초적인 단계에 불과하다. 따라서 본고에서 이루어진 논의를 언약신학적인 결론이라고 생각하기보다는, 앞으로 이루어져야 할 연구의 출발을 위한 기초적인 제안으로 이해하는 것이 옳다고 하겠다. 한국 장로교의 언약신학이 구약과 신약을 통한 구원계시의 발전과 성취를 깊이 성찰함으로 예수 그리스도를 통해 이루어졌고 장차 이루어질 그분의 나라를 위한 '구별된 도구'로 사용되기를 간절히 소원한다.

칭의론과 21세기 한국교회: '새 관점' 학파의 행위구원론에 대한 비평적 고찰," 「총신대논총」 30 (2010): 470-514; 김세윤, 『바울신학과 새 관점』, 정옥배 역 (서울: 두란노, 2002).